“十二五”普通高等教育本科规划教材
21 世纪全国高等院校汽车类创新型应用人才培养规划教材

汽车运用工程基础
(第 2 版)

主　编　姜立标
副主编　袁　焕　李　未
　　　　张黎骅　李玉善
　　　　陈立辉　刘　闯
主　审　王登峰

北京大学出版社
PEKING UNIVERSITY PRESS

内容简介

全书共9章，内容包括汽车使用条件及性能指标、汽车的动力性、汽车使用经济性、汽车的行驶安全性、汽车公害、汽车的行驶平顺性和通过性、汽车在特殊条件下的使用、汽车的技术状况及其变化和车辆技术管理。

本书可作为高等院校汽车运用工程、交通运输、汽车工程、交通工程、汽车服务等相关专业的教材和教学参考书，也可作为汽车使用、运输及维修等技术管理人员的参考书和汽车爱好者的读物。

图书在版编目(CIP)数据

汽车运用工程基础/姜立标主编. —2版. —北京：北京大学出版社，2013.1
(21世纪全国高等院校汽车类创新型应用人才培养规划教材)
ISBN 978-7-301-21925-6

Ⅰ. ①汽… Ⅱ. ①姜… Ⅲ. ①汽车工程—高等学校—教材 Ⅳ. ①U46

中国版本图书馆CIP数据核字(2013)第005540号

书　　名：汽车运用工程基础(第2版)
著作责任者：姜立标　主编
策 划 编 辑：童君鑫　宋亚玲
责 任 编 辑：宋亚玲
标 准 书 号：ISBN 978-7-301-21925-6/TH・0328
出 版 发 行：北京大学出版社
地　　址：北京市海淀区成府路205号　100871
网　　址：http://www.pup.cn　新浪官方微博：@北京大学出版社
电 子 信 箱：pup_6@163.com
电　　话：邮购部62752015　发行部62750672　编辑部62750667　出版部62754962
印　刷　者：三河市博文印刷厂
经　销　者：新华书店
787毫米×1092毫米　16开本　17.75印张　414千字
2008年6月第1版
2013年1月第2版　2013年1月第1次印刷
定　　价：34.00元

第 2 版前言

随着国内经济和工业水平的快速增长，中国的汽车产销量已经跃居世界第一，越来越多的人开始拥有属于自己的第一辆汽车。据工业和信息化部发布的《2012 年中国汽车工业经济运行情况》显示，2012 年我国累计生产汽车 1927.18 万辆，销售汽车 1930.64 万辆，国内的汽车保有量逐年增长已成共识，但目前国内汽车工业技术与欧美日韩国家相比尚有一定差距，这与国内汽车行业技术人员匮乏有一定关系。为此国内有越来越多的高校开设汽车类相关专业，以培养专门的汽车技术人才。最近几年，我国每年都有不少应届毕业生投身汽车行业。

“汽车运用工程基础”是一门重要的汽车专业类基础课程，主要研究在汽车的整个寿命期限内如何以最少的耗费维持和充分发挥汽车固有的性能。其核心是汽车的“管、用、养、修”。本课程的主要任务是使学生获得汽车运用的基本知识，学会评价和分析汽车的使用性能及其影响因素，掌握汽车合理使用的原理和方法，了解汽车技术状况变化规律和汽车使用寿命的评价方法，从而以较低的消耗充分发挥汽车的使用性能，达到节能、降耗和延长汽车使用寿命的目的。同时进一步为学生做好毕业设计及毕业后投身汽车类行业打下坚实的基础。

本书是在《汽车运用工程基础》第 1 版基础上修订而成的。本次修订完成了以下几个方面的工作：

(1) 更新了第 1 版部分插图并增加了多幅新插图；

(2) 对第 1 版部分章节内容进行删减，删除了第 1 版第 10 章及附录；

(3) 各章开头增加“导入案例”，以期引导学生更好地理解该章内容；

(4) 各章结尾增加一条网页链接，介绍与该章及本课程学习内容相关的网络资源，拓宽学生知识面，增进学生学习兴趣。

本书由华南理工大学姜立标主编，袁焕、李未、张黎骅、李玉善、陈立辉、刘闯任副主编。其中绪论及第 1、3、6、7、8 章由姜立标、张黎骅、李玉善、陈立辉、刘闯编写，第 2、9 章由李未编写，第 4、5 章由袁焕编写，此外周松涛等也参加了本书的文字和插图修改工作。全书由姜立标统稿，由王登峰主审。

本书的编写参考了大量国内外文献资料及网络资源，谨此深表谢意。因编者水平有限，书中难免有疏漏之处，欢迎行内专家和广大读者批评指正。

编　者

2012 年 12 月

目　　录

绪　　论

教学要求

了解汽车运用工程的定义，熟悉本课程所研究的内容，了解汽车运用工程的发展方向。

导入案例

随着国内经济和工业水平的快速增长，中国的汽车产销量已经跃居世界第一位，越来越多的人开始拥有属于自己的汽车。据工业和信息化部发布的《2012 年中国汽车工业经济运行情况公告》显示，2012 年中国的汽车产销量分别为 1927.18 万辆和 1930.64 万辆。同时，全世界有几亿辆汽车在陆地上奔驰，并且以每年几千万辆的速度增长，图 0.1 列出了 2011 年机动车产量排名前 15 的国家(截止成书日 2012 年数据尚未公布)。如何对汽车技术状况进行最有效的管理，使其发挥最大的工作性能，显得越来越重要。

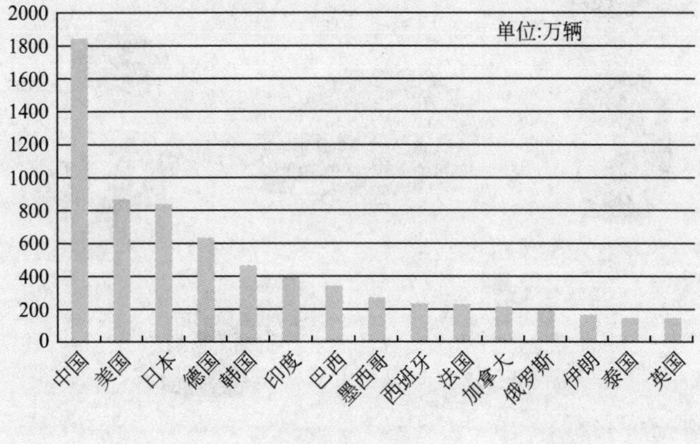

图 0.1　2011 年机动车产量排名前 15 的国家

汽车运用工程就是用科学的方法和手段，对汽车技术状况进行最有效管理的工程技术科学。本章主要介绍汽车在交通运输中的地位，本课程所研究的内容、任务及要求，以及汽车运用工程的展望。

0.1 汽车运用工程简介

0.1.1 概述

汽车运用工程就是用科学的方法和手段，对汽车技术状况进行最有效管理的工程技术科学。这门科学是研究如何充分利用汽车运用性能、合理组织汽车运输、减少交通事故、减少能源消耗、降低环境污染等一系列内容的学科体系。

自1886年第一辆汽车诞生以来，汽车工业经历了一百二十多年的发展过程，汽车工业从无到有，以惊人的速度发展，写下了人类近代文明史的重要篇章。汽车是数量最多、使用最普及、活动范围最广、运输量最大的重要的现代化陆地交通工具。目前，全世界有几亿辆汽车在陆地上奔驰，并且以每年几千万辆的速度增长，没有哪种机械产品像汽车那样对人类社会产生如此广泛而深远的影响。汽车的发明大大地改变了人们的生产、生活方式，促进了人类社会的进步。如图0.2所示，汽车工业的发展带动和促进着诸如冶金、机械制造、化工、电子、电力、石油、轻工及交通运输业、旅游业等几十个相关产业和行业的发展。现代汽车工业的发展推动着国民经济产业结构现代化的进程，现代汽车工业的水平直接反映汽车生产国的工业水平，现代汽车的产量直接影响着汽车生产国的财政收入和外汇收入。因此，汽车工业已经成为各国国民经济的重要支柱。

图0.2 汽车工业的发展带动其他行业的发展

现代交通运输业是由铁路、公路、水路、航空和管道5种主要运输方式组成的。每一种运输方式有其特定的运输路线和运输工具，形成了各自的技术运营特点、经济性能和使用范围。铁路运输能力大、费用低、连续性强，可以全天候运行；水路运输能力大、投资省、费用低、占地少，特别是沿海和长江，既是国内运输干线，又是国际运输重要通道，在对外贸易、吸引外资和技术引进方面具有明显优势；航空运输速度快，舒适性好，是大城市间及边远地区长途客运的重要力量，在对外开放的情况下，航空运输作用更为显著；管道运输能力大、占地少、成本低，是石油和天然气的最佳运输方式。公路运输作为后发展起来的运输方式，后来居上直至占据运输业的主导地位。

汽车运输的主要优势可概括为以下几点。

(1) 面上运输优势。铁路、水运和航空运输必须设置固定的车站、码头和机场，是线上运输；公路可以深入到城乡的各个角落，并且公路上任何一点都可以作为汽车装卸的车站。

(2) 直达性优势。统计资料表明，汽车运输的送达时间比水运快 2.6 倍，比铁路快 5.8 倍，由此汽车运输能获得显著的时间差效益；汽车运输周转环节少，把货物运到目的地只需一装一卸的环节，而铁路运输中，同一货物送达同一目的地，一般需要三装三卸的环节，由此汽车运输能获得较好的运输质量差效益；铁路适合大宗货物的长距离运输，汽车机动灵活，可适应不同的运距范围，由此汽车运输能获得理想的运距差效益。

(3) 装载利用系数高的优势。一列火车的运输经济效益取决于车厢容量、车厢节数，特别是是否满载；然而，不同吨位的货物可选用相应装载量的车辆，不同类型的货物可选用不同形式的汽车运送。

(4) 建设投资少，周期短的优势。铁路建设投资大，回收期一般要 12 年；公路运输建设投资少，回收期一般为 3～4 年。

与此同时，汽车也给社会带来了一些难以解决的问题：汽车数量增多导致交通堵塞和停车场短缺，汽车碰撞事故频繁造成全世界每年 40 多万人死亡和 1200 多万人受伤。6 亿多辆汽车每年需要消耗 10 多亿吨燃油，超过全世界石油年产量的 1/3。这些燃油燃烧后约生成 0.6 亿吨的有害气体，严重污染环境。由此可见，行车安全、节约能源和环境保护已经成为当前汽车技术亟待解决的三大重要课题。

理想的汽车产品应该能够满足技术性能要求、社会和法规要求、经济性要求、艺术造型要求、使用可靠性要求和维修方便性要求等。汽车制造业是公路运输发展的基础，汽车工业已经成为我国国民经济的支柱产业。将来，我国一定会有技术更加先进、质量更为可靠、品种更加齐全的车辆装配到汽车运输业上，满足我国公路运输现代化的需要。

0.1.2 本课程主要研究的内容

所谓“运用”，就是根据事物的特性而加以利用。“汽车运用”就是根据汽车的使用性能，合理地使用汽车。其中包括择优选配车辆、正确使用车辆、定期检测车辆、强制维护车辆、合理改造车辆和适时更新报废车辆等全过程的综合管理。

本课程主要研究的内容包括以下几项。

(1) 汽车的运用条件及性能指标。

(2) 汽车的使用性能，包括汽车的动力性、汽车的使用经济性、汽车的行驶安全性、汽车公害、汽车的行驶平顺性和通过性。

(3) 汽车在极端条件下的使用。

(4) 汽车的技术状况及其变化。

(5) 车辆的技术管理。

0.1.3 本课程的任务及要求

随着国民人均收入的提高，社会车辆拥有量的不断增加，车辆研制、生产、销售、营运、售后服务、维修、运输管理等工作的专业人才需求量将会同步增长。同时，电子技术，特别是电子计算机技术在车辆上的广泛采用促进了汽车技术的发展，汽车技术的发展带动了汽车服务业技术的进步，如维修技术的进步，维修设备现代化、维修诊断专家化、维修管理计算机化等。加入 WTO 后，在高科技含量的进口车大量进入国内的同时，国外大品牌的汽车厂商将集整车销售、售后服务、零部件供应、信息反馈这种四位一体的模式带进中国市场。新观念、新技术、现代化的管理机制将对国内从业人员的技术水平、业务素质提出更高的要求。上述内容给高校汽车运用工程专业创造了广阔的生存和发展空间。

汽车运用工程专业的教学目标定位为：培养掌握各类汽车运用、车辆检测和维修的基本理论和方法的人才，从事汽车运用、检测、维修、管理、销售等方面的高级技术人才。

汽车运用工程主要研究在汽车整个寿命周期内，如何以最少的耗费维持和充分发挥汽车固有的性能。汽车运用的核心就是汽车的“管、用、养、修”。“汽车运用工程基础”是汽车运用工程专业学生必修的专业课。本课程的任务是使学生学会评价汽车使用性能、分析其影响因素，学会汽车合理使用的原理和方法，掌握汽车技术状况变化规律及其诊断要领，懂得汽车故障的概念及原因，了解汽车使用寿命的评价方法。

汽车运用工程这门学科既是建立在一系列学科的基础上，又是其他相关技术学科的基础。它不仅涉及概率论、数理统计、运筹学、经济、数学、物理、化学等基础学科，还涉及汽车制造工艺学、燃料和润滑材料学、金属学等应用技术学科，更与汽车、发动机结构、理论学密切相关。学习“汽车运用工程基础”这门课程时，要求学生既要有雄厚的专业理论基础，又要有自我获取知识的能力，应该理论联系实践，做到专业知识与基础知识相结合，多读参考书，扩大知识面，努力锻炼和培养汽车运用的技能，使其具有在汽车运用中解决实际问题的能力。

0.2 汽车运用工程展望

我国汽车运输事业发展较快，汽车运用工程已经形成比较完整的体系。随着汽车工业的发展，依赖于电子技术的发展和在汽车上的应用，各种新结构、新技术不断涌现，给汽车运用工程创造了巨大的发展空间，而且为适应社会主义现代化建设的要求，也迫切需要实现汽车运用工程的现代化。

0.2.1 汽车运用条件的发展

1. 改善现有道路

截至 2010 年年底，我国公路通车里程达到 398.4 万公里，仅次于美国，位居世界第二。但是，我国公路标准等级低，等级外公路占 30%左右，铺有高级、次高级路面的公路仅占26%。因此，必须改善现有道路条件，大力实施公路技术改造，扩大公路网，提高高等级公路的比重，提高现有公路的通过能力。

2. 发展现代化新型公路

我国公路以平均每平方千米国土面积计的公路密度只有美国的1/7，居世界第49位。为满足现代化运输的大流量、高速度、重型化、舒适、安全的要求，应该大力发展现代化新型公路——高速公路。

0.2.2 汽车运输和管理现代化的发展

(1) 增加运输车辆的品种和数量，提高车辆利用率，改进车辆的使用性能。

(2) 实现汽车运输装卸机械化。汽车运输装卸机械化的发展趋势有：①发展有利于货物装卸的专业化车身；②发展随车装卸设备；③发展集装箱和集装箱装卸机械；④发展运输托板和叉车装卸机械。

(3) 车辆管理现代化的发展：①实现公路交通控制自动化；②实现汽车运输管理现代化；③实现汽车维护作业现代化；④实现汽车修理工作现代化。

0.2.3 汽车安全技术的发展

汽车发展已有120年的历史，汽车技术始终坚持在安全、环保、节能的原则下发展与提高，安全性是汽车最基本也是最重要的性能，对乘员的保护是汽车技术发展永恒的主题。

在世界汽车工业不断发展和壮大的今天，尤其是随着高速公路的不断推广，人们已经认识到由于驾驶员本身、道路环境、气候、车辆技术状况等以外因素的作用，交通事故不可能完全避免。如何最大限度地保证碰撞时乘员的安全，减少事故中造成的伤害，提高汽车的安全性，具有重要的现实意义。汽车安全性已经成为现代汽车技术的三大发展方向之一，它将逐渐替代质量和价格成为汽车市场竞争的优先因素。

随着汽车电子技术的发展，汽车上开始装用ABS、安全带、安全气囊和一些智能化系统。今后，汽车安全技术还应该大力发展汽车的主动安全性和被动安全性，用先进的安全技术换来生命的保证。

0.2.4 汽车诊断技术的发展

汽车诊断技术伴随电子技术与测试技术的发展，近年来取得了很大的进步。特别是计算机技术的发展与汽车诊断设备的结合，使汽车诊断技术与设备的开发、研制如虎添翼。

在汽车诊断技术进步方面，不仅出现了大量的诊断硬件设施，同时计算机用于汽车故障诊断的专家系统软件也有了长足的发展。

目前，世界上许多国家都致力于专家系统应用于设备诊断的研究，美国卡内基梅隆大学研制出汽车发动机全天候工作监视系统；日本研制出用于电器设备诊断的专家系统；意大利米兰大学研制出汽车电路维修专家系统等。在20世纪70年代末，我国一些大专院校与科研单位也相继开发出汽车故障诊断专家系统，为汽车故障诊断提供了方便。图0.3所示为一套典型的汽车诊断设备。

图 0.3　一套典型的汽车诊断设备

今后，由于汽车的普及应用，非职业汽车驾驶员将不断增加。非职业驾驶员对汽车结构与故障诊断知识相对不足。因此，目前正在研制的非仪表式诊断识别装置将为非职业汽车驾驶员掌握汽车技术状况提供方便。例如，为表明发动机汽缸磨损情况，可以用汽缸压缩压力通过压力表显示。对于非职业汽车驾驶员，即使看到了压力表上的具体数值，也很难判别发动机的磨损程度。为此，可研制易于识别的显示装置，如采用一只充气橡皮小动物(小狗或小兔子)，将其吸附在汽车仪表板上，并用细管与汽缸压力相连。当汽缸磨损小、汽缸压力充足时，充气橡皮小动物体内压力足，小动物显得精神百倍，而当汽缸磨损、汽缸压力不足时，充气橡皮小动物体内压力低，小动物充气不足，耳朵耷拉下垂，显得没有精神。非职业驾驶员一看就知道发动机该大修了。

非仪表式诊断识别装置显示直观，含义易懂，既是装饰品，又具有故障显示功能，今后会广泛应用在汽车上。

习　　题

1. 汽车运用工程的定义是什么?
2. 现代交通运输有哪些方式?简要说明各种运输方式的特点。
3. 汽车运输有哪些优势?
4. 汽车运输现代化包括哪些方面?试简要说明。

第1章 汽车使用条件及性能指标

教学要求

本章主要应掌握汽车使用条件的内容以及其对汽车使用性能的影响、汽车运行工况调查的内容、汽车的使用性能及其评价指标。

导入案例

高速公路的建设情况可以反映一个国家和地区的交通发达程度乃至经济发展的整体水平。世界上第一条高速公路于1932年在德国建成，位于科隆与波昂之间。刚开始时的路面是用水泥铺成的，在第二次世界大战后才逐渐用沥青加以覆盖。当时的最高设计时速大约为160公里/小时。德国的高速公路还因其部分路段无限速而闻名于世。目前世界上高速公路通车里程最长的国家是美国，中国位于全球第二。据2012年全国交通运输工作会议上发布的消息称，2011年底我国高速公路总里程达8.5万公里。作为汽车的一种使用条件，高速公路只是其中道路条件的一部分。图1.1所示为我国于2009年建成通车的沪蓉西高速公路湖北段四渡河大桥，该桥被誉为“世界第一高桥”。

图1.1 沪蓉西高速公路湖北段四渡河大桥

汽车使用条件是指影响汽车完成运输工作的各类外界条件，主要包括气候条件、道路条件、运输条件和汽车安全运行技术条件等。汽车使用性能是指在一定的使用条件下，汽车以最高效率工作的能力。本章主要介绍的汽车使用性能指标，包括容量利用、质量利用、使用方便性和乘坐舒适性等。

1.1 汽车使用条件

汽车使用条件是指影响汽车完成运输工作的各类外界条件，主要包括气候条件、道路条件、运输条件和汽车安全运行技术条件等。

汽车在各类复杂的外界条件下工作，这些外界条件在时间和空间域中是不断变化的，并且影响汽车的使用效果。汽车效率的发挥取决于驾驶员的操作水平、汽车性能以及汽车对外界的适应性，即汽车的主要技术经济指标也随外界条件而变化。在汽车运行的过程中，为了适应外界条件的不断变化，汽车必须不断地调节自身的使用性能。例如，在恶劣的道路条件下，通过换低挡降低汽车的速度以提高汽车的通过性。另外，汽车运行速度、燃料经济性、各总成和轮胎可靠性、耐久性以及驾驶员疲劳程度等，都与汽车使用条件有关。

据分析显示，汽车的使用条件将是制约今后汽车发展的关键因素。道路和停车条件的改善难度很大，禁止小型厢式车、外地牌照车辆上高架路等都严重影响汽车的消费，制约汽车的发展。

1.1.1 气候条件

气候条件是指由环境气候所决定的，影响车辆使用的因素，如图 1.2 所示，不同气候条件对汽车的使用条件有不同要求。

图 1.2 不同气候条件对汽车的使用条件有不同要求

我国地域辽阔，各地气候条件差异很大，有高原寒冷和干燥地区、北方寒冷和干燥地区、南方高温和潮湿地区等。大多数地区一年四季温差和湿度差别很大。例如，东北北部地区最低气温可达－40℃，南方炎热地区夏季气温高达 40℃，而西北、西南地区的气候条件变化又极为复杂。

环境温度对汽车，特别是对发动机的热工况影响较大。在寒冷地区，发动机起动困难，运行油耗增加，机件磨损量增大；风窗玻璃容易结霜、结冰；冰雪道路易发生交通事故。在寒冷气候条件下，为保证驾驶员处在适当的工作条件、乘客的舒适和安全、货物的防冻，需要从结构上对汽车采取相应的措施。

在炎热的地区，发动机容易过热，工作效率降低，燃料消耗增加；汽车电气系统、燃料供给系元件易过热，导致故障，如蓄电池电解液蒸发过快所引起的故障。环境温度过高，若散热不良或燃料品质不佳，容易在燃料供给系形成气阻和气湿，影响发动机正常工作。高温可能造成润滑脂熔化，被热空气从密封不良的缝隙挤出。高温也会逐渐烘干里程表、雨刮器等机件中的润滑脂，增加机件磨损，导致故障。高温还会导致制动液粘度下降，在制动系中形成气阻，导致制动故障。高温会加速非金属零件的老化及变形。另外，高温影响驾驶员的工作条件，影响行车安全。

在气候干燥、风沙大的地区，汽车及其各总成的运动副容易因风沙侵入而加剧磨损。

在气候潮湿和雨季较长的地区及沿海地区，如果发动机、驾驶室、车厢的防水和泄水不良，将引起零件锈蚀，以及因潮湿使电气系统工作不可靠。另外，大气湿度过高，会降低发动机汽缸的充气效率，降低发动机的动力性和燃油经济性。

在高原地区，空气稀薄，大气压力低，水的沸点下降，且一日内温差大。由此使发动机的混合气过浓，真空点火提前，调节器失效，冷却水易沸腾，气压制动系统气压不足以及驾驶员体力下降。

上述不同的气候条件对车辆结构和使用提出了不同的要求。应针对具体的气候和季节条件，使用相应的变型汽车或对标准型汽车进行技术改造，以提高车辆与气候的适应程度。汽车运输企业需要针对当地的气候特点，合理选用汽车，并制定相应的技术措施，努力克服或减少气候条件造成的各种困难，做到合理使用，取得较佳的使用效果。

1.1.2 道路条件

道路条件是指由道路状况所决定的、影响汽车使用的因素。它是汽车使用指标好坏的直接影响因素。汽车的结构、汽车的运行工况、汽车的技术状况都与汽车运行的道路条件密切相关。

汽车运输对道路的要求是：在充分发挥汽车速度特性的情况下，保证车辆安全行驶；满足该地区对此道路所要求的最大通行能力；车辆通过方便，乘客有舒适感；车辆通过此道路的运行材料消耗量最低，零件损坏程度最小。

车辆运行速度和道路通行能力是道路条件的主要特征指标。它们是确定道路等级、车道宽度、车道数、路面强度以及道路纵断面和横断面的依据。

道路条件对汽车运行速度、行驶平顺性及装载质量利用程度的主要影响来自道路等级和道路养护水平。例如，汽车在良好路面上行驶，可获得较高的车速和良好的燃油经济性；汽车在崎岖不平的道路上行驶，平均技术速度低，需要频繁地进行换挡和制动操作，加剧零件的磨损，增加油耗和驾驶员工作强度；路面不平也使零部件冲击载荷增加，加剧汽车行走系损伤和轮胎磨损。

1. 道路等级

根据公路交通量及其使用任务和性质，交通部颁发的《公路工程技术标准》将公路分为 5 个等级：高速公路、一级公路、二级公路、三级公路和四级公路。

(1) 高速公路。具有特别重要的政治、经济意义的公路，有 4 个或 4 个以上车道，并设有中央分隔带、全部立体交叉并具有完善的交通安全设施与管理设施、服务设施，全部控制出入，专供汽车高速行驶的专用公路。一般能适应按折算成小客车的年平均昼夜交通量为 25000 辆以上。

(2) 一级公路。连接重要政治、经济、文化中心，通往重点工矿区，可供汽车分道行驶，并部分控制出入及部分立体交叉的公路。一般能适应按折算成小客车的年平均昼夜交通量为 15000～30000 辆。

(3) 二级公路。连接政治、经济中心或大型工矿区的干线公路，或交通运输繁忙的城郊公路。一般能适应按各种车辆折合成中型载货汽车的年平均昼夜汽车交通量为 3000～7500 辆。

(4) 三级公路。沟通县或县以上城市的一般干线公路。一般能适应按各种车辆折合成中型载货汽车的年平均昼夜汽车交通量为 1000～4000 辆。

(5) 四级公路。沟通县或镇、乡、村等的支线公路。一般能适应按各种车辆折合成中型载货汽车的年平均昼夜汽车交通量为双车道 1500 辆以下、单车道 200 辆以下。

《公路工程技术标准》将每级公路规定了相应的技术标准，如车道宽、车道数、最小停车视线距、纵坡、平曲线半径和路面等级等，见表 1-1。标准中规定的参考取值均在保证设计车速的前提下考虑了汽车行驶安全性、舒适性、驾驶人员的视觉和心理反应。

表 1-1 我国各级公路主要技术指标表(JTJ 001—1997 公路工程技术标准)

公路等级		高速公路						一		二		三		四	
计算行车速度/(km/h)		120			100	80	60	100	60	80	40	60	30	40	20
车道数		8	6	4	4	4	4	4	4				2	1或2	
路基宽度/m	土路肩	0.75			0.75	0.75	0.50	0.75	0.5	1.5	0.75	0.75	0.75	0.50或1.50	
	右侧硬路肩	3.25或3.50			3.00	2.75	2.50	3.00	2.50						
	右侧路缘带	0.75			0.75	0.50	0.50	0.50	0.50						
	行车道	2×15.0	2×11.25	2×7.5	2×7.5	2×7.5	2×7.0	2×7.5	2×7.0	9.0	7.0	7.0	6.0	3.5或6.0	
	左侧路缘带	0.50			0.50	0.25	0.25	0.25	0.25						
	中央分隔带	3.0 (2.0)			2.0 (1.5)	1.5	1.5	2.0 (1.50)	1.50						
路基总宽/m	一般值	42.5	35.0	27.5	26.0	24.5	22.5	25.5	22.5	12.0	8.5	8.5	7.5	6.5	
	变化值	40.5	33.0	25.5	24.5	23.0	20.0	24.0	20.0	17.0				4.5或7.0	
最小平曲线半径/m	极限最小半径	650			400	250	125	400	125	250	60	125	30	60	15
	一般最小半径	1000			700	400	200	700	200	400	100	200	65	100	30
	不设超高的最小半径	5500			4000	2500	1500	4000	1500	2500	600	1500	350	600	150

（续）

公路等级		高速公路				一		二		三		四	
凸形竖曲线半径/m	极限最小值	11000	6500	3000	1400	6500	1400	3000	450	1400	250	450	100
	一般最小值	17000	10000	4500	2000	10000	2000	4500	700	2000	400	700	200
凹形竖曲线半径/m	极限最小值	4000	3000	2000	1000	3000	1000	2000	450	1000	250	450	100
	一般最小值	6000	4500	3000	1500	4500	1500	3000	700	1500	400	700	200
最小竖曲线长/m		100	85	75	50	85	50	70	35	50	25	35	20
行车视距停车视距/m		210	160	100	75	160	75	110	40	75	30	40	20
超车视距/m								550	200	350	150	200	100
最小缓和曲线长/m		100	85	70	50	85	50	70	35	50	25	35	20
最大坡度/%		3	4	5	5	4	6	5	7	6	8	6	9
最小坡长/m		300	250	200	150	250	150	200	120	150	100	100	60

目前，我国的公路尚不能满足汽车运输的发展需要，截至2010年年底，我国公路通车里程达到398.4万公里，位居世界第二。但是我国公路标准等级低，等级外公路占30%左右，铺有高级、次高级路面的公路仅占26%。我国已经制定了宏伟的公路发展规划，它的实现将使我国的道路现状发生根本性的转变，对我国现代化建设将起到巨大的推动作用。

交通量越大，道路的修建标准就应越高，但道路修建和维护的费用可由路况改善节约的汽车运行费用迅速得到补偿。据推算，将昼夜交通量为1000辆的1万千米长的砂石路面改为沥青路面约需要沥青50万吨，每年可节约燃料11万吨，减少汽车运输支出3.1亿元，营运5年就可收回全部投资。

2. 公路技术特性

影响公路使用质量和车辆使用效率的公路主要技术特性是：在水平面内是曲线段的平曲线半径；在纵断面内是纵坡、纵坡长度、竖曲线半径；在横断面内是车道宽度、车道数和路肩宽度等。

汽车在弯道行驶时，受离心力的作用可能会引起侧滑，使汽车的操纵稳定性恶化，降低乘员的乘坐舒适性，严重时可能导致翻车。在水平曲线半径行驶的车辆轮胎侧向变形增大，磨损增加，车轮滚动阻力增加，车辆油耗增加。曲线路段影响驾驶员的视线，夜间行车光照距离在曲线段也比直线段短，对行车安全不利。但很长的直线路段对行车安全也不利，所以高速公路都避免采用直长路线型。一般都尽量采用大于或等于表1-1所列最小平曲线半径的最小半径。当条件不许可时，可设超高或缓和曲线。缓和曲线可使作用在汽车上的离心力逐渐变化，以便于驾驶员平缓操纵方向盘转向，保证行车安全。

公路纵坡使汽车动力消耗增大，后备功率降低，燃料消耗增加。另外，公路的凸形变更也影响驾驶员的视距。JTJ 001—1997规定了各级公路纵坡的许用值。权衡汽车运输指标和修建费用两个方面的要求是公路修建前进行可行性论证的重要内容之一。

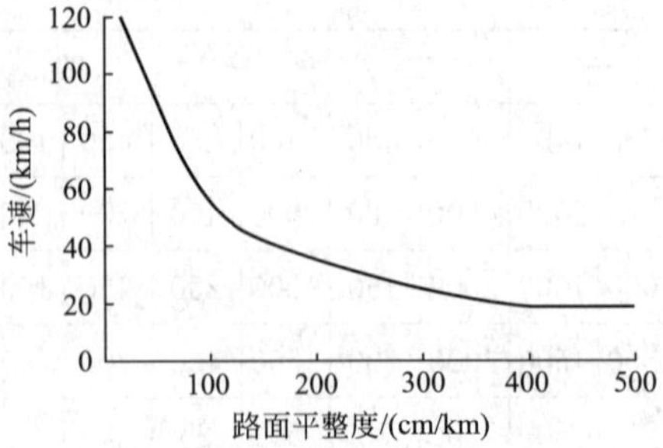

图 1.3　汽车允许速度和路面平整度的关系

注：路面平整度是指用测震仪测得的汽车千米行程振幅累计值

汽车的运行工况和安全性与路面质量有关。路面要求具有足够的强度、很高的稳定性、良好的平整度以及适当的粗糙度，以保证汽车的附着条件和最小的运行阻力。路面平整度是路面的主要使用特性之一。它影响汽车运行速度(图 1.3)、动载荷、轮胎磨损、货物完好性及乘员舒适性，从而影响汽车利用指标和使用寿命。

3. 道路景观

现代道路不仅为汽车运行而修建，除了要满足交通要求外，还要求线形和谐优美，与环境相互融合。

道路线形的设计准则是根据汽车的动力特性以及舒适安全的要求而确定的，但是如果仅按照有关标准和公式设计道路路线，不一定会产生所需要的效果。高质量的线形要理解汽车的动力特性和驾驶员对线形质量的评价。

随着道路等级和车速的提高，要获得最佳的设计效果，应该重视道路的线形要素之间的组合以及路线平纵之间的配合。路线设计的目的就是要使路线各个要素融为一体，使得驾驶员体验到一条在视觉上连续不间断的自由流动、和谐的形体。例如，应避免长直线间有一段短的圆曲线，应通过缓和曲线从比较平顺的圆曲线逐步过渡到陡的圆曲线。

在道路上以一个较快的速度行驶所感受到的周围景观和静止状态所看到的有所不同。人的视觉有这样几个方面的特性。

(1) 当车速增加时驾驶员注意力增加，速度越快越要注意道路前方，因此，虽然道路应是丰富多彩的，但是，太细的枝节将会分散驾驶员的注意力。

(2) 车速增加时驾驶员的注意力集中点伸向远方，驾驶员要从足够远的前方观察道路，以便能在必要时做出回避动作，使汽车在驾驶员从反应到采取制动车辆时间内行驶的距离减少。

(3) 车速增加，驾驶员动视减小，视力主要集中在道路的轴线上，如果在这个狭窄的视野中路线的景观不发生变化，譬如沿着一条长直线路段行驶，将会使驾驶员变得迟钝，失去对速度的感觉和应变的警觉，从而失去采取回避动作的时间和距离。

(4) 车速增加时，景观的细部开始模糊，前面的物体向后飞逝得很快，驾驶员必须向更远处看才能得到清晰的景象，因此，道路景观的细部对高速行驶车辆的驾驶员已无价值。

道路的环境应把驾驶员的需要放在首位，即应把驾驶员的视线直接引向道路路线的方向。要将道路的远景和近景互相融合，即有吸引人的远景，也要有同样吸引人的近景。依次相连景观的出现和消失，车辆运行变化的速度、方式以及远近景的配合都是影响道路节奏韵律的要素。在小半径的弯道上，景观的变化频繁而强烈，将会加快道路的节奏；在大半径或长直线上宽广不变的远景则会减慢节奏；竖曲线的灵活运用可以充分展示景观，特别是远景很容易获得最佳的视觉效果。

4. 公路养护水平

公路养护水平的两个评定指标是“好路率”和“养护质量综合值”。根据交通部颁发的《公路养护质量检查评定暂行办法》，将现有公路养护质量分为优、良、次、差4个等级。评定项目包括路面平整、路拱适度、行车顺适、路肩整洁、变坡稳定、标志完善鲜明、行道树齐全。满分为100分，其中路面、路基和其他分别为50、20和30分。公路养护评分值和优、良等级公路要求见表1-2。

表1-2 公路养护等级评分值(JT/J 075—1994 公路养护质量检查评定标准)

公路养护等级	优	良	次	差
总分	>90	>75	>60	<60
路面	>45	>38	—	—

若已知某公路的总里程 L、优等里程 L_Y、良等里程 L_L、次等里程 L_C、差等里程 L_{CH}。

好路率 Q 的计算式为

$$Q=\frac{(L_Y+L_L)}{L}\times 100\% \tag{1-1}$$

养护质量综合值 P 的计算式为

$$P=\frac{4L_Y+3L_L+2L_C+L_{CH}}{L} \tag{1-2}$$

好路率和养护质量综合值与车辆运行无关，而与直接影响汽车速度、平顺性和总成使用寿命的路面平整度评分有关。因而，它们可粗略地表征道路状况，并可用于粗略地评价道路对汽车运行的影响。

5. 公路养护水平对汽车使用性能的影响

我国吉林和河北两省根据试验统计数据，得出公路养护状况与汽车运行油耗、维修费用、大修间隔里程之间的关系。

1) 油耗

为了确切地评估路面质量对汽车百千米油耗的影响，选择典型路段进行试验，测取在不同路段的路面分值和汽车的百千米油耗，回归分析得到指数方程

$$Q_s=ae^{-bx} \tag{1-3}$$

式中，Q_s——一定车速下汽车的百千米油耗(L/100km)；

x——路面分值；

a、b——回归系数。

路面分值与汽车油耗的关系指数回归见表1-3。

表1-3 路面分值与汽车油耗的关系指数回归

车速	*a*	*b*	相关系数 *R*
50	34.1376	0.00483	0.7191
40	29.9342	0.00287	0.7461

（续）

车速	a	b	相关系数 R
30	30.0541	0.00323	0.8117
20	28.1121	0.00323	0.8602

在车速为50km/h的情况下，试验路段的路面分值依次为18分和49分时，油耗分别为28.43L/100km和26.01L/100km，即路面分值从18增至49时，油耗将下降8.5%。

2）车辆维护费用

一些研究曾对一些地区的车辆维护费用和道路养护质量的关系进行了统计分析，得到表1-4的统计结果，对其进行回归分析，可得

$$Y=0.2265-0.1586\ln X \tag{1-4}$$

式中，Y——每千米维护费用，元/km；

X——道路养护综合值。

表1-4 车辆维护费用和道路养护综合值

养护综合值	2.48	2.51	2.53	2.58	2.63	2.70	2.78
维护费用(元/km)	0.091	0.082	0.073	0.070	0.073	0.067	0.069

由式(1-4)可知，道路养护综合值由2.48提高到2.78，车辆维护费用可减少22%。也就是说，加强道路的养护即可大幅度减少车辆损坏，节约车辆维护费用。

3）车辆大修费用

河北省某年公路好路率与汽车大修间隔里程统计数据见表1-5。

表1-5 汽车大修间隔里程和好路率

地区	石家庄	唐山	秦皇岛	邯郸	邢台	保定	承德	沧州
好路率/(%)	72.4	76.2	73.3	64.3	68.5	71.0	64.9	73.8
大修里程/万km	15.91	19.64	14.76	12.07	6.64	15.23	9.15	17.09

通过相关分析可知，好路率与汽车大修里程间存在关系式

$$Y=-29.909+0.637X \tag{1-5}$$

式中，Y——汽车大修里程/万km；

X——好路率(%)。

6. 汽车高速公路使用条件

2010年年底，全国高速公路通车总里程达到7.4万公里，位于美国之后，居世界第二位。高速公路与高速运输是密切相关的。高速运输的最显著特点就是运输车辆的持续高速运行。高速运输对汽车的动力性、制动性、操纵稳定性、加速性、舒适性的要求更加严格。许多在普通公路上运行不存在的问题在高速行驶中却变得至关重要。据统计，国外高速公路死亡事故率仅为普通公路的1/3～1/2，一般性事故率是普通公路的1/5～1/3。而

我国情况则相反，1995年高速公路仅为公路总里程的0.2%，但交通事故却占总交通事故的1.5%，死亡人数占总交通事故死亡人数的1.36%，直接经济损失占4.36%。有关资料表明，在高速公路的交通事故中，汽车机械故障造成的比例逐年升高。例如，在京石高速公路河北段双幅路开通后不到两年的时间里，因机械故障引发的交通事故就达96起，其中制动失效和不良的就有58起。

1）高速公路行驶的安全条件

为了避免发生追尾事故，汽车之间应保持一定的车间距。当车辆速度为100km/h时，行车间距至少应为100m，车速为70km/h时，应至少保持70m的车间距。在潮湿的路面上行驶时，应保持上述车间距2倍以上。当遇有大风、雨、雾或路面积雪、结冰时，应以更低的速度行驶，以保证行驶安全。

高速公路行驶对车速也有限制。汽车在连续高速行驶条件下容易发生交通事故。《高速公路交通管理办法》规定，最低车速不得低于50km/h，轿车等小型车辆最高车速不得超过110km/h，大型客车和货车车速不得超过90km/h。也有的高速公路或路段最高车速限制为100km/h、80km/h，甚至60km/h。

高速公路行驶的主要问题是安全问题。因此，应注意如下事项。

(1) 要严格遵守交通法规，按照限速规定行驶。

(2) 为了防止汽车在高速公路上发生故障，妨碍交通安全畅通，在进入高速公路前要对汽车的燃料、润滑油、冷却液、转向器、制动器、灯光、轮胎等部件以及汽车的装载和固定情况进行仔细检查，使车况处于最佳状态。

(3) 车辆进入高速公路后应使车速达到50km/h以上。通过匝道进入高速公路的汽车须在加速车道提高车速，并在不妨碍主车道上其他车辆行驶的情况下，驶入主车道。

(4) 在正常情况下，汽车应在主车道上行驶，只有当前方有障碍物或需要超越前车时，才可以变换到超车道上行驶，通过障碍物或超越前车后，应驶回主车道。不准车辆在超车道长时间行驶或骑、压车道分界线行驶。

(5) 为了减轻碰撞时的人员伤亡，配有安全带的汽车前排司乘人员应佩带安全带。货运汽车除驾驶室外，其他部位一律不得载人。客车行车中乘客不允许在汽车中站立。

(6) 在高速公路行驶时，不允许随意停车。为了防止追尾或侧滑的危险，当汽车发生故障时，不得采取急制动，而应立即打开右转向灯，将车停放在右侧紧急停车带或右侧路肩。停车后无关人员应迅速撤至护栏外侧。当故障排除重新行驶时，应及时将车速提高到50km/h以上。然后，在不影响其他车辆行驶的情况下驶入主车道。当车辆因故障或事故无法离开主车道时，须开启车辆危险报警闪光灯，夜间还应开启示宽灯和尾灯，并在车后100 m外设置故障警告标志。同时，应利用路旁的紧急电话或其他通信设备通知有关管理机构，不得随意拦截车辆。

(7) 当交通受阻时，要按顺序停车，等待有关人员处理，不得在路肩上行驶，以免影响救护车、公安交通和管理巡逻车通行。

(8) 在高速公路上汽车不允许调头、倒车和穿越中央分隔带，不允许进行试车，也不允许在匝道上超车或停车。

(9) 当遇有大风、雨、雾或路面积雪、结冰时，要注意可变交通标志或临时交通标志，遵守管理部门采取的限速和封闭车道的管制措施。

2）高速公路行驶条件下轮胎的使用

由于子午线轮胎的特点(参见第3章)，在高速公路行驶条件下，应选用子午线轮胎，并且最好选用无内胎轮胎。同时，应注意轮胎的花纹、速度级别、磨耗、牵引、温度标志，区别轿车轮胎和轻型载重胎，注意载重轮胎的层级和负荷，注意轮胎认证权威机构的认可标志。

1.1.3 运输条件

运输条件是指由运输对象的特点和要求所决定的影响车辆使用的各种因素。汽车运输可分为货运和客运。货运条件主要包括货物类别、货物运量、货运距离、装卸条件、运输类型和组织特点。客运对汽车使用性能的最基本要求是为旅客提供最佳的方便性。

近年来，我国公路运输发展迅速，2006年公路客运量、旅客周转量在综合运输体系中所占比重分别为91.9%、52.8%，公路货运量、货物周转量在综合运输体系中所占比重分别为72.1%、11.1%。

1. 货物类别

货物是指从接受承运起到送交收货人止的所有商品或物资。通常，根据汽车运输过程中的货物装卸方法、运输和保管条件以及批量对货物进行分类。

1）按装卸方法分类

货物按装卸方法可分为堆积、计件和灌装3类。对没有包装的，用堆积装卸的货物如煤炭、砂、土和碎石等，按体积或重量计量的货物宜采用自卸汽车运输；对可计个数，并按质量计量装运的货物，如桶装、箱装、袋装的包装货物及无包装货物，可采用普通栏板式货车、厢式货车及保温厢式货车运输；对于无包装的液体货物，通常采用自卸罐车运输。

2）按运输和保管条件分类

按运输保管条件划分，货物可分为普通货物和特殊货物。前者是指那些在运输过程中无特殊要求，可用普通车厢运输的货物；后者是指那些在运输过程中必须采取特别措施才能保证完好无损的承运货物。

特殊货物包括特大、长型、沉重、危险和易腐的货物。特大货物是指那些标准车厢不能容纳的货物。长型货物通常是指其长度超过标准车身长度三分之一以上的货物。沉重货物是指单件质量大于250kg的货物。危险货物是指在运输和保管过程中，可能使人致残或破坏车辆、建筑物和道路的货物。易腐货物是指在运输和保管过程中，需专门库房和车辆维持一定温度的货物。

运输特殊货物需要选用大型或专用汽车，但是汽车总体尺寸受国家标准限制(国家标准GB 1589—1997汽车外廓尺寸限界)。

3）按货物批量分类

按一次托运货物的数量可分为小批和大批货物。小批货物又称为零担货物，如食品、邮件和行李等个别少量运输的货物。大批货物是指大批量运输的货物，又称大宗货物。

货物批量是选用车辆类型的主要依据。货物运输汽车的车厢构造和尺寸都应同装运的货物相适应。

2. 货运量

在汽车运输中，完成或需要完成的货物运输数量称为货运量，通常以吨(t)为计量单位。在汽车运输中，完成或需要完成的货物运输工作量，即货物的数量和运输距离的乘积称为货物周转量，以复合指标吨·千米(t·km)为计量单位。货运量和货物周转量统称为货物运输量。

按托运货物的批量，货运量可分为零担和整车两类。在我国，一次托运货物在3t以上为整车货物，不足3t为零担货物。需要较长时间和较多车辆才能运完的整车货物为大批货物，而短时间内或少数车辆即能全部运完的货物为小批货物。

货物批量取决于国民经济的发展水平。货物批量的形成受多种因素的影响，如托运单位的发货条件、货物形成工艺、货物集聚时间，经济上合理的集聚量等；客户要求的交货速度、数量和用货条件；运输组织、道路条件和货物集散时货物批量合并的可能性等。因此货物不可能都是大宗的。但是，因工业结构的变化，专业化、协作化的生产，要求及时、快速地运送货物。商品经济的发展以及人民生活水平的提高需要快速运输生活日用品和农副产品，这些货物的特点是批量小、运距短、批次多，显然这类小批量货物适宜轻型汽车运输。而大批货物采用大型车辆运输时技术经济效益高，因此，应尽可能地组织大批货物运输。所以运输行业应配备不同吨位的车辆，才能合理地组织运输，提高运输经济效益。

3. 货物运距

货物运距是货物由装货点至卸货点间的运输距离，一般用千米(km)作为计量单位。货物运距在很大程度上影响运输车辆利用效率指标，并对车辆的结构和性能提出不同的要求。当运距较短时，要求车辆结构能很好地适应货物装卸的要求，以缩短车辆货物装卸的作业时间，提高车辆短运距的生产率。长途运输车辆运输生产率随车辆的速度性能提高和载质量的增大而显著提高(图1.4和图1.5)。因此，随着运距的增加，要求增加汽车的吨位，但汽车的最大载重受到国家法规的限制。

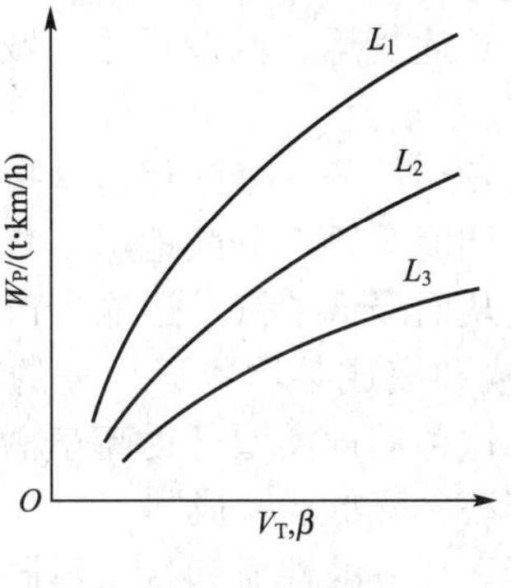

图1.4 车辆运输生产率(W_P)与车辆的技术速度(V_T)和行程利用率(β)的关系(L—货物运距，$L_3>L_2>L_1$)

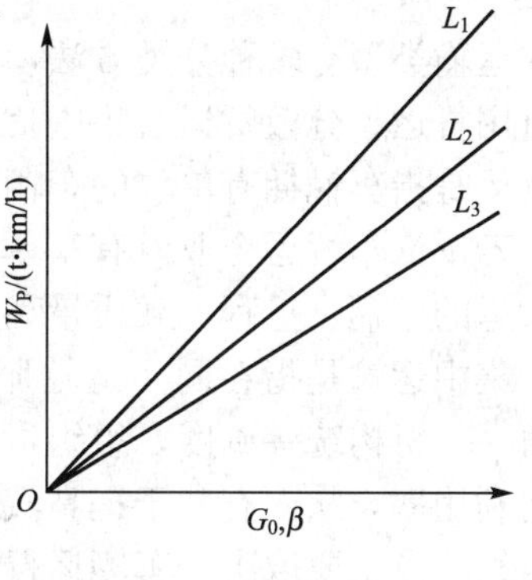

图1.5 车辆运输生产率(W_P)与车辆载质量(G_0)和行程利用率(β)的关系(L—货物运距，$L_3> L_2>L_1$)

4. 货物装卸条件

货物的装卸条件决定汽车装卸作业的停歇时间、装卸货的劳动量和费用，从而影响汽车的运输生产率及运输成本。运距越短，装卸条件对运输效率的影响越明显(图 1.6)。

装卸条件受货物类别、运量、装卸点的稳定性、机械化程度以及装卸机械等诸多因素的影响。

一定类别和运量的货物要求相应的装卸机械，也决定了运输车辆的结构特点，如运输土、砂石、煤炭等堆积货物的车辆，要考虑铲斗装卸货物时，货物对汽车系统及机构的冲击载荷，以及汽车的装载质量和车厢容积与铲斗容积一致，才能保证获得最高的装运生产率。

带自装卸机构的汽车可缩短汽车装卸作业时间；但是，自装卸机构使汽车的成本提高，装卸载质量比相同吨位的汽车小。实践表明，只有在短运距运输时，自装卸汽车才能发挥其优越性(图 1.7)。

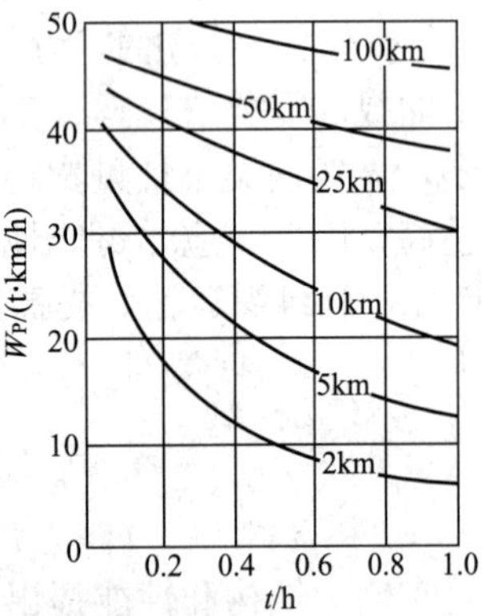

图 1.6　载质量 4t 货车运输生产率(W_P)与车辆每运次装卸货停歇时间(t)的关系(L—货物运距)

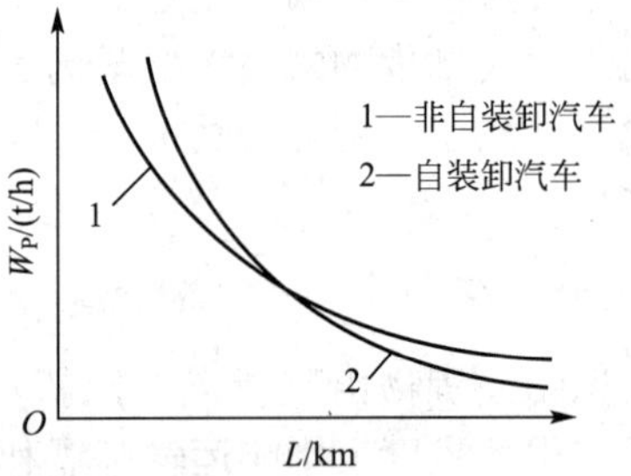

图 1.7　不同车辆的运输生产率 W_P 与运距 L 的关系

5. 货运类型及组织特点

货物的运输类型有多种分类方法，如短途货运、长途货运、城市货运、城间货运、营运货运、自用货运、分散货运、集中货运等。

自用货运是指车辆拥有单位的车辆完成本单位的货运任务。分散货运是指在同一运输服务区内，若干汽车货运企业或有车单位各自独立地调度车辆，分散地从事货运工作。显然，分散货运的车辆、里程、载质量利用率都较低，从而降低了汽车运输生产率，增加了运输成本。集中运输是指在同一运输服务区内的车辆和完成某项货运任务的有关单位车辆，集中由一个机构统一调度，组织货物运输工作。这种运输类型可提高车辆的载质量利用率和时间利用率，从而有利于提高汽车的运输生产率，降低运输成本。

运输组织特点主要取决于车辆运行路线。由于货运任务的性质和特点不同，道路条件不同以及所用车辆类型不同，即使在相同收发货点间完成同样的货运任务，也可采用不同的运行路线方案，并产生不同的运输效益。

货运车辆的运行路线可分为往复式、环形式和汇集式。往复式运行路线是指货运车辆多次重复于两个货运点间行驶的路线。环形式是指将几个货运方向的运行路线依次连接成一条封闭路线。车辆沿环形式路线运行时，每个运次是运输同一起讫点的货物。汇集式是指车辆沿运行路线各个货运点依次分别或同时装卸货物，并且每次运量都小于一整车时的运行路线。

货运车辆的结构应与选用的路线相适应，长运距的往复式运行路线宜使用速度性能优良、载质量大的汽车。为了提高车辆运输的时间利用率，牵引车驾驶室设有卧铺，便于两个驾驶员轮班驾驶，减少因停车休息而延长路线运行时间，也可在中途设站更换驾驶员驾驶。用于环形式或汇集式运行路线的车辆，其载质量应与每运次的运量相适应，这种运行模式便于途中装卸货物。

6. 客运的基本要求

客运分为市内客运和公路客运，各种客运应配备不同结构的客车。市区公共客车采用车厢式多站位车身，座位与站立位置之比为 2∶1，通道很宽，车门数目多，车厢地板较低。有的客车为方便残疾人轮椅上下，车门踏板采用可自动升降结构。市区公共汽车为适应乘客高峰满载的需要，要求有较高的动力性。为适应城市道路的特点，还要求汽车操纵方便。城间客车要求有较高的行驶速度和乘坐舒适性，通常座位宽大舒适，椅背倾斜可调，车门数少，其他辅助设施较齐全。为适应旅游的需要，高级旅游客车还配备卫生间、微型酒吧以及汽车两侧下部设有较大空间的行李舱。

1.1.4 汽车运用水平和运行技术条件

1. 汽车运用水平

汽车运用水平主要是指驾驶员的驾驶操作技术水平、汽车运输组织管理水平、汽车保管水平、汽车维修水平以及汽车运行材料供应水平。

汽车货运组织、管理水平用载质量利用系数和里程利用率评价。显然，运输组织、管理水平越高，载质量利用系数和里程利用率就越高。

汽车驾驶操作水平明显地影响汽车零件磨损、燃料经济性和污染物排放。熟练驾驶员在平路、下缓坡等有利条件下，经常保持车速稳定或滑行状态，很少采取高强度制动。熟练驾驶员不仅能保证汽车安全运行，而且能提高汽车行驶速度 15%～20%，延长汽车大修里程 40%～50%，在相同的交通和道路条件下可节约燃料 20%～30%。

汽车维修费用占汽车运输成本的 15%～20%。我国一些地区维修市场宏观管理混乱，维修工作中原始手工作业占有相当大的比例，加之配件质量不稳定，检验设备少，诊断技术尚未真正用于控制汽车技术状况，因此，导致汽车维修质量低下，降低了汽车利用的经济效益。高水平的汽车维修标志是：汽车完好率达 90%～93%，总成大修间隔里程较定额高 20%～25%，配件消耗减少 15%～20%，燃料、润滑材料的消耗减少 20%～30%。

2. 汽车运行技术条件

1) 机动车运行安全技术条件

为保证车辆安全行驶，运行可靠，必须符合《机动车运行安全技术条件》(GB 7258—2004)规定的技术条件。汽车运行安全技术条件主要是：车辆外观整洁，装备齐全、紧固可靠，各部件完好，并具有正常的技术性能。发动机动力性能良好，运行平稳，不得有异响，燃料、润滑油消耗正常，无漏油、漏水、漏气、漏电现象。底盘各总成连接牢固，无过热，无异响，性能良好，各润滑部位不缺油、钢板弹簧无断裂或错开现象，轮胎气压正常，汽车、挂车连接和防护装备齐全、可靠。转向轻便灵活，转向节及臂、横直拉杆及球销不得松旷，性能良好，前轮定位符合要求。车辆制动性能符合规定，挂车与牵引车意外脱离后，挂车应能自行制动，牵引车的制动仍然有效。

客车车厢、货车驾驶室内应不进尘土，不漏雨，门窗关闭严密，开启灵活；挡风玻璃视线清晰；客车坐椅齐全整洁、牢固；货车车厢无漏洞，栏板销钩牢固、可靠。车辆的噪声及废气排放应符合有关规定。灯具、讯号、仪表和其他电气设备应配备齐全，工作正常、可靠。

2）汽车危险货物运输规则

车辆运载具有易爆、易燃、有毒、放射性等危险货物时，必须符合《汽车危险货物运输规则》的规定。其主要技术条件如下：

(1) 车辆的车厢、底板平坦良好，栏板牢固、衬垫不得使用松软易燃材料。

(2) 运载危险货物的车辆左前方悬挂黄底黑字的“危险品”标志。

(3) 车辆行驶和停车必须严格遵守交通、消防、治安等法规要求。

(4) 根据车内装运危险货物的性质，车辆必须配备相应的消防器材等用具。

(5) 必须指派熟悉车内危险物性质的人员担任押运人员，严禁搭乘无关人员。

(6) 车辆总质量超过桥梁、渡船标定承载质量时，或车辆装载超高、超宽、超长时，均应采取安全有效措施，报请当地交通、公安主管部门批准。未经允许，不得冒险通过。

3）特种货物运输运行技术条件

车辆装载散装、粉尘、污秽货物时，应使用密闭车厢或加盖篷布，以免洒漏，污染环境。

4）特殊条件下车辆运行技术条件

车辆在等外道路、危险渡口或桥梁上通过时，或在遇有临时开沟、改线、水毁、塌方、冰坎、翻浆等情况时，必须采取退出危险的确实有效的技术措施，以保障行车安全。

1.2 汽车运行工况现状和分析

汽车是在一定的道路和交通条件下完成运输任务的。为提高汽车的运输生产率，降低运输成本，必须研究汽车在所运行的交通和道路条件下的运行状况。

为研究汽车与运行条件的适应性，通常采用多参数描述汽车运行状况，并称之为汽车运行工况。即汽车在使用条件下，汽车驾驶员以自己的经验、技术操纵车辆，完成一定任务时，汽车及其各零部件、总成的各种参数变化及技术状态。

汽车运行工况的参数包括汽车速度、变速器挡位、发动机转速、节气门开度、制动频度等。在特定的汽车运行工况研究中，还包括发动机曲轴瞬时转速、输出功率、输出转矩、油耗、冷却液温度、各总成润滑油温度、各挡使用频度、离合器结合频度等。

汽车运行工况调查的内容可根据研究任务的需要而增减。通过对测试数据的统计分析，求得汽车运行工况参数样本的分布规律及其数学特征，进而在无偏性、一致性和有效性的原则下，推断出参数的总体分布和数学特征。

汽车运行工况是一个随机过程，受到许多因素的影响，如道路状况、交通流量、气候条件以及汽车自身技术性能的变化等。

运行工况的研究常采用测试统计方法和计算机数字仿真方法。

1.2.1 汽车运行工况调查

在汽车运行工况研究中，首先要进行的工作就是工况调查。通过运行工况调查，掌握在特定的使用条件下，表征汽车运行状况的各参数变化范围和变化规律，为评价车辆的合理运用以及车辆性能、结构能否满足使用要求提供基础资料。

汽车运行工况测试是汽车运行工况调查的重要步骤。通过汽车运行试验及试验后的数据处理和统计分析完成运行工况调查。

汽车运行工况调查的内容有：选择反映汽车运行状况的具有代表性的路线，并取得道路资料和交通状况的调查数据；同步测取汽车行驶中的车速、发动机转速、油耗、节气门开度及挡位使用和变化情况；在调查路线(或路段)内的累积停车次数和累积制动次数等。必要时还要记录交通流情况，如交通量、交通构成等。

在汽车运行试验中，主要使用非电量的电测法，即在测量部位安装将非电量状态参数转换为电信号的传感器，将信号直接或经放大后传送至测量仪表和记录器(如磁带机、光线示波器、X-Y记录仪或计算机硬盘)，供统计分析使用。

在进行汽车运行工况测试时，风速、气温、海拔高度等试验条件应符合试验规范，或对测试参数进行修正。汽车运行试验所用车辆必须符合国家标准规定。

运行试验中所做的记录称为汽车运行记录。图1.8为某载货汽车在某地市区行驶时的运行记录，图1.9为某市区公共汽车运行的速度记录。

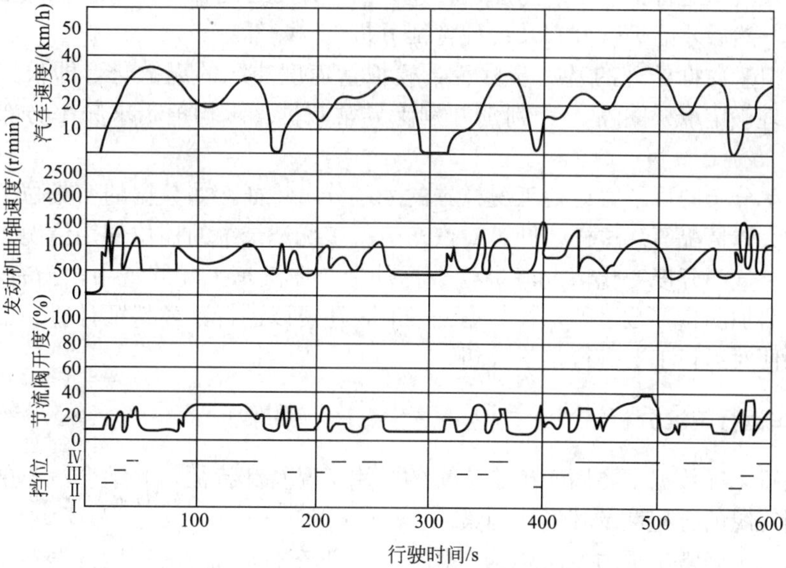

图1.8 某载货汽车在市区行驶的运行记录

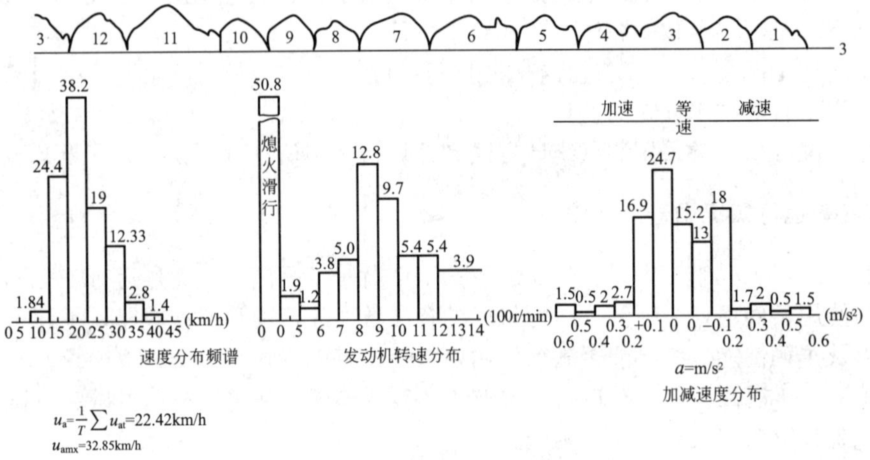

图 1.9　某市区公共汽车运行的速度记录

运行工况的计算机数字仿真是采用数学模型方法，将汽车运行工况看成由汽车动力传动系模型、道路模型、驾驶员模型及交通流干扰模型组成的系统的输出。输入有关道路及设施数据、发动机数据、汽车传动系数据、轮胎数据、气温、风速、驾驶员习惯、换挡过程时间分布、自由行驶—跟驰行驶—超车行驶概率，在计算机上模拟汽车的运行，并统计出反映汽车运行状态的各个参数。

在汽车运行试验中得到的试验数据必须经处理后才能得到汽车运行工况的统计特征和分布。根据记录介质为纸带(光线示波器)或磁带的不同，数据的处理方法也不同。对于纸带记录必须人工处理。因为这种记录和处理方法精度差，工作量大，目前已经很少使用。磁带记录数据信息量大，可采用计算机进行处理，数据精度高，结果准确，是现在普遍使用的方法。在汽车运行记录中的速度、转速、油门开度、曲轴转矩等模拟量曲线需要进行数字化处理，然后才能进行分布及统计特征分析。

速度模拟量数据处理的基本步骤为：模拟量速度曲线的离散化，即根据香农(Shannon)采样定理确定取样间隔 Δt；判别并剔除异常数据；求均值；求频率分布，并绘制频率分布图。

通过频率分布图可了解运行工况样本的一些分布特征，如数据的密集位置、离散程度以及分布的大体情况等。这样，即可对汽车运行工况记录中的挡位使用情况、发动机转速变化情况及节气门开度变化情况等进行数据处理。在汽车工况调查中，当有特殊要求时，除了要按需增加测量参数之外，在数据处理时，还可以进行数学特征计算、区间估计和分布检验，以便对运行工况进行定量分析。

1.2.2　汽车运行工况分析

汽车运行工况数据主要用于确定汽车的常用工况及其特征，并结合汽车的结构特点评价汽车常用工况的合理性及其影响因素。

汽车运行中经常出现的工况称为常用工况。汽车行驶的影响因素很多，如车辆性能、道路性质与状况、交通状况、气候条件和驾驶员的技术水平等。因此，汽车的常用工况也随时间和行车路线变化。我国汽车运行速度有如下几个特点。

(1) 车速分布具有统计规律。市区运行车速分布是多种随机因素综合作用的结果，多为具有对称性的正态分布特征，常用正态概率纸法检验。公路运行车速分布多为具有偏态特征的近似威布尔分布，通常用威布尔概率纸法检验。

(2) 交通流密度是常用车速的分布范围和均值的重要影响因素。市区运行条件下，车速均值多在20～30km/h，因各个城市交通状况而略有差异。市区车辆的平均车速受车辆本身结构和动力性能的影响不大。公路运行时，高速运行工况概率可达到50%以上。公路行驶车速主要受交通安全限制，并与汽车的动力性和平顺性有密切关系。

(3) 常用车速偏低，反映出车辆动力利用率不高，将造成车辆使用效率下降。这表明常用车速也是油耗量最多的行驶工况，汽车节约燃料的重点应放在努力改善常用车速下的燃料经济性。

(4) 按时间统计，公路行驶车辆的高挡利用率可达到92%～96%，低挡只占1%～2%。在市区运行时，低挡利用时间略有增加。

(5) 公共汽车因运行方式所决定，空挡利用时间约占50%，而最高挡的利用率明显低于公路行驶，其他各挡的利用率高于公路行驶。因此，城市行驶车辆的低速挡齿轮和离合器片磨损高于公路行驶车辆。由于连续起步、加速、等速、滑行，要重视改善公共车辆发动机过渡工况的燃料经济性，并注意改善驾驶操作条件和提高驾驶技术。

(6) 据统计分析，汽车行驶的道路条件越好，功率利用率越低。节气门开度经常处于20%～40%，发动机功率利用率约60%。在汽车运行中，发动机转速处于不稳定工况，油耗比稳定工况高。

汽车的运行工况在外界条件不变的条件下，还会因自身的装载或拖载质量的改变而发生变化。汽车拖挂运行试验表明，当拖载质量增加时，将导致汽车运行中换挡次数增加，直接挡使用的时间相对减少，节气门开度加大，发动机功率利用率增加。

在同样的使用条件下，即使是同类汽车完成同样的运输任务，运行的效果也有很大差异；如果车型不同，则差异会更大。例如，是否保证货物完好、旅客舒适；车辆运输能力是否得到充分利用；每百吨千米或每百车千米的平均油耗量的高低；是否安全行驶；车辆是否正常磨损，有无过度磨损或早期损坏等。

1.3 汽车使用性能量标

汽车的使用性能是指在一定的使用条件下，汽车以最高效率工作的能力，是决定汽车利用效率和方便性的结构特性表征。

择优是汽车选用的标准。汽车运用条件复杂，运输任务繁杂，要求选用的车型和性能满足使用要求。评价汽车工作效率的指标是汽车的运输生产率和成本，基于运输生产率、成本与汽车结构之间的内在联系的研究，确定汽车的主要使用量标。我国目前采用的汽车使用性能的主要量标见表1-6。

在本节着重介绍容量利用、质量利用、使用方便性和乘坐舒适性，其他使用性能将在后续各章节中叙述。

表 1-6 汽车使用性能的主要量标

使用性能		量标和评价参数
容量		额定装载质量/t 单位装载质量/(t/m³) 货箱单位有效容积/(m³/t) 货箱单位容积/(m³/t) 座位数和可站立人数
使用方便性	操纵方便性	每百公里平均操纵作业次数 操作力/N 驾驶员坐椅可调程度 照明、灯光、视野、信号完好
	出车迅速性	汽车起步暖车时间
	乘客上下车和货物装卸方便性	车门和踏板尺寸及位置 货箱地板高度 货箱栏板可倾翻数 有无随车装卸工具
	可靠性和耐久性	大修间隔里程/km 主要总成的更换里程/km 可靠度、故障率/km^{-1} 故障停车时间/h
	维修性	维护和修理工时 每千公里维修费用 对维修设备的要求
	防公害性	噪声级 CO、HC、NO_x 排放量 电波
燃料经济性		最低燃料消耗/(L/100km) 平均最低燃料消耗/(L/100km)

使用性能		量标和评价参数
速度性能		动力性 平均技术速度/(km/h)
越野性、机动性		汽车最低离地间隙 接近角 离去角 纵向通过半径 前后轴荷分配 轮胎花纹及尺寸 轮胎对地面单位压力 前后轮辙重合度 低速挡的动力性 驱动轴数 最小转弯半径
安全性	稳定性	纵向倾翻条件 横向倾翻条件
	制动性	制动效能 制动效能恒定性 制动时方向稳定性
乘坐舒适性	平顺性	振动频率 振动加速度及变化率 振幅
	设备完备性	车身类型 空气调节指标 车内噪声指标/dB 坐椅结构

1.3.1 汽车容载量

汽车容载量是指汽车能够装载货物的数量或乘坐旅客的人数。汽车容载量与汽车的装载质量、车厢尺寸、货物密度、座位数和站立乘客的地板面积等有关。

载货汽车的容载量常用比装载质量和装载质量利用系数评价。

$$比装载质量=\frac{汽车装载质量}{车厢容积},\ t/m^3$$

$$装载质量利用系数=\frac{货物容积质量(t/m^3)\times 车厢容积(m^3)}{额定装载质量(t)}$$

比装载质量、装载质量利用系数表征了汽车结构对各种货物需要的适应能力，决定了某车型装载何种货物能够装满车厢，或充分地利用汽车的全部装载能力。普通货车装载密度低的货物时，不能充分利用汽车的装载质量。为了避免汽车超载，不宜增加栏板高度来适应轻泡货物的需要。汽车栏板的标准设计高度一般不大于600mm。汽车装载质量越大，就越不适合装载密度低的货物。表1-7所列为某些常见散货的密度。表1-8所列为某些国产汽车货箱的平均装载质量。

表1-7 常见散货密度/(t/m³)

货物	泥煤	雪	冰	白菜	马铃薯	无烟煤	干土	建筑用石
密度	0.15	0.20	0.90	0.35	0.68	0.80	1.20	1.50
货物	麦	甜菜	燕麦	铁条	砖	锯材	蔬菜	砂
密度	0.73	0.65	0.47	2.10	1.50	0.80	0.55	1.60

表1-8 常见国产汽车货箱平均装载质量

车型	额定装载质量/kg	单位装载质量/(kg/m³)
黄河JNl150/100	8000	1451.2
黄河JNl150/106	8000	1451.2
东风EQl090	5000	932.4
北京BJl041Q2DG	2000	867.2
北京BJ1041Q4DG	2000	632.5
解放CAl140	8000	1264.8
解放CAl091	5000	941.1
北京BJl041Q2SG	1500	942.1
跃进NJ2040	1500	276.3

为充分利用货车的装载质量，装运单位容积质量轻的货物时，在保证货物完整的条件下，可采用适当措施增加装货高度。因此，汽车实际装载质量利用系数高于表1-9里所列的数值。

表1-9 汽车装载质量利用系数

货物名称	包装方式	容积质量/(t/m³)	汽车装载质量利用系数				
			CAl091	EQl090	CAl140	JNl150	BJl041Q2DG
泥煤	散装	0.15	0.16	0.16	0.12	0.10	0.17
雪	散装	0.20	0.21	0.21	0.16	0.14	0.23
冰	散装	0.90	0.96	0.97	0.71	0.62	1.04
白菜	散装	0.35	0.37	0.38	0.28	0.25	0.40
马铃薯	散装	0.68	0.72	0.73	0.54	0.47	0.78
无烟煤	散装	0.80	0.85	0.86	0.63	0.55	0.92
干土	散装	1.20	1.28	1.29	0.95	0.83	1.38

（续）

货物名称	包装方式	容积质量/(t/m³)	汽车装载质量利用系数				
			CA1091	EQ1090	CA1140	JN1150	BJ1041Q2DG
建筑用石	散装	1.50	1.59	1.61	1.19	1.03	1.73
麦	散装	0.73	0.78	0.78	0.58	0.50	0.84
甜菜	散装	0.65	0.69	0.70	0.51	0.45	0.75
燕麦	散装	0.47	0.50	0.50	0.37	0.32	0.54
铁条	散装	2.10	2.23	2.25	1.66	1.45	2.42
砖	散装	1.50	1.59	1.61	1.19	1.03	1.73
锯材	散装	0.80	0.85	0.86	0.63	0.55	0.92
蔬菜	散装	0.55	0.58	0.59	0.43	0.38	0.63
砂	散装	1.65	1.75	1.77	1.30	1.14	1.90

1.3.2 汽车的质量利用

汽车的质量利用描述了汽车整备质量与装载质量的关系。通常利用整备质量利用系数作为评价汽车质量利用优劣的评价指标。

$$整备质量利用系数=\frac{汽车装载质量}{汽车整备质量}$$

整备质量利用系数与汽车的部件、总成、结构的完善程度以及轻型材料的使用率有关，表明了汽车主要材料的使用水平，进而反映了该车型的设计、制造水平，也间接反映了汽车使用经济性。在运输过程中，汽车整备质量将引起非生产性油耗，加速轮胎磨损以及发动机功率的损耗。在装载质量相同和使用寿命相同的条件下，整备质量利用系数越高，该车型的结构和制造水平就越高。

整备质量利用系数的提高是现代载货汽车制造技术进步的重要标志之一。除了不断完善汽车结构和制造技术外，降低汽车整备质量的主要途径是利用轻型材料，特别是应用强度高、质量轻的高强度铝合金或复合塑料。

汽车整备质量利用系数随装载质量的增加而提高，轻型货车约为1.1，中型货车约为1.35，重型货车约为1.3～1.7。所以，目前国际流行中型汽车列车运输。

平头汽车的整备质量利用系数一般比长头汽车的高。由货车变形的自卸汽车因改装后整备质量增加，整备质量利用系数比基本型汽车要低。表1-10为几种国产汽车的整备质量利用系数。

表1-10　几种国产汽车的整备质量利用系数

汽车型号	整备质量/kg	装载质量/kg	整备质量利用系数/(%)
北京 BJ1041Q2DG	1900	2000	1.05
北京 BJ1041Q4DG	2050	2000	0.98
北京 BJ1041Q2SG	1970	1500	0.76
跃进 NJ2040	3200(无绞盘)	1500	0.47

（续）

汽车型号	整备质量/kg	装载质量/kg	整备质量利用系数/(%)
跃进 NJ2040	3200(有绞盘)	1500	0.44
解放 CA1091	4250	5000	1.17
解放 CA1140	5900	8000	1.36
东风 EQ1090	4084	5000	1.22
黄河 JN1181C13	6430	10000	1.56
黄河 JN1150/100	6800	8000	1.21
黄河 JN1150/106	6600	8000	1.56

1.3.3 汽车使用方便性

汽车使用方便性是汽车的一项综合使用性能，用于表征汽车运行过程中驾驶员和乘客的舒适性和疲劳程度以及对保证运行货物完好无损和装卸货物的适用性。

1. 操纵轻便性

操纵轻便性决定了驾驶员的工作条件，对减轻驾驶员的疲劳、保证行车安全具有重要作用。其主要评价量标为操纵力、操作次数、驾驶员座位参数与调整参数、驾驶员的视野参数。

驾驶员控制操纵机构的力一般用测力计测定。为减轻驾驶员的操纵力，常设置转向助力器等助力装置。

驾驶员的操作次数通常用换挡、踏离合器和制动的次数表征。驾驶操作次数是通过在该类车常用路况下，在典型道路上的使用试验确定，并将试验路段上各类操作次数换算为100km行程的操作次数。一般选用多辆同型号汽车进行试验，以排除驾驶员技术水平和操作习惯差异的影响。

驾驶员坐椅的构造和操纵杆件的配置是否舒适方便也影响汽车的使用方便性。适当增加驾驶坐椅的高度、减小坐垫与靠背的倾角可显著改善驾驶员的劳动条件。为保证不同身高的驾驶员都能有适合的驾驶操作姿势，驾驶坐椅设计成可沿着水平和垂直方向调节的形式，并且坐椅和靠背倾角也可调节，即驾驶坐椅应具有多维调节的功能，同时，方向盘的位置还应按照驾驶员的需要调节。

为提高汽车的操纵轻便性，各种操纵机构应有良好的接近性，应设置速度、机油压力、油、冷却液温度、燃料耗量以及电参数等的显示仪表。当控制参数进入临界值时，发出声、光信号，以便驾驶员能及时掌握车辆状况。控制显示仪表应具有必需的显示精度，以利于驾驶员观察。

为改善驾驶员的工作环境、提高劳动效率，在驾驶室内应设置空调及采暖通风装置。

驾驶员的视野性能主要取决于坐椅的布置、高度以及坐垫和靠背的倾角，车窗尺寸、形状、布置和支柱结构等。

2. 乘客上下车方便性

乘客上下车方便性作为使用方便性之一，影响城市公共汽车站点的停车时间，从而影响汽车的线路运行时间。乘客上下车的方便性主要取决于车门的布置和踏板的结构参数。

对于轿车，主要取决于车门支柱的布置，特别是两门轿车保证后座出入方便的影响尤其明显。车门支柱倾斜适当，可改善乘客出入的方便性。

对于客车，主要取决于踏板高度、深度、级数、能见度及车门的宽度。踏板高度和深度应与日常生活中所习惯的楼梯台阶相同。如图 1.10 所示，为方便残疾人轮椅和童车的上下，有的国家将公共汽车的踏板设计成高度可调或自动升降式。

图 1.10 具有自动升降踏板的公交车

3. 装卸货物方便性

装卸货物的方便性是指车辆对装卸货物的适应性，由车辆装卸所耗费的时间和劳动力来评价。

表征装卸货物方便性的结构因素主要包括：货箱和车身地板的装卸高度；从一面、两面、三面或上面装卸货物的可能性；厢式车车门的构造、布置和尺寸；有无随车装卸装置及其效率。

在载货汽车的技术特性中，一般不给出货箱地板的高度，但此参数在汽车使用中很重要，尤其在人工装卸或货物批量小的场合，货箱地板的高度越大，装货时间和劳动力消耗就越大。目前，对汽车货箱地板高度尚无统一的标准和要求。在机械化装卸的场合，货箱地板高度对装卸效率无明显影响。

通用栏板汽车可在 3 面进行装货，与单门厢式汽车相比，栏板货箱易于适应装卸货物的需要，可减少在装卸点的调头时间。

4. 紧凑性

紧凑性是评价汽车外形尺寸合理利用的指标。它影响汽车操纵轻便性、机动性、在受约束条件下的通过性以及停车面积等。重型载货汽车、大型客车对紧凑性的要求较其他车辆高。

紧凑性的主要评价指标是汽车长度利用系数、汽车外形面积利用系数以及比容载量面积和体积。

如图 1.11 所示，汽车长度利用系数 λ_L 为

$$\lambda_L = L_K / L_a$$

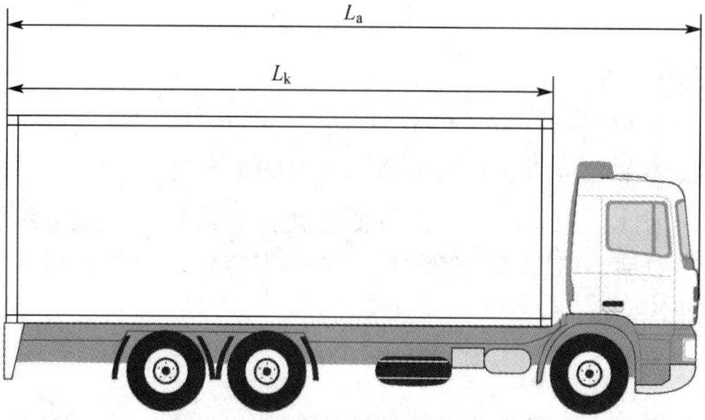

图 1.11 汽车长度利用系数

式中，L_K——车厢(身)的有效容积内长；

L_a——汽车外形长度。

汽车的外形面积利用系数 λ_a 为

$$\lambda_a=\frac{ab}{AB}$$

式中，ab——车厢(身)内腔容积；

AB——汽车轮廓占地面积。

汽车比容载量面积和体积为

$\lambda_G=AB/G_e$，m^2/t(载货汽车比容载量面积)

$\lambda_G'=AB\cdot H/G_e$，m^3/t(载货汽车比容载量体积)

$\lambda_P=AB/P$，m^2/座位(客车比容载量面积)

$\lambda_P'=AB\cdot H/P$，m^3/座位(客车比容载量体积)

式中，G_e——车辆名义载质量，t；

H——车辆外形高度，m；

P——客车乘客座位数。

5. 乘坐舒适性

汽车乘坐舒适性在很大程度上取决于座位的结构。坐椅的结构应符合人体工程学的要求，为乘客提供最佳的方便性和最舒适的乘坐姿势。

坐椅的结构参数主要是座位的宽度和深度、靠背高度和倾角以及坐椅上乘员的上下自由空间。

坐椅应具有良好的柔和性，通常用它的振动特性(振幅、频率)和消振速度评价坐椅的柔和性。当坐椅上乘员的自振频率与车身振动频率的比值为1.6～2.0时，坐椅的舒适性最好。

另外，乘坐舒适性也与车身的密封性有关。保护乘员空间不受发动机气体排放物的污染，防止尘土侵入以及保暖、供冷、通风、调温等也是提高客车舒适性的重要措施。

6. 最大续驶里程

汽车的最大续驶里程 L_T 是指油箱加满后所能连续行驶的最大里程，即

$$L_T = 100V_C/Q_S$$

式中，V_C——油箱容积，L；

Q_S——汽车运行燃料消耗量，L/100km。

除了汽车的技术水平外，汽车运行燃料消耗量也取决于车辆的实载率、道路条件、运行速度等使用因素，因此，它将随使用条件而变化。合适的汽车最大续驶里程可减少中途停车，提高汽车运输效率。汽车最大续驶里程的确定应保证汽车在最大的昼夜行驶里程内不需要中途停车加油。

7. 机动性

车辆在最小面积内转向和转弯的能力称为车辆的机动性，表征汽车能够通过狭窄弯曲地带或绕开不可越过障碍物的能力。车辆装卸货场地的尺寸、停车库(场)通道宽度、车辆维修作业所需的场地面积都与车辆的机动性有关。对于汽车列车，其通过性对列车的使用方便性影响很大。

汽车的机动性评价参数(图 1.12)主要包括前外轮最小转弯半径 R_H；车辆转弯宽度 A；突伸距 a 和 b。

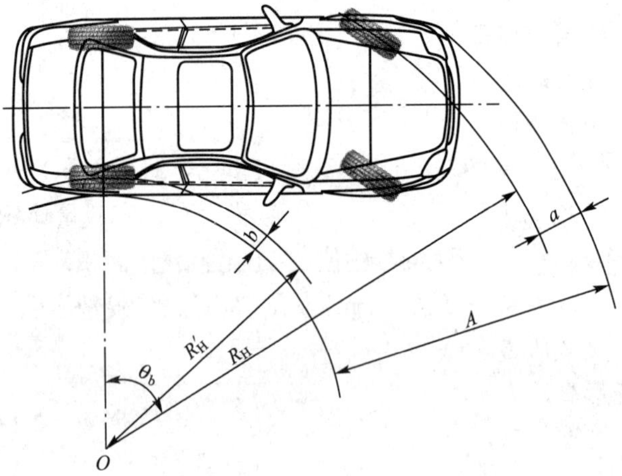

图 1.12 汽车的机动性评价参数

知识链接

优酷视频专辑：《汽车百年》
http：//t.cn/zjJ6AeL

习 题

1. 什么是汽车的使用条件？它的主要内容是什么？
2. 举例说明气候条件对汽车使用性能的影响。

3. 公路养护水平有哪些评定指标？
4. 什么是运输条件？货运条件包括哪些内容？
5. 什么是汽车的运用水平？
6. 汽车运行工况包括哪些内容？调查的内容有哪些？
7. 什么是汽车的使用性能？汽车使用性能量标主要包括哪些内容？

第2章
汽车的动力性

教学要求

掌握汽车动力性的评价指标，了解汽车动力性的基本分析方法，熟悉汽车动力性的影响因素及如何提高汽车动力性的措施。

导入案例

一般用0到100km/h(或0到60mph)加速所需的时间来表明汽车的原地起步加速能力，汽车百公里加速时间的长短在很大程度上决定了一款汽车动力性能的优劣。表2-1列出了世界上百公里加速最快的十款汽车。汽车原地起步加速时间是衡量汽车动力性的重要指标之一。

表2-1　世界上百公里加速最快的十款汽车

车型	百公里加速时间/s	排名	年份
Bugatti Veyron Super Sport	2.4	1	2011
Ariel Atom 500	2.5	2	2008
Ultima GTR	2.6	3	2006
Koenigegg Agera R	2.6	3	2012
Lamborghini Aventador	2.7	5	2012
Porsche 911 Turbo S	2.7	5	2011
Nissan GT-R R35	2.7	5	2012
SSC Ultimate Aero TT	2.8	8	2010
Nissan GT-R	2.8	8	2012
Saleen S7 Twin Turbo	2.8	8	2006

汽车的动力性是汽车最基本、最重要的性能之一，是指汽车直线行驶在良好路面上所能达到的平均行驶速度。汽车的动力性直接影响使用中的运输效率，动力性好，汽车平均行驶速度高，汽车的运输效率也高。本章主要介绍汽车动力性的评价指标、汽车行驶时所受的各种外力、动力性指标的确定方法及提高汽车动力性的措施。

2.1 概述

汽车的动力性是指汽车在良好路面上直线行驶时，由汽车受到的纵向外力决定的、所能达到的平均行驶速度，表示汽车以最大可能的平均行驶速度运送货物或乘客的能力。汽车的动力性是汽车各种使用性能中最重要、最基本的性能。

平均行驶速度是汽车动力性的总指标，为获得尽可能高的平均行驶速度，就必须提高汽车的最高车速、加速能力和爬坡能力，因此，汽车的动力性主要由最高车速、加速时间和最大爬坡度这3个指标来评定。

2.1.1 汽车动力性的评价指标

汽车的动力性主要可由下面3个指标来评定(我国规定为满载工况)，即：汽车的最高车速 V_{amax}(km/h)；汽车的加速时间 t(s)；汽车能爬上的最大坡度(简称最大爬坡度)i_{max}(%)。

1. 汽车的最高车速 V_{amax}

汽车的最高车速是指在水平良好的路面(混凝土或沥青路)上汽车能达到的最高行驶车速。

2. 汽车的加速时间 t

汽车的加速时间表示汽车的加速能力。常用原地起步加速时间和超车加速时间来表示汽车的加速能力。

原地起步加速时间是指汽车由第Ⅰ挡或第Ⅱ挡起步，并以最大的加速强度(包括选择恰当的换挡时机)逐步换至最高挡后达到某一预定的距离或车速时所需要的时间。一般常用0到100km/h所需的时间来表明原地起步加速能力。

超车加速时间是指用最高挡或次高挡由某一较低车速全力加速至某一高速时所需的时间。因为超车时汽车与被超车辆并行，容易发生安全事故，所以超车加速能力强，并行行程短，行驶就安全。超车加速能力还没有统一的规定，采用较多的是用最高挡或次高挡由40km/h或30km/h全力加速行驶至某一高速所需的时间。还有用加速曲线即车速-时间关系曲线全面反映汽车加速能力的。

3. 汽车的最大爬坡度 i_{max}

汽车的最大爬坡度 i_{max} 是指满载时汽车在良好路面上能顺利通过的最大坡度。显然，最大爬坡度是指Ⅰ挡最大爬坡度。对于轿车一般不强调它的爬坡能力，对于货车一般 i_{max} 在30%即16.7°左右，对于越野汽车一般 i_{max} 可达60%即31°左右或更高。图2.1所示为悍马H1的最大爬坡度，可达60%。

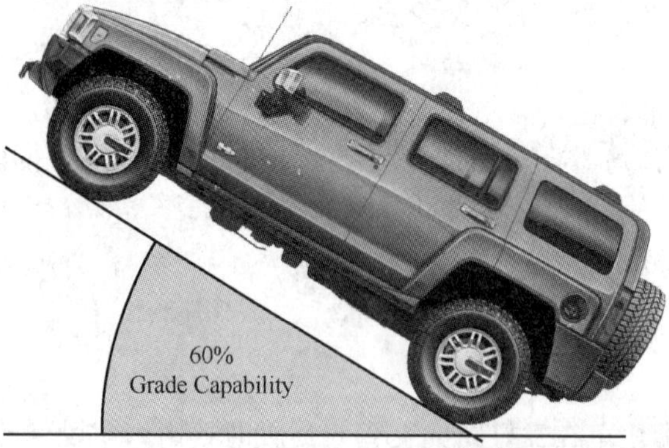

图 2.1　悍马 H1 的最大爬坡度

2.1.2　汽车动力性的测定

1. 试验的主要条件

道路试验通常在水泥或沥青路面的干燥、清洁和平直路段上进行，要求路面坡度比 $i \leqslant 1\%$，最大 $i \leqslant 3\%$，测试路段长度必须有 3km 或更长。试验时大气温度应为 0～35℃，大气压在 99.33～101.99kPa 范围内，风速不大于 3m/s。

一般汽车动力性试验都是在满载条件下进行，要求装载均匀，在测试时间内装载量不能变化。对客车进行试验时，允许按设计载客人数以 65kg 砂袋代替一个乘员。测试时，必须保持汽车技术状况良好，发动机及汽车各总成要符合汽车技术条件规定的热状态(如发动机水温为 80～90℃，变速器及驱动桥内润滑油温度不低于 50℃等)。轮胎气压严格按汽车技术条件规定误差不大于±9.8kPa。

2. 试验仪器

道路试验通常使用五轮仪或非接触式车速测量仪来测量行程、车速和时间。

五轮仪数字电子装置框图如图 2.2 所示。汽车每行驶 1cm，电感式传感器发出一个脉冲信号，时间信号间隔为 36ms。五轮仪是利用第五个车轮接触地面进行测量的，因此第五轮的滑动、跳动和轮胎气压的变化都会产生误差。

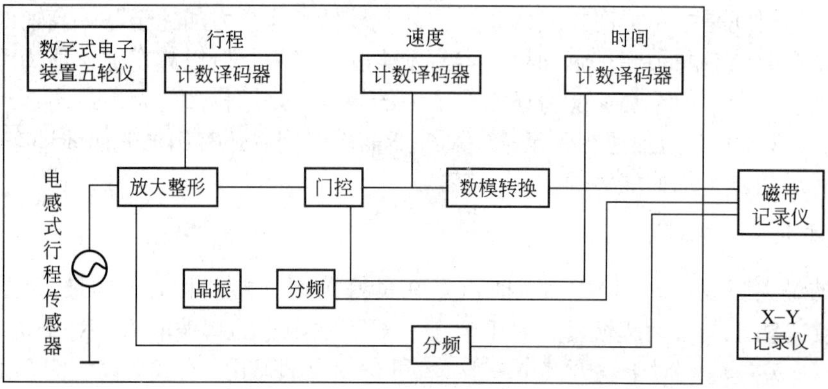

图 2.2　五轮仪数字电子装置框图

3. 测定方法

1）测定最高车速 V_{amax}

汽车达到最高车速后，测定其通过 1km 路段的时间即可求得 V_{amax}。测量时至少往返各做一次，求平均值。

2）测定加速能力

原地起步加速能力指用Ⅰ挡或Ⅱ挡起步，按最佳换挡时刻逐次换到高挡，节气门全开，全力加速至 $0.8V_{amax}$的时间和距离，或原地起步加速至某一车速（如 100km/h）或驶过某一距离（如 400m）所需的时间。

最高挡加速性能是汽车在最高挡工作时，节气门开至最大，由 15km/h 加速至 $0.8V_{amax}$的加速过程（行程、时间、车速）。若汽车在最高挡的最低稳定车速高于 15km/h，则由最小稳定车速开始加速。

3）测定爬坡能力

在一组坡度不同的坡道上试验，坡道长度应比车长大 2～3 倍。显然，给定的坡度不一定符合被试车辆的最大爬坡度，可用增减载荷或变换变速器挡位的方法试验，再进行折算

$$\sin\alpha=\sin\alpha' \cdot \frac{G'}{G} \cdot \frac{i_g'}{i_g} \tag{2-1}$$

式中，α——折算出的汽车最大坡度角，（°）；

α'——试验时实际最大坡度角，（°）；

G——汽车满载总质量，kg；

G'——试验时的实际总质量，kg；

i_g——Ⅰ挡速比；

i_g'——试验时的实际挡位速比。

2.2 汽车的受力分析

汽车行驶过程中，受到各种行驶阻力的作用。因此，为保证汽车的正常行驶，必须有一定的驱动力以克服各种行驶阻力。根据这些力的平衡关系建立汽车行驶方程式，就可以估算汽车的最高车速、加速度和最大爬坡度。

汽车的驱动力与行驶阻力的平衡关系式称为汽车的行驶方程式。汽车行驶方程式为

$$F_t=\sum F_{阻}=F_f+F_w+F_i+F_j \tag{2-2}$$

式中，F_t——汽车的驱动力，N；

F_f——汽车行驶时所受到的滚动阻力，N；

F_w——汽车行驶时所受到的空气阻力，N；

F_i——汽车行驶时所受到的坡度阻力，N；

F_j——汽车行驶时所受到的加速阻力，N。

驱动力由发动机的转矩经传动系传至驱动轮上得到，行驶阻力包括滚动阻力、空气阻

力、加速阻力和坡度阻力。下面分别研究驱动力和这些行驶阻力以便研究汽车的动力性。

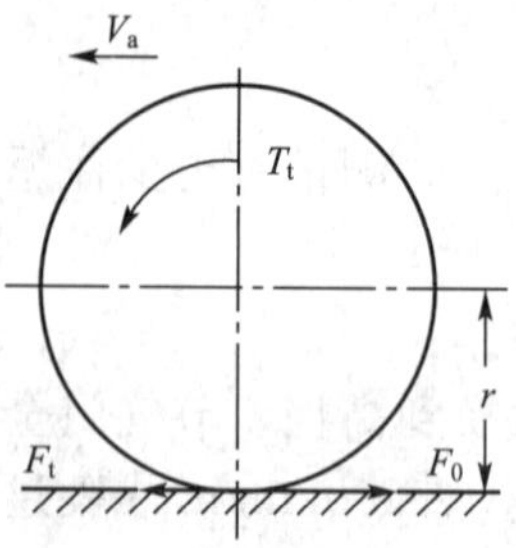

图 2.3 汽车的驱动力

2.2.1 汽车的驱动力

汽车的驱动力是由发动机的转矩经传动系传至驱动轮上得到的。汽车发动机产生的有效转矩 T_{tq}，经汽车传动系传到驱动轮上，此时作用于驱动轮上的转矩 T_t 产生一个对地面的圆周力 F_0，地面对驱动轮的反作用力 F_t(方向与 F_0 相反)即是驱动汽车的外力——汽车的驱动力(图 2.3)，单位为 N。

其数值为

$$F_t=\frac{T_t}{r}$$

式中，T_t——作用于驱动轮上的转矩，N·m；

r——车轮半径，m。

作用于驱动轮的转矩 T_t 是由发动机产生的转矩经传动系传至车轮上的，由传动过程可知：若发动机发出的有效转矩为 T_{tq}，变速器的传动比为 i_g，主减速器传动比为 i_0，传动系的机械效率为 η_T，则汽车的驱动力为

$$F_t=\frac{T_t}{r}=\frac{T_{tq}i_g i_0 \eta_T}{r} \tag{2-3}$$

下面对式(2-3)中的发动机转矩、传动系机械效率及车轮半径做一些讨论，最后做出汽车的驱动力图。

1. 发动机转矩

发动机的速度特性是求解汽车动力性主要指标时最重要的依据之一。所谓发动机的速度特性是指发动机的功率 P_e、转矩 T_{tq}以及燃油消耗率 b 与发动机曲轴转速 n 之间的函数关系。常以曲线表示，则曲线称为发动机的速度特性曲线，如图 2.4 所示。如果加速踏板位置最大即发动机节气门全开(或高压油泵调速手柄在最大供油量位置)，则此速度特性曲线称为发动机外特性曲线；如果节气门部分开启(或部分供油量位置)，则此曲线称为发动机部分负荷速度特性曲线。

发动机制造厂提供的发动机特性曲线常是在试验台上未带空气滤清器、水泵、风扇、消声器、发电机等条件下测得的，带上全部附件时的发动机特性曲线称为使用外特性曲线，使用外特性曲线的功率小于外特性的功率。图 2.4 是某汽车发动机的外特性和使用外特性中的功率、转矩和油耗曲线。一般汽油发动机使用外特性的最大功率比其外特性的最大功率约小 15%；货车柴油机的使用外特性最大功率比其外特性的最大功率约小 5%；轿车与轻型汽车柴油机使用外特性最大功率比其外特性的最大功率约小 10%。

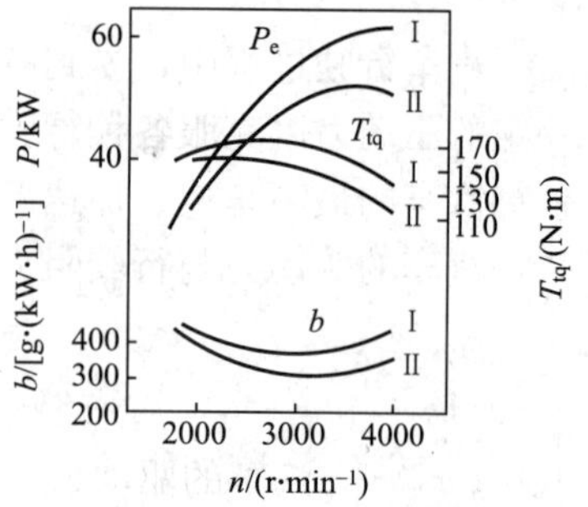

图 2.4 汽车发动机的外特性曲线

Ⅰ—外特性；Ⅱ—使用外特性

需要指出的是台架试验是在发动机工况相对稳定即保持水、机油温度于规定的数值，并且在各个转速不变时测得的转矩、油耗数值，而在实际使用时发动机的工况常是不稳定

的，发动机的热状况、可燃混合气的浓度与台架试验时的稳定工况有显著差异。一般在不稳定工况下，发动机所提供的功率要比稳定工况时的低5%～8%，但由于对发动机变工况时的特性研究得还不够，而且数值相差也不大，所以在进行动力性估算时一般仍沿用台架试验稳定工况时所测得的使用外特性中的功率和转矩曲线。

2. 传动系的机械效率

发动机所发出的功率 P_e 经传动系传至驱动轮的过程中，为克服传动系各部件中的摩擦，会消耗掉一部分功率 P_T，传动系的机械效率为

$$\eta_T=\frac{P_e-P_T}{P_e}=1-\frac{P_T}{P_e} \tag{2-4}$$

传动系的功率损失由传动系中的部件——变速器、传动轴万向节、主减速器等的功率损失所组成，其中，变速器和主减速器的功率损失所占比重最大，其余部件的功率损失较小。

传动系功率损失可分为机械损失和液力损失两大类。机械损失是指齿轮传动副、轴承、油封等处的摩擦损失。机械损失与啮合齿轮的对数、传递的转矩等因素有关。液力损失是指消耗于润滑油的搅动、润滑油与旋转零件之间的表面摩擦等的功率损失。液力损失与润滑油的品种、温度、箱体内的油面高度以及齿轮等旋转零件的转速有关。

传动系的机械效率是在专门的试验台上测得的。试验结果表明：在直接挡工作时啮合的齿轮不传递转矩，因此比超速挡和其他挡位时的效率要高。同一挡位转矩增加时，润滑油损失所占比例减少，机械效率较高。转速低时搅油损失小，比转速高时机械效率要高。传动系的机械效率因受到多种因素的影响而有所变化，但在进行汽车动力性的初步分析时，可把它看作一个常数，表 2-2 为传动系各部件的传动效率。

采用有级机械变速器传动系的轿车，其传动系机械效率为 0.85。表 2-2 推荐的数值也可用来估算汽车传动系的机械效率，可取为 0.90～0.92，货车、客车可取为 0.82～0.85，越野汽车取为0.80～0.85。

表 2-2 传动系统部件的传动效率

部件名称	传动效率/%	部件名称	传动效率/%
4 挡变速器	95	单级减速主减速器	96
辅助变速器(副变速器或分动器)	95	双级减速主减速器	92
8 挡以上变速器	90	传动轴的万向节	98

3. 车轮半径

车轮处于无载荷作用时的半径称为自由半径 r_0。汽车静止时，在汽车重力作用下车轮中心到轮胎与道路接触面间的距离称为静力半径 r_s。车轮的静力半径小于其自由半径。

如果是以车轮转动圈数与车轮实际滚动距离之间的关系换算得出的车轮半径，则称其为车轮的滚动半径 r_r。

$$r_r=\frac{s}{2\pi n} \tag{2-5}$$

式中，s——在转动 n 圈时车轮滚动的距离，m；

n——车轮转动的圈数。

显然，对汽车做动力学分析时应该用静力半径 r_s；而做运动学分析时应该用滚动半径 r_r。但在一般的分析中常不计它们之间的差别，统称为车轮半径 r，即认为

$$r \approx r_s \approx r_r$$

4. 汽车的驱动力图

如图 2.5 所示，一般用驱动力与车速之间的函数关系曲线 $F_t - V_a$ 来全面表示汽车的驱动力，称为汽车的驱动力图。汽车的驱动力图直观地显示变速器处于各挡位时驱动力随车速变化的规律。

在发动机外特性曲线、传动系的传动比、传动系的机械效率、车轮半径等参数已知或确定时，可作出汽车的驱动力图，如图 2.5 所示。作驱动力图时，首先用式(2－3)即 $F_t = \frac{T_{tq} i_g i_0 \eta_T}{r}$ 求出汽车变速器处于各挡位、不同发动机转速时的驱动力 F_t 值，再根据发动机转速 n 与汽车行驶速度 V_a 之间的转换关系

$$V_a = \frac{3600}{1000} \frac{2\pi}{60} \frac{rn}{i_g i_0} \approx 0.377 \frac{rn}{i_g i_0} \qquad (2-6)$$

求出各发动机转速 n 和在变速器处于不同挡位时的车速 V_a，即可求得各个挡位的 $F_t - V_a$ 曲线，即汽车的驱动力图。

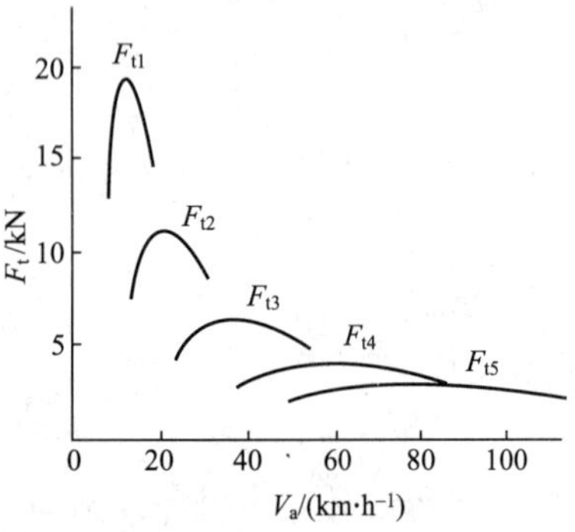

图 2.5　某汽车的驱动力图

2.2.2　汽车的行驶阻力

汽车在水平道路上直线等速行驶时，必须克服来自地面与轮胎相互作用而产生的滚动阻力 F_f 和来自车身与空气相互作用而产生的空气阻力 F_w。汽车在坡道上直线上坡行驶时，还必须克服其重力沿坡道的分力，称为坡度阻力 F_i。汽车直线加速行驶时，必须克服加速阻力 F_j。因此，汽车直线行驶时其总阻力为

$$\sum F = F_f + F_w + F_i + F_j$$

上述汽车各种行驶阻力中，滚动阻力 F_f 和空气阻力 F_w 是在任何行驶条件下都存在的，坡度阻力 F_i 和加速阻力 F_j 仅在一定行驶条件下存在。汽车下坡时 F_i 为负值，此时汽车重力沿坡道的分力已不是汽车的行驶阻力而是动力。同样，汽车减速行驶时惯性作用是使汽车前进的，F_j 也为负值，也不是阻力。在水平道路上等速直线行驶时，就没有坡度阻力和加速阻力。

1. 滚动阻力

车轮滚动时，轮胎与路面在接触区域内产生法向和切向的相互作用力以及相应的轮胎和支承路面的变形。无论是轮胎还是路面的这些变形都伴随着能量损失，这些能量损失是产生滚动阻力的根本原因。

当弹性车轮在硬路面上滚动时，轮胎的变形是主要的。此时由于轮胎有内部摩擦产生

弹性迟滞损失，使轮胎变形时对它做的功不能全部收回。图 2.6 为 9.00-20 轮胎在硬路面上受径向载荷作用时的变形曲线。图中 0*CA* 为加载变形曲线，面积 0*CAB*0 为加载过程中对轮胎做的功，*ADE* 为卸载变形曲线，面积 *ADEBA* 为卸载过程中轮胎恢复变形时放出的功。两面积之差 0*CADE*0 即为加载与卸载过程中的能量损失。此能量是消耗在轮胎各组成部分相互间的摩擦以及橡胶、帘线等物质的分子间摩擦，最后转化为热能而消失在大气中，这种损失即称为弹性物质的迟滞损失。

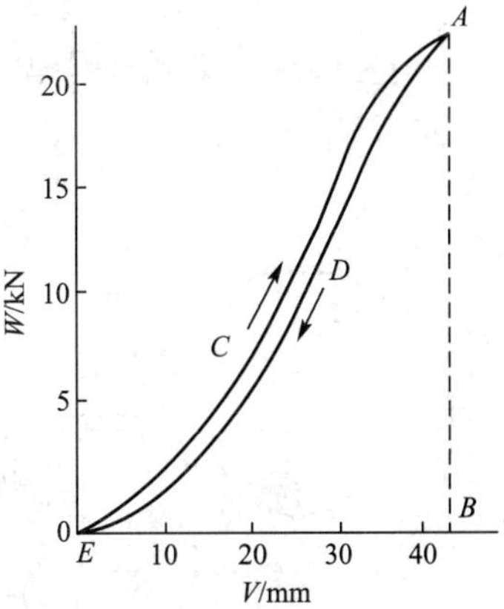

图 2.6　9.00-20 轮胎径向变形曲线

进一步分析表明：正是这种弹性迟滞损失表现为阻碍车轮滚动的一种阻力偶。当车轮受径向载荷作用但不滚动时，地面对车轮的法向反作用力的分布是前后对称的；当车轮滚动时，在法线 nn' 前后相对应点 d 和 d'（图 2.7(a)）变形虽然相同，但是由于弹性迟滞现象，处于压缩加载过程的前部 d 点的地面法向反作用力就会大于处于恢复卸载过程的后部 d' 点的地面法向反作用力。这从图 2.7(b) 中可以看出，设取同一变形 δ，压缩时的受力为 CF，恢复时的受力为 DF，而 CF 大于 DF。这样，就使地面法向反作用力的分布前后并不对称，从而使它们的合力 F_z 相对于法线 nn' 向前移了一个距离 a（图 2.8(a)），它随弹性迟滞损失的增大而增大。合力 F_z 与法向载荷 W 大小相等，方向相反。如将法向反力 F_z 平移至与通过车轮中心的垂线重合，则从动轮在硬路面上滚动时的受力情况可画为图 2.8(b) 所示的形式，即滚动时有滚动阻力偶矩 $T_f = F_z a$ 阻碍车轮滚动。

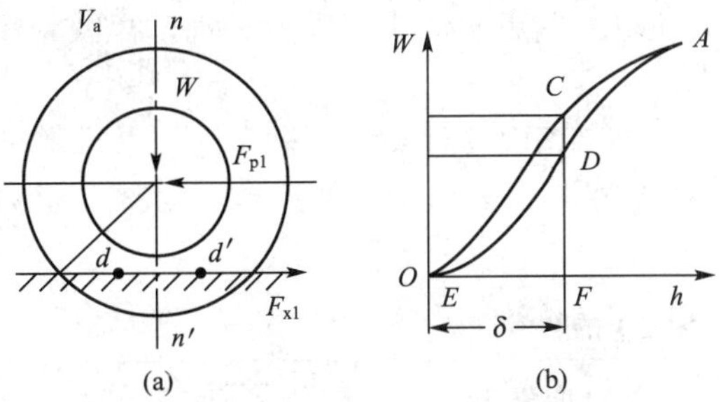

图 2.7　弹性轮胎在硬路面上的滚动

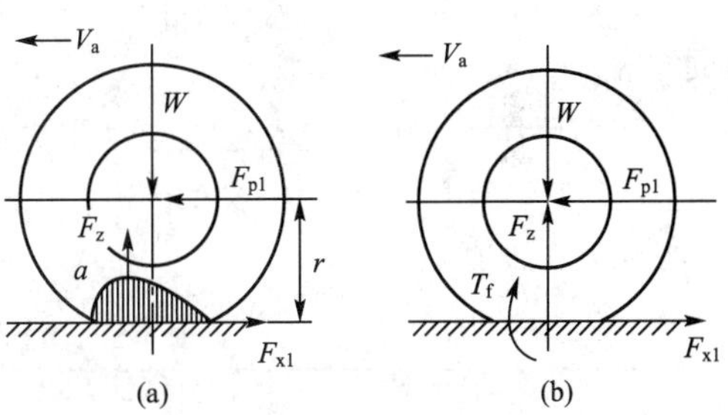

图 2.8　从动轮在硬路面上滚动时的受力情况

由图 2.8 可知，欲使从动轮在硬路面上等速滚动，必须在车轮中心加一推力 F_{p1} 与地面切向反作用力构成一力偶矩来克服上述滚动阻力偶矩。由力矩平衡得

$$F_{p1} r = T_f$$

故

$$F_{p1} = \frac{T_f}{r} = F_z \cdot \frac{a}{r}$$

若令 $f = \dfrac{a}{r}$，并且考虑到 F_z 与 W 大小相等，常将上式写作

$$F_{p1} = W \cdot f \quad 或 \quad f = \frac{F_{p1}}{W}$$

式中，f——滚动阻力系数。

可见滚动阻力系数是车轮在一定条件下滚动时所需的推力与车轮负荷之比，即单位汽车重力所需的推力。换言之，滚动阻力等于滚动阻力系数与车轮负荷的乘积

$$F_f = W \cdot f \tag{2-7}$$

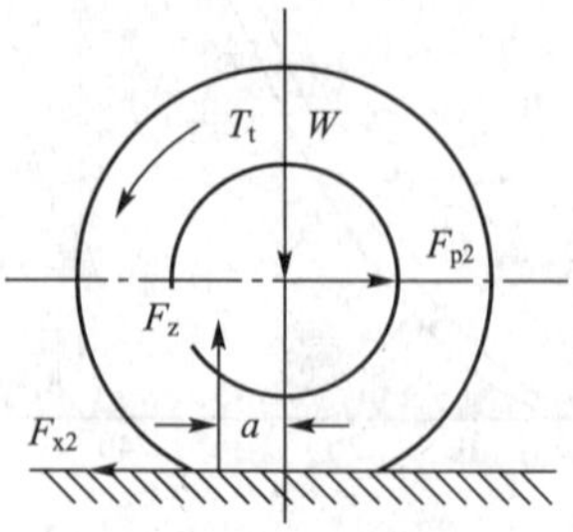

图 2.9　驱动轮在硬路面上等速滚动时的受力图

这样，在分析汽车行驶阻力时，不必具体考虑车轮滚动时所受到的滚动阻力偶矩，而只要知道滚动阻力系数求出滚动阻力便可以了(当然，滚动阻力无法在真正的受力图上表现出来，它只是一个数值)，这将有利于动力性分析的简化。

图 2.9 是驱动轮在硬路面上等速滚动时的受力图，图中 F_{x2} 为驱动力矩所引起的道路对车轮的切向反作用力，F_{p2} 为驱动轴作用于车轮的水平力，法向反作用力 F_z 也由于轮胎迟滞现象而使其作用点向前移动了一个距离 a，即在驱动轮上也作用有滚动阻力偶矩 T_f。由平衡条件得

$$F_{x2} r = T_t - T_f$$

$$F_{x2} = \frac{T_t - T_f}{r} = F_t - F_f$$

对照图 2.3 可知，图 2.3 没有考虑车轮滚动阻力而求得驱动力 F_t。由上式可知，真正作用在驱动轮上驱动汽车行驶的力为地面切向反作用力 F_{x2}，它的数值为驱动力 F_t 减去驱动轮上的滚动阻力 F_f。所以，图 2.9 只是一种定义，和滚动阻力一样，在受力图上驱动力是画不出来的。

综上可知，轮胎的弹性迟滞损失是以车轮滚动阻力偶矩的形式表现为对汽车行驶的一种阻力。

滚动阻力系数由试验确定。滚动阻力系数的大小与路面的种类、行驶车速以及轮胎的构造、材料、气压等有关。表 2-3 给出了汽车在一些路面上以中、低速行驶时滚动阻力系数的大致数值。

表 2-3　滚动阻力系数 f 的数值

路面类型	滚动阻力系数	路面类型		滚动阻力系数
良好的沥青或混凝土路面	0.010～0.018	压紧土路	干燥	0.025～0.035
一般的沥青或混凝土路面	0.018～0.020		雨后	0.050～0.150
碎石路面	0.020～0.025	泥泞土路(雨季)		0.100～0.250
良好的卵石路面	0.025～0.030	干砂		0.100～0.300
坑洼的卵石路面	0.035～0.050	湿砂		0.060～0.150
压紧的雪道	0.030～0.050	结冰路面		0.015～0.030

行驶车速对滚动阻力系数有很大影响。货车及轿车轮胎在车速低于 100km/h 时，滚动阻力系数随车速增加而逐渐增大但变化不大。轿车轮胎在车速为 140km/h 以上时 f 增长较快，车速达到某一临界车速例如 200km/h 时，滚动阻力系数迅速增大，此时轮胎发

生驻波现象，如图2.10所示，轮胎周缘不再是圆形而呈明显的波浪状，轮胎温度也很快增加到100℃以上，胎面与轮胎帘布层脱落，几分钟内就会出现爆破现象，这对高速行车是一件很危险的事情。

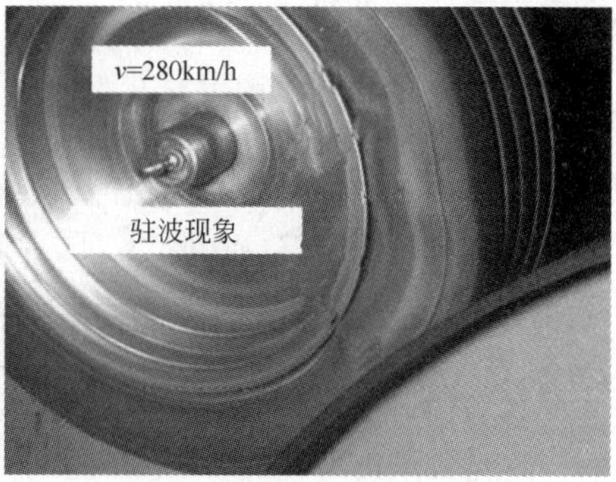

图2.10 轮胎的驻波现象

轮胎的结构、帘线和橡胶的品种对滚动阻力都有影响，子午线轮胎的滚动阻力系数较低。轮胎充气压力对 f 值有很大影响，气压降低时 f 值迅速增加，这是因为气压降低时，滚动的轮胎变形大，迟滞损失增加的缘故。

径向载荷对滚动阻力系数的影响很小，可以认为滚动阻力系数不随径向载荷的大小而变化。

可以用经验公式大致估算在良好路面上滚动阻力系数的数值。例如有人推荐轿车轮胎的滚动阻力系数可用下式来估算

$$f=f_0\left(1+\frac{V_a^2}{19400}\right)$$

式中，f_0 值——良好沥青或水泥路面0.014；卵石路面0.025；砂石路面0.020。

货车轮胎气压高，有人推荐用如下计算公式来计算滚动阻力系数

$$f=0.0076+0.000056V_a$$

上面讨论滚动阻力时是在汽车直线行驶条件下进行的，在转弯行驶时轮胎发生侧偏现象，滚动阻力大幅度增加。试验表明：这种由于转弯行驶增加的滚动阻力已接近直线行驶时的50%～100%。

2. 空气阻力

汽车直线行驶时受到的空气作用力在行驶方向上的分力称为空气阻力。空气阻力分为压力阻力与摩擦阻力两部分。作用在汽车外形表面上的法向压力的合力在行驶方向的分力称为压力阻力。摩擦阻力是由于空气的粘性在车身表面产生的切向力的合力在行驶方向的分力。

压力阻力又分为四部分：形状阻力、干扰阻力、内循环阻力和诱导阻力。形状阻力占压力阻力的大部分，与车身主体形状有很大关系；干扰阻力是车身表面突起物如后视镜、门把、悬架导向杆、驱动轴等引起的阻力；发动机冷却系、车身内部通风等所需空气流经车体内部时构成的阻力即为内循环阻力；诱导阻力是空气升力在水平方向的分力。

在一般轿车中，这几部分阻力的大致比例为：形状阻力占58%，干扰阻力占14%，内循环阻力占12%，诱导阻力占7%，摩擦阻力占9%。

汽车空气阻力的数值通常都总结成与气流相对速度的动压力 $\frac{1}{2}C_D\rho V_r^2$ 成正比的形式，即

$$F_w=\frac{1}{2}C_DA\rho V_r^2$$

式中，C_D——空气阻力系数，由试验测得；

ρ——空气密度，一般 $\rho=1.2258(N\cdot s^2\cdot m^{-4})$；

A——迎风面积，即汽车行驶方向的投影面积，m^2；

V_r——相对速度，在无风时汽车的行驶速度，m/s。

如汽车行驶速度 V_a 以 km/h 计，则空气阻力 F_w(单位为 N)为

$$F_w=\frac{C_DAV_a^2}{21.15} \tag{2-8}$$

此式表明，空气阻力与车速的平方、空气阻力系数 C_D 及迎风面积 A 成正比。以上参数对高速行驶中的汽车的影响可以用一个例子来说明。如果不改变一辆法拉利 Testarossa 的形状，而将其最高车速从 290km/h 提高至兰博基尼 Diablo 的 322km/h 的话，需要发动机的最大输出功率从 287kW 提升到 393kW，但是如果将其空气阻力系数从 0.36 降至 0.29 也能实现同样目的。一般来说 A 值受到乘坐使用空间的限制不易进一步减少，所以降低 C_D 值是降低空气阻力的主要手段。20 世纪 50～70 年代，轿车 C_D 值维持在 0.4～0.6 之间，但在 70 年代能源危机后，为了进一步降低油耗，各国都致力于降低 C_D 值，在 20 世纪 90 年代 C_D 值已减小到 0.25～0.40。

目前，对货车与半挂车的空气阻力也很重视，不少半挂车的牵引车驾驶室上已开始安装导流板等装置以减少空气阻力，节约燃料。图 2.11 为经过空气动力学设计的牵引车驾驶室。此外，乘用车和跑车上也普遍采用安装导流板和整流罩的方式来降低空气阻力，图 2.12 所示为奥迪 A6 轿车上安装的导流板和整流罩。

图 2.11　经过空气动力学设计的牵引车驾驶室

值得指出的是，汽车的 C_D 值实际上随着车身的离地距离、俯仰角以及侧向风的大小而变化。一般应给出额定载荷下(如轿车为半载)、无侧向风时的空气阻力系数 C_D 值。表 2-4 为各类汽车的 C_D 值。

表 2-4　各类汽车的 C_D 值

车型	C_D 值	车型	C_D 值
小型货车	0.23～0.45	货车	0.40～0.60
轿车	0.20～0.55	大客车	0.50～0.80
旅行车	0.40～0.57	重型货车	0.65～1.00

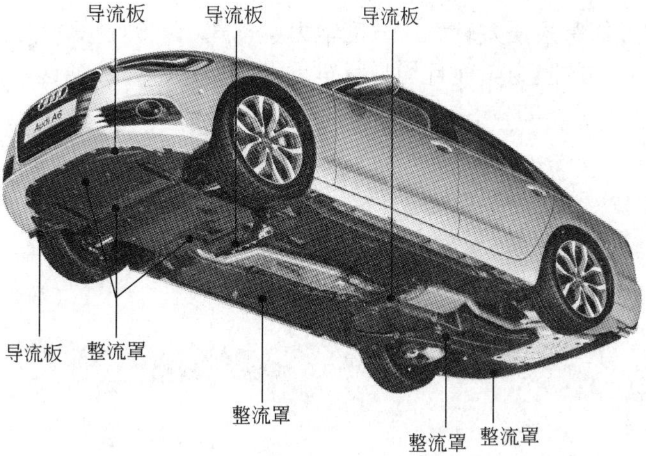

图 2.12 奥迪 A6 轿车上的导流板和整流罩

3. 坡度阻力

当汽车上坡行驶时，如图 2.13 所示，汽车重力沿坡道的分力表现为汽车坡度阻力 F_i，即

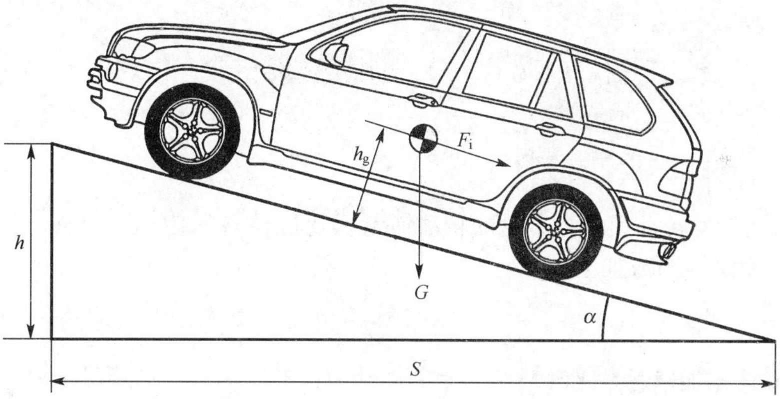

图 2.13 汽车的坡度阻力

$$F_i = G\sin\alpha \tag{2-9}$$

式中，G——作用于汽车上的重力，N。

道路坡度以坡高和底长之比来表示，即

$$i = \frac{h}{S} = \tan\alpha$$

根据我国的公路工程技术标准，平原微丘区 I 级路面最大坡度为 4%，山岭重丘区 I 级路面最大坡度为 9%。所以在一般路面上坡度较小，此时

$$\sin\alpha \approx \tan\alpha \approx i$$

故

$$F_i=G\sin\alpha\approx G\tan\alpha=Gi \tag{2-10}$$

在坡度大时，近似等式误差较大，坡度阻力应按式(2-9)计算。由于坡度阻力与滚动阻力均属于与道路有关的阻力，而且均与汽车重力成正比，故可把这两种阻力合在一起称作道路阻力，以 F_ψ 表示，即

$$F_\psi=F_f+F_i=f\cdot G\cos\alpha+G\sin\alpha$$

当 α 不大时，$\cos\alpha\approx1$，$\sin\alpha\approx\tan\alpha=i$

则

$$F_\psi=Gf+Gi=G(f+i)$$

令 $\psi=f+i$，ψ 称为道路阻力系数。

所以

$$F_\psi=G\psi \tag{2-11}$$

4. 加速阻力

汽车加速行驶时，需要克服其质量加速运动时的惯性力，就是加速阻力 F_j。汽车的质量分为平移的质量和旋转的质量两部分。加速时不仅平移的质量产生惯性力，旋转的质量也要产生惯性力偶矩。为便于计算，一般把旋转质量的惯性力偶矩转化为平移质量的惯性力，并以系数 δ 作为计入旋转质量惯性力偶矩后的汽车质量换算系数，因而汽车加速阻力(单位为 N)可写作

$$F_j=\delta m\frac{\mathrm{d}V}{\mathrm{d}t} \tag{2-12}$$

式中，δ——汽车旋转质量换算系数($\delta>1$)；

m——汽车质量，kg；

$\frac{\mathrm{d}V}{\mathrm{d}t}$——行驶加速度，$\mathrm{m/s^2}$。

δ 主要与飞轮的转动惯量、车轮的转动惯量以及传动系的传动比有关。汽车旋转质量换算系数 δ 的定义可写成如下式子

$$\delta=\frac{F_j'+F_j''}{F_j'}$$

式中，F_j'——汽车加速时，平移质量产生的惯性力；

F_j''——汽车加速时，旋转质量产生的惯性力偶矩的转化力。

如果以 I_f 和 $\sum I_w$ 分别表示发动机飞轮的转动惯量与所有车轮的转动惯量之和，ε_f 和 ε_w 分别表示发动机飞轮和车轮的角加速度，则汽车加速时，发动机飞轮和全部车轮产生的惯性力偶矩分别为 $I_f\varepsilon_f$ 与 $\sum I_w\varepsilon_w$，它们转化到车轮边缘的力之和为

$$F_j''=\frac{1}{r}\left(I_f\varepsilon_f i_g i_0\eta_T+\sum I_w\varepsilon_w\right)$$

由于 $\varepsilon_f=\varepsilon_w i_g i_0$，$\varepsilon_w=\frac{1}{r}\frac{\mathrm{d}V}{\mathrm{d}t}$，则

$$F_j''=\frac{1}{r^2}\frac{\mathrm{d}V}{\mathrm{d}t}\left(I_f i_g^2 i_0^2\eta_T+\sum I_w\right)$$

又因为 $F_j'=m\frac{\mathrm{d}V}{\mathrm{d}t}$

由此可以推出汽车旋转质量换算系数

$$\delta=\frac{F'_j+F''_j}{F'_j}=1+\frac{1}{m}\frac{\sum I_w}{r^2}+\frac{1}{m}\frac{I_f i_g^2 i_0^2 \eta_T}{r^2} \tag{2-13}$$

式中，I_w——车轮的转动惯量，$kg\cdot m^2$；

I_f——飞轮的转动惯量，$kg\cdot m^2$。

在进行动力性初步计算时，若不知道准确的 I_w、I_f 值，可做如下经验处理：

在式(2-13)中，令 $\delta_1=\frac{\sum I_w}{mr^2}$，$\delta_2=\frac{I_f i_0^2\eta_T}{mr^2}$ 时，则

$$\delta=1+\delta_1+\delta_2 i_g^2$$

系数 δ_1 和 δ_2 对一般汽车为 0.03～0.05，可取其平均值，则

$$\delta=1.04+0.04 i_g^2$$

2.2.3 汽车行驶方程式

根据上面逐项分析的汽车行驶阻力，可以得到汽车的行驶方程式为

$$\frac{T_{tq} i_g i_0 \eta_T}{r}=Gf+\frac{C_D A V_a^2}{21.15}+Gi+\delta m\frac{dV}{dt} \tag{2-14}$$

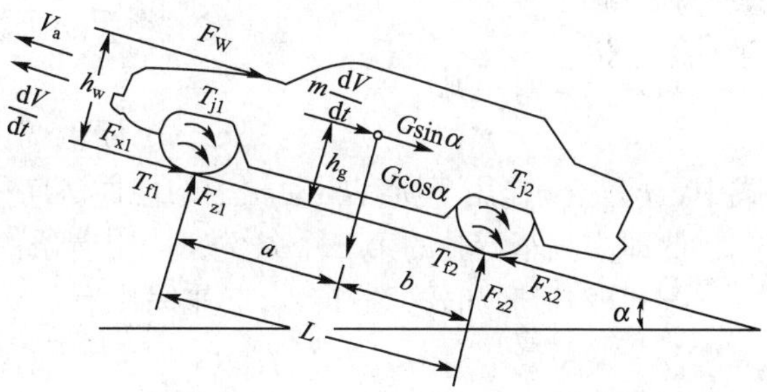

图 2.14　汽车加速上坡时的受力情况

这个等式表示驱动力与行驶阻力的数量关系，这个关系式被方便地用来进行汽车的动力性分析，但式中有些项并不是真正作用于汽车的外力。例如，滚动阻力是以滚动阻力偶作用在车轮上的，如图 2.14 所示。我们称 $F_t=\frac{T_{tq} i_g i_0 \eta_T}{r}$为驱动力，也并不是真正作用于驱动轮上的地面切向反作用力，只是为分析方便起见才把它称为驱动力。此外，作用在汽车质心上的惯性力为 $m\frac{dV}{dt}$，也不是 $\delta m\frac{dV}{dt}$；除此之外，飞轮的惯性力矩是作用在汽车横截面上的，所以 $F_j=\delta m\frac{dV}{dt}$只是进行动力性分析时代表惯性力和惯性力矩总效应的一个数值而已。

2.2.4 汽车行驶条件

汽车要想开动并保持行驶，必须有加速能力。由汽车行驶方程式(2-2)可得

$$\delta m\frac{dV}{dt}=F_t-(F_f+F_w+F_i)$$

即驱动力必须大于滚动阻力、坡度阻力和空气阻力三力之和后才能加速行驶。若驱动力小于这三个阻力之和，则汽车无法开动，正在行驶的汽车将减速直至停车。所以汽车行驶的第一个条件为

$$F_t\geqslant F_f+F_w+F_i \tag{2-15}$$

式(2-15)被称为汽车的驱动条件，但还不是汽车行驶的充分条件。可以采用增加发

动机转矩、加大传动比等措施来增大汽车驱动力，但是这些措施只有在驱动轮与路面不发生滑转现象时才有效。如果驱动轮在路面滑转，则增大驱动力只会使驱动轮加速旋转，地面切向反作用力并不会增加，汽车仍不能行驶。这种现象说明，地面作用在驱动轮上的切向反作用力受地面接触强度的限制，并不能随意加大，即汽车行驶除受驱动条件制约外还受轮胎与地面附着条件的限制。

地面对轮胎切向反作用力的极限值称为附着力 F_φ，在硬路面上附着力取决于轮胎与地面间的相互摩擦，它与驱动轮法向反作用力 F_z 成正比，常写成

$$F_{xmax}=F_\varphi=F_z\varphi \tag{2-16}$$

式中，φ——附着系数。

附着系数是由路面与轮胎决定的。所以地面切向反作用力不能大于附着力，否则将发生驱动轮滑转现象，即对于后轮驱动的汽车

$$F_{x2}=\frac{T_t-T_f}{r}\leqslant F_{z2}\varphi$$

$$F_t\leqslant F_{z2}(\varphi+f)$$

比起附着系数 φ 来，滚动阻力系数 f 的值很小，可近似写成

$$F_t\leqslant F_{z2}\varphi$$

或更一般的写成

$$F_t\leqslant F_{z\varphi}\varphi \tag{2-17}$$

式中，$F_{z\varphi}$——作用于所有驱动轮上的地面法向反作用力，N。

此即为汽车行驶的第二个条件——附着条件。

把式(2-15)和式(2-17)合起来写则有

$$F_f+F_w+F_i\leqslant F_t\leqslant F_{z\varphi}\varphi \tag{2-18}$$

这就是汽车行驶的必要与充分条件，称为汽车行驶的驱动-附着条件。

图 2.14 画出了汽车加速上坡时的受力图，应该注意上式中地面作用于驱动轮的法向反力与汽车轴荷分配、行驶状况和道路条件有关。在行驶中，汽车车轮的法向反力 F_z 会发生变化，不再等于作用在静止的驱动轮上的法向反力，可以根据汽车的受力情况(图 2.9)和平衡条件求出。

2.3 汽车动力性的分析

2.3.1 驱动力-行驶阻力平衡图

由汽车的行驶方程式(2-2)和式(2-14)可知

$$F_t=\sum F_{阻}=F_f+F_w+F_i+F_j$$

或

$$\frac{T_{tq}i_g i_0\eta_T}{r}=Gf+Gi+\frac{C_D A V_a^2}{21.15}+\delta m+\frac{dV}{dt}$$

此公式表明了汽车行驶时驱动力和行驶阻力平衡关系的普遍情况。当发动机的转速

特性、变速器的传动比、主减速比、传动效率、车轮半径、空气阻力系数、汽车迎风面积以及汽车质量等初步确定后或已知时，便可利用此式分析在附着性能良好的典型路面(混凝土、沥青路面)上的行驶能力，即确定汽车的最高车速、加速能力和爬坡能力。

为清晰而形象地表明汽车行驶时的受力情况及其平衡关系，一般将汽车行驶方程式用图解法进行分析。即在图 2.15 的汽车驱动力图上把汽车行驶中经常遇到的滚动阻力和空气阻力之和以同样坐标和比例尺画上，得到汽车驱动力-行驶阻力平衡图，并以它来确定汽车的动力性。

图 2.15 为一具有四挡变速器汽车的驱动力-行驶阻力平衡图。图上画出了各挡的驱动力、滚动阻力及滚动阻力和空气阻力叠加后得到的行驶阻力曲线。从图上可清楚地看出不同车速时驱动力和行驶阻力之间的关系。汽车以最高挡行驶时的最高车速，可以直接从图上得到。显然，F_{t4}曲线与(F_f+F_w)曲线的交点便是V_{amax}。

从图中还可以看出，当车速低于最高车速时驱动力大于行驶阻力。这样，汽车就可以利用剩下来的驱动力来加速或爬坡。当需要中速或低速行驶时，驾驶员可以关小节流阀开度(图中虚线)，此时发动机只用部分负荷特性工作，相应的得到虚线所示驱动力曲线以使汽车达到新的平衡。

汽车的加速能力一般常用加速时间来表示。譬如用直接挡行驶时，由最低稳定速度加速到一定距离或 $80\%V_{amax}$所需的时间。现在根据图 2.15 求汽车的加速时间。

设 $F_i=0$，由汽车行驶方程得

$$\frac{dV}{dt}=\frac{1}{\delta m}[F_t-(F_f+F_w)]$$

由图 2.15 和上式可计算得到各挡油门全开时的加速度曲线，如图 2.16 所示。

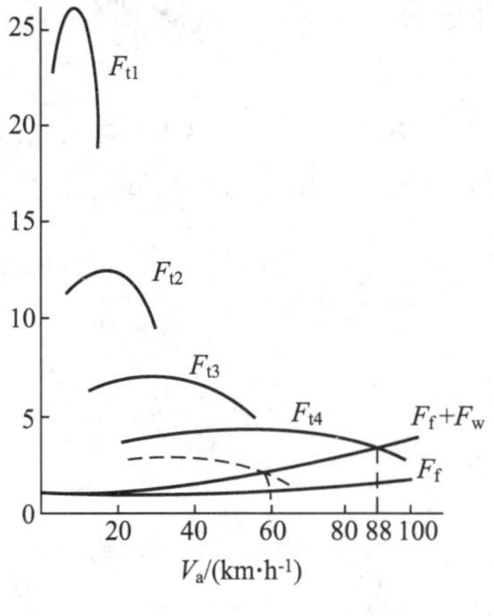

图 2.15　汽车驱动力-行驶阻力平衡图

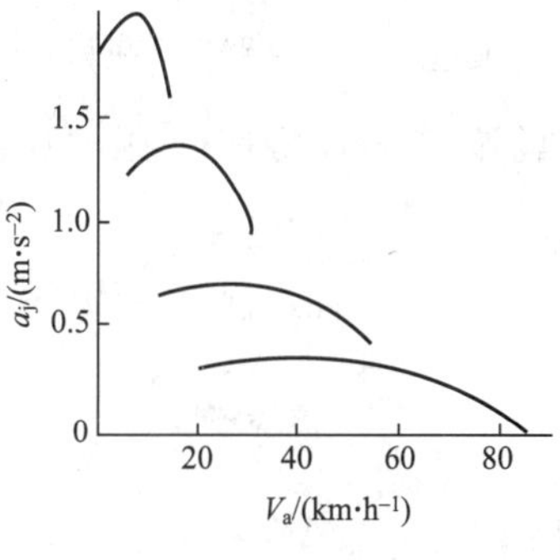

图 2.16　汽车行驶的加速度曲线

有的汽车Ⅰ挡δ值较大，Ⅱ挡的加速度可能比Ⅰ挡的加速度还大。根据加速度图可以进一步求出由某一车速V_1加速至另一较高车速V_2所需的时间。

由运动学可知

$$dt=\frac{1}{a_j}dV$$

$$t=\int_0^t \mathrm{d}t=\int_{V_1}^{V_2}\frac{1}{a_j}\mathrm{d}V=A$$

即加速时可用计算机积分或用图解积分法求出。用图解积分法时，将 a_j - V_a 曲线转化成 $\frac{1}{a_j}$ - V_a 曲线，如图 2.17(a)所示。曲线下两个速度区间的面积就是通过此速度区间的加速时间，常将速度区间分为若干间隔，通过确定面积 Δ_1，Δ_2…来计算(总)加速时间，如图 2.17(b)所示。

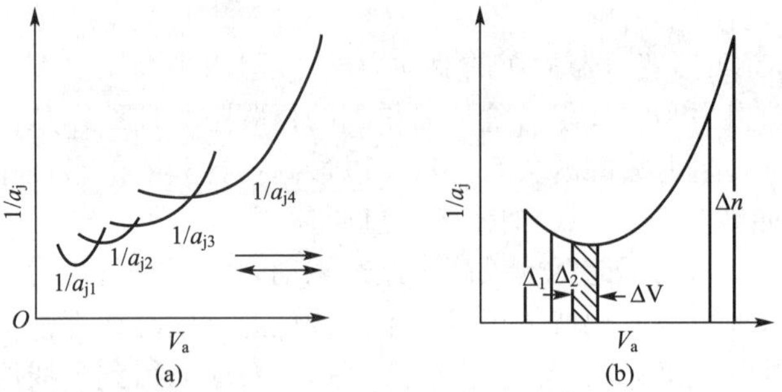

图 2.17 汽车的加速度倒数曲线

在进行一般动力性分析而计算原地起步加速时间时，可以忽略原地起步时的离合器打滑过程，即设在最初时刻，汽车已具有起步挡的最低车速来计算。加速过程中的换挡时刻可根据各挡 $\frac{1}{a_j}$ - V_a 的曲线来确定，如图 2.17(a)所示。若Ⅰ挡和Ⅱ挡的加速度倒数曲线有交点，显然为了获得最短加速时间，应在交点对应车速由Ⅰ挡换Ⅱ挡。若Ⅰ挡和Ⅱ挡加速度倒数曲线不相交，则应在Ⅰ挡加速行驶至发动机转速达到最高转速时换入Ⅱ挡。其他各挡的换挡时刻也按此原则来确定。换挡过程所经历的时间常忽略不计。

根据汽车的行驶方程式和驱动力-行驶阻力平衡图可以确定汽车的爬坡能力。一般所谓汽车的爬坡能力，是指汽车在良好路面上克服(F_f+F_w)后的余力全部用来克服坡度阻力时能爬上的坡度(汽车等速行驶)，所以 $\frac{\mathrm{d}V}{\mathrm{d}t}=0$，故

$$F_i=F_t-(F_f+F_w)$$

式中，F_f 应为 $Gf\cos\alpha$，且 F_f 的数值本来就小，且 $\cos\alpha\approx1$，故可认为

$$F_f+F_w=Gf+\frac{C_DAV_a^2}{21.15}$$

从而

$$F_i=G\sin\alpha=F_t-(F_f+F_w)$$

整理得

$$\alpha=\arcsin\frac{F_t-(F_f+F_w)}{G} \tag{2-19}$$

利用图 2.15 和上式可求出汽车能爬上的坡度角 α，根据 $i=\tan\alpha$ 可求出坡度值。

汽车最大爬坡度 i_{max} 为Ⅰ挡时的最大爬坡度。直接挡最大爬坡度 i_{0max} 也应引起注意

(图 2.18)，因为汽车经常是以直接挡行驶的，如果 i_{0max} 过小，迫使汽车遇到较小的坡度时经常换挡，这样就影响了行驶的平均速度，其数值可按下式近似计算

$$i_{0max}=\frac{F_{tdmax}-(F_f+F_w)}{G} \tag{2-20}$$

式中，F_{tdmax}——直接挡时的最大驱动力，N。

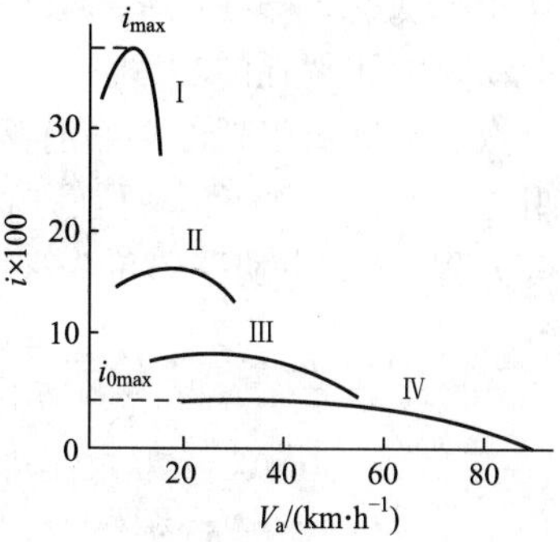

图 2.18 汽车的爬坡度曲线

2.3.2 动力特性图

汽车工程中也常用动力特性图来分析汽车的动力性。将汽车行驶方程式两边除以汽车重力 G 并整理如下

$$F_t-F_w=F_f+F_i+F_j$$

$$\frac{F_t-F_w}{G}=\frac{F_f+F_i}{G}+\frac{\delta m}{G}\frac{dV}{dt}$$

令 $D=\dfrac{F_t-F_w}{G}$，称为汽车的动力因数。

注意到 $\dfrac{F_f+F_i}{G}=\dfrac{Gf+Gi}{G}=f+i=\psi$

故

$$D=\psi+\frac{\delta}{g}\frac{dV}{dt} \tag{2-21}$$

汽车在各挡下的动力因数与车速的关系曲线称为动力特性图，如图 2.19 所示。在动力特性图上作滚动阻力系数曲线 $f-V_a$，显然，f 线与 $D-V_a$ 曲线的交点即为汽车的最高车速。

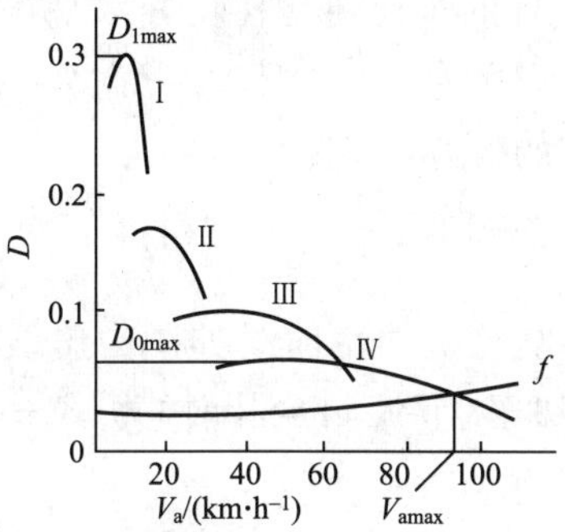

图 2.19 汽车的动力特性图

在求最大爬坡度时，$\dfrac{dV}{dt}=0$，故式(2-21)写成

$$D=\psi=f+i$$

因此 D 曲线与 f 曲线间的距离就表示汽车的上坡能力。Ⅰ挡时，坡度较大，此时 $i_{max}=D_{1max}-f$ 计算误差较大，应用下式计算

$$D_{1max}=f\cos\alpha_{max}+\sin\alpha_{max}$$

用 $\cos\alpha_{max}=\sqrt{1-\sin^2\alpha_{max}}$ 代入上式并整理得

$$\alpha_{max}=\arcsin\frac{D_{1max}-f\sqrt{1-D_{1max}^2+f^2}}{1+f^2}$$

$i_{max}=\tan\alpha_{max}$ 即为最大爬坡度。

加速时，$i=0$，故

$$\frac{dV}{dt}=\frac{g}{\delta}(D-f)$$

用动力特性图也可求得加速度值，然后换算为加速时间。

2.3.3 功率平衡图

汽车行驶时，不仅驱动力和行驶阻力互相平衡，发动机功率和汽车行驶的阻力功率也

是互相平衡的，即在汽车行驶的每一瞬间，发动机发出的功率始终等于机械传动损失和全部运动阻力所消耗的功率。

汽车运动所消耗的功率有滚动阻力功率 P_f、空气阻力功率 P_w、坡度阻力功率 P_i 及加速阻力功率 P_j，将汽车行驶方程式两边乘以行驶车速 V_a，并经单位换算整理出汽车功率平衡方程式(式中功率单位为 kW)如下

$$P_e=\frac{1}{\eta_T}\left(\frac{GfV_a}{3600}+\frac{GiV_a}{3600}+\frac{C_DAV_a^3}{76140}+\frac{\delta mV_a}{3600}\frac{dV}{dt}\right) \quad (2-22)$$

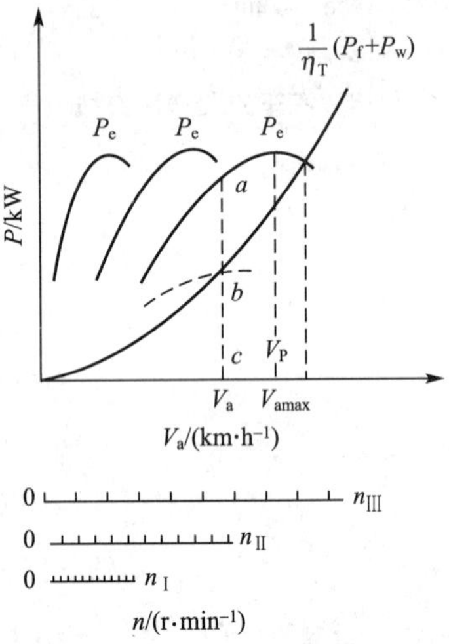

图 2.20　汽车功率平衡图

与力的平衡处理方式相同，功率平衡方程式可用图解法表示。若以纵坐标表示功率，横坐标表示车速，将发动机功率 P_e、汽车经常遇到的阻力功率 $\frac{1}{\eta_T}(P_f+P_w)$ 对车速的关系曲线绘在坐标图上，即为汽车功率平衡图，如图 2.20所示。

发动机功率与行驶车速的关系曲线 P_e-V_a 可根据发动机外特性及公式 $V_a=0.377\frac{nr}{i_gi_0}$ 将发动机转速转换成车速绘得。显然，在不同挡位时，功率大小不变，只是各挡发动机功率曲线所对应的车速位置不同，且低挡时车速低所占速度变化区域窄；高挡时车速高所占速度变化区域宽。

最高挡时与发动机最大功率相对应的车速 V_a 一般等于或稍小于最高车速。图中直接挡发动机功率曲线(或超速挡)与阻力功率曲线交点处的车速便是在良好水平路面上汽车的最高车速 V_{amax}。

当汽车在水平良好路面上以车速 V'_a 行驶时(等速)，汽车的阻力功率(图 2.20)为

$$\frac{1}{\eta_T}(P_f+P_w)=\overline{bc}$$

此时，驾驶员部分开启节流阀以维持汽车等速行驶，发动机功率曲线如图中虚线所示。但是，发动机在汽车行驶速度为 V'_a 时能发出的最大功率(节流阀全开时)为 $P_e=\overline{ac}$(图 2.20)，于是

$$P_e-\frac{1}{\eta_T}(P_f+P_w)=\overline{ac}-\overline{bc}=\overline{ab}$$

$\overline{ab}$ 可用来加速或爬坡。

$P_e-\frac{1}{\eta_T}(P_f+P_w)$ 被称为汽车的后备功率。就是说，在一般情况下维持汽车等速行驶所需的发动机功率并不大，发动机节流阀开度较小。当需要爬坡或加速时驾驶员加大节流阀开度，使汽车的全部或部分后备功率发挥作用。因此，汽车的后备功率越大，汽车的动力性越好。

利用功率平衡分析设计使用中有关动力性的问题较为方便，因为它是从能量转换角度研究汽车动力性的；利用功率平衡图可以形象地表明后备功率，能看出汽车行驶时发动机的负荷率，所以，燃油经济性分析中也常用它。

2.4 合理利用汽车动力性

从对汽车行驶方程式的分析中知道，汽车的动力性与汽车结构参数、载荷及道路条件密切相关。下面从汽车结构和使用条件两个方面来讨论各种因素对汽车动力性的影响。

2.4.1 汽车结构参数对动力性的影响

1. 发动机参数对汽车动力性的影响

发动机的外特性、最大功率和最大转矩对汽车动力性影响最大。

附着条件允许时，显然发动机功率转矩越大，汽车的动力性就越好。但发动机功率过大也是不合理的，一方面发动机功率过大将导致发动机尺寸、质量、制造成本增加，特别是运行时的燃料经济性显著下降；另一方面，汽车驱动力的提高受到附着条件的限制，不能无限地加大，所以过大地增大发动机功率也是无益的。通常用发动机比功率(即发动机最大功率与汽车总重力之比)来衡量汽车发动机功率匹配。发动机比功率的大小对汽车的动力性和燃油经济性等有很大影响，是选择发动机功率的重要依据之一。

2. 传动系参数对汽车动力性的影响

1) 传动效率 η_T

传动系损失功率可表示为 $P_t=P_e(1-\eta_T)$，可见传动系机械效率越高，传动损失功率就越小，发动机有效功率就更多地转变为驱动力，汽车动力性越好。目前可在润滑油中加入减摩添加剂或选用黏度适当且受温度影响小的润滑油，对提高传动效率有明显效果。

2) 主减速器传动比

变速器处于直接挡时，主减速器传动比将直接影响汽车的动力性。

图2.21表示其他条件相同而主减速器传动比不同时的直接挡功率平衡图，其中 $i_{01}>i_{02}>i_{03}$，分析该功率平衡图可知，$i_0=i_{02}$ 时汽车的最高车速为最大。因为 $i_0=i_{02}$ 时，汽车以最高车速行驶消耗的阻力功率等于发动机的最大功率，汽车的最高车速等于发动机最大功率相对应的车速，即 $V_{amax}=V_{ap2}$，其他条件不变，无论主减速器传动比 i_0 增大还是减小，都使汽车的最高车速降低。在这些情况下，$\frac{1}{\eta_T}(P_f+P_w)-V_a$ 曲线与发动机外特性曲线不再相交于发动机输出最大功率处，即 $V_{amax}\neq V_{ap}$，发动机最大功率不能利用来提高汽车车速。当 $i_0=i_{01}$ $(i_{01}>i_{02})$ 时，汽车的最高车速 V_{amax} 大于发动机最大功率 P_{emax} 相对应的车速 V_{ap1}；当 $i_0=i_{03}$ $(i_{03}<i_{02})$ 时，汽车的最高车速小于发动机最大功率相对应车速(实际上这个车速不存在)，使汽车发动机最大功率不能利用，不仅使汽车的最高车速降低，同时汽车后备功率也明显降低，汽车动

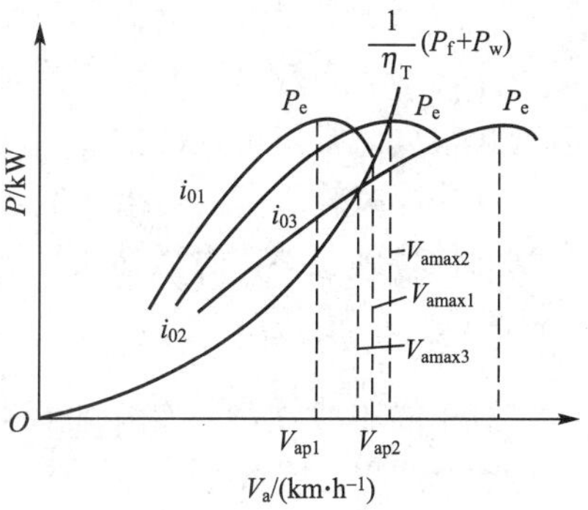

图2.21 主减速比对动力性的影响

其中 $i_0=1$，$i_{01}>i_{02}>i_{03}$

力性全面变差。因此，一般汽油发动机汽车最高车速 V_{amax} 与最大功率时相应车速 V_{ap} 之比为 $V_{amax}/V_{ap}=1.0\sim1.1$，柴油车为 $V_{amax}/V_{ap}=1.0$。

3）变速器传动比及挡数对汽车动力性的影响

汽车以最低挡(I挡)行驶时，必须保证汽车具有足够的驱动力以使汽车具有克服最大行驶阻力的能力。如果其他条件相同，I挡的传动比直接影响汽车起步加速性能和最大爬坡能力。

现代汽车大多仍保持变速器的最小传动比为1，即最高挡为直接挡；少数汽车变速器最小传动比小于1，即最高挡为超速挡。利用超速挡的目的主要是提高汽车在良好道路上行驶的最高车速和高速时的燃油经济性。

变速器挡位多，增加了发动机发挥最大功率附近高功率的机会，提高了汽车的加速能力和爬坡能力。

3. 空气阻力系数 C_D 对汽车动力性的影响

根据 $D=(F_t-F_w)/G$，若两辆汽车总重力和驱动力相同，则空气阻力 F_w 越小，汽车动力因数 D 越大，即克服道路阻力和加速阻力的能力越强，最高车速也提高，汽车的动力性越好。空气阻力系数、迎风面积及车速决定了汽车空气阻力的大小。空气阻力在汽车低速行驶时，对汽车动力性影响较小，而在汽车高速行驶时，空气阻力在汽车行驶阻力中占很大比重，对汽车动力性影响较大。所以改善汽车流线型、减少空气阻力，对高速行驶汽车是非常必要的。如图2.22所示为日产GT-R跑车在进行空气动力学试验。

图2.22　日产GT-R跑车在进行空气动力学试验

4. 汽车总重力对动力性的影响

汽车总重力对汽车动力性影响很大。除空气阻力外，其他行驶阻力都与汽车的总重力成正比，动力因数与汽车总重力成反比。因此，随着汽车总重力的增加(在汽车使用中装载变化很大，常出现这种情况)，其动力性变差，汽车行驶的平均速度下降。

如果能减轻汽车的自重，则可减小汽车行驶的滚动阻力、上坡阻力和加速阻力，使汽车动力性得到改善，而且燃油经济性也变好。

5. 轮胎尺寸与型式对汽车动力性的影响

汽车的驱动力 F_t 与轮胎半径 r 成反比，而车速 V_a 与轮胎半径 r 成正比，因此，轮胎半径与动力性有关的驱动力、车速是矛盾的。现在，在良好路面上行驶的汽车，轮胎半径有减小的趋势。首先，汽车在良好路面上行驶时，附着力较大，允许用小直径的轮胎，可得到较大的驱动力。车速的提高可以用减小主减速器传动比来解决。轮胎尺寸和主减速器传动比减小，使汽车质心高度降低，提高了汽车的行驶稳定性，有利于汽车的高速行驶。软路面上行驶的汽车，车速不高，要求轮胎半径大些，主要是为了增加轮胎与路面间的附着系数。

轮胎型式、花纹、气压对汽车动力性也有影响。为提高汽车动力性，应尽量减少汽车轮胎的滚动阻力，同时增加道路与轮胎间的附着力。根据这一原则，在硬路面上行驶的汽车，用子午线轮胎、小而浅的花纹、较高的轮胎气压，对提高汽车的动力性有一定作用；在松软路面上行驶的汽车，用大而深的轮胎花纹、较低的轮胎气压，对提高汽车的动力性和通过性有很好的作用。

2.4.2 使用因素对汽车动力性的影响

使用因素对汽车动力性有重要影响，如一台本来动力性良好的汽车，若使用、保养、调整不当，发动机发不出应有的功率，传动系统机械效率较低，则汽车就不能充分发挥它的动力性。使用因素对汽车动力性的影响主要包括以下几个方面。

(1) 发动机技术状况。这是保证汽车动力性的关键。应保证发动机的功率、转矩，不然汽车的动力性将下降。

(2) 汽车底盘的技术状况。汽车传动系各轴承的紧度与润滑、前轮定位角度、轮胎气压、制动器的调整、离合器的调整、传动系润滑油的质量等都直接影响汽车的动力性。

(3) 驾驶员驾驶技术。熟练地驾驶、适时和迅速地换挡、正确地选择挡位，对发挥和利用汽车的动力性有很大作用。例如，充分利用惯性冲坡，可以使汽车通过比使用说明书指出的最大爬坡度还大的短坡。

(4) 汽车行驶条件。路面和气候也影响汽车的动力性。在坏路上行驶时，路面和轮胎间的滚动阻力增大，附着系数下降，汽车的动力性变差。在炎热地区，发动机进气温度高引起发动机功率下降，试验表明：CA10B汽车长期在32～35℃环境中工作，在发动机转速为2400r/min时，其有效功率只能发出原来的34％。在高原地区，由于气压低，发动机进气量下降导致有效功率下降，使汽车动力性变差。试验表明：在海拔4000m地区，发动机有效功率只有原来的50％。

2.4.3 汽车动力性的合理使用

汽车在正常使用时期内，如何合理使用车辆、充分发挥其经济效益是汽车使用研究的主要内容，而最重要的内容是研究如何充分发挥汽车的动力。充分发挥汽车动力主要是提高汽车的平均技术速度和有效载重量，即提高汽车发动机功率的利用程度。

汽车平均技术速度不同于汽车的最高车速，它不仅能反映汽车的动力性能，同时也能反映各种运行条件的影响，因此，它是影响运输生产率和成本的重要因素之一。

汽车平均技术速度等于汽车总行驶里程与总行驶时间之比，即

$$\overline{V}_a=\frac{S}{T}$$

式中，S——总行驶里程，km；

T——总行驶时间，h。

汽车的平均技术速度不仅取决于汽车的动力性能，同时还受到汽车的其他使用性能以及道路条件、运输工作的组织因素、驾驶员技术水平和交通条件的影响，它不是汽车的实际行驶速度，也不是汽车的最高车速，而是一个计算值，是汽车运输企业在编制运输工作方案时计算生产率和成本的一个重要参数。

汽车平均技术速度是驾驶员技术水平、车辆技术性能与状况、道路、交通条件、运输组织、载荷等功能效率的综合反映。因此，影响汽车平均技术速度的因素有以下几点。

1. 驾驶员的技术水平

驾驶员的技术水平主要是指驾驶员操作技能的熟练程度及对所驾车辆技术状况、性能、结构原理的掌握深度，对交通环境及各种情况处理是否正确等。一个技术良好的驾驶员，应具有操作技术熟练，熟知所驾车辆的结构、性能和状况，在各种道路上以及在较复杂的交通条件下，即使是车速高一些，也能安全行车。一个好的驾驶员能提高汽车的平均技术速度。统计表明：同一台汽车，由于驾驶员的技术水平不同，平均技术速度约产生10%的偏差。另外，驾驶员的生理特性差异(如反应能力、视觉功能等)对平均技术速度也有很大的影响。

2. 车辆技术性能与状况

车辆的技术性能主要是指动力性能、制动性、操纵稳定性等。汽车技术状况主要是指发动机、转向和制动装置等的技术状况。另外，前桥、车轮总成、照明装置、喇叭、灯光、信号以及玻璃刮雨器等的技术状况好坏都直接影响平均技术速度。对于相同车型的不同车辆，车辆技术性能与技术状况好的，其平均技术速度就高些。对于不同的车型，车辆性能优越的，在同样行驶条件下，其平均技术速度就高些。因此，在确定平均技术速度时，应考虑不同类型或同类型汽车的技术性能和状况方面的差异。

道路条件对汽车平均技术速度有很大影响。如公路等级、行车路面宽度、颜色、道路的照明、转弯半径、安全设施、尘土的多少、纵向坡度和坡长、路面平整度及附着系数、交叉路口数量、上下坡的多少等，都影响汽车的行驶速度。目前，我国Ⅲ、Ⅳ级公路占的比例较大，Ⅰ、Ⅱ级公路占的比例较小。表2-5是道路等级对平均技术速度的影响。

路面种类对平均技术速度的影响见表2-6。

道路宽度对平均技术速度也有影响。车辆在运行时，随时都可能在不同车速下超越前车并且与迎面来的车辆相会。当两车交会时，考虑车辆左右摇摆情况，要有一定的侧向安全距离。车与车的侧向间距大，车速可以高些，反之应低些，以免发生事故。表2-7为车与车的侧向最小安全间距和车轮至路边的最小距离与车速的关系。

3. 道路条件

表2-5　道路等级对平均技术速度的影响

公路等级	高级(Ⅰ、Ⅱ级)	中级(Ⅲ、Ⅳ级)	低级(Ⅳ级以下)
最大车速/(km·h^{-1})	60	45	35
平均技术速度/(km·h^{-1})	40～50	30～35	20～25

表2-6　路面种类对平均技术速度的影响

路面状况良好的沥青路	100%
路面状况良好的条石路、碎石路、修整的土路	75%～80%
路面磨损的条石路、碎石路、修整的土路	70%
路面严重磨损的道路或土路	50%

表 2-7 车与车的侧向最小安全间距和最小距离

车速(两车车速相同)/($km \cdot h^{-1}$)	侧向最小安全间距/m	车轮至路边的最小距离/m
20	0.50	0.5
30	0.57	0.6
40	0.64	0.7
50	0.69	0.8
60	0.74	0.9
70	0.79	1.0
80	0.84	1.1
90	0.89	1.2
100	0.94	1.3

4. 交通条件

交通条件对平均技术速度的影响也是十分显著的。如在市区交通密度(台/km)大，交通量(台/h)也相应增大，车与车之间的速度差依次减小，平均技术速度也相应下降。交通量最大时，各种不同型号汽车的行驶速度几乎相同，速度差为零。当交通量和交通密度很小时，车辆可自由选择速度，车辆的平均技术速度就较高。

5. 运输生产组织

对公共汽车主要是考虑站距长短和停车站的设置。对载货汽车主要是考虑运货的性质、装载情况、是否拖带挂车、运距、货运组织方法等。

如果运距短、停车频繁，而每次停车都要把行驶速度降为零再重新起步加速，平均技术速度较低。如果运距较长，特别是在长途运输中，其技术速度要比城市短途运输高得多。因此合理组织运输对提高平均技术速度有重要作用。

6. 载重量的影响

载重量对小客车的平均技术速度没有实际影响。但对载货汽车，满载和空载的技术速度相差5%～10%。单车比汽车列车的技术速度要高。可是，有的车辆过多地增加载重量(超载、超挂)，因而使汽车动力性变差，导致平均技术速度下降过多。此外，由于汽车负荷增加，使技术状况变差，发动机曲轴转数相应增加，而行驶速度却下降很多，从而使发动机磨损量增大，这样使用车辆是不合理的。

提高汽车平均技术速度的途径很多，主要有以下几个方面。

(1) 提高驾驶员的素质和操作技能，使汽车经常在合理的工况下运行。

(2) 提高汽车的技术性能。保持汽车具有良好的技术状况，采用现代诊断技术检验汽车并及时维护，从车辆本身提高技术速度。

(3) 加强公路的管理和工程建设。一是要加强道路的管理与维护，搞好路面标志、标线、信号；二是改善现有道路状况，提高公路等级，加宽路面宽度，改善弯道、坡度和视野，提高轮胎与路面间的附着系数，新建和改建高速公路等。在交通量大、密度高的繁华城市里，建立立体交叉专用车道，对提高汽车平均技术速度有明显效果。

此外，采用先进的运输组织和改进交通管理，也是提高平均技术速度的途径。

知识链接

Inside Line 网：the 100 most powerful cars of all time
http：//t. cn/zjJ6bZH

习 题

1. 什么是汽车动力性？其评价指标有哪些？
2. 何谓汽车驱动力？其影响因素有哪些？
3. 汽车行驶过程中，受到哪些阻力作用？各种阻力的影响因素有哪些？
4. 如何利用驱动力-行驶阻力平衡图来分析汽车动力性？
5. 简述汽车动力性的主要影响因素。如何合理利用汽车动力性？

第3章 汽车使用经济性

教学要求

掌握汽车用汽油和轻柴油的牌号及合理的使用方法，了解影响汽车燃油经济性的使用因素；理解汽车使用节油的基本途径；了解汽车用润滑油的牌号，掌握如何合理选择润滑油的方法；了解汽车轮胎使用寿命的影响因素及掌握延长轮胎使用寿命的措施。

导入案例

在能源越来越紧缺的21世纪，如何开源节流是各行各业关注的重要问题。公交车作为城市主要的公共交通工具之一，在车辆中占有一定的保有量。2010年全国可运营的公交客车达40多万辆，如果按每辆车每天节约2升油计算，全国公交系统全年可节约燃油达3亿升，折合人民币23亿元，减少二氧化碳排放约10亿升。因此，全国公交公司在节能减排方面承担重要角色，广大公交车司机也十分重视钻研节油驾驶技术。如图3.1所示，“2011全国城市公交客车节油技能大赛”总决赛在北京举行，这一比赛有力推广了正确的驾驶习惯和节油驾驶技能，收到了良好的社会效益和经济效益。

图3.1 “2011全国城市公交客车节油技能大赛”总决赛在北京举行

统计资料表明，我国营运汽车的平均运输成本中，汽车运行材料费(燃料费及轮胎费)所占比率最大，达40%以上。针对其消耗和节约的研究对提高汽车使用经济性具有重要作用。本章将从汽车运行材料的合理性作用方面来讨论汽车使用经济性。

3.1 汽车燃料经济性

汽车使用经济性是指汽车完成单位运输量所支付的最少费用的一种使用性能。它是评价汽车营运经济效果的综合性指标。汽车使用成本主要包括燃料费、润滑油料费、轮胎及其他材料费用、维修费、折旧费、保险费、养路费用等。其中，汽车运行消耗费用(燃料费、润滑油及轮胎费等)占汽车运输成本40%左右，在汽车运行消耗费用中，燃料的消耗费用占运输成本的25%～30%，润滑材料的消耗费用占运输成本的1%～3%，轮胎的消耗费用占运输成本的10%～15%。因此，降低汽车运行消耗对提高汽车使用经济性具有重要作用。

汽车燃料经济性是指汽车以最少的燃料消耗量完成单位运输工作的能力，它是汽车的主要使用性能之一。

3.1.1 汽车燃料经济性的评定指标

汽车发动机燃料经济性通常用有效燃料消耗率 g_e 或有效效率 η_e 评价。但它们均不能反映发动机在具体汽车上的功率利用情况及行驶条件对其产生的影响。所以，它们不能直接用于评价汽车燃料经济性。

为了评价汽车的燃料经济性，常选取单位行程的燃料消耗量(L/100km)或单位运输工作的燃料消耗量(L/100t・km、L/kP・km)作为评价指标。前者用于比较相同容量的汽车燃料经济性，也可用于分析不同部件(如发动机、传动系等)装在同一种汽车上对汽车燃料经济性的影响；后者常用于比较和评价不同容载量的汽车燃料经济性。其数值越大，汽车的经济性越差。

汽车燃料经济性也可用汽车消耗单位量燃料所经过的行程(km/L)作为评价指标，称为汽车经济性因数。例如，美国采用每加仑燃料能行驶的英里数，即MPG或mile/USgal。其数值越大，汽车的燃料经济性越好。

由于汽车在使用过程中，载荷和道路条件对汽车燃料消耗的影响很大。所以，也可采用燃料消耗量 Q(单位为L/100km)与有效载荷 G_e(单位为t)之间的关系曲线，评价在不同道路条件下汽车的燃料经济性，称为平均燃料运行消耗特性，如图3.2所示，a、b、c、d 各曲线表示不同道路条件下的最小燃料消耗量。其中 a 表示最好的道路条件，d 表示最坏的道路条件。平均燃料运行消耗特性是用道路试验方法求得的。试验方法如下：

在某一种道路条件下，分别测量各种不同装载质量时的燃料消耗量(L/100km)，从而得到相应道路条件下的平均燃料运行消耗特性。试验时，汽车应按照通常在该种道路和装载质量情况下行驶时的平均技术速度行驶(不可规定为匀速行驶)。

按同样的方法在其他类型的道路上做不同装载质量的运行试验。为使试验结果准确，试验要求有以下几点。

(1) 有一定数量的试验汽车(至少有3辆)，且技术状况良好。

(2) 选择具有代表性的路线，且同一路线上的路面质量应相同，路线长度不短于100km。

(3) 同一参数的测定至少应重复3次，并应在相同的气候和交通量的条件下进行。

由此可见，平均燃料运行消耗特性反映了车辆类型、道路条件、交通量、装载质量以及气候等因素对燃料消耗的影响，可用来比较全面地评价汽车使用中的燃料经济性。

如图3.3所示，当掌握了同一类型的两种汽车的平均燃料运行消耗特性时，也可对其进行比较。图中实线和虚线分别代表两种汽车的平均燃料运行消耗特性，a、a'表示良好道路条件，b、b'表示一般道路条件，c、c'表示坏道路条件。由图可见，在良好道路条件和一般道路条件运行时，虚线车辆的平均燃料运行消耗特性优于实线车辆，而在坏道路条件运行时，实线车辆的平均燃料运行消耗特性反而优于虚线车辆。所以，用平均燃料运行消耗特性进行比较可作为车辆合理选用的依据之一。

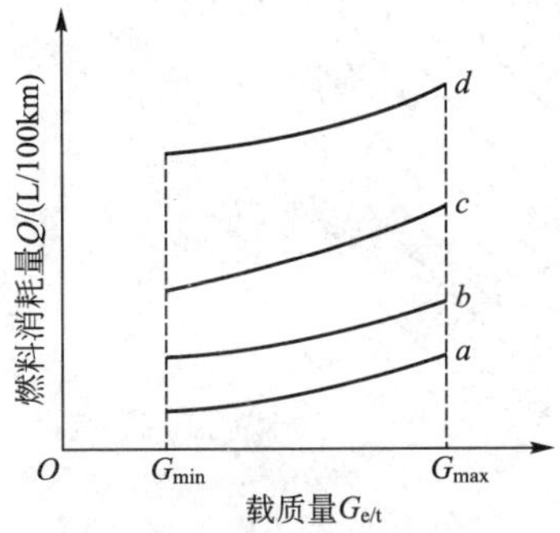

图3.2 平均燃料消耗特性

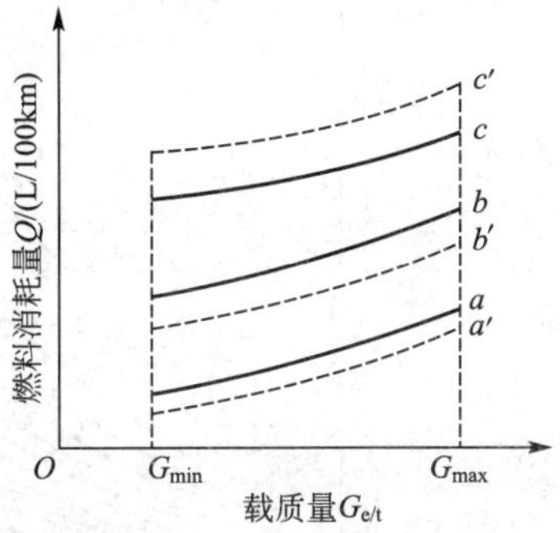

图3.3 两种汽车的平均燃料运行消耗特性的比较

对于典型路线试验得到的平均燃料运行消耗特性可作为运输企业制定燃料消耗定额的依据。

3.1.2 燃料消耗量的计算

1. 燃料消耗定额

燃料消耗定额是指汽车每行驶百车千米或完成百吨千米所消耗燃料的限额，它是考核汽车和汽车运输企业在运输生产中物料消耗的主要定额指标之一。燃料消耗定额通常是按车型、使用条件、载质(客)量和燃料种类等分别制定。客车一般按百车千米平均燃料消耗量为基数；货车则以空车百车千米平均燃料消耗量为基数，再按其实际装载质量及拖挂总质量的百吨千米燃料消耗量为附加数，进行考核。对汽车运输企业，则按全部运行车辆百吨千米平均燃料消耗量为基数进行考核。

百车千米燃料消耗定额：

$$\text{百车千米燃料平均消耗量}=\frac{\text{燃料实际消耗量}}{\text{总行驶里程}}\times 100(\text{L/百车千米}) \qquad (3-1)$$

百吨千米燃料消耗定额：

$$\text{百吨千米燃料平均消耗量}=\frac{\text{燃料实际消耗量}}{\text{实际完成周转量}}\times 100(\text{L/百吨千米}) \qquad (3-2)$$

燃料消耗定额是个综合性的考核指标。要降低燃料消耗定额一方面要提高驾驶员的操作技术水平和提高车辆的技术状况，另一方面调度人员要根据运输任务的批量大小、气象与道路条件，合理地确定营运路线，科学地调派车辆，以保证运输任务的完成。因此燃料消耗定额能反映技术与经济的综合管理效果。

2. 汽车燃料经济性的估算

汽车燃料经济性的估算主要根据发动机台架试验得到的万有特性图与汽车功率平衡图来进行。下面介绍燃料经济性循环行驶试验各工况的燃料消耗量计算方法，如等速行驶、加速、减速和怠速停车等行驶工况燃料消耗量的计算方法。

1）等速行驶工况燃料消耗量的计算

图 3.4 所示为某汽油发动机万有特性曲线。在万有特性图上有等燃料消耗率曲线，根

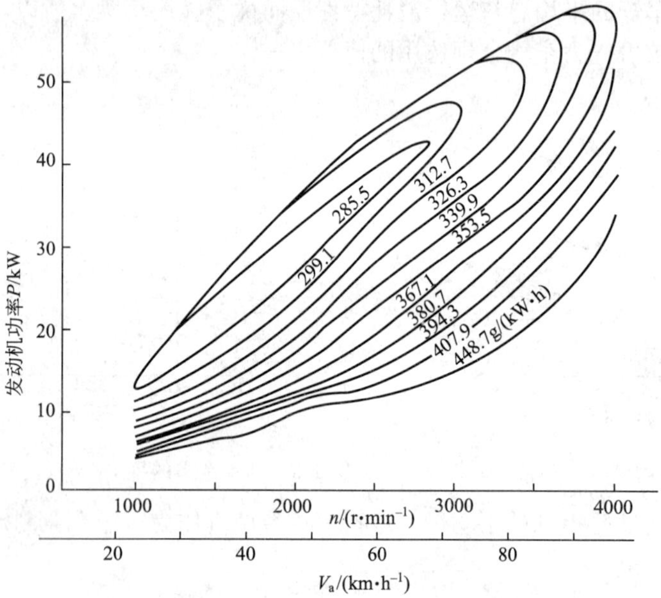

图 3.4　某汽油发动机万有特性图

据这些曲线，可以确定发动机在一定转速 n，发出一定功率 P 时的燃料消耗率 b。为便于进行计算，按照转速 n 和车速 V_a 的转换关系在横坐标上画出汽车(最高挡)的行驶车速比例尺。此外，计算时还需要等速行驶的汽车阻力功率数值 $\frac{1}{\eta_T}(P_f+P_w)$。

根据等速行驶车速 V_a 及阻力功率 P，在万有特性图上(利用插值法)可确定相应的燃料消耗量 b，从而计算出以该车速等速行驶时单位时间内的燃料消耗量

$$Q_t=\frac{Pb}{367.1\gamma} \tag{3-3}$$

式中，b——燃料消耗率，g/(kWh)；

γ——燃料的重度，汽油可取为 6.96～7.15N/L，柴油可取为 7.94～8.13N/L。

整个等速行驶过程行经 S(单位为 m) 行程的燃料消耗量 Q(单位为 mL)为

$$Q=\frac{PbS}{102V_a\gamma} \tag{3-4}$$

折算成等速百千米燃料消耗量 Q_s(单位为 L/100km)为

$$Q=\frac{Pb}{1.02V_a\gamma} \tag{3-5}$$

2）加速行驶工况燃料消耗量的计算

在汽车加速行驶时，发动机还要提供为克服加速阻力所消耗的功率。若加速度为$\frac{dV}{dt}$（单位为 m/s^2），则发动机提供的功率 P（单位为 kW）应为

$$P=\frac{1}{\eta_T}\left(\frac{GfV_a}{3600}+\frac{C_DAV_a^3}{76140}+\frac{\delta mV_a}{3600}\frac{dV}{dt}\right) \tag{3-6}$$

下面计算由 V_{a1} 以等加速度行驶至 V_{a2} 的燃料消耗量，如图 3.5 所示。把加速过程分为一个小区间，例如按速度每增加 1km/h 为一个小区间，每个区间的燃料消耗量可根据其平均的单位时间燃料消耗量与行驶时间之积来求得。各区间起始或终了车速所对应时刻的单位时间燃料消耗量 Q_t（单位为mL/s），可根据相应的发动机发出的功率与燃料消耗率求得

$$Q_t=\frac{Pb}{367.1\gamma} \tag{3-7}$$

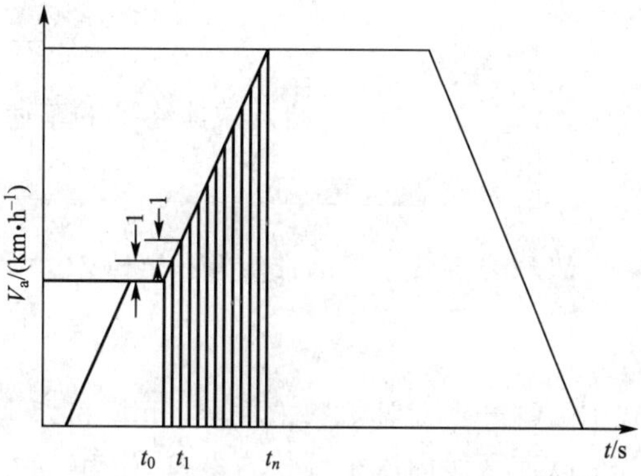

图 3.5 汽车加速过程燃料消耗量的计算

汽车行驶速度每增加 1km/h 所需时间 Δt 为

$$\Delta t=\frac{1}{3.6\frac{dV}{dt}} \tag{3-8}$$

从行驶初速度 V_{a1} 加速至 $V_{a1}+1$km/h 所需燃料消耗量 Q_1（单位为 mL）为

$$Q_1=\frac{1}{2}(Q_{t0}+Q_{t1})\Delta t \tag{3-9}$$

式中，Q_{t0}——行驶初速为 V_{a1} 时，即 t_0 时刻的单位时间燃料消耗量，mL/s；

Q_{t1}——行驶速度为 $V_{a1}+1$ 时，即 t_1 时刻的单位时间燃料消耗量，mL/s。

从行驶初速度 $V_{a1}+1$km/h 再增加 1km/h 所需燃料消耗量 Q_2（单位为 mL）为

$$Q_2=\frac{1}{2}(Q_{t1}+Q_{t2})\Delta t$$

以此类推，每个区间的燃料消耗量为

$$Q_3=\frac{1}{2}(Q_{t2}+Q_{t3})\Delta t$$

$$Q_n=\frac{1}{2}(Q_{t(n-1)}+Q_{tn})\Delta t$$

式中，Q_{t3}，Q_{t4}，…，Q_{tn}——t_3，t_4，…，t_n 各个时刻的单位时间燃料消耗量，mL/s。

整个加速过程的燃料消耗量 Q_a（单位为 mL）为

$$Q_a=\sum_{i=1}^{n}Q_i=Q_1+Q_2+\cdots+Q_n \tag{3-10}$$

或

$$Q_a=\frac{1}{2}(Q_{t0}+Q_n)\Delta t+\sum_{i=1}^{n-1}Q_i\Delta t$$

加速区段内汽车行驶的距离 S_a（单位为 m）为

$$S_a = \frac{(V_{a2}^2 - V_{a1}^2)}{25.92} \frac{dV}{dt} \tag{3-11}$$

3) 等减速行驶工况燃料消耗量的计算

减速行驶时，油门松开(关至最小位置)并进行轻微制动，发动机处于强制怠速状态。其燃料消耗量即为正常怠速燃料消耗。所以减速工况燃料消耗量等于减速行驶时间与怠速燃料消耗的乘积。减速时间 t_d(单位为 s)为

$$t_d = \frac{(V_{a2} - V_{a3})}{3.6} \frac{dV}{dt_d} \tag{3-12}$$

式中，V_{a2}，V_{a3}——起始及减速终了的车速，km/h；

$\frac{dV}{dt_d}$——减速度，m/s^2。

故减速过程燃料消耗量 Q_d(单位为 mL)为

$$Q_d = \frac{(V_{a2} - V_{a3})Q_b}{3.6} \frac{dV}{dt_d} \tag{3-13}$$

式中，Q_b——怠速燃料消耗率，mL/s。

减速区段内汽车行驶的距离 S_d(单位为 m)为

$$S_d = \frac{(V_{a2}^2 - V_{a3}^2)}{25.92} \frac{dV}{dt} \tag{3-14}$$

4) 怠速停车时的燃料消耗量

若怠速停车时间为 t_s(单位为 s)，则燃料消耗量 Q_m(单位为 mL)为

$$Q_m = Q_b t_s \tag{3-15}$$

5) 整个循环工况的百千米燃料消耗量

对于由等速、等加速、等减速、怠速停车等行驶工况组成的循环，如我国的货车六工况循环法，其整个试验循环的百千米燃料消耗量(单位为 L/100km)为

$$Q_s = \sum Q \times \frac{100}{S} \tag{3-16}$$

式中，Q_s——所有过程燃料消耗量之和，mL；

S——整个循环的行驶距离，m。

发动机在一定转速 n，发出一定功率 P 时的燃料消耗率 b 也可以用发动机台架试验得到的负荷特性求得。

3. 汽车运行燃料消耗量的计算

计算某一具体条件下的汽车燃料消耗量可采用定额计算法，它是一种能反映运输工作量的计算方法。汽车运行燃料消耗量的影响因素除汽车结构、工艺水平、车况外，还有道路、载荷、运距、环境条件(如气温、风、雨、雾、交通情况等)及驾驶水平等，其中包括随机因素、自然因素和人为因素。为全面地建立数学表达式，需要考虑等级化和数量化的因素，如道路、载荷、气温、海拔高度等。交通因素将在道路分类中予以考虑，而车况、驾驶水平等因素尽管对运行燃料消耗也有较大影响，但计算时将其视为一般正常水平，而不予以考虑。对风、雨、雾等特殊环境因素，由于它们的影响是局部的、地区性的，而且也难以等级化和数量化，其影响可根据实际情况在制定燃料消耗定额时确定。

汽车运行燃料消耗量的计算式用于计算汽车在不同运行条件下运行时所消耗的燃料限额，以限制和考核汽车运行燃料经济性，它由汽车基本运行燃料消耗量和汽车运行条件修正系数两部分构成。

载货汽车运行燃料消耗量计算式为

$$Q=\sum_{i=1}^{n}(q_a+q_bW_i+q_c\Delta m)S_iK/100 \tag{3-17}$$

式中，q_a——汽车空驶基本燃料消耗量，L/100km；

q_b——货物(旅客)周转量的基本附加燃料消耗量，L/(100t・km)或 L/(kP・km)；

q_c——整备质量变化的基本附加燃料消耗量，L/(100t・km)；

W_i——该运行条件下汽车的载质量，t；

Δm——汽车整备质量增量，其值为汽车实际整备质量(包括挂车整备质量)与汽车整备质量 M_0 之差，t；

S_i——该运行条件下汽车行驶里程，km；

K——运行条件修正系数。

$$K=K_{ri}K_{ti}K_{hi}K_{\gamma2} \tag{3-18}$$

式中，K_{ri}——该运行条件下道路修正系数，见表 3-1；

K_{ti}——该运行条件下气温修正系数，$K_{ti}=1+0.0025(20-T)$，T 的单位为℃，见表 3-2；

K_{hi}——该运行条件下海拔高度(大气压力)修正系数，$K_{hi}=1+0.0021(P-100)$，P 的单位为 kPa，见表 3-3；

$K_{\gamma2}$——燃料密度修正系数，对于汽油 $K_{\gamma2}=1+0.8(0.742-\gamma_g)$，对于柴油 $K_{\gamma2}=1+0.8(0.830-\gamma_d)$，$\gamma_g$ 和 γ_d 分别为汽油和柴油在气温为 20℃、气压为 100kPa 时的密度，单位为 g/mL。

大型载客汽车运行燃料消耗量计算式为

$$Q=\sum_{i=1}^{n}(q_a+q_bN_i+q_c\Delta m)S_iK/100 \tag{3-19}$$

式中，N_i——该运行条件下乘客人数。

轿车运行燃料消耗量计算式为

$$Q=qS_iK/100 \tag{3-20}$$

式中，q——汽车空车质量综合基本燃料消耗量，L/100km。

道路条件修正系数可按表 3-1 选取，气温和气压修正系数也可分别按表 3-2 和表 3-3选取。

表 3-1 道路分级和修正系数

道路级别	公路等级和条件	城市道路等级	修正系数
1类	平原、微丘一、二、三级公路	—	1.00
2类	平原、微丘四级公路	平原、微丘一、二、三、四级公路	1.10
3类	山岭、重丘一、二、三级公路	重丘一、二、三、四级公路	1.25

（续）

道路级别	公路等级和条件	城市道路等级	修正系数
4类	平原、微丘级外公路	级外公路	1.35
5类	山岭、重丘四级公路	—	1.45
6类	山岭、重丘级外公路	—	1.70

表 3-2　气温区间及修正系数

月平均气温 t/℃	>28	28～5	5～−5	−5～−15	−15～−25	<−25
K_r	1.02	1.0	1.03	1.06	1.09	1.13

表 3-3　海拔高度(气压)修正系数

海拔高度/km	≤0.5	0.5～1.5	1.5～2.5	2.5～3.5	>3.5
K_b	1.00	1.03	1.07	1.13	1.20

4. 汽车运行燃料消耗量限值

中国首个汽车燃料消耗强制性国家标准(GB 19578—2004)《乘用车燃料消耗量限值》(表 3-4)于 2004 年 10 月 29 日出台。这一国家标准以整车整备质量来确定汽车的耗油量，而不是以发动机排量级别来确定汽车的耗油量。整车整备质量是指已添满燃料、冷却液、润滑油和随车工具时的汽车质量。因此这个政策实际上直接涉及车身结构、材料、配置等多方面的因素，这些限制对于目前的汽车生产企业的技术能力是一次严峻的考验。

《乘用车燃料消耗量限值》将分两个阶段实施。对于新开发车型，第一阶段的执行日期为 2006 年 7 月 1 日，第二阶段的执行日期为 2009 年 1 月 1 日。

从表 3-4 中可以看出各种整备质量车辆相对应的燃料限值标准。例如，某型号整车整备质量为 1100～1140kg 之间，其手动挡车在燃料限值第一阶段是 8.9L/100km，第二阶段是 8.1L/100km；自动挡车在燃料限值第一阶段是 9.4L/100km，第二阶段是 8.6L/100km。

表 3-4　乘用车燃料消耗量限值(GB 19578—2004) 单位：L/100km

整车整备质量 (Me)/kg	第一阶段	第二阶段	第一阶段①	第二阶段①
Me≤750	7.2	6.2	7.6	6.6
750<Me≤865	7.2	6.5	7.6	6.9
865<Me≤980	7.7	7.0	8.2	7.4
980<Me≤1090	8.3	7.5	8.8	8.0

（续）

整车整备质量(Me)/kg	第一阶段	第二阶段	第一阶段①	第二阶段①
1090＜Me≤1205	8.9	8.1	9.4	8.6
1205＜Me≤1320	9.5	8.6	10.1	9.1
1320＜Me≤1430	10.1	9.2	10.7	9.8
1430＜Me≤1540	10.7	9.7	11.3	10.3
1540＜Me≤1660	11.3	10.2	12.0	10.8
1660＜Me≤1770	11.9	10.7	12.6	11.3
1770＜Me≤1880	12.4	111	13.1	11.8
1880＜Me≤2000	12.8	11.5	13.6	12.2
2000＜Me≤2110	13.2	11.9	14.0	12.6
2110＜Me≤2280	13.7	12.3	14.5	13.0
2280＜Me≤2510	14.6	13.1	15.5	13.9
2510＜Me	15.5	13.9	16.4	14.7

注：① 指具有以下一种或多种结构特征的车辆，即装有自动变速器，具有3排或3排以上坐椅或者符合GB/T 15089—2001《机动车辆及挂车分类》中3.5.1规定条件的M1G类汽车。M1类指包括驾驶员座位在内，座位数不超过9座的客车。M1G指M1类越野车，即包括驾驶员座位在内，座位数不超过9座的越野客车。

3.2 提高汽车燃料经济性的措施

影响汽车运行燃料消耗的因素很多，概括起来有两大方面：汽车的使用因素和结构因素。

3.2.1 使用因素对汽车运行燃料消耗的影响

1. 汽车技术状况对运行燃料消耗的影响

汽车的技术状况是节油的技术基础，只有在良好的技术状况下，才能充分发挥汽车的燃料经济性。因此，在使用中应特别重视汽车技术状况的检查与调整，使其处于最佳状态。

(1) 发动机技术状况对油耗的影响。发动机的汽缸压缩压力、配气相位、供油系和点火系的技术状况以及发动机的工作温度都直接影响发动机的动力性和经济性。

① 汽缸压缩压力。汽缸压缩压力越大，可燃混合气点燃后的燃烧速度越快，产生的有效压力越大，发动机的动力性和经济性就越好。若汽缸漏气，汽缸压缩压力降低，发动机工作性能变差，油耗就将增加。

② 配气相位。汽车经过较长时间的使用后，由于配气机构机件的磨损等原因会导致配气相位失准、充气系数下降、发动机功率下降、油耗增加。试验表明：气门间隙每减小0.1mm，发动机的功率约降低3.5%～4%，油耗增加约2%～3%。相反，气门间隙增大也将产生类似的后果。

③ 供油系的技术状况。供油系的技术状况好坏对发动机的动力性和经济性都具有重要的影响。对于电子控制燃油喷射系统的发动机，当空气流量计(或进气压力传感器)、氧传感器、温度传感器和节气门位置传感器不能准确进行检测时，它们将会向计算机传递一个错误的电信号，使计算机不能正确地发出喷油脉冲信号，引起喷油量失准，导致油耗增加。供油系中滤清器的技术状况对发动机的动力性和经济性也有较大影响。如果空气滤清器工作不良，进气阻力增加，充气量减少，混合气变浓，燃料消耗将明显增加。如果燃油滤清器工作不良，燃油中的机械杂质堵塞油道、喷孔等，缩小燃油的通过截面，若杂质进入燃烧室会使积炭增多，这些都将影响燃烧过程，导致油耗增大。

④ 点火系的技术状况。点火系技术状况不良不仅影响发动机的起动性能和动力性能，同时也增加了运行燃料的消耗。实验资料表明：一个火花塞不工作，8缸和6缸发动机油耗将分别增加15%和25%；两个火花塞不工作时，8缸和6缸发动机油耗将分别增加40%和60%。

⑤ 冷却系的技术状况。发动机的工作温度是否正常对燃料的消耗也有很大影响。一般水冷发动机的正常工作温度为80～90℃，温度过高或过低都会使油耗增加。冷却液温度在40～50℃时，油耗比正常温度增加8%～10%，发动机温度高则易产生早燃或爆燃，充气效率降低，动力性和经济性下降，如果在冷却液沸腾的状态下勉强行驶，会使油耗急剧增加。因此，必须使冷却系的技术状况良好，以保持发动机正常的工作温度，降低油耗。

(2) 底盘技术状况对运行燃料消耗的影响，底盘的技术状况直接影响燃料消耗的高低，主要是影响传动效率和行驶阻力。

① 传动系的技术状况。传动系的功率消耗约为传递功率的10%～15%，其中变速器和主减速器的功率损失占绝大部分。底盘中任何部位发响或发热，都意味着在发动机动力的传递过程中出现能量传递损失。例如，离合器打滑而引起离合器总成发热，将使传动效率降低，这种发热意味着燃油的损失。变速器、万向传动装置和主减速器等任何一处发响都表明齿轮或轴等在运转中遇到了不应有的阻力。

改善底盘总成的润滑状况对于减少摩擦损失、提高传动效率具有明显的效果。如果使用粘度、抗磨性及粘温性能(粘度随温度变化的性能)不符合要求的齿轮油，将使耗油量增加。

② 行驶系技术状况。行驶系中轮毂轴承的松紧度对油耗有较大的影响，如轮毂轴承调整过紧，将增加车轮旋转阻力和摩擦损失，使燃料消耗增加；如调整过松，车轮行驶时就会出现摇摆，使车轮滚动阻力增加同时也使制动鼓偏斜，易与制动蹄片相碰擦，增大了旋转阻力，降低了汽车的滑行性能，燃料消耗同样将增加。

车轮定位的正确与否对燃料消耗也有显著影响。如车轮定位不当，车轮在行驶中就会发生摇摆或在滚动中还带有滑移现象，这不仅会加剧轮胎的磨损，还会使车轮的行驶阻力增加，油耗也会增加。试验表明：前束改变1mm，油耗将增加约5%。

轮胎气压的高低将影响汽车的滚动阻力，直接影响燃料消耗。当轮胎气压低于标准时，轮胎的变形量增大，滚动阻力增大，油耗也增加。试验表明：若货车中全部轮胎的气压都降低 49.1kPa，油耗将增加 5%左右，所以一定要保持标准的气压。

③ 制动系的技术状况。制动器的调整应该既能保证可靠的制动，又要使放松制动踏板后没有制动拖滞现象。如果制动不灵，安全得不到保证，就会影响到汽车速度性能的发挥，油耗将会增大。如果有制动拖滞现象，将导致行驶阻力增大而使油耗增加。

总之，汽车底盘技术状况的好坏，可用汽车的滑行性能作为综合评定的标志。在其他性能和条件都相同时，汽车的滑行性能越好，功率消耗越少，耗油量越低。试验表明：当汽车的滑行距离由 173m 增加到 254m 时，燃料消耗可减少 21%。表 3-5 为载货汽车在沥青路面上的滑行距离。

表 3-5 载货汽车在沥青路面上的滑行距离

载质量/t	空载		满载	
	初速度/(km/h)	滑行距离/m	初速度/(km/h)	滑行距离/m
1～1.5	30	150～200	50	450～500
2～2.5	30	200～250	50	700～750
3～4.0	30	250～300	50	750～800

另外，在汽车上增加附加设施，如加装油箱、工具杂物箱等会造成汽车整车整备质量增加。在车上加设遮阳板、凉棚，任意加高栏板高度等将导致空气阻力增加。这些都会增加汽车燃料的消耗。如果汽车整车整备质量增加 1%，油耗将增加 0.3%～0.4%；空气阻力下降 10%，则油耗降低 3%左右。

综上所述，汽车的技术状况对运行燃料的影响很大，只有经常保持汽车技术状况完好和最佳调整状态，才能有效地节油。

2. 驾驶技术对运行燃料消耗的影响

驾驶员驾驶技术的水平高低对运行燃料的消耗具有关键性的影响。正确的驾驶操作方法可以大大降低汽车的燃料消耗量。试验表明：不同技术水平的驾驶员，在相同条件下驾驶相同的汽车，其油耗的差异可达 20%～40%。正确的驾驶操作方法包括：掌握汽车的工作温度、合理使用挡位、控制车速、正确滑行等。

(1) 掌握温度。汽车行驶中要保持发动机的正常工作温度，一般指冷却液温度、润滑油温度和发动机罩下空气的温度。温度过高或过低都将导致燃料消耗增加。

在低温条件下起动发动机时，由于温度低，燃料蒸发和雾化不良，润滑油粘度增加，起动阻力大，导致起动困难，起动时的油耗增大。因此，在冬季应将车停在暖库内，必要时可对发动机进行预热起动。试验表明：气温为－3℃时不预热直接起动，运转 15min，升温至 80℃耗油约 1L，如果用热水预热使发动机升温至 40℃时再起动，1min 后升温至 80℃，耗油约 0.6L。发动机起动后，应低速运转升温，待冷却液温度达 50～60℃后再挂挡起步。起步温度太低，也将使油耗增加。试验表明：汽车在冷却液温度为 20℃时起步与汽车在冷却液温度为 40℃时起步相比，同样在平路行驶 5000m，油耗将增加15%～20%。

汽车行驶过程中，应使发动机的冷却液温度保持在正常工作范围内80～90℃(轿车一般在90～105℃)，并注意经常检查冷却液的容量及泄漏、保温罩和百叶窗的状况以及冷却系的工作情况，避免冷却液温度过高或过低。

(2) 合理使用挡位。汽车在起步时，驾驶员应根据载重情况和道路情况正确选用挡位。在起步时，挡位越高，节气门开度就越大，发动机转速高，离合器接合时间变长，摩擦损失也就变大，导致油耗增大。另外，用高挡起步，起步转矩小，而起步阻力特别大，发动机易熄火，造成无法起步，使得发动机起动次数和汽车起步次数增加，引起油耗过大。而采用较低挡位起步，由于起步转矩大，起步阻力小，节气门开度就较小，离合器接合时间短，摩擦损失小，起步油耗就少。试验表明：载货汽车分别用一挡和二挡起步，起步后并将车速提到30km/h时，一挡比二挡节省燃油15%左右。

汽车上坡行驶时，应根据坡道的具体情况采用正确的挡位。如果坡度不大或短而较陡，可不换挡而采用高挡加速冲坡的方法，利用汽车的惯性直冲坡顶。如果坡度较大，单靠惯性不能冲上坡顶时，要及时换入较低挡位，切忌高挡“硬冲”、“硬撑”，避免造成汽车发抖，发动机爆燃，甚至熄火或倒溜重新起步等现象，防止油耗进一步增加。

在一般道路行驶时，应根据载重情况和道路情况尽可能使用高挡行驶，尽量避免低速挡高速行驶。在同一道路条件与车速下，虽然发动机发出的功率相同，但挡位越低，后备功率越大，发动机负荷率越低，有效油耗率也就越高。

在换挡时要脚轻手快。“脚轻”是指换挡时不要猛踏加速踏板(俗称轰油门)。“手快”是指换挡动作要准确、迅速、及时、干脆利索，不要“拖泥带水”。因为换挡动作快能缩短加速和换挡操作时间，从而避免发动机功率的无谓损失，降低燃料消耗量。试验表明：技术熟练的驾驶员从二挡起步连续换入五挡仅需20s，行驶距离为60m，油耗34mL，而不熟练的驾驶员从二挡换入五挡所行驶的距离要长得多，耗油量也要大得多。

(3) 控制车速。汽车在相同的道路上行驶，车速不同，油耗也不同，这是因为汽车行驶时油耗不仅取决于发动机单位功率的燃料消耗量，也取决于汽车克服行驶阻力所需要的功率。当车速低时，虽然空气阻力小，克服行驶阻力所需要的功率较小，但由于发动机的负荷小，单位功率有效油耗率上升，故汽车百千米油耗较高，而高速行驶时，虽然发动机负荷率较高，单位功率有效油耗率降低，但由于空气阻力的增大，使汽车克服行驶阻力所需的功率增加较多，从而导致汽车百千米油耗增加。因此，只有在某一车速行驶时，油耗最低。当汽车以直接挡(或超速挡)行驶时，燃油消耗最低的车速称为经济车速。

汽车的经济车速不是固定不变的，它随道路和载荷等因素的变化而变化。当道路条件好，载荷小时，经济车速较高，反之，经济车速较低。不同的车型，其经济车速也不一样。

对于用限制车速来节油的做法要根据情况灵活掌握。因为经济车速的速度相对较低，影响了运输效率。所以，在实际运行中汽车多用略高于经济车速的中速行驶，这样做，照顾到了运行安全、效率和油耗等各方面的要求。

(4) 正确滑行。汽车在行驶中，解除发动机的驱动(输出功率)，利用汽车的惯性继续行驶，称为滑行。在确保安全的前提下，滑行是节油的有效方法之一。在平原丘陵地区，滑行距离最多可达到每日行驶距离的30%～40%左右。试验表明：同是中速行驶，滑行可节油20%左右。行车中，滑行的方式主要有加速滑行、减速滑行和坡道滑行3种方法。

① 加速滑行。加速滑行是一种人为的滑行。滑行条件是：车流密度小、坡度较小的平直路面。操作方法是：先挂上高速挡加速，达到一定速度后，再脱挡滑行，当降到一定车速时，再挂挡加速，即由加速和滑行两个过程交替进行。采用这种方法，与采用平均速度相同的匀速行驶相比，可以提高发动机工作的负荷率，使单位功率的有效油耗降低，而克服阻力所需的平均功率基本相同。所以，只要正确运用加速滑行的方法，就可以降低汽车的油耗。

加速滑行的关键是滑行初速度和末速度的选择。加速时速度过高，将导致空气阻力明显增加，而使消耗的功率增加，同时也不安全；滑行末速度过低，将导致加速困难，甚至要挂入低速挡加速，油耗就会增大。通常将这两个速度控制在经济车速的附近，即滑行初速度接近经济车速的上限，而末速度接近经济车速的下限，这样节油效果较好。另外，加速时宜缓踏加速踏板，节气门开度不超过70%～80%。

采用加速滑行法的缺点是，降低平均车速，运输生产率降低，汽车总成磨损增加，对其他车辆的行驶易产生干扰。因此，对加速滑行法应根据情况正确地运用。

② 减速滑行。减速滑行是汽车在行驶中，前面遇有障碍物、弯道、桥梁、坑洼或到停车站等必须降低车速时，可以提前减速放松加速踏板，挂入空挡，以滑行来代替制动，充分利用汽车的惯性，减少能量浪费。试验表明：一辆载重为2.5t的货车由50km/h的车速制动减速至30km/h所消耗的能量相当于30～40mL汽油的能量。减速滑行既能节约燃油，又可以减少机件磨损，同时也是避免交通事故发生的一项技术措施。

③ 坡道滑行。在丘陵山区，利用坡道滑行是节油的有效方法，但利用坡道滑行时必须保证行车安全。在傍山险路或坡陡较长的路段禁止滑行。下坡滑行不得熄火，并控制好车速，不能越滑越快。

3. 维修质量对运行油耗的影响

在汽车技术状况发生变化以后，通过对车辆的维修，尽可能地恢复其原有的技术状况是使汽车处于良好技术状况的重要措施，也是节油工作的基础。

在维修中，要严格执行维修标准，把好检验质量关，提高汽车的维修质量，同时，要不断地提高维修人员的技术水平。维修质量好，车辆的技术状况就好，这样不仅可以降低燃料的消耗，还可以减少汽车在使用过程中的维修时间，降低维修费用。

4. 企业管理对油耗的影响

加强企业管理，提高管理水平是节约燃油的根本。无论是节能方针、政策的贯彻，还是节油技术、设备的改进和节油方法的落实，最终都要通过驾驶和改善管理工作来实现。

汽车运输部门应采取有效的管理方法，加强对节油的管理，收集和记录汽车燃料消耗的原始数据，进行统计分析，制定出切实可行的节油管理制度，并组织实施。

加强油料的保管，减少浪费。燃油的装罐、运输、入库、保管、领发和盘存通常称为6大流转环节，各环节都应建立责任制度，完善手续，严格考核燃料的损耗定额。杜绝各环节中的“跑、冒、滴、漏”现象。在燃料保管中，注意减少油料与空气接触，防止因变质造成的损失；室外存油用浅色容器以反射阳光，降低油温；室内存油要做到容器密封，防止水或杂物混入；油桶应干燥、清洁、专油专桶。建立和健全燃油领发制度、定额考核制度和节油奖惩制度，调动节油的积极性，促进节油工作的顺利开展。

3.2.2 汽车结构对燃料消耗量的影响

1. 提高压缩比

当发动机压缩比提高时，热效率增加，发动机的动力性、经济性得以改善，发动机油耗率有所降低。试验表明：在压缩比为7.5～9.5时，压缩比每提高一个单位，油耗可降低4%以上。

发动机压缩比的提高主要受爆燃的限制。压缩比提高到一定程度后，不仅不能提高发动机的功率和效率，而且会增加排气中的污染物。

目前，提高发动机压缩比的主要措施有以下几种：

(1) 改进燃烧室和进气系统，提高发动机结构的爆燃极限。

(2) 使用爆燃传感器，自动延迟产生爆燃时的点火提前角。

(3) 开发高辛烷值的汽油。

2. 改进进排气系统

改进进排气系统的主要目的是：降低进气管气流阻力，减少排气管排气干扰。进气管的结构和尺寸要保证有足够的流通截面，并保证管道的表面光洁，连接处平整，要减少气流转折以及流通截面突变，以此减少气流的局部阻力。进气门处是整个进气管道中产生进气阻力最大的地方，不可忽视。

需要指出的是，进气管截面过大，气流速度低，燃油液态颗粒易沉积于管壁，而且液态燃油的蒸发速率比较慢，结果使各缸混合气的分配不均匀，发动机油耗增加。

3. 选择合理的配气相位

配气相位的选择与发动机工作情况密切相连。当配气相位的持续角较宽时，发动机在高速时充气特性好，低速时充气特性差，所以它适合于高速发动机；当配气相位的持续角较窄时，则反之。

就一般的发动机而言，节气门开关的时间和行程是固定不变的，这就不能最大限度地发挥发动机的潜力。因为当发动机处于低转速时，为了与较慢的燃烧速度相匹配，混合气进入汽缸的速度应该慢一些，进气量小一些，所以，此时理想的节气门叠开角和进气门行程都应该比较小。而当发动机处于高转速时，为了让发动机产生高功率，理想的气门叠开角和进气行程都应该比低速时更大一些。

但是普通发动机的凸轮设计是固定的，气门叠开角和进气行程只能在理想的最大与最小之间选择一个折中值。于是发动机在低速时，由于气门叠开角比理想值大，新鲜混合气就可能被废气带走，造成油耗增加。而在高速时，由于节气门叠开角和进气门行程比理想值小，从而限制了发动机所能达到的最大功率。

为解决这一问题，国外现已研究出可变气门正时系统。这一系统能使发动机在低速运转时气门的叠开角和进气门行程都变小，而在发动机高速运转时能使气门的叠开角和进气门行程都变大。图 3.6 所示为本田的 i-VTEC 系统的工作原理，它是目前使用最广泛的可变气门正时系统之一。

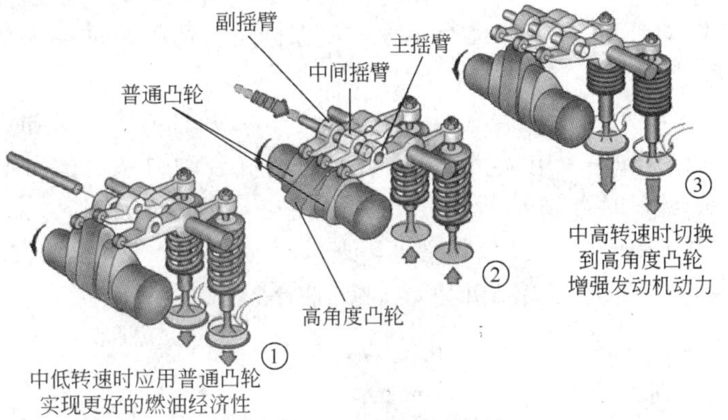

图 3.6　本田 i-VTEC 系统的工作原理

4. 减轻汽车整备质量

汽车行驶时，汽车功率的消耗与汽车行驶阻力有关，在行驶阻力中，除空气阻力外，都与汽车总质量有关。所以，减轻汽车整备质量，可以增加装载质量，降低百千米油耗，即使是空驶，其油耗也可以减少。据有关资料介绍，在其他条件不变的情况下，整车整备质量每减少 100kg，节油 0.1L/100 km。因此，减轻汽车整备质量是降低油耗最重要、最有效的措施之一。

减轻汽车整备质量的主要措施有采用高强度材料、改进汽车结构、减少车身尺寸以及取消一些附加设备和器材等。如奥迪 A8 2.8、A2 1.2 两款车采用的全铝质车身，其中奥迪 A2 的整车整备质量仅为 855kg，测试油耗为 4.1L/km(柴油)。

5. 汽车外形与轮胎

目前认为，在 C_D 值降至 0.25 以前，降低 C_D 值是节约燃料的有效途径。

据德国学者 Wolf-Heinrich Hucho 估算，一辆质量为 1.06t 的轿车，空气阻力系数 C_D 值由 0.5 降至 0.3，在公路上行驶的燃料经济性可提高 22%。但在城区，由于车速低，对油耗影响较小。

美国通用公司试验场资料表明，滚动阻力对油耗的影响为滚动阻力每减小 1N，燃料消耗量减少 0.01L/100km，或估算为滚动阻力系数 f 减小 10%，省油 2%。

汽车对轮胎提出各种要求，如耐磨性、耐久性及要求它保证动力性、经济性等各种使用性能。现在公认子午线轮胎的综合性能最好。由于它的滚动阻力小，与一般斜交轮胎相比，可节油 6%～8%。图 3.7 所示为普通子午线轮胎的构造。

图 3.7　子午线轮胎的构造

6. 使用混合动力模式

混合动力模式是指在一辆车上同时布置了两种动力源，一个主动力源(汽油发动机)和一个辅助动力源(电动机)。在汽车运行过程中，根据运行情况辅助动力源协助主动力源工作或辅助动力源单独工作。

例如，如图3.8所示，丰田普锐斯(Prius)汽车采用的是一个4缸汽油发动机(功率53kW、排量1497cm^3)和一个电动机(功率33kW)的混合动力系统。由于电动机的动力比较大，在负载小或倒车时，发动机不工作，而由电动机单独工作。该车的测试油耗为5.9L/100km。而本田前瞻(Insight)双座汽车则采用的是一个3缸汽油发动机(功率56kW、排量995cm^3)和一个电动机(功率10kW)，测试油耗为4.1L/km。

图3.8 丰田普锐斯汽车的混合动力系统

3.3 合理选用燃料

燃料质量对汽车燃料经济性有很大影响。如果燃料质量不符合发动机的要求，发动机就不能正常工作，导致动力性下降、油耗增加，反之，对燃料的要求过高，就会提高燃料的成本，导致燃料经济性降低。因此，在选用燃料时既要保证发动机的正常工作，又要考虑燃料的成本，这样才能提高汽车的燃料经济性。目前，汽车用燃料主要有汽油和柴油两类。

3.3.1 汽油的选用

1. 汽油选用的牌号

汽油的牌号都是以汽油的抗爆性(辛烷值)来表示的，汽油的牌号代表其辛烷值高低，辛烷值越高，抗爆性就越好。我国的汽油牌号是按研究法辛烷值(RON)划分的。以前我国曾使用过马达法辛烷值(MON)标定汽油牌号，现已停用。目前，我国使用的车用汽油为无铅汽油，其牌号有 90、93、95、97、98 等，表 3-6 为采用国家标准的 90、93、95 号汽油规格。采用企业标准的 97、98 号汽油除辛烷值提高外，其他指标与 90、93、95 号汽油相同。

表 3-6 无铅车用汽油规格(GB/T 17930—1999)

项目		质量指标			试验方法
		90 号	93 号	95 号	
抗爆性 GB/T 5487—1995	研究法辛烷值(RON)	≥90	≥93	≥95	GB/T 5487 GB/T 503
	抗爆指数(RON+MON)/2	≥85	≥88	≥90	
铅含量/(g/L)		0.03			GB/T 8020
馏程	10%蒸发温度/℃	≤70			GB/T 6536
	50%蒸发温度/℃	≤120			
	90%蒸发温度/℃	≤190			
	终馏点/℃	≤250			
	残留量%/(V/V)	≤2			
蒸气量/kPa	从 9 月 1 日至 2 月 29 日	≤88			GB/T 8017
	从 3 月 1 日至 8 月 31 日	≤74			
实际胶质/(mg/100mL)		≤5			GB/T 8019
诱导期/min		≤480			GB/T 8018
硫含量%/(m/m)		≤0.15			GB/T 380
硫醇(需满足下列要求之一)	博士试验法	通过			SH/T 0174
	硫醇硫含量%/(m/m)	≤0.001			GB/T 1792
铜片腐蚀(50℃，3h)/级		≤1			GB/T 5096
水溶性酸或碱		无			GB/T 259
机械杂质及水分		无			目测

在选用汽油时应按照汽车说明书推荐的牌号，并结合汽车的使用条件，以不发生发动机爆燃为原则，选择汽油的牌号。压缩比越大，使用的汽油牌号一般也越高。2003 年由中国汽车工程学会和中国环境保护产业协会共同向全国消费者推荐的《国内外汽油轿车用油标号推荐表》(2003 版)可作为广大汽车使用者选油依据之一。具体汽油轿车推荐用油牌号见表 3-7。

表 3-7 国内外汽油轿车用油标号推荐表

车　　型	推荐用油标号	车　　型	推荐用油标号
一汽红旗明仕 1.8	93	长安福特嘉年华 1.3/1.6	93～97
一汽红旗世纪星 2.0/2.4	不低于 93	菲亚特西耶那 1.316V/1.5	不低于 93
一汽马自达 2.3	93～97	菲亚特派力奥 1.316V/1.5	不低于 93
一汽夏利 7101/7131/2000	不低于 93	菲亚特周末风 1.316V/1.5	不低于 93
一汽威姿 1.0/1.3	不低于 93	广州本田 98 款雅阁 2.0/2.3/3.0	93
一汽-大众捷达普通/CI/CT/AT	93	广州本田 03 款雅阁 2.0/2.4/3.0	不低于 93
一汽-大众宝来 1.6/1.8/1.8T	93～97	广州本田奥德赛 2.3	不低于 93
一汽-大众高尔夫 1.6/2.0	93～97	吉利美日 1.3/优利欧 1.3	93
一汽-大众奥迪 A4/A6	93～97	长安铃木奥拓 0.8/羚羊 1.0/1.3	93
上海大众桑塔纳普通/2000	不低于 93	昌河铃木北斗星 CH6350B	93
上海大众帕萨特 1.8/1.8T	93～97	华晨中华 2.0/2.4	不低于 93
上海大众帕萨特 2	93～97	哈飞赛马 1.3	不低于 93
上海大众 POLO1.4/1.6	93～97	海南马自达普利马/323/福美来	不低于 93
大众高尔 1.6	不低于 93	宝马 3、5、7 系列	97
上海别克赛欧 1.6	不低于 93	大宇王子 2.0/蓝龙 1.5	93～97
上海别克君威 2.0/2.5/3.0	不低于 93	本田思域 1.6/里程 3.5	93～97
东风蓝鸟 2.0/阳光 2.0	不低于 93	日产风度 2.0/3.0	93～97
东风毕加索 1.6/2.0	93～97	丰田凌志 IS200/GS300/LS430	97
东风爱丽舍 1.6/爱丽舍 VTS1.6	93～97	丰田世纪/皇冠	93～97
东风塞纳 2.0	93～97	丰田花冠 1.6/佳美 2.2GL/2.4	93～97
东风千里马 1.6	不低于 93	奔驰 E280/E320	97
神龙富康 1.4/1.6	93	沃尔沃 S40	不低于 93
上海奇瑞 1.6	不低于 93	福特 WINDSTARV6/TAURUSV6	93～97
天津丰田威驰 1.3/1.5	不低于 93	林肯大陆 V8/马克 V8	93～97
北京吉普 2500	93	欧宝 1.8	97
北京现代索纳塔 2.0/2.7	93～97		

2. 选用的注意事项

车用汽油的选择一般应遵循以下原则。

(1) 在发动机不发生爆燃的条件下，尽量选用低牌号的汽油。如果辛烷值过低，就会使发动机产生爆燃；如果辛烷值过高，不仅经济上造成浪费，还会引起着火慢、燃烧时间长，以致燃烧热能不能充分转变为功率，并且还因为燃烧气体的温度过高，高温废气可能烧坏排气门或排气门座。

(2) 在汽油的供应上，若一时不能满足需要，可以用牌号相近的汽油暂时代用，但必须对汽油机进行适当的调整。用辛烷值较低的汽油代替辛烷值较高的汽油时，应适当推迟点火提前角；用辛烷值较高的汽油代替辛烷值较低的汽油时，应适当提前点火提前角。

(3) 推广使用加入有效汽油清净剂的汽油。

(4) 注意季节变化、车辆使用地区变化等外界条件改变对汽油选择的影响。如冬季应选择蒸气压较大的汽油，夏季应选择蒸气压较小的汽油；高原地区应选择蒸气压较小的汽油，平原地区应选择蒸气压稍大的汽油。

3.3.2 柴油的选用

1. 车用柴油的牌号

车用柴油的牌号是根据柴油凝点高低来划分的。目前车用柴油的牌号分为 10、5、0、－10、－20、－35 和－50 等 7 个牌号，详细规格见表 3－8。

表 3－8 轻柴油的规格(GB/T 19174—2003)

项目			10 号	5 号	0 号	－10 号	－20 号	－35 号	－50 号	试验方法
氧化安定性	总不溶物/(mg/100ml)	不大于	2.5							SH/10175
硫(质量分数)/(%)		不大于	0.05							GB/1380
10%蒸余物残炭(质量分数)/(%)		不大于	0.3							GB/T 268
灰分(质量分数)/(%)		不大于	0.01							GB/T 508
铜片腐蚀(50℃，3h/级)		不大于	1							GB/T 5096
水分(体积分数)/(%)			痕迹							GB/T 260
机械杂质			无							GB/T 511
润滑性	磨痕直径(60℃)/μm	不大于	460							ISO 12156—1
运动粘度(20℃)/(mm²/h)			3.0～8.0				2.5～8.0	1.8～7.0		GB/T 265
凝点/℃		不高于	10	5	0	－10	－20	－35	－50	GB/T 510
冷滤点/℃		不高于	12	8	4	－5	－14	－29	－44	SH/T 0248
闪点(闭口)/℃		不低于	55			50		45		GB/T 261
着火性(须满足下列条件之一)	十六烷值	不小于	59			46		45		GB/T 386 CB/T 11139 SH/T 0694
	十六烷指数	不小于	46			46		43		

（续）

项目		10号	5号	0号	−10号	−20号	−35号	−50号	试验方法
馏程	50%回收温度/℃　不高于	300							GB/T 6536
	90%回收温度/℃　不高于	355							
	9596 回收温度/℃　不高于	365							
密度(20℃)/(kg/m³)		820～860					800～840		GB/T 1884 GB/T 1885

2. 合理使用柴油

1）根据柴油使用地区风险率10%的最低气温选用柴油牌号

风险率10%的最低气温应高于柴油的冷滤点。由于柴油的冷滤点一般高于凝点3～6℃，所以，也可以说，风险率10%的最低气温在数值上高于其牌号3～6个数即可满足选用要求。有关各牌号柴油的适用地区见表3－9。我国部分地区风险率10%的最低气温见表3－14，该表中的最低温度是由我国气象台根据多年气温记录分析得出的。风险率10%的最低气温值表示该月中最低气温低于该值的概率为0.1，或者说该月中最低气温高于该值的概率为0.90。

表3－9　柴油适用气温范围

柴油牌号	适用范围
10	有预热设备的高速柴油机
5	风险率为10%的最低气温在8℃以上的地区使用
0	风险率为10%的最低气温在4℃以上地区
−10	风险率为10%的最低气温在−5～4℃地区
−20	风险率为10%的最低气温在−5～−14℃地区
−35	风险率为10%的最低气温在−14～−29℃地区
−50	风险率为10%的最低气温在−29～−44℃地区

2）在气温允许的情况下尽量选用高牌号柴油

有些汽车使用者认为选用的牌号越低越安全，对车越有利。其实不然，首先由于低牌号柴油凝点低，其炼制工艺复杂、生产成本高，所以其价格也比高牌号柴油贵；其次由于柴油中凝点越低的成分燃烧性越差，使用时燃烧滞后期长，越容易发生工作粗暴，所以在气温允许的情况下应尽量选用高牌号柴油，真正做到既经济又实用。

3）注意季节气温变化对用油的影响

对于那些季节气温变化较大的地区，如黑龙江、内蒙古、新疆等，应特别注意季节气温变化对用油的影响，及时改变用油牌号。

轻柴油在使用中应注意以下几点。

(1) 不同牌号的柴油不能掺兑使用，否则会降低柴油的凝点。

(2) 不能在柴油中掺入汽油，否则会导致发动机起动困难。

(3) 要做好柴油的净化工作，否则会由于油中杂质造成系统堵塞、卡死等情况。

3.4 汽车润滑油的合理使用

在汽车的实际使用中，虽然润滑材料本身的消耗量不大，但它对于减少摩擦阻力和零件磨损、延长机件的使用寿命和工作可靠性，进而减少维修工作量及时间以及提高汽车利用率都有很大影响。因而，它间接地影响运输生产率和运输成本，所以对其合理使用也极为重要。

3.4.1 发动机润滑油的合理使用

1. 发动机润滑油的作用和对其性能的要求

发动机润滑油的主要作用是润滑、冷却、清洗、密封以及防锈。

由于发动机的工作条件恶劣，要完成上述作用，发动机机油应具有良好的使用性能，如一定的粘度和粘度—温度特性，适当的润滑性(油性)，一定的热稳定性和良好的抗氧化安定性，较低的凝点，在氧化燃烧和分解时无胶质沉淀，不含有引起发动机零件腐蚀或磨损的物质，不含机械杂质和水分。

2. 发动机润滑油的等级

发动机润滑油可分为汽油机润滑油(汽油机油)和柴油机润滑油(柴油机油)。

发动机润滑油的质量等级在国外广泛采用美国汽车工程师学会(SAE)的粘度分类法和美国石油学会(API)的使用条件分类法。

根据发动机润滑油的粘度，SAE粘度等级分为0W，5W、10W、20W、20、30、40、50等，其中字母W代表冬季机油品种。此外，还有一种全气候机油(又称多级机油)，是用低粘度的基础油加入稠化剂制成的。它用SAE等级的双重号码表示，如SAE5W/30。这种机油在高温时具有SAE30相同的粘度值，而在低温时，它的粘度不超过冬用机油SAE5W的粘度值。

根据机油的性能和使用场合，API将机油分为汽油机系列SA～SJ等，柴油机系列CA～CF等。

我国参照API分类法制定了内燃机润滑油质量等级分类标准。根据内燃机的特性和使用场合，将润滑油分为汽油机油、柴油机油以及汽油/柴油机通用机油。如SF/CD通用机油的标识表示该机油质量等级同时满足API的SF级汽油机油标准和API的CD级柴油机油标准。

我国发动机润滑油的粘度直接采用美国汽车工程师学会标准SAEJ300。该标准将机油的动力粘度分为11个粘度等级，见表3-10。

表3-10 内燃机粘度等级分类表(表中W表示冬季润滑油)

粘度等级	在规定温度下的动力粘度不大于		边界泵送温度不高于/℃	100℃运动粘度/(mm^2/s)	
	规定温度/℃	动力粘度/MPa·s		不小于	不大于
0W	−30	3250	−35	3.8	—
5W	−25	3500	−30	3.8	—

（续）

粘度等级	在规定温度下的动力粘度不大于		边界泵送温度不高于/℃	100℃运动粘度/(mm²/s)	
	规定温度/℃	动力粘度/mPa·s		不小于	不大于
10W	−20	3500	−25	4.1	—
15W	−15	3500	−20	5.6	—
20W	−10	4500	−15	5.6	—
25W	−5	6000	−10	9.3	—
20	—	—	—	5.6	9.3
30	—	—	—	9.3	12.5
40	—	—	—	12.5	16.3
50	—	—	—	16.3	21.3
60	—	—	—	21.3	26.1

3. 发动机润滑油的选用

选择合适的发动机润滑油是保证发动机正常工作、延长其使用寿命的重要条件。发动机润滑油的选择应遵循一定的原则，即应兼顾使用性能级别和粘度级别两个方面。首先应根据发动机结构特点和要求，确定其合适的使用性能级别，然后根据发动机使用的外部环境温度，选择该质量等级中的粘度等级。

1) 使用性能级别选择

发动机润滑油使用性能级别，主要根据发动机的结构特性、工作条件和燃料品质来选择。

在进行汽油发动机润滑油的使用性能选择时，应注意汽油发动机工况的苛刻程度和进排气系统中的附加装置及生产年代。汽油发动机润滑油使用性能级别的选择一般应考虑如下具体因素。

(1) 选择发动机润滑油压缩比、排量、最大功率、最大转矩。

(2) 发动机润滑油负荷，即发动机润滑油功率(kW)与曲轴箱机油容量(L)之比。

(3) 曲轴箱强制通风、废气再循环等排气净化装置的采用对发动机润滑油的影响。

(4) 城市汽车时开、时停等运行工况对生成沉积物和发动机润滑油氧化的影响等。

表 3-11 列出了 SD、SE、SF、SG 和 SH 等级别油品的使用性能以及在部分车型上的应用情况。

表 3-11　汽油发动机润滑油使用性能选择参考表

汽油发动机润滑油使用性能级别	性能特点	应用车型
SD	控制高低温沉积物、磨损、锈蚀和腐蚀的性能优于 SC	用于高负荷、压缩比 7.0～8.0 条件下的载货汽车、客车和某些普通轿车的汽油机，并能满足装有曲轴箱强制换气装置的汽油机的要求，以及进口汽车要求使用 SAEJ183SD 机油的汽油机，如解放 CA1091、东风 EQ1091 等车型

（续）

汽油发动机润滑油使用性能级别	性能特点	应用车型
SE	具有抗氧化性能及可控制高温沉积物、锈蚀和腐蚀的性能	适用于压缩比8.0以上苛刻条件下使用的轿车和某些载货汽车的汽油机，并能满足装有废气转化装置的汽油机以及国外要求使用SAEJ183SD和SE级机油的汽油机，SE级机油适用于20世纪70年代水平的发动机，如天津夏利、大发、昌河、拉达等车型
SF	抗氧化和抗磨损性能优于SE，还具有控制沉积物、锈蚀和腐蚀的性能	用于更苛刻条件下使用的轿车和某些载货汽车的汽油机，也可用于国外要求使用SAEJ183中SF、SE、SD和SC级机油的汽油机。SF级机油适用于20世纪80年代开发的发动机，如奥迪100、切诺基、标致、斯科达、桑塔纳、捷达、富康等
SG、SH	具有可控制沉积物、磨损和油的氧化性能，并具有抗锈蚀和腐蚀的性能	用于高档轿车，新型电喷车，如红旗CA7220AE等车型
SJ	可减少积炭的生成，具有优良的抗磨损、洁净分散件，可延长发动机的寿命	适用于劳斯莱斯、凯迪莱克、奔驰、宝马、沃尔沃、林肯、凌志、别克、雷诺、福特、克莱斯勒、红旗、奥迪等进口及国产高级轿车

目前，SA和SB级润滑油在我国已被淘汰，SC和SD级的机油也基本被淘汰。

柴油发动机润滑油使用性能级别的选择主要依据发动机润滑油的平均有效压力、活塞平均速度、机油负荷、使用条件和柴油含硫量等因素。

发动机的平均有效压力、活塞平均速度等反映发动机的强化程度，用强化系数 K_φ 表示。柴油发动机润滑油的质量等级应根据柴油发动机的强化系数来确定。

$$K_\varphi = 5p_{me}C_m \tag{3-21}$$

式中，K_φ——强化系数；

p_{me}——发动机润滑油的平均有效压力，MPa；

C_m——活塞平均速度，m/s。

$$p_{me} = \frac{30N_e\tau}{V} \tag{3-22}$$

式中，N_e——发动机有效功率；K_w；

τ——发动机行程数；

V——发动机排量，L。

$$C_m = \frac{Sn}{30} \tag{3-23}$$

式中，n——发动机转速，r/min；

S——活塞行程，m。

如果使用硫含量高的柴油或车辆运行条件苛刻时，选用的柴油发动机润滑油使用性能级别要相应提高。例如，解放CA1091K2型载货汽车装用的CA6110A型柴油机，其强化系数为36，在30～50之间，可选用CC级柴油发动机润滑油。强化系数与柴油发动机润滑油使用性能级别的关系见表3-12。

表3-12 柴油发动机润滑油使用性能选择参考表

使用性能级别	发动机平均有效压力/kPa	发动机强化系数	燃油含硫量	应用机型
CC	784～980	35～50	<0.4	只适用于低增压和中等负荷的非增压柴油机以及一些重负荷汽油机。对于柴油机具有控制高温沉积物和轴瓦腐蚀的性能，对于汽油机具有控制锈蚀、腐蚀和高温沉积物的性能，并可代替CA、CB级油。它有5W/30、10W/30、15W/40、20W/40、20/20W、30、40等牌号。例如，玉柴，扬柴，朝柴4102、4105、6102，锡柴，大柴6110，日野ZM400，五十铃4BD1、4BG1等柴油机
CD	980～1470	50～80		用于需要高效控制磨损和沉积物或使用包括高硫燃料非增压、低增压和增压式柴油机以及国外要求使用APICD级油的柴油机。具有控制轴承腐蚀和高温沉积物的性能，并可代替CC级油。例如，东风中、重型卡车柴油发动机装用CD30、CD40、CD50或CD15W/40、20W/50、10W/30柴油机油，康明斯发动机使用CD15W/40、20W/50、10W/30柴油机油
CE	1470以上	80以上		用于低速高负荷和高速高负荷条件下运行的低增压或增压式重负荷柴油机
CF-4	—	—		用于高速4行程柴油机以及要求使用APICF-4级油的柴油机。在油耗和沉积物控制方面性能优于CE级油，该级油品特别适用于高速公路行驶的重负荷货车。它具有更好的高温清洁性、抗氧化性、抗腐蚀性和抗磨性。它有10W、5W/30、10W/30、15W/30、15W/40、20W/40、20W/20、30、40牌号。例如，依维柯专用CF10W/30、15W/40机油；奔驰、沃尔沃等大型高级客车、各种进口及国产高级大型载货汽车、高级轿车也可选用CF-4/SG15W/40机油

通常情况下，应按说明书的规定合理选用润滑油，但低等级的润滑油绝不能代替高等级的润滑油。

2）粘度级别的选择

选择发动机润滑油的粘度级别主要是根据气温、工况和发动机润滑油的技术状况。

粘度是评价发动机润滑油品质的一个重要指标。它的大小直接影响发动机润滑油的减磨、降温、清洁、除锈、防尘、吸收振动和密封等作用。发动机润滑油粘度越小，流动性就越好，清洁、冷却效果越好，但高温油膜易受破坏，润滑效果较差；粘度越大，油膜厚度、密封等方面较好，但低温起动时上油较慢，易出现干摩擦或半流体摩擦，冷却、冲洗作用也较差。因此，发动机润滑油粘度选用要适当，一般要遵循以下几项原则。

(1) 根据发动机的性能，如大负荷、低转速的发动机选用粘度大些的润滑油；小负荷、高转速的发动机选用粘度小的润滑油。

(2) 根据发动机的磨损情况，旧发动机磨损大，选用粘度大的润滑油；新发动机磨损少，选用粘度小的润滑油。

(3) 根据工作地区的气温，夏季南方使用的发动机，选用粘度大一些的润滑油，而冬季北方选用粘度小的润滑油，润滑油的使用温度应比其凝点高6～10℃，以防止润滑油的粘度显著增大而使机件过度磨损或损坏。润滑油粘度等级与环境温度的关系见表3-13。

表3-13 润滑油粘度分级与环境的关系

环境温度/℃	−40～−18	−25～0	−20～5	−15～10	−15～20	20～18
适宜的粘度等级	5W	10W	15W	20W	20	5W/20
环境温度/℃	−20～40	−20～35	−20～28	−20～20	−15～35	0～30
适宜的粘度等级	10W/40	10W/30	10W/20	15W/40	30	40
环境温度/℃	10～50	−35～35	−35～28	−15～20	−5～35	—
适宜的粘度等级	50	5W/40	5W/30	20W/20	20W/40	—

我国地域辽阔，各地气候差异较大，就是同一地区不同季节气温差别也很大。因此，在选用润滑油时，可参照国家气象局的《石油产品标准的气温资料》，取各地风险率为10%的最低气温(℃)，见表3-14。它不仅为正确使用油料提供依据，而且为汽车使用部门在各种使用条件下驾驶车辆、节约油料提供参考数据。

表3-14 我国部分地区风险率为10%的最低气温(℃)

地 区	1月	2月	3月	4月	5月	6月	7月	8月	9月	10月	11月	12月
河北省	−14	−13	−5	1	8	14	19	17	9	1	−6	−12
山西省	−17	−16	−8	−1	5	11	15	13	6	−2	−9	−16
内蒙古自治区	−43	−42	−35	−21	−7	−1	1	1	−8	−19	−32	−41
黑龙江省	−44	−42	−35	−20	−6	1	7	1	−6	−20	−35	−43
吉林省	−29	−27	−17	−6	1	8	14	12	2	−6	−17	−26
辽宁省	−23	−21	−12	−1	6	12	18	15	6	2	−12	−20
山东省	−12	−12	−5	2	8	14	19	18	11	4	−4	10
江苏省	−10	−9	−3	3	11	15	20	20	12	5	−2	−8
安徽省	−7	−7	−1	5	12	18	20	20	14	7	0	−6
浙江省	−4	−3	1	6	13	17	22	21	15	8	2	−3

（续）

地　区	1月	2月	3月	4月	5月	6月	7月	8月	9月	10月	11月	12月
江西省	−2	−2	3	9	15	20	23	23	18	12	4	0
福建省	−1	−2	3	8	14	18	21	20	15	8	1	−3
台湾省①	3	0	2	8	10	16	19	19	13	10	1	2
广东省	1	2	7	12	18	21	23	23	20	13	7	2
广西壮族自治区	3	3	8	12	18	21	23	23	19	15	9	4
湖南省	−2	−2	3	9	14	18	22	21	16	10	4	−1
湖北省	−6	−4	0	6	12	17	21	20	14	8	1	−4
河南省	−10	−9	−2	4	10	15	20	18	11	4	−3	−8
四川省	−21	−17	−11	−7	−2	1	2	1	0	−7	−14	−19
贵州省	−6	−6	−1	3	7	9	12	11	8	4	−1	−4
云南省	−9	−8	−6	−3	1	5	7	7	5	1	−5	−8
西藏自治区	−29	−25	−21	−15	−9	−3	−1	0	−6	−14	−22	−29
新疆维吾尔自治区	−40	38	−28	−12	−5	−2	0	−2	−6	−14	−25	−34
青海省	−33	−30	−25	−18	−10	−6	−3	−4	−6	−16	−28	−33
甘肃省	−23	−23	−16	−9	−1	3	5	5	0	−8	−16	−22
陕西省	−17	−15	−6	−1	5	10	15	12	6	−1	−9	−15
宁夏回族自治区	−21	−20	−10	−4	2	6	9	8	3	−4	−12	−19

注：① 台湾省所列的温度为绝对最低气温，即风险率为0%的最低气温。

(4) 应尽量选用粘温特性好、粘度指数高的多级油。多级油使用温度范围比单级油宽，具有低温粘度油和高温粘度油的双重特性。例如，5W/30多级油同时具有5W、30两种单级油的特性，其使用温度区间由5W级油的−30～10℃和30级油的0～40℃组合成−30～40℃。与单级油相比，多级油极大地扩大了使用范围。这样不仅可以减少因气温变化带来更换发动机油的麻烦，还可以减少发动机油的浪费。

在使用中应注意以下几个方面：

① 要注意使用中润滑油颜色、气味的变化，有条件者可以定期检查润滑油的各项性能指标，一旦发现颜色、气味以及性能指标有较大变化，应及时更换，不应教条地照搬换油期限。

② 换油时应采用热机放油方法，即在更换发动机润滑油时，应先运行车辆，然后趁热放出润滑油，以便使机内的油泥、污物等尽可能地随润滑油一起排出。

③ 加注发动机润滑油要注意适量。油量不足会加速润滑油的变质，而且会因缺油而引起零件的烧损；发动机润滑油加注过多，则不但会增大润滑油的消耗量，而且过多的润滑油易窜入燃烧室内，将恶化混合气的燃烧。

④ 要定期检查、清洗发动机润滑油滤清器，清理油底壳中的脏杂物。发动机机油更换一般根据行驶里程定期更换，也可根据发动机机油使用性能按质更换。由于后者测试机油使用性能昂贵，故很少采用。

据统计，国内外发动机机油更换里程为 5000～8000km(或半年)，以 7500km 居多。确定机油更换里程应综合考虑机油使用性能等级、发动机技术状况和运行条件。

为延长机油使用寿命，在更换机油时应将旧油放尽；加强曲轴箱通风和保持发动机温度正常，防止油气、水汽冷凝污染；机油温度不可过高，以免机油变得过稀或加速氧化变质；加强对润滑系统的维护等。

⑤ 要避免不同牌号的发动机润滑油混用，以免相互起化学反应。

⑥ 选购时，应尽可能地购买有影响、有知名度的正规厂家的发动机润滑油，要特别注意辨别真假，确保润滑油的品质。

3.4.2 汽车齿轮油的合理使用

如图 3.9 所示，齿轮油润滑汽车传动系，包括变速器、分动器、驱动桥及转向器等传动机件。

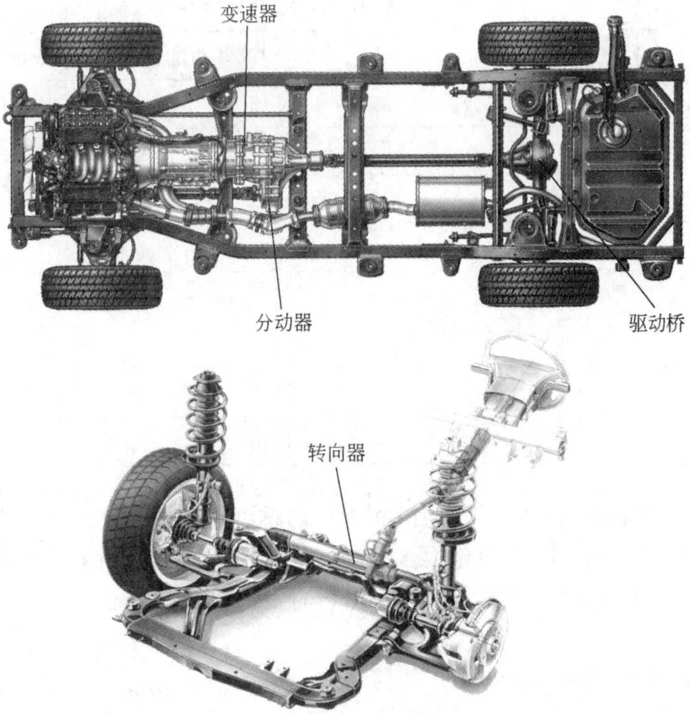

图 3.9 齿轮油润滑汽车传动系

齿轮油工作时，由于齿轮工作面不断变换，温度升高不剧烈，所以它的工作温度一般为 10～80℃，其次齿轮油承受很高的压力作用。齿轮在传动时，齿之间啮合部分的单位压力高达(196～245)×10^4kPa，而双曲线齿轮单位压力可达(294～392)×10^4kPa。此外，由于齿轮油在速度变化大、回转次数多的条件下工作，因而齿轮油易于由齿间的间隙中被挤出，产生半液体摩擦。

对齿轮油的主要要求是：在齿与齿之间的接触面上，能形成连续坚韧的油膜，即具有高的油性，使传动机件之间维持有韧性的边界油层，保证传动机件磨损小并预防其磨伤。此外，齿轮油还应具有良好的粘温特性，以保证动力传动机构的摩擦损耗较小，提高传动效率，保证汽车易于起步(尤其是冬季的起动)。

1. 车辆齿轮油的分类

目前世界上广泛采用美国汽车工程学会(SAE)的车辆齿轮油粘度分类法和美国石油学会(API)的车辆齿轮油使用性能分类法对车辆齿轮油进行分类。

1) SAE车辆齿轮油粘度分类

SAEJ 306—1991《驱动桥和手动变速器润滑油粘度分类》的规定见表3-15。该标准采用含有尾缀字母W和不含尾缀字母W两种粘度等级系列。粘度等级代号由一组数字和字母W(70W、75W、80W、85W)或一组数字(90、140、250)组成，共7种。含有尾缀字母W是冬季用齿轮油，是根据齿轮油粘度达到150GPa·s时的最高温度和100℃时的最小运动粘度划分的。不带尾缀W的是夏季用齿轮油，是以100℃的运动粘度范围划分的。

表3-15 SAE车辆齿轮油粘度分类

SAE粘度级号	粘度达到150Pa·s时的最高温度/℃	100℃时的运动粘度/(mm^2·s)	
		最低	最高
70W	-55	4.1	—
78W	-40	4.1	—
80W	-26	7.0	—
85W	-12	11.0	—
90	—	13.5	<24.0
140	—	24.0	<41.0
250	—	41.0	—

车辆齿轮油的粘度等级不同于发动机润滑油的粘度等级。当车辆齿轮油与发动机润滑油有相同的粘度时，其粘度等级相差很大。例如，70W车辆齿轮油与10W的发动机润滑油具有相同的粘度，90的车辆齿轮油与40、50的发动机润滑油粘度相当，但粘度等级号不同。

车辆齿轮油的粘度等级也有单粘度等级和多粘度等级之分。一个多粘度等级的车辆齿轮油，其低温粘度满足表3-15中一个含W级的要求，并且100℃运动粘度在一个不含W级规定的粘度范围之内。例如90/80W，满足80W的低温性能并且在90的高温性能规定范围之内。

2) API车辆齿轮油使用性能分类

世界上广泛采用美国石油学会(API)的车辆齿轮油使用性能分类法。根据齿轮的形式和负载情况对车辆齿轮油进行质量等级分类，该分类将车辆齿轮油分为GL-1、GL-2、GL-3、GL-4、GL-5、GL-6等6级，其分类使用说明及用途见表3-16。

表3-16 车辆齿轮油API使用性能分类

分类	使用说明	用途
GL-1	低齿面压力、低滑动速度下的汽车弧齿锥齿轮、蜗轮式驱动桥以及各种手动变速器规定用GL-1齿轮油。直管矿油能满足这类情况的要求，可以加入抗氧剂、防锈剂和消泡剂改善其性能，但不加摩擦改进剂和极压剂	汽车手动变速器，包括拖拉机和载货汽车手动变速器
GL-2	汽车蜗轮式驱动桥，由于其负荷、温度和滑动速度的状况，用GL-1齿轮油不能满足要求，规定用GL-2齿轮油	蜗杆传动装置
GL-3	这种使用条件要求润滑油的负荷能力比GL-1和GL-2级油高，但比GL-4级油要低。在低速高扭矩、高速低扭矩下操作的各种齿轮，特别是客车和其他各种车用的准双曲面齿轮规定用GL-3级齿轮油。适用于苛刻条件下的汽车手动变速器和弧齿锥齿轮驱动桥	苛刻条件下的手动变速器和弧齿锥齿轮驱动桥
GL-4	在高速冲击载荷、低速高扭矩、高速低扭矩下操作的各种齿轮，特别是客车和其他车用的准双曲线齿轮规定用GL-4级齿轮油。其擦伤性能等于或优于CRC RGO-105参考油	手动变速器、弧齿锥齿轮和使用条件不太苛刻的准双曲面齿轮
GL-5	在高速冲击载荷、低速高扭矩、高速低扭矩下操作的各种齿轮，特别是客车和其他车用的准双曲面齿轮规定用GL-5级齿轮油。其抗擦伤性能等于或优于CRC RGO-110参考油	操作条件缓和或苛刻的准双曲面齿轮及其他各种齿轮、手动变速器
GL-6	在高速冲击条件下运转的轿车和其他车辆的各种齿轮，特别是大偏移距的准双曲面齿轮，偏移距大于50mm或接近大齿轮直径的25%，规定用GL-6级齿轮油。其抗擦伤性能等于或优于参考油L-1000	—

3）我国车辆齿轮油的分类

目前我国车辆齿轮油是根据GB/T 17477—1998《驱动桥和手动变速器润滑剂粘度分类》标准进行粘度分类的，其方法与SAE粘度分类相同。而车辆齿轮油的使用性能只分为CLC、CLD、CLE等3类，其中CLC相当于普通车辆齿轮油，CLD相当于中负荷车辆齿轮油，CLE相当于重负荷车辆齿轮油，分别与API(美国石油学会)的车辆齿轮油使用性能分类中的GL-3、GL-4、GL-5相对应。

2. 汽车齿轮油的选用

质量等级的选用：中等速度和负荷比较苛刻的齿轮或螺旋齿轮选用普通车辆齿轮油，如CA1091等车型的变速器和转向器选用普通车辆齿轮油；低速大转矩或高速低转矩下工作的齿轮及使用条件不太苛刻的准双曲线齿轮选用GL-4级，如BJ2022、EQ-1090E、EQ2090等车的变速器；高速冲击负荷、高速低转矩或低速高转矩下工作的齿轮及使用条件缓和或苛刻的准双曲线齿轮选用GL-5级，如捷达、红旗、奥迪、夏利、上海桑塔纳、北京切诺基等车的变速器和主减速器。某些重型工程车辆主减速器的齿轮为双曲线齿轮，齿面压力可达2～4GPa，齿面滑动速度达8～10m/s以上，油温最高达120～130℃，同时接触压力也很高，这种车辆主减速器选用GL-5级齿轮油。

牌号的选用：齿轮油的粘度应根据外界气温条件进行选择，要求所选齿轮油的粘度达到150GPa·s时的最高温度不得高于环境温度。江南地区以及冬季气温不低于-10℃的地区全年可使用90号齿轮油，气温特别高时(或大功率或柴油车等)才使用140号齿轮油；在江北地区全年都可使用85～90号齿轮油，气温低于-26℃的地区冬季应使用75号齿轮油。

齿轮油更换：车辆齿轮油在使用中性能逐渐劣化，对车辆齿轮油的更换通常采用定期更换。一般国产载货汽车行驶2.4万km、乘用车3万～4万km更换一次齿轮油，南京依维柯行驶6万～6.5万km需更换齿轮油。

使用注意事项：必须严格按车辆使用说明书的规定，正确选用齿轮油；齿轮油加注要适量。加注量不足，润滑不良，磨损增加；加注过多，增加动力损失和造成密封漏油。

注意：双曲线齿轮的驱动桥必须选用双曲线齿轮油，否则会造成齿轮的早期严重磨损；不可采取掺兑柴油将齿轮油稀释，否则会造成齿轮咬伤。

3.4.3 汽车润滑脂的合理使用

1. 常用润滑脂的主要使用性能及选用范围

汽车常用润滑脂有钙基润滑脂、石墨钙基润滑脂、无水钙基润滑脂、复合钙基润滑脂、钠基润滑脂、钙钠基润滑脂、通用锂基润滑脂、汽车通用锂基润滑脂、合成锂基润滑脂、二硫化钼极压锂基润滑脂等，其主要使用性能和使用范围见表3-17。

表3-17 常用润滑脂的主要使用性能及使用范围

油品	牌号	主要使用性能	使用范围	使用温度/℃
钙基润滑脂(GB 491)	ZG-1	主要用于汽车、拖拉机、纺织等工农业机械的滚动轴承和易与水或潮气接触部位的润滑。使用温度-10～60℃之间，转速在3000r/min以下的滚动轴承，一般都可以使用。主要特征是耐水性强，耐热性差	适用于集中供脂系统和汽车底盘	≤55
	ZG-2		适用于一般中转速、轻负荷的中小型机械(如电动机、水泵、鼓风机)的滚动轴承，汽车、拖拉机的轮毂轴承，离合器轴承和各种农业机械的润滑部位	≤60
	ZG-3		适用于一般中转速、中负荷的中型机械的轴承	≤65
	ZG-4		适用于一般低转速、重负荷的重型机械设备	≤70
石墨钙基润滑脂(SH 0369)	ZG-S	抗磨极压，抗水性好，耐热性差，含10%(质量分数)的鳞片状石墨	适用于工作温度在60℃以下的汽车弹簧钢板，起重机齿轮转盘，矿山机械，绞车齿轮，钢丝索，升降机的滑板及其他粗糙、重荷的摩擦部位	≤60

（续）

油品	牌号	主要使用性能	使用范围	使用温度/℃
无水钙基润滑脂	—	具有优异的机械安定性和抗水性，以及较好的肢体安定性，其抗吸湿性和抗热硬化性均优于复合钙基脂，使用温度比钙基脂高 30℃	适用于寒区和严寒区汽车、拖拉机的轮毂轴承，底盘和水泵轴承，以及电动机和风机轴承等摩擦部位的润滑。其中，A 型使用温度范围为－50～110℃，B 型使用温度范围为－45～100℃	
复合钙基润滑脂（SH 0370）	ZFG－1	滴点高，耐热性好，耐低温，可在－40℃以下工作；有一定的抗水性，可在潮湿环境或与水接触的情况下工作	适用于汽车轮毂轴承，水泵轴承。将 2%（质量分数）的二硫化钼加入复合钙基润滑脂中，适宜于南方炎热、潮湿地区使用	120～150
	ZFG－2			
	ZFG－3			
	ZFG－4			
钠基润滑脂（GB/T 492）	NV－2	耐热性好，耐水性差，只适用于工作温度较高又不易与水接触的工作部位	适用于汽车、拖拉机的轮毂轴承	≤120
	NV－3		适用于中型电动机和发电机轴承及其他机械摩擦部位	
钙钠基润滑脂（SH 0368）	ZGN－1	抗水性优于钠基，耐热性优于钙基，介于钙基脂和钠基脂之间，适用于工作温度较高的部位，但不适用于低温条件和与水直接接触的部位	适用于各种类型电动机、发电机、鼓风机、汽车、拖拉机和其他机械设备轴承的润滑，如汽车水泵、离合器、传动轴和轮毂轴承	≤85
	ZGN－2			≤100
通用理基润滑脂（GB 7324）	ZL－1	属于长寿命、多用途的润滑脂；具有良好的抗水性、防锈性，可用在潮湿和与水接触的部位；具有良好的机械安定性和胶体稳定性；耐热性好，滴点高，可在较高温度下使用；是钙基、钠基、钙钠基脂的替代产品	适用于集中供脂系统	－20～120
	ZL－2		适用于中转速、中负荷的机械设备，如汽车、拖拉机轮毂轴承及中小型电动机、水泵和鼓风机等	
	ZL－3		适用于矿山机械、重型汽车、大型拖拉机轮毂及大中型电动机等	
汽车通用锂基润滑脂（GB/T 5671）	—	具有良好的高低温性能；具有良好的抗水性和防锈性，可用在潮湿和与水接触的部位；具有良好的机械安定性和肢体稳定性。在高温运转下，不会变质、流失，并保持良好的润滑性能	适用于汽车轮毂轴承、底盘和水泵轴承，也可用于坦克的支重轮和引导轮轴承	－30～120
合成锂基润滑脂（SH 0380）	ZL－1H	耐热，耐水，能长期在 120℃左右的环境中使用，可取代钙基、钠基及钙钠基脂	适用于集中供脂系统	－20～120
	ZL－2H		适用于中转速、中负荷的机械设备，如汽车、拖拉机轮毂轴承及中小型电动机、水泵和鼓风机等	
	ZL－3H		适用于矿山机械、汽车、拖拉机轮毂轴承及大中型电动机等设备轴承	

(续)

油品	牌号	主要使用性能	使用范围	使用温度/℃
二硫化钼极压锂基润滑脂	1号 2号 3号	具有良好的高低温性能；具有良好的抗水性和防锈性，可用在潮湿和与水接触的部位；具有良好的机械安定性和肢体稳定性，并具有突出的极压抗磨性能	适用于冶金机械、矿山机械、重型机械以及汽车等重负荷齿轮和轴承的润滑；也可用于冲击负荷的重载部位，能有效防止卡咬和烧结	−30～120

2. 润滑脂的牌号(GB/T 7631.8—1990)

GB/T 7631.8—1990 这个分类标准适用于润滑各种设备、机械部件、车辆等所有种类的润滑脂，不适用于特殊用途的润滑脂。也就是说，只对起润滑作用的润滑脂适用，对起密封、防护等作用的专用脂均不适用。润滑脂属于 L 类(润滑剂和有关产品)的 X 组(润滑脂)。

润滑脂命名代号是由 5 个大写英文字母组成的，每个字母都有特定的意义。字母 1：润滑脂的组别代号。字母 2：最低操作温度。字母 3：最高操作温度。字母 4：在水污染的操作条件下，其抗水性能和防锈水平。字母 5：在高负荷或低负荷场合下的润滑性能。X 组的分类见表 3 - 18。

表 3 - 18　X 组的分类(GB/T 7631.8—1990)

代号字母(字母 1)	总的用途	使用要求									标记	备注
		操作温度范围				水污染	字母 4	负荷 EP	字母 5	稠度		
		最低温度①/℃	字母 2	最高温度②/℃	字母 3							
X	用润滑脂的场合	0 −20 −30 −40 <−40	A B C D E	60 90 120 140 160 180 >180	A B C D E F G	在水污染的条件下，润滑脂的润滑性、抗水性和防锈性	A B C D E F G H	在高负荷或低负荷下，表示润滑脂的润滑性和极压性，用 A 表示非极压性脂，用 B 表示极压性脂	A B	000 00 0 1 2 3 4 5 6	一种润滑脂的标记是由代号字母 X 与其他 4 个字母及稠度等级号联系在一起来标记的	包含在这个分类体系范围里的所有润滑脂彼此相容是不可能的。由于缺乏相容性可能导致润滑脂性能水平的剧烈降低，因此，在允许不同的润滑脂相接触之前，应和产销部门协商

注：① 设备起动或运转时，或者泵送润滑脂时，所经历的最低温度。

② 在使用时，被润滑部件的最高温度。

例如，通用锂基润滑脂，润滑脂固定代号字母 1 为 X；最低操作温度是−20℃，字母

2为B；最高操作温度是120℃，字母3为C；水污染情况是，水淋流失量不大于10%，说明能经受水洗，字母4为H；负荷条件是低负荷，即不具有极压性，字母5为A；稠度等级为1号。故通用锂基润滑脂的分类代号为LXBCHA1。

3. 润滑脂的选择

润滑脂的选择应根据车辆和机械设备使用说明书的规定，选用与用脂部位工作条件相适应的润滑脂品种和稠度牌号。所谓按工作条件选用，主要指以下几项。

1）最低操作温度和最高操作温度

被润滑部位的最低操作温度应高于选用润滑脂第2个字母A、B、C、D、E所对应的0℃、－20℃、－30℃、－40℃、＜－40℃的低温界限，否则在起动和运转时，将会造成摩擦和磨损增加；被润滑部位的最高操作温度应低于第3个字母A、B、C、D、E、F、G所对应的60℃、90℃、120℃、140℃、160℃、180℃、＞180℃的高温界限。高温界限要比滴点低20～30℃或更低。操作温度若达到滴点会因脂流失而失去润滑作用。也不能离滴点太近，否则因基础油蒸发，氧化加剧，造成寿命缩短。如汽车轮毂轴承，若工作温度范围为－30～120℃，对应的第2、3个字母应为C、C。

2）水污染

包括环境条件和防锈性。环境条件分干燥环境(L)、静态潮湿环境(M)和水洗(H)。防锈性分不防锈(L)、淡水存在下防锈性(M)和盐水存在下防锈性(H)。综合环境条件和防锈性要求，选择第4个字母所表示的水污染级别。例如，汽车在水洗环境(H)下使用，并有淡水防锈性要求(M)，第4个字母应为H。

3）负荷

负荷是指摩擦面单位面积所受的压力。根据高负荷或低负荷的工作条件分别选用极压型润滑脂(B)或非极压型润滑脂(A)。

4）稠度牌号

与环境温度及转速、负荷等因素有关。一般高速低负荷的部位应选用稠度牌号低的润滑脂。若环境温度较高时，稠度牌号可提高一级。汽车一般推荐使用1号或2号脂。

4. 润滑脂使用注意事项

为了充分发挥润滑脂性能，使用中还应注意以下事项。

(1) 轮毂轴承是主要用脂部位，宜全年使用2号脂(南方)，或冬用1号、夏用2号脂(北方)。不少用户习惯上常年使用3号脂，该脂稠度太大，会增加轮毂轴承转动阻力。3号脂宜在热带重负荷车辆上使用。

(2) 轮毂轴承润滑脂使用到严重断油、分层或软化流失前必须更换。普遍做法是在二级维护时换脂。换脂时要合理充填，要求在轴承内填满脂，轮毂内腔仅薄薄地涂一层脂防锈即可，而不宜在该内腔也装满脂。堆积在轮毂内腔的脂通常不可能补充到轴承滚道里，而只能使轴承散热困难，甚至可能会自流到制动摩擦片上，造成制动失灵。合理充填还可以显著节约用量。

(3) 按使用说明书规定及时向各润滑点注脂。例如，解放CA1091型汽车要求每行驶2000km向水泵轴承、离合器踏板轴、制动踏板轴、传动轴各点前、后钢板弹簧销、转向节主销、转向拉杆等处注脂。使用汽车通用锂基润滑脂与以前使用钙基润滑脂相比，注脂期至少可延长3～5倍。

(4) 石墨钙基润滑脂因其中有鳞片状石墨(固体)，不能用于高速轴承上，否则会导致轴承损坏。而汽车钢板弹簧等负荷大、滑动速度低的部位，则必须使用石墨钙基润滑脂，石墨作为固体润滑剂不易从摩擦面挤出，可起到持久的润滑作用。

(5) 各种稠化剂制成的润滑脂不能互相混用，否则可能破坏其胶体结构而失去原有的性能。不同种类的润滑脂不得混用。换用新鲜润滑脂时，须将旧的润滑脂擦干净，否则会加速新鲜润滑脂的氧化变质。

(6) 润滑脂一旦混入杂质便难以除去，在保存、分装和使用过程中，严格防止灰、砂和水分等外界杂质污染，容器和注脂工具必须干燥清洁；尽可能减少脂与空气接触；作业场所要清洁；轴承及注脂口在加脂前必须洗干净；作业完毕，盛脂容器和加注器管口应立即加盖或封帽。

(7) 润滑脂一次加入的量不能过多，否则会使机件的运转阻力增加，工作温度升高。

(8) 润滑脂一般不能和润滑油混用。

3.5　轮胎的使用经济性

轮胎是汽车的重要部件。它的性能对汽车的动力性、燃料经济性、制动性、行驶稳定性、平顺性和越野性等都有直接影响。一辆新载货汽车的轮胎价值约占全车价值的1/5～1/10，在汽车运输过程中，轮胎费用也占10%左右。随着汽车技术的发展，轮胎的规格、品种繁多，轮胎的性能日益改善。但由于使用汽车的技术水平不同，使轮胎的使用寿命在一个很大的范围内变动，如国产轮胎的使用寿命可在3万～18万km之间变化。因此，正确使用和维护轮胎，延长轮胎的使用寿命，不仅对节约橡胶、降低汽车运输成本具有重要意义，而且极大地影响着汽车的使用性能。

3.5.1　轮胎的常见损坏形式

汽车轮胎的损坏形式主要有胎面磨损、胎侧损伤、胎体损坏、胎圈撕裂和轮胎爆破等。

1. 胎面磨损

轮胎在使用过程中，由于直接和路面接触，受多种接触力的作用，如驱动力、制动力、侧向力、摩擦力等，不可避免地会出现磨损。一般情况下，应要求胎面磨损均匀、缓慢。但在汽车使用过程中，一些不正确的驾驶方法，如汽车转弯速度过快、起步过急、制动过猛、高速行车、不注意选择道路等，都会加快轮胎的磨损。除此之外，若轮胎使用不当或车辆技术状况不良，将使轮胎胎面产生不正常的磨损。常见的不正常磨损有胎面中间磨损严重、两边磨损严重、单边磨损严重、胎面出现块状磨损、局部胎面出现快速磨损、胎面出现锯齿状磨损、胎冠割裂或刺伤等。

(1) 轮胎胎面中间磨损严重。图3.10所示为轮胎胎面中间出现严重磨损的情形，这种现象主要是由轮胎气压过高所致。

适当提高轮胎的充气压力，可以减少轮胎的滚动阻力，提高汽车的燃油经济性。但轮胎的气压高于规定值过高时，不但影响轮胎的减振性能，还会使胎冠的中间部分突出，使轮胎与路面的接触面积减小，因而增加了单位面积上的负荷，使整个胎面的正常磨损转由其中央部分承担，所以胎冠中部的磨耗会加速。行驶一段时间之后就会出现胎肩尚未磨损，胎冠中间部位已被磨平的现象。

此外，如果与轮胎相配装的轮辋过窄，使胎圈内收，从而带动胎冠两侧的胎肩提升，使胎冠的中间部位突出，也会造成胎冠的中间部位磨损严重。

(2) 轮胎两边磨损严重。图3.11所示为轮胎两边出现严重磨损的情形，这种现象主要是由轮胎气压过低所致。轮胎气压低于规定值时，轮胎与地面的接触面积会增大，且接触面上的压力不均匀，轮胎产生向里弯曲，使轮胎的两边与地面接触强度增大，使胎面中部负荷减小、胎面边缘负荷急剧增大，有时称这种现象为“桥式效应”。产生“桥式效应”时，会使胎面磨损不均匀，其中部几乎保持不变，而两边部分磨损严重。

另外，轮胎超载时引起的早期损坏与气压过低相似，只是超载时轮胎损坏更为严重。

(3) 轮胎单边磨损严重。图3.12所示为轮胎单边出现的严重磨损，这种现象主要是由车轮定位参数不正确所致。

图3.10 轮胎胎面中部的磨损

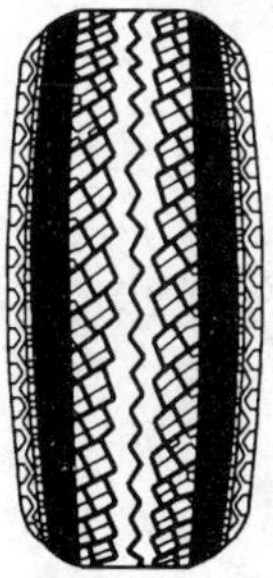

图3.11 轮胎两边的磨损

图3.12 轮胎单边的磨损

车轮定位参数中的外倾角大小不正确是导致轮胎单边磨损的主要原因。当车轮的外倾角过大时，易使轮胎的外侧胎肩形成早期磨损；外倾角过小时，易使轮胎的内侧胎肩形成早期磨损。这时，就会出现轮胎一侧的花纹还较深，而另一侧的花纹却已被磨平的现象，结果只能是造成轮胎提前报废。

(4) 轮胎胎面出现块状磨损。图3.13所示为轮胎胎面出现严重的块状磨损，这种现象主要是由车轮运转不平衡所致。

当车轮高速旋转而不平衡时，会使轮胎胎面的受力不均，有些个别部位受力过大，磨损加快，行驶一段时间后便出现块状磨损。

(5) 轮胎局部胎面出现快速磨损。图3.14所示为轮胎局部胎面出现快速磨损，这种现象主要是由紧急制动或快速起步所致。

紧急制动或快速起步时，地面对胎面的局部磨损是十分严重的。因为轮胎磨损最严重的部位可能是轮胎爆破的突破口，所以轮胎的磨损程度不应以轮胎花纹的平均磨损量为准，而应以胎面损害最严重的部位为准。当轮胎局部磨损严重时就必须进行更换，以防发生事故。

(6) 轮胎胎面出现锯齿状磨损。图3.15所示为轮胎胎面出现了锯齿状磨损，这种现象主要是由前轮定位调整不当或前悬挂系统位置失常、球头松旷等所致。这时，车轮在正常滚动过程易发生滑动或车轮定位的不断变化，从而导致轮胎出现锯齿状磨损。

图3.13　轮胎胎面的块状磨损

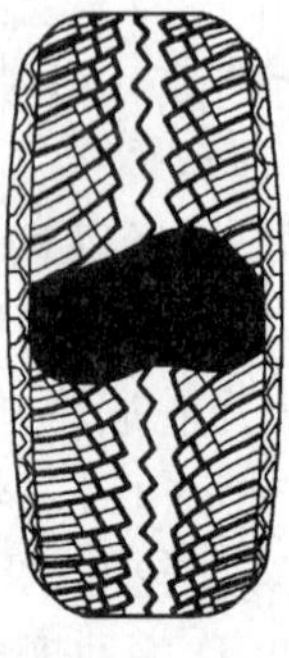

图3.14　轮胎局部胎面的磨损

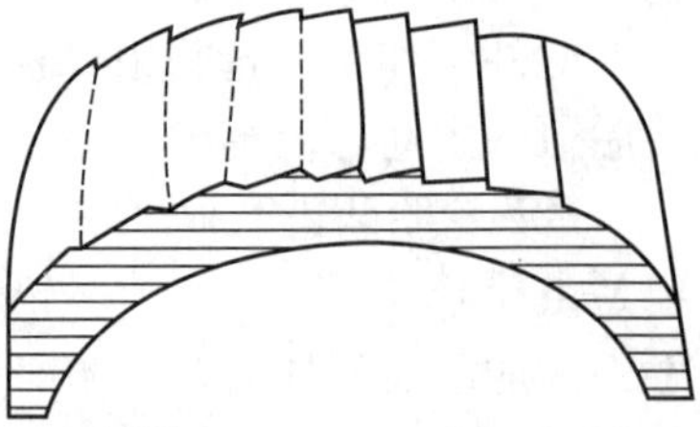

图3.15　轮胎胎面的锯齿状磨损

(7) 胎冠割裂或刺伤胎冠。割伤现象主要是由路上的障碍物所致，如路上的碎石头、铁钉、钢筋、角铁等各种锋利物都有可能割裂或刺伤胎冠。严重时，锋利物能躲过胎冠上的花纹，直接割裂胎冠的胎基，露出胎体帘布层，导致胎冠剥离，以致轮胎早期报废。

2. 胎侧损伤

从轮胎的构造看，胎侧是轮胎中强度最弱的部位，但胎侧却是轮胎中最为突出的部位，所以，胎侧是轮胎结构中最易受伤的部位。胎侧损伤主要包括胎侧擦伤和胎侧起泡。

(1) 胎侧擦伤。轮胎胎侧的擦伤是由于汽车斜行上公路牙所致。当轮胎斜着上较高的公路牙时，其受力部位主要是胎肩和胎侧。当遇有突出的转角或轮胎与公路牙的角度太小时，往往会造成胎侧擦伤，严重时会挤断胎侧帘布层帘线，使胎侧起泡。

此外，固定路障用的角铁和螺钉、凹凸不平的碎石路面都有可能伤害胎侧。

(2) 胎侧起泡。轮胎起泡是由于胎侧帘线断裂，断裂处的强度降低所致。除了轮胎小角度斜上公路牙时可能会挤断胎侧帘线外，轮胎的质量问题，如制造轮胎时胎侧帘布层衔接处没有衔接好等，都会出现帘线断裂。另外，轮胎在使用过程中，其胎体帘线会出现自然裂纹，随着裂纹的不断扩大，最后内层会完全断裂。

对于无内胎轮胎，当其胎圈内侧被某种原因挤裂后，则胎内压缩气体就可能从裂口处窜到胎侧，这也会引起胎侧起泡。

对于胎侧已起泡的轮胎，原则上不能继续使用，以免在使用过程中随轮胎温度升高、气压增大而在起泡处发生爆裂，造成严重事故。

3. 胎体损坏

胎体是外胎的骨架，有保持外胎的尺寸和形状的作用。当胎体损坏后，轮胎很快就会报废。胎体损坏的形式主要有帘线断裂、松散和帘布脱层以及胎体扎伤、刮伤等。

(1) 胎体帘线的断裂、松散和帘布脱层。引起胎体帘线断裂的原因较多，除部分轮胎在使用过程中胎体帘线产生自然裂纹并逐步扩大而引起帘线断裂或胎侧部位因某种原因产生强挤压而使帘线断裂外，大部分胎体帘线的断裂是由于轮胎变形而引起的疲劳断裂。轮胎工作时，其挤压变形使胎体内部产生拉伸、压缩应力，在多次拉、压应力的作用下引起材料疲劳、强度降低，当应力超过帘线强度时，帘线就会断裂。

另外，轮胎的变形还使帘布层之间产生切应力，当此切应力超过帘布层与橡胶之间的粘附力时，就会出现帘线松散或帘布层脱离。

在轮胎的使用条件中，工作温度和充气压力对胎体帘线的断裂、松散和帘布脱层等影响最大。

轮胎快速的反复变形会使材料内部摩擦生热。同时，外胎与内胎间、轮胎与轮辋间以及轮胎与路面间也会因摩擦而产生热量。车速越高，摩擦热越多。这些热量除去散失的一部分，另外一部分先积聚起来，使轮胎工作温度升高。高温将使轮胎材料的机械性能下降，从而使轮胎磨损加剧、帘布脱层、帘线松散、断裂，甚至由此而引起胎体爆破等。

轮胎的充气压力过高或过低都会引起胎体的快速损坏。气压过高时，将使胎体的帘线伸张过度，所受应力增大，易引起帘线拉断。气压过低时，轮胎径向变形增大，胎侧的弯曲变形也增大，使胎侧内壁受压，胎侧外壁受拉，胎体内的帘线产生较大的变形和交变应力周期性的变形，会加速帘线的疲劳损坏，导致帘线松散和局部脱层。

(2) 胎体扎伤、刮伤。胎体扎伤、刮伤主要是由行驶路面凹凸不平或路面上有锋利的异物引起。当胎体被扎伤、刮伤后，有时不会影响轮胎的继续行驶，但会显著降低胎体的强度，如果继续高速行驶便会引发一定的危险。

4. 胎圈撕裂

胎圈撕裂主要是发生在轮胎往轮辋上安装的过程中。轮胎的内径和轮辋的名义直径应一致，以保证轮胎与轮辋的严密配合，这对无内胎轮胎尤为重要。轮辋的外沿直径一般略大于轮胎的内径，所以在安装轮胎的时候，易将胎圈撕裂。

5. 轮胎爆破

引起轮胎爆破的原因很多，但归根结底都是因轮胎气压和温度升高、轮胎强度下降所致。

使轮胎工作温度升高和轮胎气压增大的主要原因有轮胎的充气压力、轮胎的负荷、轮胎的行驶速度、驾驶方法等。

使轮胎强度下降的原因有轮胎橡胶磨损、轮胎的胎体帘线断裂、胎体扎伤、轮胎工作温度偏高或偏低、轮胎气压偏大或偏小等。

轮胎爆破往往引起车辆失去控制甚至翻车，其后果非常严重。因此，一定要合理使用轮胎，防止轮胎早期损坏，以免引发严重事故。

3.5.2 轮胎的选择与合理使用

1. 轮胎的选择

汽车对轮胎的要求是多方面的，各要求间有时还存在相互矛盾。因此，轮胎的选择不能取决于单一因素，应该针对具体汽车的性能要求和使用特点综合考虑。可重点参考以下几方面。

1) 轮胎类别

轮胎类别主要有乘用轮胎、商用轮胎、非公路用轮胎、特种轮胎等。轮胎类别反映轮胎的基本特性。确定轮胎类别是选择轮胎的重要任务，选择依据是汽车类型和经常使用区域。乘用轮胎主要适于轿车及各类轻型客、货车使用；商用轮胎主要适于货车、大客车等车辆使用；非公路用轮胎主要适于松软路面上行驶的越野车等使用；特种轮胎仅适于特种车辆或特殊环境使用。

2) 轮胎胎面花纹

轮胎胎面花纹对轮胎的滚动阻力、附着能力、耐磨能力及行驶噪声等都有显著影响。

轮胎花纹的形式、品种较多，选用原则是：根据轮胎类型和车辆长期使用路况决定花纹形式，根据季节、天气适时调整或换用。

3）胎体结构

轮胎的胎体结构决定其基本性能。子午线结构比普通斜交结构具有较多的优良特性，受到普遍推荐。近年来，子午线结构的发展趋势是低断面化和无内胎化，对新设计的高速、优质汽车都推荐采用这种结构轮胎。

4）轮胎材质

轮胎材质对轮胎的特性也有影响。轮胎材质包括橡胶材质和帘线材料。

橡胶材质的成分构成因生产厂家的设备水平和技术能力不同而有差异，这也使得轮胎的品质有一定差别。帘线材料中钢丝帘线强度大，但生产技术难度大，成本高。尼龙、人造丝等材料来源充足、使用广泛，选用较多。

5）轮胎规格与使用

气压轮胎的规格和使用气压体现轮胎的承载能力。轮胎规格大，使用气压高，则承载能力强。但大规格的轮胎会增加使用成本，高的使用气压会降低汽车的附着能力和缓冲性能。因此，选择轮胎时，在满足轴荷要求的前提下，轮胎规格应小型化、轻量化；在满足承载要求的情况下，轮胎使用气压宜低不宜高。

6）轮胎的速度特性

所有轮胎都有适用速度范围，选择轮胎时应加以注意。尽量选择速度特性好的轮胎，子午线轮胎、无内胎轮胎、扁平化轮胎由于具有发热少、散热快等特点，在速度特性方面有优势，是理想的选择对象。高速度级别轮胎价格昂贵，并且用于低速车辆上时也无明显好处，因此轮胎速度能力选择应与设计车速相适应。

7）轮胎的均匀特性

轮胎的均匀特性集中显示轮胎尺寸、材质和结构的规范程度，综合体现轮胎的制造水平。均匀性不好的轮胎装车后操纵稳定性差，影响高速行驶的安全性和舒适性。轮胎的均匀性体现在控制指标上，控制指标见表3-19和表3-20。

表3-19 轮胎的几何尺寸均匀性指标

指标 \ 轮胎级别	轿车轮胎	轻型货车轮胎	中、重型货车轮胎
径向跳动/mm	1.0	1.5	2.0
侧向跳动/mm	1.0	1.5	2.0

表3-20 轮胎的力学特性均匀性指标

指标 \ 轮胎级别	S级及以下	T级至H级	H级以上
径向力波动/N	100	80	≤80
侧向力波动/N	80	80	≤60
锥度效应/N	50	50	50
角度效应/N	+	+	+

2. 轮胎的合理使用

轮胎合理使用的目的是降低轮胎的磨损速度，防止出现早期不正常损坏，以延长轮胎的使用寿命，从而保证行车安全和节约费用。

轮胎的合理使用主要包括保持气压正常、防止轮胎超载、掌握行车速度、控制轮胎温度、合理搭配轮胎、精心驾驶车辆、加强轮胎维护、保持车况完好、及时送厂翻修、正确装运与保管、建立轮胎早期损坏类型档案等。

1) 保持气压正常

试验表明：轮胎气压过低或过高，轮胎的使用寿命都会缩短。如图 3.16 所示，轮胎气压降低 20%，轮胎的使用寿命会缩短 15%。

轮胎制造厂在设计各种规格的轮胎时都规定了其最大负荷和相应的充气压力，国家标准中对气压与负荷的对应也有明确规定，因此，除非汽车使用说明书另有规定，否则必须按轮胎标准气压充气。表 3－21 所示为我国部分汽车厂家规定的轮胎气压。汽车一侧两个轮胎较规定气压值低 49kPa 时，燃油消耗会增加 2.5%；当汽车各轮胎的气压均较规定气压值低 49kPa 时，则燃油消耗增加 5%；当汽车轮胎的气压低于规定气压值 20%～25%时，燃油消耗增加 10%，且轮胎寿命缩短 15%。

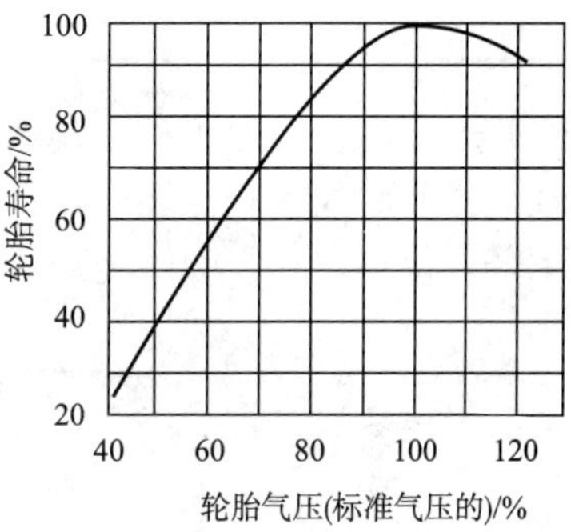

图 3.16　轮胎气压与使用寿命之间的关系

表 3－21　我国部分汽车厂家规定的轮胎气压

汽车型号	轮胎规格	轮胎气压/kPa
解放 CA1092	9.00－20，12 层级	前轮 392 后轮和备胎 480
东风 EQ1092	9.00－20，12 层级或 9.00R20，12 层级	普通轮胎： 前轮 390 后轮和备胎 480 子午线轮胎： 前轮 490 后轮和备胎 620
切诺基 BJ213	P205/75R15	冷态满载时 207
上海桑塔纳 LX	185/70R13　86T	满载： 前轮 190 后轮 230 备胎 250
夏利 TJ7100	165/70SR13	186
富康	165/70R14　81T	前轮 220 后轮 210
奥迪 100	185/70SR14	满载： 前后轮 200 备胎 260

（续）

汽车型号	轮胎规格	轮胎气压/kPa
捷达 CL	175/70R13T	满载： 前轮 200 后轮 260 备胎 240
红旗 CA7180、7200、7200E、7220E	185SR14	满载： 前轮 220 后轮 200 备胎 260

气压高于规定值时，轮胎接地面积减少，如图 3.17(b)所示，进而加速胎冠中部磨损，并使胎冠耐轧性能下降。气压过高，还会使轮胎帘线受到过度的伸张变形，胎体弹性下降，使汽车在行驶中受到的负荷增大，如遇冲击会产生内裂和爆破。

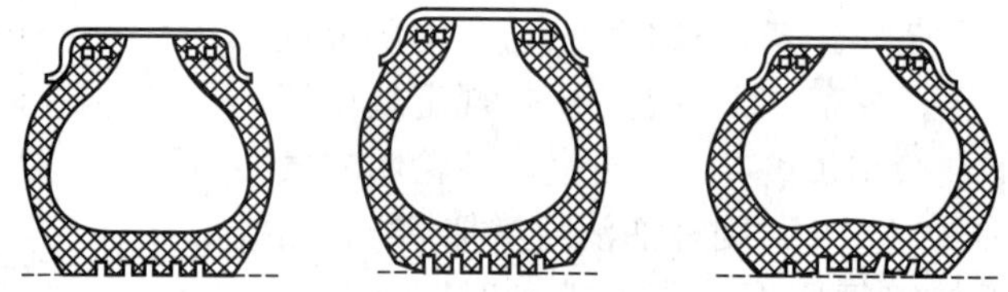

图 3.17　轮胎气压与轮胎接地面积的关系

使用中应根据轮胎所受的负荷、轮胎的安装位置和轮胎的类型来确定正常的气压。

保持轮胎气压正常，除按相关规定充气外，还要在使用过程中经常检查。因轮胎气压在使用过程中都会有一定程度的下降，一般每周下降 10～30kPa。

注意，轮胎气压的检查应在汽车行驶之前而不能在汽车行驶之后。因汽车行驶过程中，随轮胎工作温度升高轮胎气压将增大，致使检查结果不准确。保持气压正常的轮胎的充气压力直接影响轮胎的使用寿命和汽车行驶的安全性。

检查轮胎气压时，若有不足，应及时充气。充气时须注意以下事项。

(1) 热胎不能马上充气，需等到散热后再充气。因热胎的空气温度很高，胎内热量均匀，如果往胎内充气，会使轮胎因某个部位温度降低太快而影响材料的力学性能。充入的空气要注意清洁，不能含有水分或油液，以免腐蚀橡胶。

(2) 子午线胎充气时，由于结构的原因，其接地面积较大，往往误认为充气不足而过多地充气，故须应用标准气压表加以测定。

(3) 充气时不应超过规定值过多而后再行放气。因气压过高会引起帘线过分伸张，使其强度降低，影响轮胎的寿命。

2) 防止轮胎超载

每条轮胎都有它的最大载质量，在使用时要严格按照规定装载。轮胎一旦超载，其变形就会加大，帘线应力也相应地加大，容易造成帘线断裂、松散和帘布脱层，并增加胎肩的磨损。若受到冲击，还有可能引起爆胎。轮胎超载时的损坏和胎压过高时的损坏相似，只是超载时轮胎损坏更严重。超载的轮胎碰上障碍物时，常发生对角线形成十字形、直线形及Y形胎冠爆破。超载还能引起胎体脱层、胎面和胎侧脱空。当悬架的弹簧变形时，超载可能使轮胎与车身相接触，引起轮胎损坏。轮胎负荷对使用寿命的影响如图3.18所示。

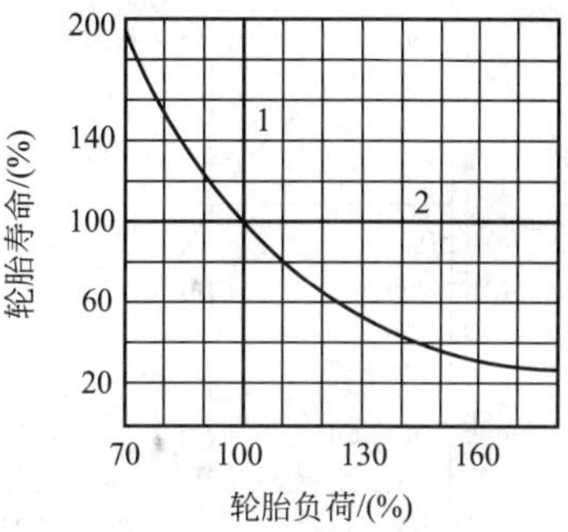

图3.18 轮胎负荷对使用寿命的影响

1—轮胎承受的标准负荷；
2—轮胎额定行驶里程

轮胎的超载一般是由汽车超载或汽车装载不均衡造成的。汽车装载不平衡一般只会引起汽车上的个别轮胎超载。若装载货物的重心靠前，易造成前轮轮胎超载，导致前轮轮胎磨损加剧，同时还会使转向盘操作困难，影响行车的安全；若装载货物的重心靠后，易造成后轮轮胎超载，导致后轮轮胎磨损加剧，同时由于前轮负荷较小，也易使转向盘失去控制，造成行车事故；若装载货物的重心偏向一侧，则易造成这一侧的轮胎超载。为保证汽车装载均衡，要使用正确的装载方法，如图3.19所示，并将货物固定牢固，避免在汽车运行过程中发生移位。

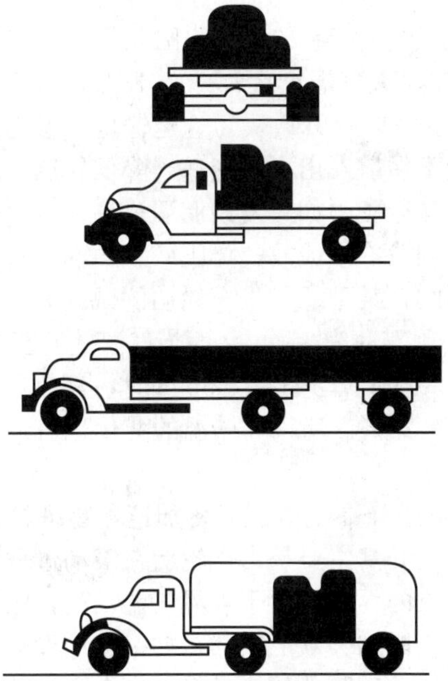

(a)正确的装载方法

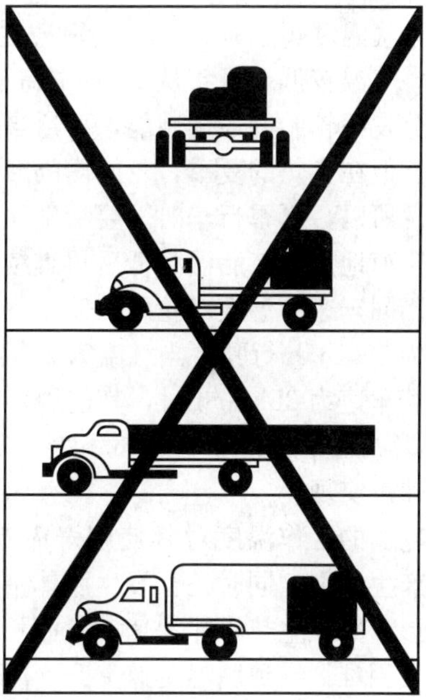

(b)不正确的装载方法

图3.19 装载汽车上物品分布

3）掌握行车速度

图3.20所示为轮胎的使用寿命与车速的关系。由图可知，轮胎使用寿命为100%，随着车速增加，轮胎寿命将缩短。资料证明，车速由中速提高到高速行驶，轮胎行驶里程将降低15%。因此，汽车行驶速度应适应路面，掌握经济车速，避免高速行驶。

另外，随着车速的增加，轮胎的变形频率、胎体的振动以及轮胎的圆周和侧向扭曲变形(即形成静止波)也随之增加。当车速达到某一速度时，此能量大部分转换成热量，使轮胎的工作温度和胎压升高，加速老化。此外，车速过高，胎体受力增加，还容易产生帘布

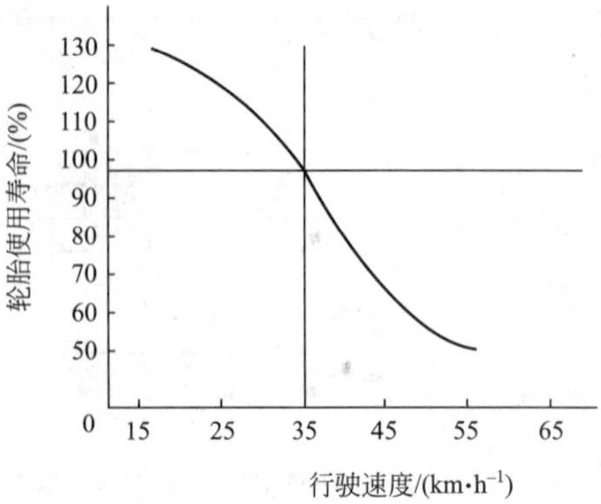

图 3.20　轮胎的使用寿命与车速的关系

层破裂和胎面剥落现象，严重时造成轮胎爆裂，这在高速公路行驶时是非常危险的。据统计，我国高速公路交通事故 30%以上都是因爆胎引起的。车速过高，轮胎所受动载荷增大，在不平路面上更为严重。因此，控制车速是非常必要的。

4）控制轮胎温度

轮胎的工作气压应与胎温相适应。汽车行驶时，其轮胎断面产生变形，而形成挠曲变形，轮胎产生内部摩擦，引起轮胎发热，胎温升高，胎内气体受热膨胀，致使胎压升高。胎温升高对轮胎的使用寿命有很大影响。它会使橡胶老化，降低物理性能，产生龟裂，同时还会发生胎体帘布层脱层以致破坏。当胎温超过 95℃时，就有爆破危险。试验表明：轮胎内部的温度与轮胎的负荷和速度的乘积成正比，与外胎的厚度平方成反比。在负荷和胎压正常的情况下，轮胎升温的主要原因是天气炎热，散热条件差。

大气温度每上升 10℃，行驶时轮胎温升控制系数应下降 10%。我国北方地区冬季时间长，气温较低，每年从 11 月中旬至次年 3 月上旬，大气温度大都低于 13℃，从而有利于充分发挥轮胎的最佳性能，可适当增加轮胎的气压 29～49kPa。短途运输也可参考这个数值。但在炎热的夏季，轮胎内的摩擦产生的热量不易散发出去，应适当降低轮胎的充气压力。所以，夏季行车时，要特别注意爆胎问题。在行驶中如果发现胎温过高，应将汽车停在阴凉地点，待胎温降低后再继续行驶，不得采用泼冷水或放气降压。

不同车速下温度对轮胎的使用寿命影响是不同的，某型载货汽车轮胎的试验表明，以车速为 55km/h 行驶，当气温为 22℃时，轮胎的使用寿命为 100%。而当气温上升至 36℃时，若车速为 35km/h 时，其使用寿命尚可达 50%以上；车速达 75km/h 时，其使用寿命为 38%；若车速超过 100km/h 时，其使用寿命只有 25%。所以，胎温的变化也可通过控制车速来实现。

轮胎的工作温度对其使用寿命有很大影响。胎温升高，橡胶老化加速，物理性能降低，产生龟裂，同时还会发生胎体帘布脱层等。胎温升高主要是由于轮胎在滚动过程中产生变形，摩擦生热不能快速散发而积聚所致。在炎热的夏季，由于外界气温较高，轮胎热量散发困难，导致胎温迅速上升。因此，夏季行驶应增加停歇的次数，如果轮胎发热，应停车休息散热。另外，行车速度快、载荷大、运距长、道路条件恶劣等，也会引发胎温迅速上升。

轮胎工作温度的升高将直接导致轮胎工作气压变大。气压过大，将使胎体帘线应力增大，易引起帘线拉断，造成轮胎爆破。因此，轮胎温度较高时，继续行车将非常危险，但此时也决不能采取放气降压继续行车的做法。因为在行车中，轮胎的生热与散热趋于平衡时，轮胎的温度和气压就都不会再升高。如果这时放出一部分空气继续行驶，轮胎温度不仅不会降低，反而还会因胎压降低，变形增大，而使轮胎温度继续升高，并使轮胎气压继续升高，直至轮胎的生热与散热达到新的平衡点为止，如图 3.21 所示。这时轮胎的温度已比原来升高很多，如果再次放气，轮胎的温度还要升得更高。高胎温会严重影响轮胎的寿命。

此外，当轮胎升温后，也不能用泼冷水的办法来降温。若泼水降温，会因轮胎的突然冷却造成胎面和胎侧胶层各部分收缩不均匀而发生裂纹，缩短轮胎使用寿命。正确的方法是将汽车停在阴凉处降温。

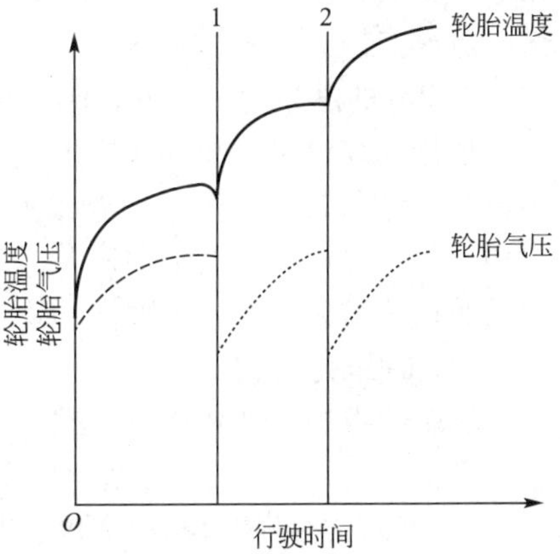

图 3.21 行车中轮胎放气对轮胎温度和气压的影响

1、2—轮胎在行驶中的放气点

图中实线为轮胎温度变化曲线，虚线为轮胎气压变化曲线

5）合理搭配轮胎

不同的车型要求选用不同的轮胎。在同一辆车上应该选用规格、结构、层级和花纹等完全相同的轮胎，至少在同一轴上必须装用规格、结构、层级和花纹完全相同的轮胎；否则，工作不协调、相互影响，会加速轮胎磨损，缩短使用寿命。

当轮胎磨损到一定程度需要换用新胎时，最好是整车更换或同轴更换。如果条件不允许，可将新胎或质量较好的轮胎装在转向轮上，把旧胎或翻新胎装在其他轮上，以保证行车安全。

对于后轮并装的双胎，应将新旧程度接近的轮胎装在一起。为了避免双胎胎侧接触摩擦，要求二者之间的最小距离在汽车满载时不能小于2mm。

一般禁止将子午线轮胎与普通斜交轮胎混装在同一辆汽车上，至少不能混装在同一轴上。有向花纹轮胎必须按照规定的滚动方向安装。人字花纹要安装成人字尖在滚动时先着地。这样可使花纹嵌入地面的能力强，与地面的附着力大，排泥性好，更好地发挥汽车的通过性和牵引性。

气门嘴应对准外胎上的平衡标记。并装双胎的气门嘴要互成180°安装，并使它们朝向外侧。这样不仅能保证轮胎转动平衡，同时也便于轮胎充气和检查。

轮胎还应按规定的型号规格与轮辋配套。不同型号规格的轮辋，即使直径相同，其轮辋宽度和突缘高度往往也不同。窄胎装宽轮辋或宽胎装窄轮辋都会造成轮胎的早期损坏。

6）精心驾驶车辆

车辆精心驾驶包括合理运用驾驶技术和选择良好道路行驶，这对轮胎寿命有很大的影响。在驾驶技术方面，为减少轮胎磨损，应掌握起步平稳、加速均匀、中速行驶、直线前进、减速转向、少用制动等操作要领。

在汽车起步过程中，车轮由静止状态突然转动，轮胎与路面要发生剧烈摩擦，会加剧胎冠磨损。因此无论空车、重车，都要用低速挡起步，缓抬离合器踏板，轻踩加速踏板，使车轮平稳转动。行车时，一般要求中速行驶，不可高速。因高速行驶使胎体受力增加，轮胎变形频率加快，导致轮胎工作温度和充气压力上升，容易加速帘布老化和帘线疲劳，大大缩短轮胎寿命。试验表明：轮胎以100km/h速度行驶的轮胎寿命仅为60km/h速度的30%，可见控制行车速度的必要性。在良好路面上行驶，应尽量保持直线前进，除会车和避让障碍物外，禁止左右摇摆和急剧转向，以防轮胎和轮辋之间产生横向的切割损伤轮胎。行车转弯应根据弯道情况控制车速，不要高速转弯，否则汽车产生较大的离心力，除加大轮胎的侧向滑移外，还使车载货物倾斜，质心偏移一侧，出现单边轮胎超载拖行，加速磨损。在保证安全的前提下，少用制动器，尤其是尽量避免紧急制动，也是提高轮胎寿命的必要措施。紧急制动时，车轮由滚动变为拖行，使轮胎局部与路面间产生滑磨，因过热而造成剧烈磨损。试验表明：一次紧急制动拖行，可磨去花纹 0.9mm，相当于正常行驶 4000km 的磨损量，另外，制动拖行还将造成胎面的不均匀磨损。

选择良好道路行驶，就要求汽车驾驶人员要用心观察，尽量躲避路面上可能扎破和划伤轮胎的锋利石头、玻璃、金属和可能腐蚀轮胎的化学遗洒物、油渍等。尽量不靠近道路边和人行道边行驶，以免刮伤胎侧。行驶在拱度较大的路面时，要尽量居中行驶，减少一侧轮胎负荷增大而使轮胎磨损不均。

7）加强轮胎维护

轮胎的维护应结合汽车的维护一并进行。轮胎的维护分级与汽车维护分级相同，也分日常维护、一级维护和二级维护，其维护周期也与汽车规定的维护周期相同。

轮胎的日常维护包括出车前、行车中和收车后的检视。出车前的检视主要是检查轮胎气压是否符合规定，气门嘴是否漏气，气门帽是否齐全，轮胎螺母是否紧固，翼子板、挡泥板等有无碰擦轮胎现象，千斤顶、轮胎螺母套筒扳手等随车工具是否齐全等；行车中的检视主要是结合途中停车、装卸等机会检查轮胎气压和温度是否正常，轮胎螺母有无松动，翼子板、挡泥板等有无碰擦轮胎现象，轮胎花纹中是否夹石，胎面和胎侧有无不正常的磨损和损伤等；收车后的检视主要是检查轮胎有无漏气现象，轮胎花纹中是否夹石，轮胎螺母有无松动，车辆技术状况有无造成轮胎的不正常磨损，以及停车场是否干净，有无油污、冰雪等。

轮胎的一级维护作业包括紧固轮胎螺母，检查气门嘴是否漏气，气门帽是否齐全，挖出夹石和花纹中的石子、杂物；检查轮胎磨损情况，如有不正常磨损、变形等现象，应查明原因，并予以排除；检查轮胎搭配和轮辐、挡圈等是否正常；检查轮胎气压，并按汽车规定补足气压；检查轮胎有无与其他机件碰剐现象，如有，应予以排除，如单边磨损严重，应进行一次轮胎换位。

轮胎的二级维护作业除执行一级维护的作业外，还应包括拆卸轮胎，按轮胎标准测量胎面花纹磨耗、周长及断面宽的变化；对轮胎进行解体检查，如发现故障，应予以排除；对解体轮胎进行装合、充气；对轮胎进行动平衡；对轮胎进行换位。

轮胎换位是对受负荷、驱动形式和道路条件的影响而使磨损部位和磨损程度不同的汽车各轮胎进行的位置调换，目的是避免同一条轮胎上的偏磨现象，使全车轮胎磨损均匀，进而延长轮胎的使用寿命。轮胎换位的方法有循环换位法、交叉换位法和单边换位法等。图 3.22(a)所示为循环换位法，其特点是经过一次轮胎位置更换，不能使所有轮胎从汽车一侧换到另一侧；图 3.22(b)所示为交叉换位法，其特点是经过一次轮胎位置更换，就能使所有轮胎从汽车的一侧完全换到另一侧。

轮胎换位过程中应注意以下事项。

(1) 轮胎能够进行换位的条件是全车轮胎具有相同的规格、结构和花纹。

(2) 可根据具体情况选择换位方法。一经选定，就应该坚持进行，中途不准改变，这样才能收到较好的效果。

(3) 换位时间一般是在二级维护中进行。如果发现有明显的偏磨，可提前进行。

(4) 轮胎换位过程中对花纹有方向性的轮胎不能改变旋转方向。

(5) 轮胎换位过程中子午线轮胎的旋转方向始终不变。

(6) 轮胎换位后，应按所换位置的规定重新调整轮胎气压。

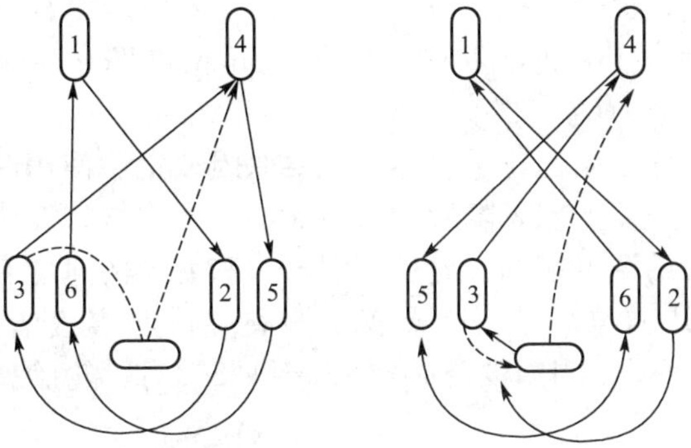

(a)循环换位法　(b)交叉换位方法

图 3.22　轮胎换位方法

8）保持车况完好

保持车况完好，尤其是底盘机件的技术状况良好，是防止轮胎早期损坏的有效措施。其中，前轮前束和外倾角的大小是否合适、轮毂轴承的间隙调整是否适当、车轮是否平衡、钢板弹簧的挠度是否一致、车轮总成的横向摆动量和径向跳动量是否符合要求、轮毂油封和液压制动轮缸是否漏油、行车制动器调整是否良好等车辆技术状况参数对轮胎寿命影响较大，在汽车维护作业中要特别注意。

3. 高速公路行车轮胎的使用

在高速公路行驶最好使用无内胎轮胎。无内胎轮胎的内腔附有一层高密封性能的氯化丁基胶层，当轮胎被刺穿时，内压降低缓慢，司机有足够的时间可应急处理，适应高速。

无内胎子午线轮胎发热低、质量轻，宜于高速，与有内胎轮胎相比，可节油 1%～2%，使用方便，拆装和修补较方便。

子午线轮胎上均标有轮胎的最高速度级别，没有速度标志的轮胎不宜上高速公路。轿车和轻型载货汽车轮胎规格表示符号相近，仅相差“C”，例如，奥迪轿车的子午线轮胎规格为 185SR14。配金杯客车的子午线轮胎为 185R14C。但是，两轮胎的负荷、性能却相差很大，因此不可混用。使用低负荷的轮胎在高速超负荷下是十分危险的。

不同花纹的轮胎适合不同的使用条件，因此不同用途的车辆、不同路况、不同车速应选用不同轮胎花纹。用于高速公路行驶的载货汽车和大客车宜选用散热快、侧向稳定性好的条形花纹轮胎，如双钱 RR8 和 RR400；前转向轮宜选用 RR3 和 RR900；驱动轮宜选用混合花纹和曲折花纹 RM1。

相同尺寸规格的轮胎有各种不同的层级及其相应的负荷，不能通用，否则在高速行驶时也是危险的。

各国为了保护交通运输的安全，都相应制定了一系列规定 Tread wear DOT 和 ECE 的轮胎是分别得到美国运输部和欧洲经济委员会认可的。回力牌和双钱牌子午线轮胎都有 DOT、ECE 及 INMETRO 等权威机构的认可标志。

美国运输部规定，轿车轮胎上必须有 Tread wear（花纹磨耗）、Traction（牵引）和 Temperature（温度）标志。这 3 个标志是由国际权威机构测试并提供的。磨耗指标是衡量轮胎胎面耐磨性能和使用寿命的，其级别以具体数字表示。牵引衡量轮胎与地面的附着性能，分为 A、B、C 等 3 个等级，以 A 级最高。温度指标衡量轮胎在行驶中升温的高低，与轮胎的高速性能相关，也以 A、B、C 等 3 个等级区分，且 A 级最佳。例如，桑塔纳2000 选配的回力牌轮胎为 Tread wear 440、Traction A 和 Temperature A，属于级别很高的优质轮胎。

轮胎的生热和热破坏是高速轮胎损坏的主要原因。轮胎使用时，在负荷外力的作用下反复压缩伸长变形和恢复原状，轮胎变形所做的功大多数转变为热。气压越低，变形越大，生热越多，轮胎的温升越高。轮胎的温升也和变形的速度有关，车速越快变形也越快，引起的轮胎温升也越高。轮胎橡胶抗撕裂强度与温度有密切关系。当温度达100℃时，抗撕裂强度下降，当温度升高到 120～125℃时，轮胎就迅速达到破坏的临界状态。

除了轮胎质量差以及选用轮胎不当之外，汽车高速公路行驶爆胎的主要原因是严重超载、超速。超载是载货汽车管理的难题，严重超载容易造成爆胎，车速越高，单位时间内轮胎的曲挠变形次数越多，胎体热量急剧上升，同时承受的动负荷也随之增加，内压升高，使轮胎的物理性能变坏，胎体强度下降。逾越障碍时，会因应力集中引起轮胎爆破。高温季节连续长时间行驶也会造成爆胎。轮胎工作温度不得超过 95℃，否则橡胶的抗张强度急剧下降，达到 125℃的临界温度时，当车辆高速行驶时，轮胎会因驻波现象产生脱空爆破。因此高温气候要注意观察轮胎温度以防爆胎。

不正确使用轮辋也会造成爆胎。轮辋过宽，会使胎肩接地面积增加，胎面磨损不均匀，加速胎肩部生热脱空，导致轮胎爆破。轮辋过窄，会使胎肩接地面积减少，胎圈部位应力过于集中，轻则磨损胎圈，重则磨胎爆破。另外，轮辋混装或变形的轮辋也会造成轮胎非正常磨损或爆胎。

知识链接

优酷视频：公交车讲节油，四项技能比拼见高下
http：//t. cn/zjJ6G5q

习　　题

1. 什么是汽车的使用经济性，有几项评价指标？
2. 说明提高汽车燃料经济性的途径和技术。
3. 怎样选用汽油和柴油？
4. 如何合理使用润滑材料？
5. 如何正确使用轮胎？

第4章

汽车的行驶安全性

教学要求

本章要求学生熟练掌握和分析汽车制动过程及车轮的受力情况，掌握操纵稳定性的有关特性，了解汽车被动安全性知识。

导入案例

汽车交通事故已成为“世界第一害”，而中国是世界上交通事故死亡人数最多的国家之一。从20世纪80年代末中国交通事故年死亡人数首次超过五万人至今中国（未包括港澳台地区）每年交通事故50万起，交通事故死亡人数超过10万人，已经连续十余年居世界第一。因此，汽车的行驶安全性已成为人们日益关注的话题，各大汽车生产厂家近年来也致力于提高汽车的行驶安全性，提高汽车的碰撞安全就是其中之一。图4.1所示为正在进行侧面碰撞试验的梅赛德斯-奔驰轿车。

图4.1　正在进行侧面碰撞试验的梅赛德斯-奔驰轿车

本章主要讨论汽车的制动性、操纵稳定性和被动安全性。包括汽车制动性评价指标、制动时车轮的受力、汽车的制动效能、汽车的制动过程分析及制动性试验；轮胎的侧偏特性、线性两自由度汽车模型及汽车的稳态转向特性；汽车被动安全性评价方法、汽车内部和外部被动安全性、汽车被动安全性试验等内容。

汽车作为现代人类社会的交通工具，在给人类带来便利和效率的同时，也给人类社会带来了不幸，那就是交通事故。据有关报导，自从有机动车道路交通事故死亡记录以来，全世界已有3200余万人死于道路交通事故，致残的达4～5亿人，仅中国2011年因交通事故死亡的人数就达62387人，直接经济损失10余亿元。

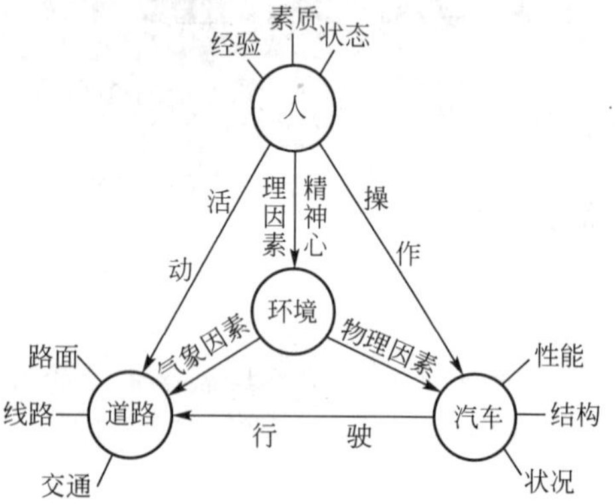

图 4.2　影响道路交通安全性的主要因素

我国定义道路交通事故为：“凡车辆、人员在特定道路通行过程中，由于当事人违反交通法规或依法应该承担责任的行为而造成人员伤亡和车辆损失的交通事件。”可见，有车辆参与(各种民用机动车和非机动车)是定义道路交通事故的前提条件，而从统计结果来看，道路交通事故的发生基本上都与各型汽车有关。确保汽车安全是减少道路交通事故的主要内容，有着极其重要的意义。

影响道路交通安全的主要因素包括人、汽车、道路和交通环境条件(图4.2)。

人因素的影响是指交通直接参与者的性格、体力上的弱点、经验不足或状态不良等。

道路因素的影响是指线路走向、路面状况、交通信号的布置和清晰度，以及交通规则、交通管理措施等。

汽车本身因素的影响包括汽车结构、行驶安全性和技术状况等。

环境条件因素的影响包括对人的精神影响(疲劳、反应能力)、对道路因素的影响(雨、雪、风、雾)以及对汽车的物理影响(道路附着条件、转向特性等)。

如果把环境条件纳入道路影响因素范围内，可以认为道路交通安全主要与“驾驶员-汽车-道路”系统有关。而汽车是该系统中潜在危机性最大的环节。

汽车安全性一般分为主动安全性、被动安全性和事故后安全性。

汽车主动安全性是指汽车本身防止或减少道路交通事故发生的性能，主要取决于汽车的总体尺寸、制动性、行驶稳定性、操纵性、信息性以及驾驶员工作条件(操作元件人机特性、坐椅舒适性、噪声、温度和通风、操纵轻便性等)。此外，汽车动力性(特别是超车的时间和距离)也是很重要的影响因素。

汽车被动安全性是指交通事故发生后，汽车本身减轻人员伤害和货物损失的能力。它又可分为汽车内部被动安全性(减轻车内乘员受伤和货物受损)以及外部被动安全性(减轻对事故所涉及的其他人员和车辆的损害)。

事故后安全性是指汽车能减轻事故后果的性能，这是指能否迅速消除事故后果并避免新的事故发生。

4.1 汽车制动性

汽车制动性能是指汽车在行驶时能在短距离内停车且维持行驶方向稳定性和在下长坡时能维持一定车速的能力，另外也包括在一定坡道能长时间停放的能力。汽车制动性能是汽车的重要使用性能之一，它属于主动安全的范畴。制动效能低下、制动方向失去稳定性常常是导致交通安全事故的直接原因之一。确保汽车保持良好的制动性能是汽车设计制造厂家的重要任务。表4-1为轿车行车制动器的制动性能要求。

表4-1 轿车行车制动器的制动性能要求

项目	中国GB 7258	EEC 71/320	瑞典F18	美国联邦135
试验路面	$\varphi \geqslant 0.7$	附着良好	$\varphi = 0.8$	Skid No81
载重	空载(满载)	1人或满载	任何载荷	轻载，满载
制动初速/(km/h)	50	80	80	96.5
方向稳定性/m	偏出≤2.5	不抱死跑偏	不抱死跑偏	不抱死，偏出≤3.66
距离/m 或减速度/(m/s^2)	≤19(20) ≥6.2(5.9)	≤50.7 ≥5.8	≥5.8	≤65.8
踏板力/N	≤500	≤490	≤490	≤66.7～667

汽车制动效能、制动效能的恒定性及制动时的方向稳定性是汽车制动性的3个重要评价指标。

制动效能一般用制动距离和制动减速度表示，它是指汽车在良好路面上以规定的初始车速和规定的踏板力制动到停车的制动距离或制动时汽车的减速度，它是制动性能的最基本指标。

制动效能的恒定性包括抗热衰退性能和抗水衰退性能。其中，抗热衰退性能是指汽车高速行驶制动或下长坡时制动性能的保持程度；抗水衰退性能是指汽车涉水后对制动效能的保持能力。

汽车制动时方向稳定性常用制动时汽车按给定路径行驶的能力来评价。制动时汽车方向稳定性是指汽车制动过程中不发生跑偏、侧滑以及失去转向能力的性能。汽车的制动方向稳定性能不佳时，汽车会发生跑偏、侧滑或失去转向能力，汽车将偏离给定的行驶路径。

4.1.1 制动时车轮受力分析

制动时的汽车行驶方程式为

$$F_b = F_j - (F_f + F_w + F_i) \tag{4-1}$$

式中，F_b——汽车地面制动力。

由制动性的定义可知，滚动阻力 $F_f \approx 0$；制动时车速较低且迅速降低，即 $F_w \approx 0$；坡道阻力 $F_i \approx 0$。所以，汽车行驶方程式可近似表达为

$$F_b = F_j \tag{4-2}$$

1. 地面制动力、制动器制动力和附着力

假设滚动阻力偶矩、车轮惯性力和惯性力偶矩均可忽略，则车轮在平直良好路面上制动时的受力情况如图 4.3 所示。

制动器制动力 F_μ 等于为了克服制动器摩擦力矩而在轮胎轮缘上作用的力，其大小为

$$F_\mu = T_\mu / r \tag{4-3}$$

式中，T_μ——车轮制动器摩擦副的摩擦力矩。

制动器制动力 F_μ 是由制动器结构参数决定的，它与制动器的形式、结构尺寸、摩擦副的摩擦系数和车轮半径以及踏板力有关。根据力矩平衡可得地面制动力 F_b 为

$$F_b = T_\mu / r \tag{4-4}$$

地面制动力 F_b 是使汽车减速的外力，它不但与制动器制动力 F_μ 有关，而且还受地面附着力 F_φ 的制约。

图 4.4 给出了地面制动力、车轮制动力及附着力三者之间的关系。当踩下制动踏板时，首先消除制动系间隙后，制动器制动力开始增加。开始时踏板力较小，制动器制动力 F_μ 也较小，地面制动力 F_b 足以克服制动器制动力 F_μ 而使得车轮滚动。此时，$F_b = F_\mu$，且随踏板力增加成线性增加。但是地面制动力是地面摩擦阻力的约束反力，其值不能大于地面附着力 F_φ 或最大地面制动力 F_{bmax}，即

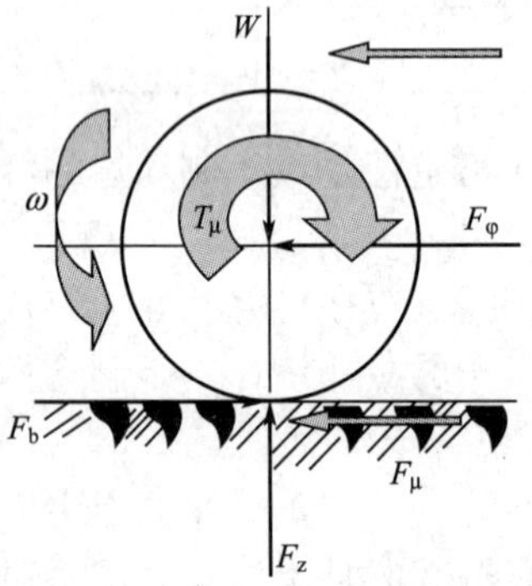

图 4.3　在平直良好路面上制动时的车轮受力情况

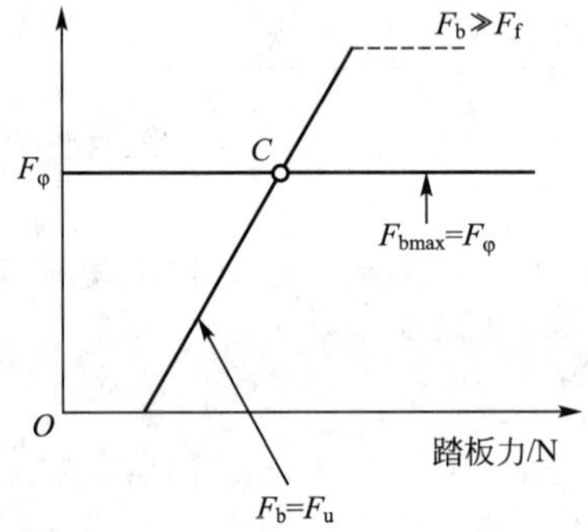

图 4.4　地面制动力、车轮制动力及附着力的关系

$$\begin{cases} F_b \leqslant F_\varphi = \varphi F_Z \\ F_{bmax} = \varphi F_Z \end{cases} \tag{4-5}$$

当制动踏板力上升到一定值时，地面制动力 F_b 达到最大地面制动力 $F_{bmax} = F_\varphi$，车轮开始抱死不转而出现拖滑现象。随着制动踏板力以及制动管路压力的继续升高，制动器制动力 F_μ 继续增加直至踏板最大行程，但是地面制动力 F_b 不再增加。

上述分析表明：汽车地面制动力 F_b 取决于制动器制动力 F_μ，同时又受到地面附着力 F_φ 的限制。只有当制动器制动力 F_μ 足够大、而且地面又能提供足够大的附着力 F_φ 时，才能获得足够大的地面制动力。

2. 地面附着系数

仔细观察汽车的制动过程就会发现轮胎胎面在地面上的印迹从滚动到抱死是一个逐渐变化的过程。轮胎印迹的变化基本上可分为3个阶段。

在第1阶段，轮胎的印迹与轮胎的花纹基本一致，车轮近似为单纯滚动状态，车轮中心速度 u_w 与车轮角速度 ω_w 有如下关系式

$$u_w \approx r\omega_w \tag{4-6}$$

在第2阶段，花纹逐渐模糊，但是仍可辨别。此时，轮胎除了滚动之外，胎面和地面之间的滑动成分逐渐增加，车轮处于边滚边滑的状态。这时，车轮中心速度 u_w 与车轮角速度 ω_w 的关系为

$$u_w > r\omega_w \tag{4-7}$$

且随着制动强度的增加滑移成分越来越多。

在第3阶段，车轮被完全抱死而拖滑，轮胎在地面上形成粗黑的拖痕，此时

$$\omega_w = 0 \tag{4-8}$$

随着制动强度的增加，车轮的滚动成分逐渐减少，滑动成分越来越多。一般用滑动率 s 描述制动过程中轮胎滑移成分的多少，即

$$s = \frac{u_w - r\omega_w}{u_w} \times 100\% \tag{4-9}$$

滑动率 s 的数值代表车轮运动成分所占的比例，滑动率越大，滑动成分越多。

一般将地面制动力与地面法向反作用力 F_Z（平直道路为垂直载荷）之比表述成制动力系数 φ_b，它是滑动率 s 的函数(图4.5)。由图可知，当 s 较小时，φ_b 近似为 s 的线性函数，随着 s 的增加 φ_b 急剧增加。当 φ_b 趋近于 φ_p 时，随着 s 的增加，φ_b 增加缓慢，直到达到最大值 φ_p，通常 φ_p 被称为峰值附着系数。很多试验表明，φ_p $=15\%\sim25\%$，然后，随着 s 继续增加，φ_b 开始下降，直至 $s=100\%$，$\varphi_b=\varphi_s$，通常 φ_s 被称为滑动附着系数。在实际中，汽车轮胎经常受到侧向力的作用而发生侧偏或侧滑现象。图4.5中的 φ_l 为侧偏力系数曲线。侧偏力系数是指侧向反作用力 F_Y（侧偏力）与地面法向反作用力 F_Z 之比。滑动率 s 越小，侧偏力系数 φ_l 越大。

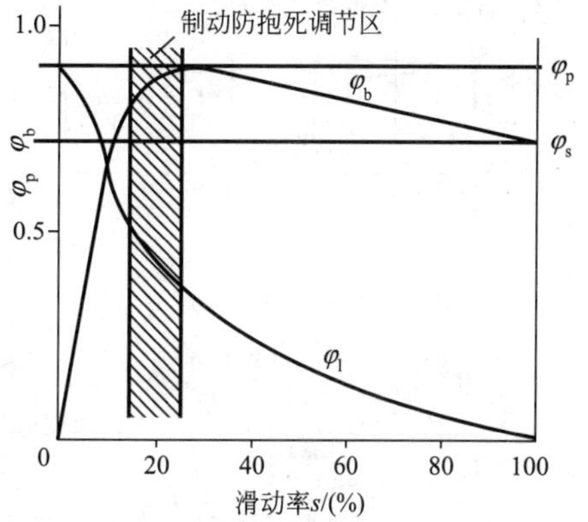

图4.5 制动力系数 φ_b 与滑移率 s 之间的关系

图4.6所示为不同侧偏角时，φ_b-s、φ_l-s 的关系曲线。由图可知，侧偏角增加时，汽车的 φ_b 和 φ_l 均下降，相应的 φ_p 和 φ_s 也均下降。

图4.7所示为不同道路情况下，制动力系数 φ_b 随滑动率 s 的变化规律。在其他条件不变时，潮湿水泥路面制动力系数 φ_b 低于干燥水泥路面的制动力系数 φ_b；冰雪路面制动力系数 φ_b 非常低；另外，小制动力系数 φ_b 路面的峰值附着系数 φ_p 相应也降低，且对应的滑动率 s 也低。

增大轮胎与地面的接触面积可提高附着能力，低气压、宽断面的子午线轮胎附着系数大。滑水现象减小了轮胎与地面的附着能力，影响制动、转向。滑水现象是指轮胎在有积水

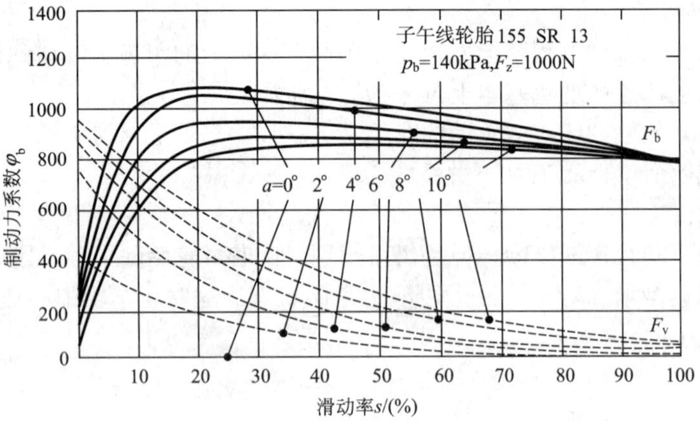

图 4.6　不同侧偏角时，φ_b - s、φ_l - s 的关系曲线

的路面上行驶时，随着车速的增加，轮胎实际接地面积逐渐减小，而被水膜隔开的面积逐渐增加，当达到一定车速时，在胎面下的动液压升力等于垂直载荷时，轮胎将完全飘浮在水膜上面而与路面毫不接触。

图 4.8 所示为不同法向反作用力 F_Z 对附着力系数 φ_b 的影响。在其他条件不变的情况下，随着 F_Z 的增加 φ_b 稍有下降，但影响不大。

滑动附着系数 φ_s 与道路的类型和路况、汽车行驶速度以及轮胎结构、花纹、材料等因素有关。

图 4.9 所示为滑动附着系数 φ_s 与汽车行驶速度的关系。无论在干燥还是潮湿路面上，随着车速的增加滑动附着系数 φ_s 都明显下降，但是，在冰面上滑动附着系数 φ_s 很小，车速对其影响很小，在积雪路面上滑动附着系数 φ_s 随车速增加而稍微增加。

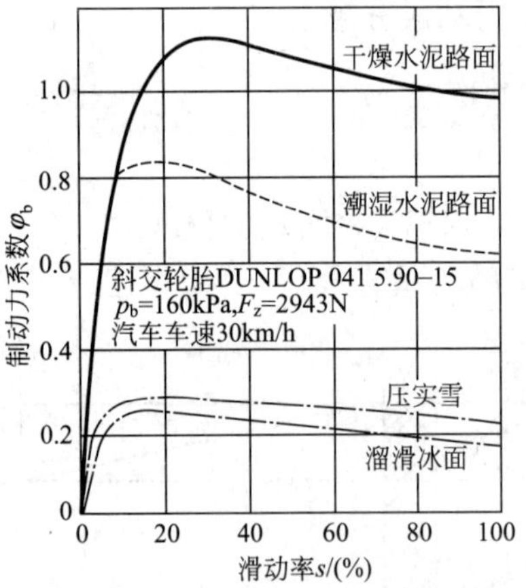

图 4.7　制动力系数 φ_b 与滑动率 s 之间的关系

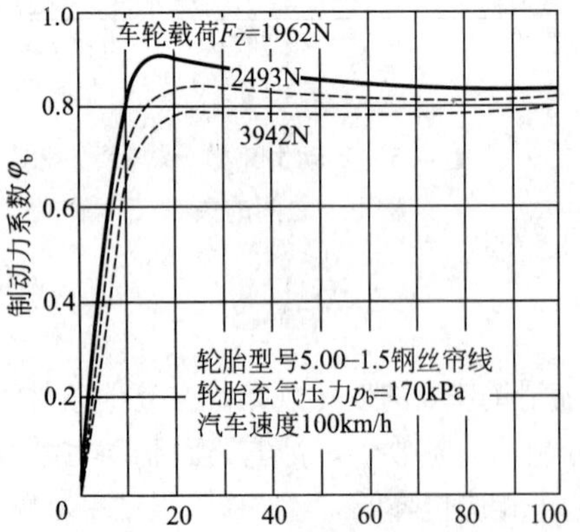

图 4.8　制动力系数 φ_b 与法向反作用力 F_Z 之间的关系

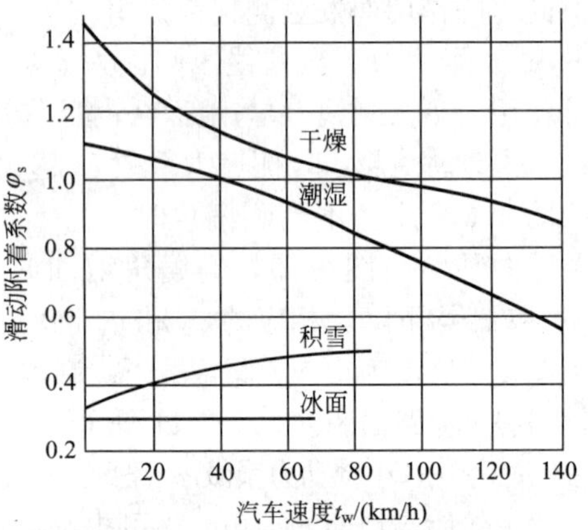

图 4.9　滑动附着系数 φ_s 与汽车行驶速度之间的关系

轮胎的磨损会影响其附着能力。在不同道路上不同轮胎花纹深度以及车速与滑动附着系数 φ_s 的关系是：在硬路面上轮胎花纹深度变浅(即磨损)使滑动附着系数 φ_s 下降，在车速 $u_a=60$km/h 时，花纹磨平的轮胎较新轮胎的 φ_s 约下降 0.2。

轮胎在各种路面上的滑动附着系数 φ_s 见表 4-2。

表 4-2　各种路面上的滑动附着系数 φ_s

路面种类		干　燥		潮　湿	
		≤48km/h	>48km/h	≤48km/h	>48km/h
水泥	新铺设	0.80～1.00	0.70～0.85	0.50～0.80	0.40～0.75
	交通量较少	0.60～0.80	0.60～0.75	0.45～0.70	0.45～0.65
	磨损路段	0.55～0.75	0.50～0.65	0.45～0.65	0.45～0.60
沥青	新铺设	0.80～1.00	0.65～0.70	0.50～0.80	0.45～0.75
	交通量较少	0.60～0.80	0.55～0.70	0.45～0.70	0.40～0.65
	磨损路段	0.55～0.75	0.45～0.65	0.45～0.65	0.40～0.60
	焦油过多路段	0.50～0.60	0.30～0.60	0.35～0.60	0.25～0.45
	碎石	0.40～0.70	0.40～0.70	0.45～0.75	0.45～0.75
	结冰	0.10～0.20	0.07～0.20		
	压实积雪	0.30～0.55	0.35～0.60		
	松散积雪	0.10～0.25	0.105～0.20		

4.1.2　汽车的制动效能及其恒定性

汽车的制动效能是指汽车迅速降低车速直至停车的能力。评定制动效能的指标是制动距离和制动减速度。

1. 制动距离与制动减速度

制动距离是指从驾驶员开始踩上制动踏板到汽车完全停住这段时间内汽车驶过的距离。一般是在一定初始车速 V_0 时(空挡)在冷试验条件下测得的。

制动减速度反映地面制动力，因此，它与制动器制动力(车轮滚动时)及附着力(车轮抱死拖滑时)有关。

在不同路面上，地面制动力为

$$F_{xb}\leqslant\varphi G \tag{4-10}$$

故汽车能达到的减速度为 j_{max}(单位 m/s²)为

$$j_{max}=\varphi G/m=\varphi g \tag{4-11}$$

若允许汽车的前、后轮同时抱死，则

$$j_{max}=\varphi_s g \tag{4-12}$$

若装有自动防抱装置(ABS)，则制动减速度为

$$j_{max}=\varphi_{pg} \tag{4-13}$$

汽车制动时，一般不希望任何车轴上的制动器抱死，故 j_{max} 将小于 $\varphi_s g$。

2. 制动距离的分析

假设在 φ 值不变的条件下，对制动距离做一粗略的定量分析以研究影响制动距离的各种因素。

图 4.10 是驾驶员在接收到紧急制动信号后，制动踏板力、制动减速度与制动时间的关系曲线。图 4.10(a)是实测曲线，图 4.10(b)是经过简化后的曲线。

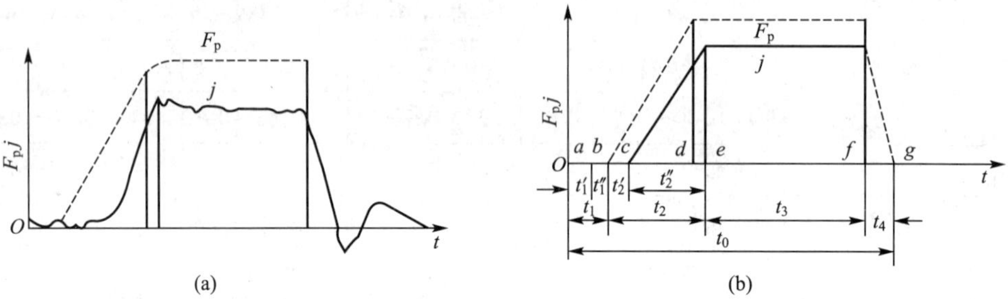

图 4.10 汽车的制动过程

驾驶员接到紧急制动信号后，要经过 t_1' 的滞后时间才意识到应进行紧急制动，并移动右脚，再经过 t_1'' 时间后才踏着制动踏板，从 a 点到 b 点所经过的时间 $t_1=t_1'+t_1''$ 称为驾驶员反应时间，一般 $t_1'=0.3\sim1.0$s。在 b 点以后，随着驾驶员踩踏板的动作，踏板力迅速增大，至 d 点时达最大值。但制动蹄是由回位弹簧拉着的，蹄片与制动鼓之间存在间隙，所以要经过 t_2' 时间即 c 点，地面制动力才起作用，使汽车开始产生减速度。由 c 至 e 点是制动器制动力增长过程所需的时间 t_2''。$t_2=t_2'+t_2''$ 称为制动器的作用时间。制动器作用时间一方面取决于驾驶员踩踏板的速度，另外更重要的是受制动系结构的影响。t_2 一般在 0.2～0.9s 之间。由 e 点到 f 点为持续制动时间 t_3，其减速度基本不变。到 f 点驾驶员松开踏板，但制动力的消除还需要一段时间，t_4 一般 0.2～1.0s 之间。这段时间过长会耽误随后起步行驶的时间。若因车轮抱死而使汽车失去控制，驾驶员采取措施放松制动踏板时，又使制动力不能立即释放。

从制动的全过程来看，总共包括驾驶员见到信号后做出行动反应、制动器起作用、持续制动和放松制动器 4 个阶段。一般制动距离所指是开始踩着制动踏板到完全停车的距离。它包括制动器起作用和持续制动两个阶段中汽车驶过的距离 S_2 和 S_3，即制动时间中的 t_2 和 t_3 内汽车驶过的距离。这样排除了驾驶员反应时间对汽车制动过程的影响，能更方便地比较汽车本身的制动性能。

t_2 时间内即制动器起作用阶段，汽车驶过的距离 S_2 作如下估算：

在 t_2' 时间内

$$S_2'=V_0t_2' \tag{4-14}$$

式中，V_0——起始制动车速。

在 t_2'' 时间内，设制动减速度线性增长，即

$$\frac{\mathrm{d}V}{\mathrm{d}t}=kt \tag{4-15}$$

式中，$k=-j_{max}/t_2''$。

故
$$\int_{v_0}^{v_e} \mathrm{d}V = \int_0^{t''_2} kt\,\mathrm{d}t$$

$$V_e = V_0 + \frac{1}{2}kt''^2_2 \tag{4-16}$$

又因
$$\frac{\mathrm{d}S}{\mathrm{d}t} = V_0 + \frac{1}{2}kt^2$$

故
$$\int_0^{s''_2} \mathrm{d}s = \int_0^{t''_2} \left(V_0 + \frac{1}{2}kt^2\right)\mathrm{d}t$$

$$S''_2 = V_0 t''_2 + \frac{1}{6}kt''^3_2 = V_0 t''_2 - \frac{1}{6}j_{\max} t''^2_2 \tag{4-17}$$

因此，在 t_2 时间内的制动距离为

$$S_2 = S'_2 + S''_2 = V_0(t'_2 + t''_2) - \frac{1}{6}j_{\max} t''^2_2 \tag{4-18}$$

在持续制动阶段即 t_3 时间内，汽车以 $j_{\max}$ 作匀减速运动，其初始速度为 V_e，故

$$S_3 = V_e^2/2j_{\max}$$

代入 V_e 值，得

$$S_3 = \frac{V_0^2}{2j_{\max}} - \frac{V_0 t''_2}{2} + \frac{j_{\max} t''^2_2}{8} \tag{4-19}$$

故总制动距离为

$$S = S_2 + S_3 = \left(t'_2 + \frac{t''_2}{2}\right)V_0 + \frac{V_0^2}{2j_{\max}} - \frac{j_{\max} t''^2_2}{24}$$

因 t''_2 很小，故略去 $\frac{j_{\max} t''^2_2}{24}$ 项，考虑到车速单位为 km/h，故上式的 S(单位为 m)写成

$$S = \frac{1}{3.6}(t'_2 + t''_2/2)V_{a0} + V_{a0}^2/25.92j_{\max} \tag{4-20}$$

从式(4－20)可以看出，决定汽车制动距离的主要因素是制动器起作用的时间、最大制动减速度即附着力(或制动器最大制动力)、制动的起始车速。附着力(或制动器制动力)越大、起始车速越低，制动距离越短，这是显而易见的。

3. 制动效能的恒定性

以上的讨论仅限于在冷制动情况(制动器起始温度低于 100℃)的制动效能。汽车在繁重的工作条件下制动时(如在下长坡时，制动器就要较长时间连续地做较大强度的制动)，制动器温度常在 300℃以上，有时高达 600～700℃。高速制动时，制动器温度也会很快上升。制动器温度上升后，摩擦系数将显著下降，这种现象称为制动器的热衰退。热衰退是目前制动器不可避免的现象，只是程度上的差别而已。制动效能的恒定性主要是指抗热衰退性能。

制动器抗热衰退性能一般用一系列连续制动时制动效能的保持程度来衡量。根据国际标准草案 ISO/DIS 6597 的推荐，要求以一定车速连续制动 15 次，每次制动强度为$3\mathrm{m/s^2}$，最后的制动效能应不低于规定的冷试验制动效能($5.8\mathrm{m/s^2}$)的 60%(在制动踏板力相同的条件下)。

制动器的抗热衰退性能与制动器摩擦副材料及制动器结构有关。一般制动器由以铸铁

为材料的制动毂、盘，石棉摩擦材料做的摩擦片组成。正常制动时，摩擦副的温度在200℃左右，摩擦副的摩擦系数为0.3～0.4。但在更高的温度时，摩擦系数会显著下降，而出现所谓热衰退现象。

制动器的抗热衰退性能还与制动器结构密切相关。不同结构的制动器，在高强度制动时，摩擦系数的下降对制动效能的影响是不一样的。以对盘式制动器的制动效能影响最小，即盘式制动器稳定性最好，双减力蹄制动器次之，以下是增减力蹄制动器、双增力制动蹄制动器，双向自动增力蹄制动器的稳定性最差。因此，近年来盘式制动器广泛应用于高速轿车、重型矿用车。

如图4.11所示，为了使盘式制动器达到更好的散热效果，有些盘式制动器的制动盘内还有许多沿径向按一定规律设计排列的通风槽，汽车制动时产生的热量，会随着制动盘高速旋转产生的离心力，沿着这些通风槽快速散发到空气中去，从而有效避免了制动时产生的热量在制动盘内积聚。

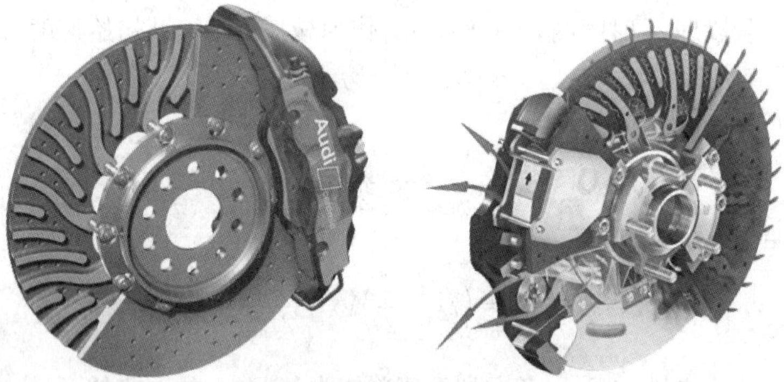

图4.11　通风盘式制动器具有更好的散热效果

当汽车涉水时，水进入制动器，短时间内制动效能的降低称为水衰退。汽车应在短时间内迅速恢复原有的制动效能。

4.1.3　汽车制动时的方向稳定性

汽车在制动过程中维持直线行驶或按预定弯道行驶的能力称为汽车制动时的方向稳定性。

1. 汽车的制动跑偏

制动时汽车自动向左或向右偏驶称为“制动跑偏”。制动时汽车跑偏的原因有两个：

(1) 汽车左、右车轮，特别是前轴左、右车轮(转向轮)制动器制动力不相等，这是因为制造、调整误差造成的，汽车究竟向左或向右跑偏根据具体情况而定。

(2) 制动时悬架导向杆系与转向拉杆在运动学上不协调(互相干涉)，这是汽车设计所造成的，制动时汽车总是向左(或向右)一方偏驶。因此，设计汽车时应注意不要使悬架导向杆系与转向拉杆互相干涉。

2. 制动时后轴侧滑与前轴转向能力的丧失

侧滑是指制动时汽车的某一轴或两轴发生横向移动。最危险的情况是在高速制动时发生后轴侧滑，此时汽车常发生不规则的急剧回转运动而失去控制。

前轮丧失转向能力是指弯道制动时汽车不再按原来弯道行驶而沿弯道切线方向驶出和直线行驶制动时转动方向盘汽车仍按直线方向行驶的现象。

一般汽车如后轴不会侧滑，前轮就可能失去转向能力，后轴侧滑，前轮常仍有转向能力。

制动时发生侧滑，特别是后轴侧滑，引起汽车剧烈的回转运动，严重时可使汽车调头。由试验和理论分析得知，制动时若后轴车轮比前轴车轮提前一定时间先抱死拖滑，且车速超过某一数值时，汽车在轻微的侧向力作用下就会发生侧滑。路面越滑、制动距离和制动时间越长，后轴侧滑越烈。制动过程中，若只是前轮抱死或前轮先抱死拖滑，汽车基本上沿直线向前行驶(减速停车)，汽车处于稳定状态，但汽车丧失转向能力。

也可以从受力情况分析汽车前轮抱死拖滑或后轮抱死拖滑两种运动情况。

图 4.12(a)是前轮抱死而后轮滚动，设转向盘固定不动，前轴如受侧向力作用将发生侧滑，因此，前轴中点 A 的前进速度 V_A 与汽车纵轴线有夹角 α。后轴因未发生侧滑，所以 V_B 的方向仍为汽车纵轴方向，此时汽车将发生类似转弯的运动，其瞬时回转中心为速度 V_A，V_B 两垂线的交点 O，汽车作回转运动时产生的作用于质心 C 的惯性力 F_j 方向与汽车侧滑方向相反，即 F_j 起到减小或阻止前轴侧滑的作用，汽车处于一种稳定状态。图 4.12(b)是后轮制动抱死而前轮滚动。如有侧向力作用，后轴发生侧滑的方向正好与惯性力 F_j 的方向一致。于是惯性力加剧后轴侧滑，后轴侧滑又加剧惯性力 F_j，汽车将急剧转动。因此，后轴侧滑是一种不稳定的、危险的工况。

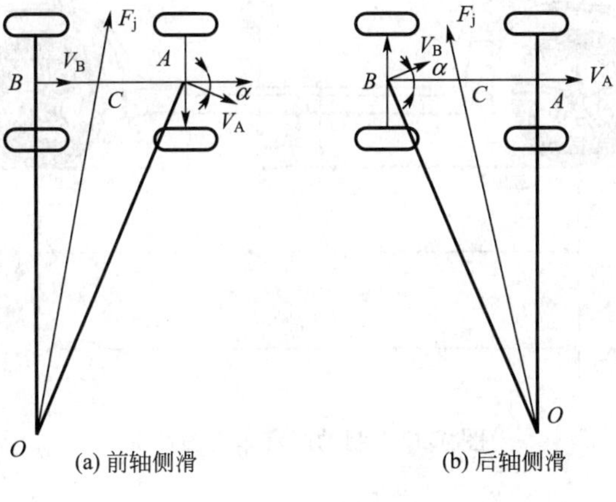

图 4.12 汽车的制动过程

以上讨论是直线行驶条件下制动的情形。在弯道行驶时进行的制动试验，也得到了类似的结果，即只有后轮抱死或后轮提前抱死，在一定车速下后轴将发生侧滑。只有前轮抱死或前轮先抱死时，因前轮侧向附着系数为0，不能产生任何地面反作用力，汽车无法按原弯道行驶而沿切线方向驶出，即汽车失去转向能力。

因此，从保证汽车方向稳定性出发，首先不能出现只有后轴车轮抱死或后轴车轮比前轴车轮先抱死的情况，以防止危险的后轴侧滑。其次，尽量少出现只有前轴车轮抱死或前、后车轮都抱死的情况以维持汽车的转向能力。最理想的情况就是防止任何车轮抱死，前、后车轮都处于滚动状态，这样就可以确保汽车制动时的方向稳定性。

4.1.4 制动力分配

前、后制动器制动力分配关系将影响汽车的制动方向稳定性和附着条件的利用，是汽车制动系设计时必须考虑的问题。

一般根据前、后轴制动器制动力的分配、装载情况、道路附着条件和坡度等因素，当制动器制动力足够时，汽车制动过程可能出现3种情况：前、后轮同时抱死拖滑；前轮先抱死拖滑，然后后轮抱死拖滑；后轮先抱死拖滑，然后前轮抱死拖滑。

如前所述，前、后轮同时抱死工况可避免后轴侧滑，并保证前轮只有在最大制动强度下，才使汽车失去转向能力，这种工况时道路附着条件利用较好。前轮较后轮先抱死，虽然不会发生侧滑，但是汽车丧失转向能力。在一定速度下，后轮较前轮先抱死一定时间，会造成汽车后轴侧滑。

1. 制动时前、后轮的地面法向反作用力

图4.13所示为忽略汽车的滚动阻力偶矩和旋转质量减速时的惯性阻力偶矩时，汽车在水平路面上制动的受力情况。因为制动时车速较低，空气阻力 F_w 可忽略不计，则分别对汽车前、后轮接地点取矩，整理得前、后轮的地面法向反作用力为

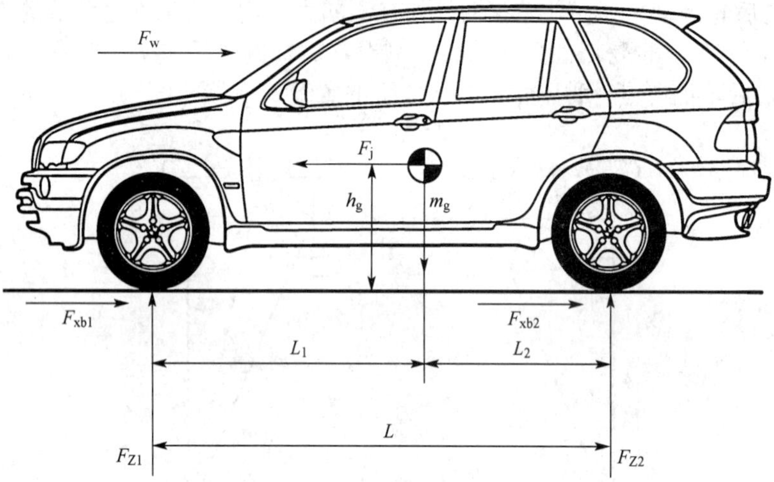

图4.13 制动时汽车受力情况

$$\begin{cases} F_{Z1}=\dfrac{mg}{L}\left(L_2+\dfrac{\mathrm{d}u}{\mathrm{d}t}\dfrac{h_g}{g}\right) \\ F_{Z2}=\dfrac{mg}{L}\left(L_1-\dfrac{\mathrm{d}u}{\mathrm{d}t}\dfrac{h_g}{g}\right) \end{cases} \tag{4-21}$$

式(4-21)等号右侧的第一项是汽车在水平地面静止时的轴荷或地面法向反作用力，第二项是制动减速而形成的动载荷。前、后轮的动载荷分别为

$$\begin{cases} \Delta F_{Z1}=\dfrac{mg}{L}\varphi h_g \\ \Delta F_{Z2}=\dfrac{mg}{L}\varphi h_g \end{cases} \tag{4-22}$$

式中，ΔF_{Z1}，ΔF_{Z2}——前、后轮因制动形成的动载荷。

如果假设汽车前、后轮同时抱死，则汽车制动减速度 $j=\frac{\mathrm{d}u}{\mathrm{d}t}$为

$$\frac{\mathrm{d}u}{\mathrm{d}t}=\varphi_b g \quad 或 \quad \varphi_b=\frac{1}{g}\frac{\mathrm{d}u}{\mathrm{d}t} \tag{4-23}$$

式中，φ_b——附着系数。

将式(4－23)代入式(4－21)，有

$$\begin{cases} F_{Z1}=\dfrac{mg}{L}(L_2+\varphi_b h_g) \\ F_{Z2}=\dfrac{mg}{L}(L_1-\varphi_b h_g) \end{cases} \tag{4-24}$$

由式(4－24)可知，制动时汽车前轮的地面法向反作用力 F_{Z1}随制动强度和质心高度增加而增大；后轮的地面法向反作用力 F_{Z2}随制动强度和质心高度增加而减小。大轴距汽车前、后轴的载荷变化量小于短轴距汽车载荷变化量。例如，某载货汽车满载在干燥混凝土水平路面上以规定踏板力实施制动时，ΔF_{Z1}为静载荷的 90%，ΔF_{Z2}为静载荷的 38%。

2. 前、后制动器制动力的理想分配曲线

在设计汽车制动系时，如果在不同道路附着条件下制动均能保证前、后制动器同时抱死，则此时的前、后制动器制动力 F_μ 和 $F_{\mu2}$的关系曲线，被称为前、后制动器制动力的理想分配曲线，通常简称为 I 曲线。

在任何附着系数的路面上前、后轮制动器同时抱死，则前、后制动器制动力必定等于各自的附着力，且前、后制动器制动力(或地面制动力)之和等于附着力，即

$$\begin{cases} F_{\mu1}+F_{\mu2}=\varphi mg \\ F_{\mu1}=\varphi F_{Z1} \\ F_{\mu2}=\varphi F_{Z2} \end{cases} \tag{4-25}$$

将式(4－25)中的第 2 个公式除以第 3 个公式，并将式(4－24)代入，有

$$\begin{cases} F_{\mu1}+F_{\mu2}=\varphi mg \\ \dfrac{F_{\mu1}}{F_{\mu2}}=\dfrac{F_{Z1}}{F_{Z2}}=\dfrac{L_2+\varphi h_g}{L_1-\varphi h_g} \end{cases} \tag{4-26}$$

联立方程组(4－26)、消除变量 φ 后，将方程表示成 $F_{\mu2}=f(F_{\mu1})$的形式，即得到前、后制动器制动力的理想分配关系式为

$$F_{\mu2}=\frac{1}{2}\left[\frac{mg}{h_g}\sqrt{L_2^2+\frac{4h_gL}{mg}F_{\mu1}}-\left(\frac{mgL_2}{h_g}+2F_{\mu1}\right)\right] \tag{4-27}$$

如已知汽车轴距 L、质心高度 h_g、总质量 m、质心的位置 L_2(质心至后轴的距离)，就可用式(4－27)绘制前、后制动器制动力的理想分配关系曲线，即 I 曲线。图 4.14 就是根据式(4－27)绘制的汽车在空载和满载两种工况的 I 曲线。

根据方程组(4－26)的两个方程也可直接绘制 I 曲线。假设一组 φ 值(φ=0.1，0.2，

0.3，…，1.0)，每个值代入方程组(4-26)，就具有一个交点的两条直线，变化 φ 值，取得一组交点，连接这些交点就制成Ⅰ曲线，如图 4.15 所示。

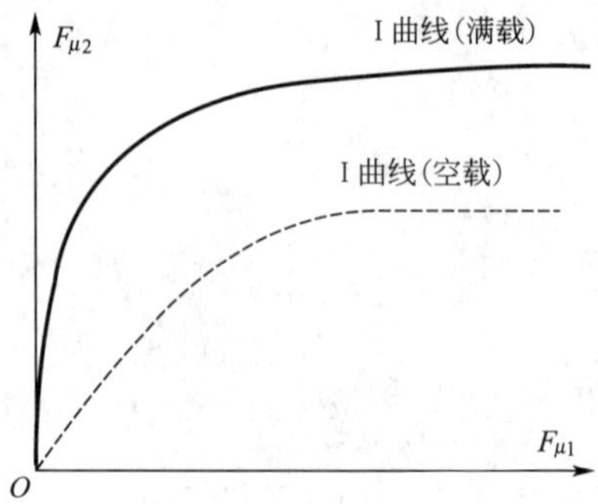

图 4.14 Ⅰ曲线示意图

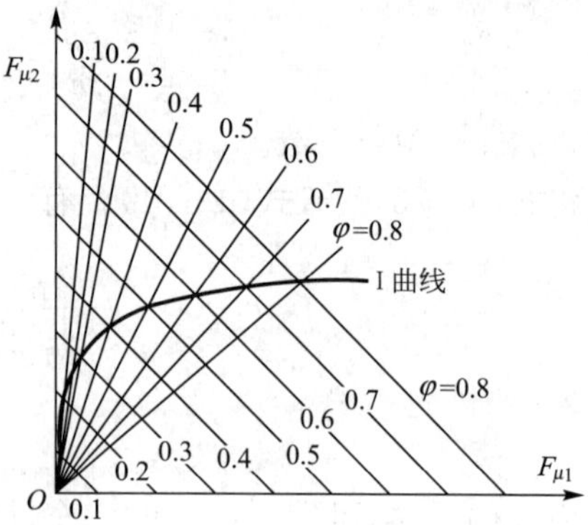

图 4.15 Ⅰ曲线的一种制作方法

Ⅰ曲线是踏板力增长到使前、后车轮制动器同时抱死时，前、后制动器制动力的理想分配曲线。前、后车轮同时抱死时，$F_{\mu1}=F_{xb1}=F_{\varphi1}$，$F_{\mu2}=F_{xb2}=F_{\varphi2}$。所以Ⅰ曲线也是前、后车轮同时抱死时 $F_{\varphi1}$ 和 $F_{\varphi2}$ 的关系曲线。

3. 具有固定比值的前、后制动器制动力与同步附着系数

两轴汽车的前、后制动器制动力的比值一般为固定常数。通常用前制动器制动力对汽车总制动器制动力之比来表明分配比例，即制动器制动力分配系数 β，它可表示为

$$\beta=\frac{F_{\mu1}}{F_{\mu}} \tag{4-28}$$

因为 $F_{\mu}=F_{\mu1}+F_{\mu2}$，所以

$$\begin{cases}F_{\mu1}=\beta F_{\mu}\\F_{\mu2}=(1-\beta)F_{\mu}\end{cases} \tag{4-29}$$

整理式(4-29)得

$$\frac{F_{\mu1}}{F_{\mu2}}=\frac{\beta}{1-\beta} \tag{4-30}$$

或表示为 $F_{\mu2}=f(F_{\mu1})$，即

$$F_{\mu2}=\frac{1-\beta}{\beta}F_{\mu1} \tag{4-31}$$

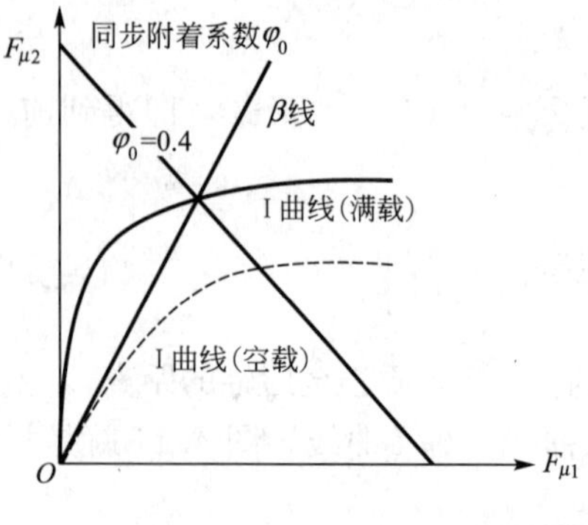

图 4.16 Ⅰ曲线和 β 曲线

式(4-30)为一线性方程，它是实际前、后制动器制动力实际分配线，简称为 β 线。β 线通过坐标原点，其斜率为

$$\mathrm{tg}\theta=\frac{1-\beta}{\beta}$$

具有固定的 β 线与Ⅰ线的交点处的附着系数 φ_0 被称为同步附着系数，如图 4.16 所示，它表示具有固定 β 线的汽车只能在一种路面上实现前、后轮同时抱

死。同步附着系数是由汽车结构参数决定的，它是反映汽车制动性能的一个参数。

同步附着系数说明前、后制动器制动力为固定比值的汽车只能在一种路面上，即在同步附着系数的路面上才能保证前、后轮同时抱死。

同步附着系数也可用解析方法求出。设汽车在同步附着系数的路面上制动，此时汽车前、后轮同时抱死，将式(4－26)代入式(4－30)，得

$$\frac{F_{\mu1}}{F_{\mu2}}=\frac{L_2+h_g\varphi}{L_1-h_g\varphi}=\frac{\beta}{1-\beta} \tag{4-32}$$

整理后，得出

$$\varphi_0=\frac{L\beta-L_2}{h_g} \tag{4-33}$$

4. 具有固定β值的汽车在不同路面上的制动过程

利用β线和I线可分析具有固定β值汽车在不同路面上的制动情况。下面将介绍利用f线组和r线组结合β线和I线分析汽车的制动过程。其中，f线组是假定后轮不抱死，在各种不同φ值路面上前轮抱死时，汽车前、后轮地面制动力的关系线组；r线组是假定前轮不抱死，在各种不同φ值路面上后轮抱死时，汽车前、后轮地面制动力的关系线组。

1) f线组

当前轮抱死时，存在

$$F_{xb1}=\varphi F_{Z1}=\varphi\frac{mg}{L}(L_2+\varphi h_g)=\varphi\left(\frac{mgL_2}{L}+\frac{F_{xb}h_g}{L}\right) \tag{4-34}$$

由于$F_{xb}=F_{xb1}+F_{xb2}$，并且$F_{xb}=\varphi mg$，则有

$$F_{xb1}=\varphi\left(\frac{mgL_2}{L}+\frac{(F_{xb1}+F_{xb2})h_g}{L}\right) \tag{4-35}$$

将式(4－35)表示成$F_{xb2}=f(F_{xb1})$的函数形式，则得出汽车在不同路面上只有前轮抱死时的前、后地面制动力的关系式为

$$F_{xb2}=\frac{L-\varphi h_g}{\varphi h_g}F_{xb1}-\frac{mgL_2}{h_g} \tag{4-36}$$

将不同φ值代入式(4－36)，就得到f线组，如图4.17所示。由式(4－36)可知，f线组与纵坐标的交点为$-\frac{mgL_2}{h_g}$，而与φ的取值无关。实际上，F_{xb2}负值在制动状态是无意义的。当$F_{xb2}=0$时，$F_{xb1}=\frac{\varphi mgL_2}{L-\varphi h_g}$。由于$f$线组是经过$\left(0,\ -\frac{mgL_2}{h_g}\right)$和$\left(\frac{\varphi mgL_2}{L-\varphi h_g},\ 0\right)$两点的射线，所以取不同的$\varphi$值就可得出$f$线组(图4.18)。

当$F_{xb2}=0$时，$F_{xb1}=\frac{\varphi mgL_2}{L-\varphi h_g}$(图4.18)。取不同$\varphi$值时，可求得相应的$F_{xb1}$值，即线组与横坐标的交点。根据汽车结构参数的具体数值，可确定总地面制动力$F_{xb}=F_{xb1}+F_{xb2}=F_{xb1}$。因$\frac{L_2}{L-\varphi h_g}<1$，所以$F_{xb}<\varphi mg$，即后轮未抱死。随着$F_{xb1}$和$F_{xb2}$的增加$F_{xb}$也增加，最后$f$线组与I曲线相交，$F_{xb1}+F_{xb2}=F_{\varphi1}+F_{\varphi2}=\varphi mg$，后轮也抱死。这就说明I曲线以上的$f$线段已无意义(图4.19)。

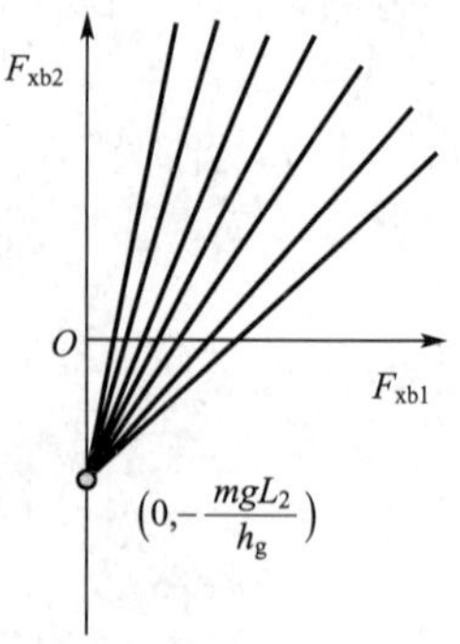

图 4.17　*f* 线组

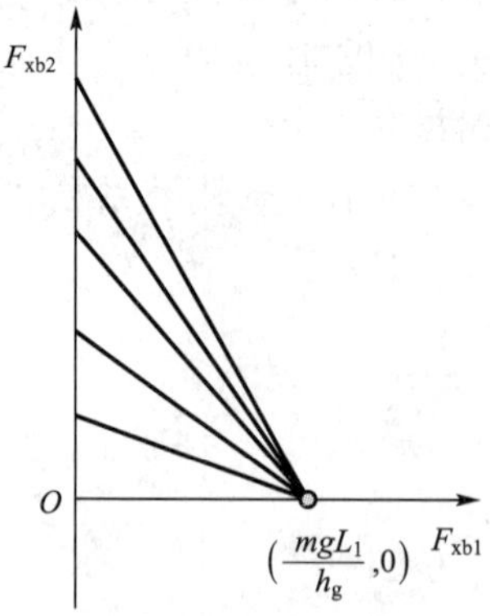

图 4.18　*r* 线组

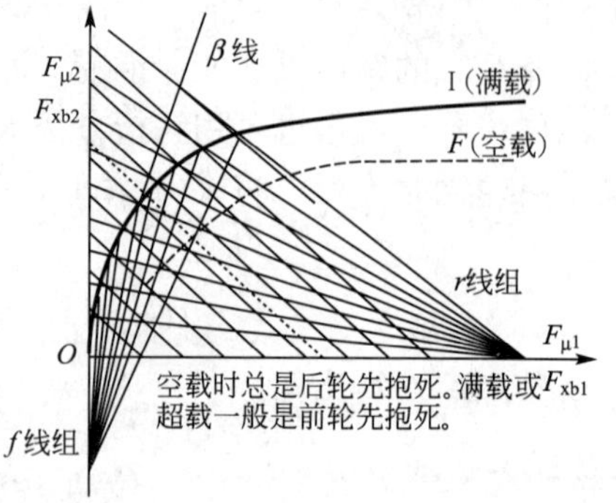

图 4.19　由 *f* 线组和 *r* 线组形成的 I 曲线

2) *r* 线组

当后轮抱死时，存在

$$F_{xb2}=\varphi F_{Z2}=\varphi\frac{mg}{L}(L_1-\varphi h_g)=\varphi\left(\frac{mgL_1}{L}-\frac{F_{xb}h_g}{L}\right) \tag{4-37}$$

因为 $F_{xb}=mg\varphi$，并且 $F_{xb}=F_{xb1}+F_{xb2}$，所以有

$$F_{xb2}=\varphi\left(\frac{mgL_1}{L}-\frac{(F_{xb1}+F_{xb2})h_g}{L}\right) \tag{4-38}$$

将式(4－38)表示成 $F_{xb2}=f(F_{xb1})$ 的函数形式，则得出汽车在不同路面上只有后轮抱死时的前、后地面制动力的关系式为

$$F_{xb2}=\frac{\varphi h_g}{L+\varphi h_g}F_{xb1}-\frac{\varphi mgL_1}{L+\varphi h_g} \tag{4-39}$$

将不同 φ 值代入式(4－39)，就得到 *r* 线组，如图 4.19 所示。由式(4－39)可知，*r* 线组与横坐标的交点为$\frac{mgL_1}{h_g}$，而与 φ 的取值无关。当 $F_{xb1}=0$ 时，$F_{xb2}=\frac{\varphi mgL_1}{L+\varphi h_g}$。由于 *r* 线组是经过$\left(\frac{mgL_1}{h_g}，0\right)$的射线，所以取不同的 φ 值就可得出 *r* 线组。

对于同一 φ 值，*f* 线和 *r* 线的交点既符合 $F_{xb1}=\varphi F_{Z1}$，也符合 $F_{xb2}=\varphi F_{Z1}$。取不同的 φ 值，就可得到一组 *f* 线和 *r* 线的交点，这些交点的连线就形成了上述的 I 曲线，如图 4.19 所示。

当 $F_{xb1}=0$ 时，$F_{xb2}=\frac{\varphi mgL_1}{L+\varphi h_g}$。取不同 φ 值时，可求得相应的 F_{xb2} 值，即 *r* 线组与横坐标的交点。根据汽车结构参数的具体数值，可确定总地面制动力 $F_{xb}=F_{xb1}+F_{xb2}=F_{xb1}$。因$\frac{L_1}{L+\varphi h_g}<1$，所以 $F_{xb}<\varphi mg$，即前轮未抱死。随着 F_{xb1} 和 F_{xb2} 的增加 F_{xb} 也增加，最后 *r* 线组与 I 曲线相交，$F_{xb1}+F_{xb2}=F_{\varphi1}+F_{\varphi2}=\varphi mg$，前轮也抱死。这就说明 I 曲线以下的 *r* 线段已无意义(图 4.20)。

3) 利用 *f* 线、*r* 线、β 线和 I 线分析汽车在不同路面上的制动过程

已知某汽车同步附着系数为 $\varphi_0=0.39$，其 *f* 线、*r* 线、β 线和 I 线如图 4.20 所示。图中与直角坐标系中的纵坐标和横坐标成 45°的斜线组是“等地面制动力线组”或“等制动

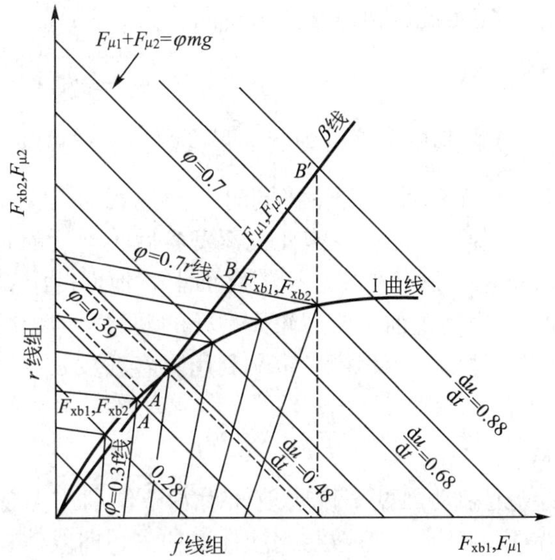

图 4.20　不同 φ 值路面上汽车制动过程分析

减速度线组”。在这些斜线上，$F_{xb}=F_{xb1}+F_{xb2}=\varphi mg$，或者前、后轮同时抱死时，$F_{\mu1}+F_{\mu2}=\varphi mg$，即每条斜线上的点均有同样大小的总地面制动力 F_{xb}。

当 $\varphi=0.3<\varphi_0$，汽车制动开始后前、后制动器制动力 $F_{\mu1}$、$F_{\mu2}$ 按 β 线上升。因前、后车轮均未抱死，故地面制动力 F_{xb1} 和 F_{xb2} 也按 β 线上升。到 A 点时，β 线与 $\varphi=0.3$ 的 f 线相交，前轮开始抱死。此时的地面制动力 F_{xb1}、F_{xb2} 已符合后轮未抱死而前轮先抱死的条件。驾驶员若继续增加踏板力，F_{xb1}、F_{xb2} 将沿 f 线变化，前轮的地面制动力 F_{xb1} 不再等于 $F_{\mu1}$，但继续增加制动强度，前轮法向反作用力增加，故 F_{xb1} 沿 f 线稍有增加。因后轮尚未抱死，随着踏板力的增大，$F_{\mu1}$、$F_{\mu2}$ 沿 β 线上升时，F_{xb2} 仍等于 $F_{\mu2}$ 而继续上升。当 $F_{\mu1}$、$F_{\mu2}$ 增至 A' 点时，f 线与 I 曲线相交，此时后轮达到抱死所需的地面制动力 F_{xb2}，这时前、后车轮均抱死，汽车获得减速度 $\frac{du}{dt}=0.3g$。

由此可见，若 β 线位于 I 曲线下方，制动时总是前轮先抱死。这是一种稳定工况，但汽车丧失转向能力。

当 $\varphi=0.7>\varphi_0$ 时，制动开始后前、后车轮均未抱死，前、后轮地面制动力和制动器制动力均按 β 线增长。到 B 点时，β 线与 $\varphi=0.7$ 的 r 线相交，地面制动力 F_{xb1}、F_{xb2} 符合后轮先抱死的条件，后轮开始抱死。从 B 点以后，再增加踏板力，F_{xb1}、F_{xb2} 将沿 $\varphi=0.7$ 的 r 线变化。但继续增加制动强度时，后轮的法向反作用力有所减小，使后轮地面制动力沿 r 线稍有下降。因前轮尚未抱死，当 $F_{\mu1}$、$F_{\mu2}$ 沿 β 线继续增长时，始终存在 $F_{xb1}=F_{\mu1}$。当 $F_{\mu1}$、$F_{\mu2}$ 增到 B' 点时，r 线与 I 曲线相交，F_{xb1} 达到前轮抱死的地面制动力，前、后轮均抱死，汽车获得的减速度为 $0.7g$。

由此可见，β 线位于 I 曲线上方，制动时总是后轮先抱死，汽车容易发生后轴侧滑而失去方向稳定性。

若 $\varphi=\varphi_0$，制动时 $F_{\mu1}$、$F_{\mu2}$ 始终沿 β 线增长，并保持 $F_{xb1}=F_{\mu1}$ 和 $F_{xb1}=F_{\mu2}$ 继续增加踏

板力直到β线与$\varphi_0=0.39$的r线和f线相交，此时汽车前、后轮满足同时抱死，汽车减速度为$0.39g$，这也是一种稳定工况，但汽车失去转向能力。

5. 利用附着系数和制动效率

汽车制动减速度$\frac{du}{dt}=zg$，其中z被称为制动强度。由前述可知，若汽车在具有同步附着系数φ_0的路面上制动，汽车的前、后轮将同时达到抱死的工况，此时的制动强度$z=\varphi_0$。在其他路面上制动时，既不出现前轮抱死也不发生后轮抱死的制动强度必然小于地面附着系数，即$z<\varphi_0$。就是说，只有在$\varphi=\varphi_0$的路面上，地面的附着条件才能被充分地利用。而在$\varphi\neq\varphi_0$的路面上，因出现前轮或后轮先抱死的现象，地面附着条件未被很好地利用。为定量说明地面附着条件的利用程度，定义利用附着系数φ_i为

$$\varphi_i=\frac{F_{xbi}}{F_{zi}} \quad i=1,\ 2 \tag{4-40}$$

利用附着系数φ_i越接近制动强度z说明地面附着条件利用得越充分，汽车车轮制动力分配合理程度越高，常用利用附着系数与制动强度的关系曲线(图4.19)描述汽车制动力分配的合理性。

设汽车前轮刚要抱死或前、后轮同时刚要抱死时，汽车产生的减速度为$\frac{du}{dt}=zg$(或表示为$\frac{1}{g}\frac{du}{dt}=z$)，则由式(4-21)得前轮的地面法向反作用力为

$$F_{z1}=\frac{mg}{L}(L_2+zh_g) \tag{4-41}$$

前轮制动器制动力和地面制动力为

$$F_{\mu1}=F_{xb1}=\beta m\frac{du}{dt}=\beta mgz \tag{4-42}$$

将式(4-41)和式(4-42)代入式(4-40)，则

$$\varphi_1=\frac{F_{xb1}}{F_{z1}}=\frac{\beta z}{\frac{1}{L}(L_2+zh_g)} \tag{4-43}$$

同理可推导出后轮利用附着系数。

后轮刚要抱死时，后轮地面制动力和地面法向反作用力

$$F_{\mu2}=F_{xb2}=(1-\beta)m\frac{du}{dt}=(1-\beta)mgz \tag{4-44}$$

$$F_{z2}=\frac{mg}{L}(L_1-zh_g) \tag{4-45}$$

将式(4-44)和式(4-45)代入式(4-40)，则

$$\varphi_2=\frac{F_{xb2}}{F_{z2}}=\frac{(1-\beta)z}{\frac{1}{L}(L_1-zh_g)} \tag{4-46}$$

对于已知汽车总质量m，轴距L，质心位置L_1、L_2、h_g等结构参数，则可绘制出利用附着系数φ_i与制动强度z的关系曲线图。

图 4.21 是某载货汽车在空载和满载时利用附着系数 φ_i 与制动强度 z 的关系曲线图。在 $\varphi<\varphi_0=0.39$ 的路面上，前轮先抱死，φ_2 曲线无意义，应取 φ_1 所确定的曲线。在 $\varphi>\varphi_0=0.39$ 的路面上，后轮先抱死，φ_1 曲线无意义，应取 φ_2 所确定的曲线。因为总是存在 $\varphi_1<z$、$\varphi_2>z$，所以应选取 45°对角线 $\varphi=z$ 上方的曲线作为利用附着系数曲线。

从图 4.21 还可看出，空车时 φ_2 曲线始终在 $\varphi=z$ 的上方，所以总是出现后轮先抱死的现象。

附着效率 E_i 是制动强度 z 和利用附着系数 φ_i 之比。它也可用于描述地面附着条件的利用程度，并说明实际制动力分配的合理性。根据附着效率的定义，有

$$E_1=\frac{z}{\varphi_1}=\frac{L_2}{\beta L-\varphi_1 h_g} \tag{4-47}$$

$$E_2=\frac{z}{\varphi_2}=\frac{L_2}{(1-\beta)L+\varphi_2 h_g} \tag{4-48}$$

式中，E_1——前轴的附着效率；

E_2——后轴的附着效率。

图 4.22 所示为某车附着效率曲线图。在满载时除了在同步附着系数 $\varphi_0=0.39$ 的路面上之外，附着效率均低于 100%。当附着系数 $\varphi=0.6$ 时汽车空载条件下后轴的附着效率 $E_2\approx0.67$。这就是说，后轮不抱死时，汽车最多只利用可供制动的附着力的 67%，其减速度 $\frac{du}{dt}=0.6\times0.67g=0.402g$。

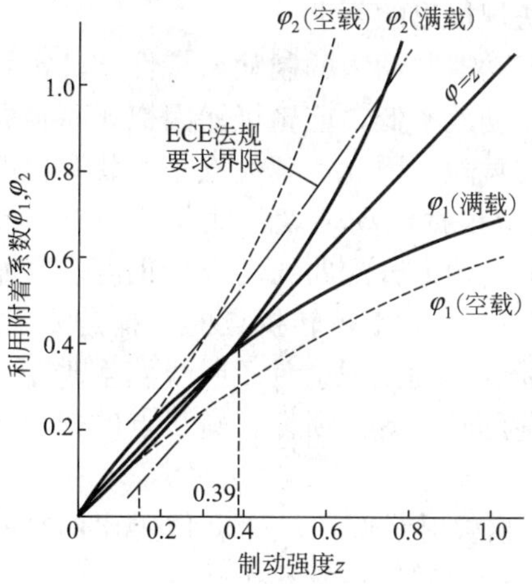

图 4.21 利用附着系数与制动强度之间的关系

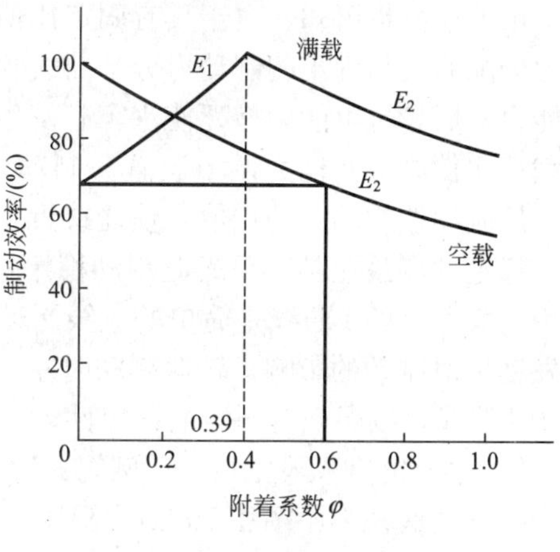

图 4.22 某车附着效率曲线图

6. 对前、后轮制动器制动力分配的要求

ECER13 制动法规和行业标准 ZBT24007 对双轴汽车前、后制动器制动力提出了技术要求。对于 $\varphi=0.2\sim0.8$ 的各种车辆，要求制动强度应满足 $z\geqslant0.1+0.85(\varphi-0.2)$。

车辆在各种装载状态时，前轴利用附着系数曲线应在后轴利用附着系数曲线之上。

对于最大总质量大于 3.5t 的货车，在制动强度 $z=0.15\sim0.30$ 之间时，每根轴的利用附着系数曲线位于 $\varphi=z\pm0.08$ 平行于理想附着系数直线的两条平行线之间；

而制动强度 $z \geqslant 0.3$ 时，后轴利用附着系数满足关系式 $z \geqslant 0.3+0.74(\varphi-0.38)$（图 4.23）。

对于轿车而言，制动强度在 $z=0.3\sim0.4$ 之间，后轴利用附着系数曲线不超过直线 $\varphi=z+0.05$的条件下，允许后轴利用附着系数曲线在前轴利用附着系数曲线的上方（图 4.24）。

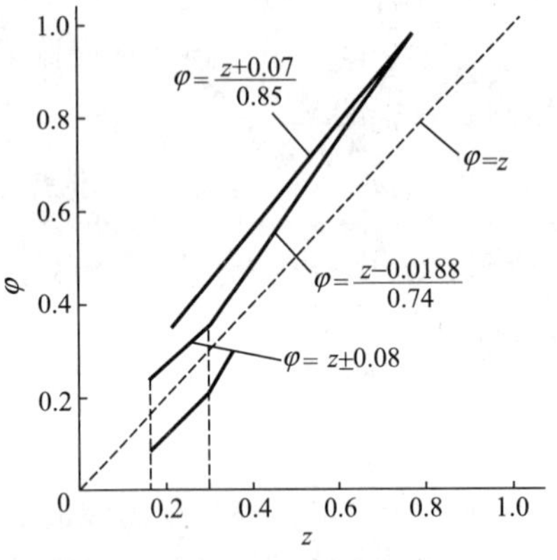

图 4.23　ECE 法规货车制动力分配特性

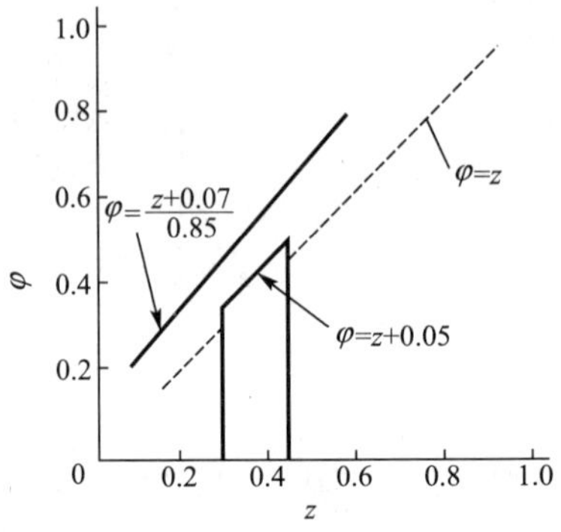

图 4.24　ECE 法规轿车制动力分配特性

图 4.23 上还给出了 ECE 法规对某货车利用附着系数与制动强度关系曲线要求的区域，它表明这辆中型货车在空载时不能满足法规的要求。实际上，货车若不配备具有变比值制动力分配特性的制动力调节装置，就无法满足法规提出的要求。

由上述分析可知，对于具有固定比值的前、后制动器制动力的制动系特性，其实际制动力分配曲线与理想的制动力分配曲线相差很大，制动效率低，前轮可能因抱死而丧失转向能力，后轮也可能因抱死使汽车有发生后轴侧滑的危险。因此，现代汽车均装有比例阀或载荷比例阀等制动力调节装置。制动力调节装置可根据制动强度、载荷等因素来改变前、后制动器制动力的比值，使之接近于 I 曲线。其制动力分配曲线的设计仍需按照兼顾制动稳定性和最短制动距离但制动稳定性优先的原则。实际上，转折点的选择是复杂的，因为前面所讲的 I 曲线是简单的直线制动情况，实际的制动工况会使 I 曲线发生改变，例如发动机对制动的影响，转弯制动时左、右车轮载荷的转移等。所以，转折点的选择一般低于 I 曲线，以保证有一定的稳定性。

图 4.25 给出了限压阀、比例阀、感载比例阀、感载射线阀与减速度传感比例阀的制动力分配曲线。其中图 4.25(a)为限压阀的制动力分配曲线，在其转折点后，由于后轮液压不变是一水平线，虽然分配线对空载基本是合适的，但仍有一小段是非稳定区，且满载时效率偏低。图 4.25(b)为比例阀的制动力分配曲线，在其转折点以后是一条斜线，和空载 I 曲线的交点即同步附着系数超过 0.82，既消除了不稳定区又提高了制动效率，但是满载时转折点下移会增加与 I 曲线的距离，降低制动效率。图 4.25(c)为感载比例阀的制动力分配曲线，满载时转折点上移与 I 曲线靠近，提高制动效率。图 4.25(d)为感载射线阀的制动力分配曲线。图 4.25(e)中还画出了根据 ECE 要求计算得到的轿车制动力分配所要求的范围。

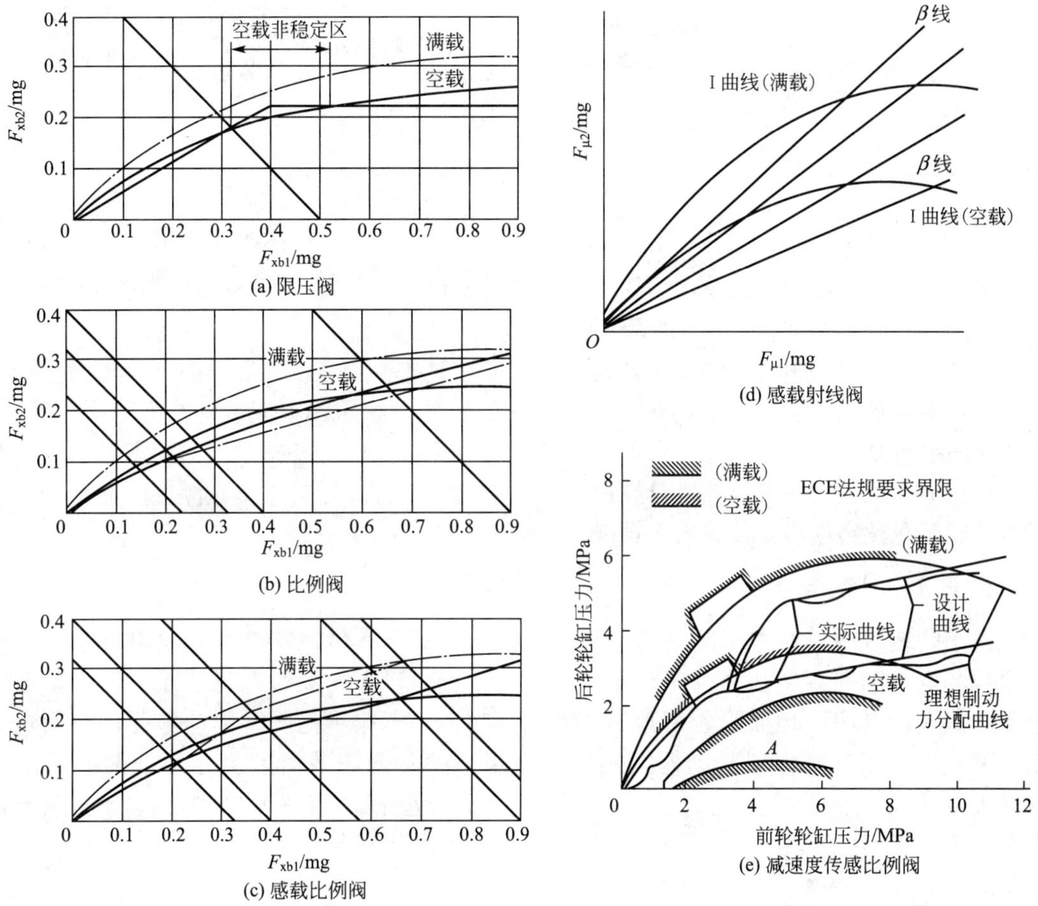

图 4.25 各种调节阀的制动力分配特性曲线

4.1.5 影响制动性的主要因素

汽车的制动性与汽车结构和使用条件都有着密切的联系，诸如汽车制动过程中，轴间负荷分配发生变化，前、后轮地面制动力也随之变化；制动器的结构及技术状况对汽车制动性有着直接的影响，特别是车轮制动器过热造成制动器制动力衰退，使汽车制动性能严重降低；道路及汽车装载质量等也对汽车制动性有影响。下面讨论使用条件对汽车制动性的影响。

1. 制动初速度

汽车技术状况良好、道路条件一定时，制动初速度对制动距离的影响最大。制动初速度越高，汽车制动距离越长。这可从式(4-20)中看出。

值得注意的是制动器性能的热衰退现象对汽车制动性的影响，表 4-3 所示是某汽车以不同的初速度制动时，从车速降到 40km/h 起到停车的制动距离。表中数据说明随着制动器温度增高，汽车制动距离会增长。

表 4-3　不同初速度制动时，从车速降到 40km/h 起到停车的制动距离

制动初速度/($km \cdot h^{-1}$)	从 40km/h 起到停车的距离/m	制动初速度/($km \cdot h^{-1}$)	从 40km/h 起到停车的距离/m
70	24	50	16
60	20	40	12

2. 道路与轮胎

附着力限制了最大地面制动力，而道路对附着系数有着重要影响，从而对制动距离也有很大影响。制动初速度相同时，附着系数越大即路面越好，制动距离越短。

附着系数与轮胎也有直接关系。轮胎的结构，诸如轮胎花纹、胎面曲率、轮胎直径和宽度等对附着系数都有影响。具有细而浅花纹的轮胎在硬路面上滚动有较大的附着系数。在软路面上行驶的汽车，其轮胎应具有深而宽的花纹，这样可获得较大的附着系数。轮胎胎面具有横向花纹沟槽可以使其具有良好的排水性能，可以提高汽车在潮湿路面上的附着系数。轮胎花纹磨损后将使附着系数降低。

3. 汽车装载质量

汽车的装载质量对汽车的制动性能也有影响，对于一般汽车，只有在附着系数与该车设计的同步附着系数相同的平路上制动时，才能使得车轮同时抱死。而在绝大多数情况下，汽车制动时，地面附着力则不能被充分利用，车轮不能同时制动抱死，特别是装载质量较大的货车，由于制动器结构上的限制，满载或超载时就更难保证前、后制动器的制动力均达到前后车轮与地面间的附着力，这些都使得汽车制动距离与装载质量有关。实践证明，装载质量 3t 以上的汽车，每增加装载量 1t，制动距离就增长 0.5～1.0m。

4. 发动机制动与排气制动

山区行驶的车辆下坡时，为避免车轮制动器长时间工作而发生过热，造成制动效能降低，或冬季行驶在冰雪路面上时，为避免制动力过大而引起侧滑，常利用发动机制动。

用发动机制动时，驾驶员放松油门，不脱开发动机，驱动轮在汽车惯性力作用下通过传动系迫使发动机以高于怠速时的转速旋转，这时汽车需要克服发动机内摩擦阻力矩和进排气阻力，而且这个阻力矩随发动机转速(被迫转动)的增高而增大。发动机内摩擦阻力矩换算到驱动轮上的制动力 F'_u 为

$$F'_u = T_{er} i_g i_0 / \eta'_T r$$

式中，T_{er}——发动机内阻力矩；

η'_T——从驱动轮到发动机的传动效率。

由上式可见，传动系传动比越大(低速挡)，发动机转速越高，则发动机内阻力矩消耗的能量越多，制动效果越显著。

同时应注意到利用发动机制动时，发动机的旋转质量惯性力偶矩是阻碍发动机制动的，也就是说发动机内阻力矩大于发动机旋转质量惯性力偶矩时，发动机制动才有效果。因此，在紧急制动时，仅用车轮制动时制动效果好。

采用发动机制动不需要安装其他设备，也不需要对发动机做任何改造，所以成为驾驶

员常采用的一种方法，但其制动效能不大。然而，山区行驶的车辆用排气制动是比较理想的。制动时关闭排气节流阀，切断油路、电路，利用发动机急剧增加的排气阻力而增大其内阻力矩，排气制动功率可达发动机有效功率的80%～90%。排气制动多用于柴油车。

4.1.6 汽车制动性试验

汽车制动性能通过满载情况下的道路试验确定。对于装有车轮防抱死系统或轴间制动力调节器的汽车，应测定它的满载和空载的制动性能和空载制动方向稳定性。

对在用车辆做安全检测时，一般是在空载情况下进行，而且越来越多地采用反力式制动试验台通过各个车轮制动力矩的测定预计它的制动性能。

路试时的试验路段要求是水平硬路面，附着系数不小于0.7。试验必须在风力不影响试验结果的情况下进行，环境温度为0～37℃，试验中车辆不得偏离行驶方向，不得越出宽度为3.5m的车道界限(或者使航向角变动大于8°)。

路试测定的参数为制动距离、制动协调时间和制动减速度，主要仪器为第五车轮(五轮仪)和惯性式减速度计。

所有车辆均应进行冷制动试验和热衰退试验。满载质量超过5t的客车和满载质量超过12t的货车还应进行下长坡制动试验。

冷制动试验时的制动器温度低于100℃，汽车加速到略大于规定的制动初速度，换入空挡滑行并在规定的制动初速度下紧急制动到停车。

热衰退试验是通过汽车重复制动来加热制动器。每次制动的初速度为$0.8v_{max}$，末速度为初速度的一半。制动减速度为$3m/s^2$，制动循环周期为45～60s，制动循环次数为15～20次。图4.26所示为正在进行热衰退试验的汽车盘式制动器。

图4.26 正在进行热衰退试验的汽车盘式制动器

挂车在平路上通过连续制动加热，调整挂车制动器使行驶阻力保持为挂车质量的7%。用一辆汽车拖挂车，车速保持40km/h，距离为1.7km(如果车速降低，距离应相应加长)。

在重复制动或连续制动过程结束后，立即进行剩余制动性能测定(应不低于冷制动时制动减速度规定值的80%)。

下长坡制动实验时，汽车以30km/h的平均车速在6%的坡道上，下坡行驶6km，然后测定剩余制动性能(应不低于冷制动效能的75%)。

带防抱系统车辆制动方向稳定性试验分湿路面的换车试验和弯道试验。测定可通过的最高制动初速度用来评定制动方向稳定性，试验时汽车空载。

近代的反力式制动试验台原理图如图 4.27 所示。左右车轮分别置于两对滚筒 4 上，每对滚筒都有链条相连，同步转动。电动机 1 经过扭力箱 3 减速驱动滚筒 4。车轮制动时，增加滚筒的旋转阻力，扭力箱体发生转动，通过压力传感器 2 即可测出制动器的摩擦力矩。第 3 滚筒 5 贴在车轮上，当车轮的制动力达到最大值时，通过第 3 滚筒 5 与滚筒 4 的转速差信号即可使滚筒 4 停止转动，防止轮胎剥伤，试验台的滚筒表面应做一定处理以保持表面附着系数在 0.65 以上，通过台试可测出左右车轮制动力和制动协调时间。

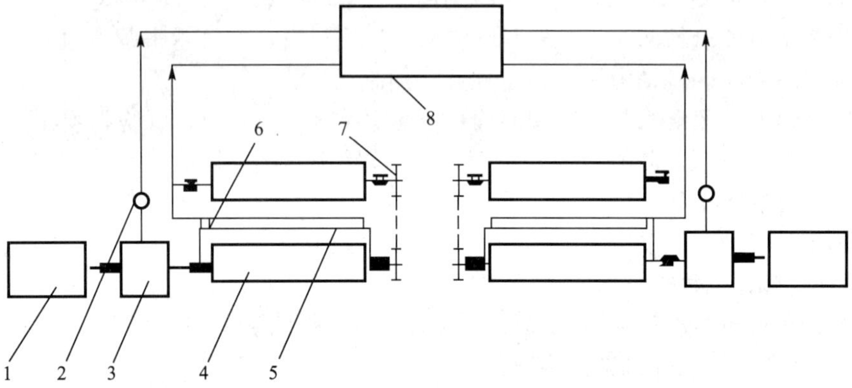

图 4.27　反力式制动试验台原理图

1—电动机；2—压力传感器；3—扭力箱；4—滚筒；5—第三滚筒；
6—电磁传感器；7—链传动；8—测量显示装置

4.2　汽车的操纵稳定性

汽车的操纵稳定性包括相互联系的两个部分：一是操纵性，二是稳定性。操纵性是指汽车能够确切地响应驾驶员转向指令的能力；稳定性是指汽车在行驶过程中，具有抵抗改变其行驶方向的各种干扰，并保持稳定行驶而不致失去控制甚至翻车或侧滑的能力。实际上两者很难截然分开，稳定性的好坏直接影响操纵性，常统称为汽车操纵稳定性。

汽车的操纵稳定性不仅影响到汽车驾驶的操纵方便程度，而且也是决定高速汽车安全行驶的一个主要性能，还与运输生产率和驾驶者的劳动强度有关。随着汽车保有量的增加和车速的提高，汽车的操纵稳定性显得越来越重要，研究汽车操纵稳定性及其影响因素，不仅对汽车设计至关重要，而且与修好车、用好车的关系也甚为密切。

汽车的操纵稳定性涉及的问题较为广泛，与前面讨论的几个性能有所不同，它需要采用较多的物理参量从几个方面来进行评价。可以通过考察下列关系来评价操纵稳定性的好坏。

(1) 在一定车速下，车辆质心轨迹曲线与转向盘转角的关系。

(2) 以一定角速度转动转向盘后，车辆转向角速度随时间的关系。

(3) 车辆在圆周行驶时其转向盘上的作用力与车辆侧向加速度的关系。

另外还有转向半径、转向轻便性等评价指标。

轮胎的侧偏特性是研究汽车操纵稳定性的出发点，为此先讨论轮胎的侧偏特性。

4.2.1 轮胎的侧偏特性

轮胎的侧偏特性是轮胎机械特性的一个重要组成部分。为讨论轮胎的机械特性需要建立轮胎坐标系，如图 4.28 所示。垂直于车轮旋转轴线的轮胎中分平面称为车轮平面。坐标系的原点 O 为车轮平面和地平面的交线与轮胎旋转轴线在地平面上的投影线的交点。车轮平面与地平面的交线取为 X 轴，规定向前为正。Z 轴与地平面垂直，规定指向上方为正。Y 轴在地平面上，规定面向车轮前进方向时指向左方为正。

图 4.28 上还画出了地面作用于轮胎的力和力矩，即地面切向反作用力 F_x、地面侧向反作用力 F_y、地面法向反作用力 F_z，以及地面反作用力绕 Z 轴的力矩——回正力矩 T_z 等。它们均按轮胎坐标系规定的方向确定正、负方向。图中还画出了侧偏角 α 与外倾角 γ。侧偏角是轮胎接地印迹中心(即坐标系原点)位移方向与 X 轴的夹角，图示方向为正。外倾角是垂直平面(XOZ 平面)与车轮平面的夹角，图示方向为正。

汽车在行驶过程中，由于路面的侧向倾斜、侧向风或曲线行驶时的离心力等作用，车轮中心沿 Y 轴方向将作用有侧向力 F_y，相应地在地面上产生地面侧向反作用力 F_Y，F_Y 也称为侧偏力。当有地面侧向反力即侧偏力作用时，若车轮是刚性的，则可能出现两种情况。

(1) 当侧偏力 F_Y 未超过车轮与地面间的附着极限时，车轮与地面间没有滑动，车轮仍沿其本身平面 cc 的方向行驶(图 4.29(a))。

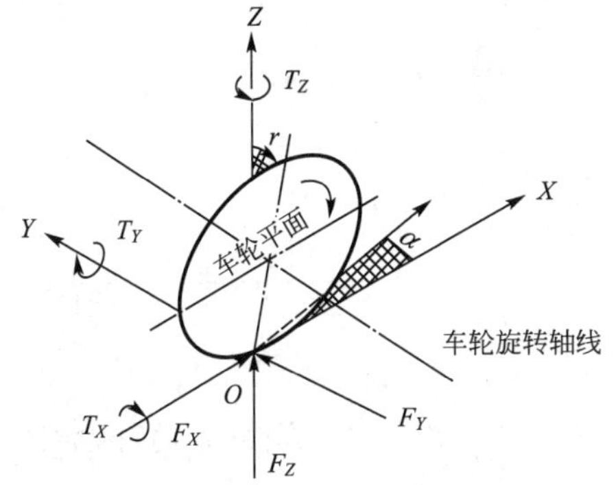

图 4.28 轮胎坐标系

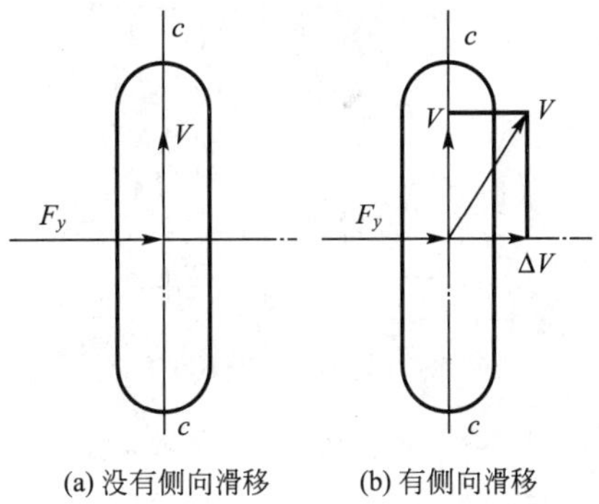

图 4.29 有侧向力作用时刚性车轮的滚动

(2) 当侧偏力 F_Y 达到车轮与地面间的附着极限时，车轮发生侧向滑动，若滑动速度为 ΔV，车轮便沿合成速度 V'方向行驶，偏离了$\overline{cc}$方向。对于弹性车轮，由于有侧向弹性，即使 F_Y 没有达到附着极限，车轮行驶方向也将偏离车轮平面$\overline{cc}$的方向，这就是轮胎的侧偏现象。

如图 4.30(a)所示，弹性车轮在侧向力 F_y 作用下将产生侧向变形。车轮平面朝侧向力方向偏移了某一距离 Δh。弹性车轮的侧向变形对车轮的运动轨迹有很大影响，下面具体分析车轮的滚动过程。

在轮胎胎面中心线上标出各点 A_1，A_2，A_3，…，如图 4.30(b)所示，随着车轮向前滚动，各点将依次落于地面上相应的 A_1'，A_2'，A_3'，…各点上，由于轮胎发生侧向变形 A_1'，A_2'，A_3'，…各点的连线并不垂直于车轮旋转轴线，即与车轮平面$\overline{cc}$的延长线有夹角 α。当轮胎与地面没有侧向滑动时 A_1'，A_2'，A_3'，…的连线就是轮胎接地印迹的中心线，当然也是车轮滚动时在地面上留下的痕迹，即车轮并没有按照车轮平面$\overline{cc}$的方向向前滚动，而是沿着轮胎接地印迹中心线$\overline{aa}$的方向滚动。接地印迹中心线$\overline{aa}$不仅和车轮平面$\overline{cc}$错开一定距离，而且不再与车轮平面平行，$\overline{aa}$与$\overline{cc}$的夹角 α，即为车轮侧偏角。

显然，侧偏角 α 的数值与地面侧向力(即侧偏力)有关，图 4.31 为弹性车轮侧偏角 α 与侧偏力 F_Y 的关系曲线，此关系曲线称为弹性轮胎的侧偏特性。

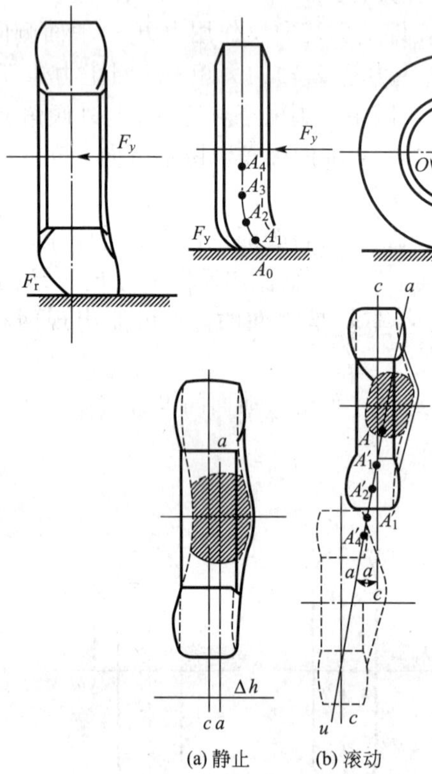

图 4.30　轮胎的侧偏现象

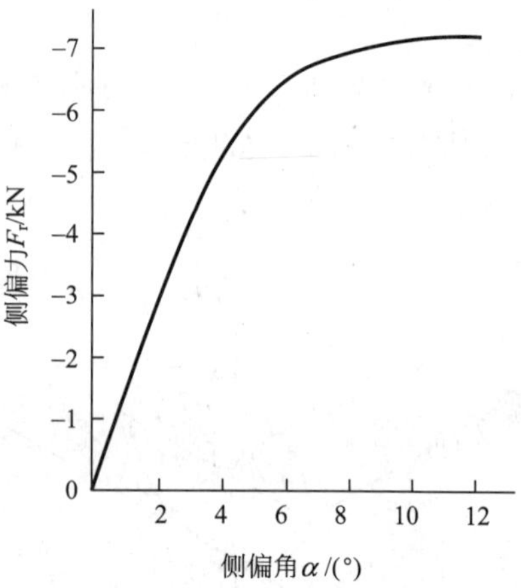

图 4.31　弹性轮胎的侧偏特性

由图 4.31 可知，随着侧偏力的增大，侧偏角也增大，当侧偏力增至某一数值后，由于轮胎与支承面开始局部滑移，侧偏角增加渐快，而当侧偏力等于附着力时($F_Y=F_Z\varphi$)，车轮发生侧滑。当侧偏角不超过 4°～5°时，可以认为 F_Y 与 α 成线性关系。F_Y - α 曲线在 $\alpha=0°$时的斜率称为侧偏刚度 k，单位为 N/rad 或 N/(°)。由轮胎坐标系有关符号规定可知，负的侧偏力产生正的侧偏角，正的侧偏力产生负的侧偏角，即侧偏刚度 k 为负值。F_Y 与 α 的关系可写作

$$F_Y=k\alpha \tag{4-49}$$

小型轿车轮胎的 k 值约在－28000～－80000N/rad 范围内。侧偏刚度是决定汽车操纵稳定性的重要轮胎参数。轮胎应有高的侧偏刚度值(指绝对值)，以保证汽车良好的操纵稳定性。

轮胎结构和工作条件对轮胎侧偏特性有很大影响。很明显，轮胎垂直载荷越大，附着力就越大，轮胎局部侧滑的倾向就越小，最大侧偏力 $F_{Y\max}=F_z\varphi$ 增大，侧偏刚度随载荷增加而增加，如图4.32所示。但垂直载荷过大时，轮胎产生剧烈径向变形，侧偏刚度反而有所下降。轮胎的结构型式和参数对侧偏特性有显著影响，轮胎较宽，帘布层越多，帘线与车轮平面夹角越小，侧偏刚度越大。尺寸相同的子午线轮胎比普通斜交胎侧偏刚度大。轮胎气压减小，轮胎更富有弹性，因而侧偏刚度也减小。

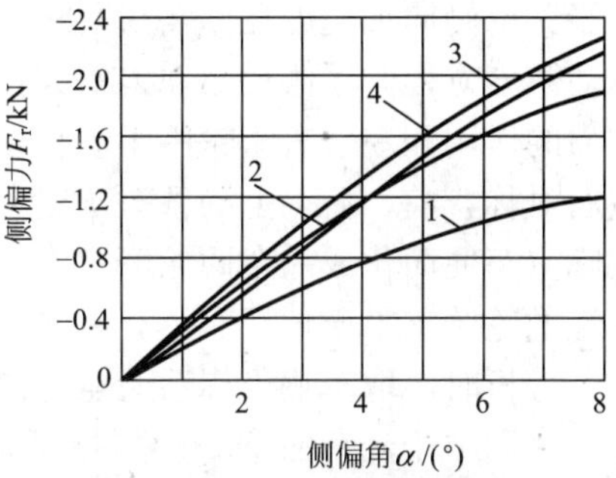

图4.32 垂直载荷对侧偏刚度的影响

1—W=1000N；2—W=2000N；3—W=3000N；4—W=5000N

4.2.2 线性两自由度汽车模型及其运动微分方程

1. 车辆坐标系

汽车的运动是用固结于运动着的汽车上的动坐标系——车辆坐标系来描述的。图4.30所示固结于汽车上的 $oxyz$ 直角动坐标系就是车辆坐标系。xoz 处于汽车左右对称平面内。当车辆在水平路面上静止状态下，x 轴平行于地面指向前方，z 轴通过汽车质心指向上方，y 轴指向驾驶员左侧，坐标系的原点与汽车质心重合。与操纵稳定性有关的主要运动参量为车厢角速度在 z 轴上的分量——横摆角速度 ω_r、汽车质心速度在 y 轴上的分量——侧向速度 v、汽车质心加速度在 y 轴上的分量——侧向加速度 a_y 等(图4.33)。

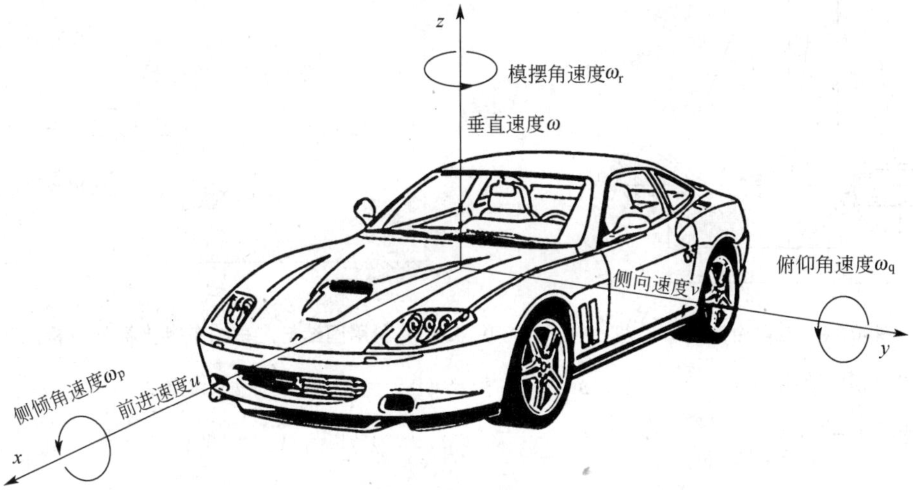

图4.33 车辆坐标系及汽车的主要运动形式

2. 线性两自由度汽车模型及其运动微分方程

为便于掌握操纵稳定性的基本特性，将汽车简化为两自由度模型进行研究。分析中忽略转向系统的影响，直接以前轮转角作为输入；忽略悬架的作用，认为汽车只作平行于地面的平面运动，即汽车沿 z 轴的位移、绕 y 轴的俯仰角与绕 x 轴的侧倾角均为零。这里仅限于讨论侧向加速度在 $0.4g$ 以下的一般情况，此时轮胎侧偏特性处于线性范围。在建立运动微分方程时还假设驱动力不大，不考虑地面切向力对轮胎侧偏特性的影响，忽略空气动力的作用和左、右车轮由于垂直载荷的变化而引起的轮胎侧偏特性的变化。并认为汽车左右对称，前、后轴上的每对车轮分别用具有其两倍侧偏刚度的单个轮胎来表示。这样，实际汽车便简化成一个两轮摩托车模型，如图 4.34 所示，它是一个由前后两个具有侧向弹性的轮胎支承于地面、具有侧向及横摆运动的两自由度汽车模型。

分析时，取车辆坐标系原点与汽车质心重合。显然，汽车的质量分布参数如转动惯量等，对固结于汽车的这一动坐标系而言为常数，这正是采用车辆坐标系的方便之处。因此，只要将汽车的绝对加速度与绝对角加速度及外力和外力矩沿车辆坐标系的轴线分解，就可以列出沿这些坐标轴的运动微分方程。

首先确定汽车质心的绝对加速度在车辆坐标系上的分量。参看图 4.35，Ox 与 Oy 为车辆坐标系的纵轴和横轴，质心速度 V 在 t 时刻在 Ox 轴的分量为 u，在 Oy 轴上的分量为 v。由于汽车转向行驶时伴随有平动和转动，在 $t+\Delta t$ 时刻，车辆坐标系中质心速度的大小和方向均发生变化，而且车辆坐标系的纵轴和横轴的方向也发生变化。所以沿 t 时刻 Oy 轴的速度分量的变化为

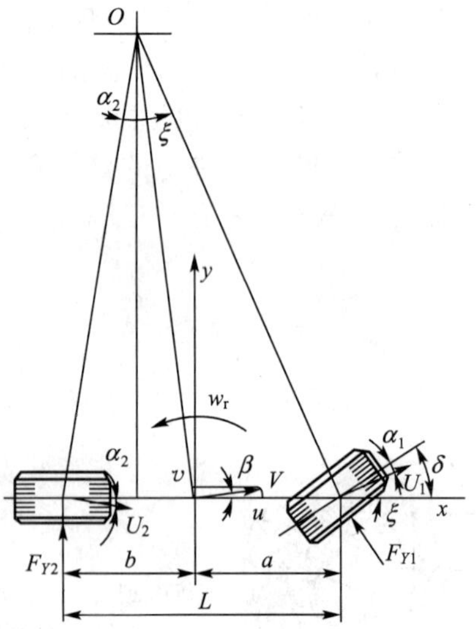

图 4.34 二自由度汽车模型

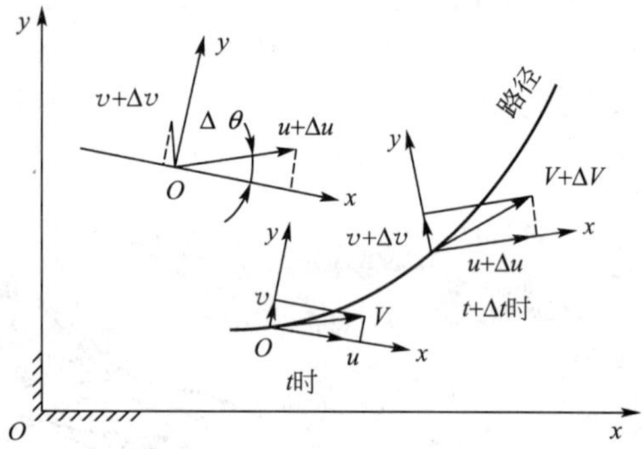

图 4.35 利用固结与汽车的车辆坐标系分析汽车的运行

$$(v+\Delta v)\cos\Delta\theta+(u+\Delta u)\sin\theta-v=v\cos\Delta\theta+\Delta v\cos\Delta\theta+u\sin\theta+\Delta u\sin\theta-v$$

考虑到 $\Delta\theta$ 很小并忽略二阶小量，上式变为

$$\Delta v+u\Delta\theta$$

除以 Δt 并取极限，便是汽车质心绝对加速度在车辆坐标系 Oy 轴上的分量。

$$\begin{aligned} a_y &= \lim_{\Delta t\to 0}\left(\frac{\Delta v}{\Delta t}+u\frac{\Delta\theta}{\Delta t}\right) \\ &= \frac{\mathrm{d}v}{\mathrm{d}t}+u\frac{\mathrm{d}\theta}{\mathrm{d}t} \\ &= \dot{v}+u\omega_r \end{aligned} \tag{4-50}$$

同理，汽车质心绝对加速度沿纵轴 Ox 上的分量为

$$a_x = \dot{u} - v\omega_r \tag{4-51}$$

因此，作平面运动的汽车对车辆坐标系的运动微分方程式为

$$\left.\begin{aligned}F_{Y2} + F_{Y1}\cos\delta &= m(\dot{v} + u\omega_r)\\ aF_{Y1}\cos\delta - bF_{Y2} &= I_z\omega_r\end{aligned}\right\} \tag{4-52}$$

式中，m——汽车质量；

F_{Y1}，F_{Y2}——地面对前、后轮的侧向反作用力，即侧偏力；

δ——前轮转角；

I_z——汽车绕 z 轴的转动惯量。

考虑到 σ 角度不大，将式(4-52)写作

$$\left.\begin{aligned}F_{Y1} + F_{Y2} &= m(\dot{v} + u\omega_r)\\ aF_{Y1} - bF_{Y2} &= I_Z\omega_r\end{aligned}\right\} \tag{4-53}$$

侧偏力的大小取决于侧偏角，侧偏角与汽车运动参数有关。如图4.34所示，汽车前、后轴中点的速度为U_1、U_2，侧偏角为α_1，α_2，质心侧偏角为β，$\beta = v/u$。ξ是u_1与x轴的夹角，其值为

$$\xi = \frac{v + a\omega_r}{u} = \beta + \frac{a\omega_r}{u}$$

根据坐标系的规定，前、后侧偏角为

$$\left.\begin{aligned}\alpha_1 &= -(\delta - \xi) = \beta + \frac{a\omega_r}{u} - \delta\\ \alpha_2 &= \frac{v - b\omega_r}{u} = \beta - \frac{b\omega_r}{u}\end{aligned}\right\} \tag{4-54}$$

注意到 $F_{Y1} = k_1 a_1$，$F_{Y2} = k_2 a_2$，代入(4-53)式并整理后得汽车两自由度模型的运动微分方程式为

$$\left.\begin{aligned}(k_1 + k_2)\beta + \frac{1}{u}(ak_1 - bk_2)\omega_r - k_1\delta &= m(v + u\omega_r)\\ (ak_1 - bk_2)\beta + \frac{1}{u}(a^2k_1 + b^2k_2)\omega_r - ak_1\delta &= I_Z\omega_r\end{aligned}\right\} \tag{4-55}$$

4.2.3 汽车的稳态响应特性

1. 稳态响应

汽车等速行驶时，在前轮角阶跃输入下进入的稳态响应就是等速圆周行驶。常用输出与输入的比值，如稳态响应时的横摆角速度与前轮转角之比来评价稳态响应，这个比值称为稳态横摆角速度增益，也称为转向灵敏度，以符号$\left.\frac{\omega_r}{\delta}\right)_s$ 来表示。

设汽车沿 x 轴的前进速度 u 不变。在稳态时，横摆角速度 ω_r 为定值，此时 $\dot{v}=0$，$\dot{\omega}_r=0$以此代入微分方程得

$$\left.\begin{aligned}(k_1 + k_2)\frac{v}{u} + \frac{1}{u}(ak_1 - bk_2)\omega_r - k_1\delta &= mu\omega_r\\ (ak_1 - bk_2)\frac{v}{u} + \frac{1}{u}(a^2k_1 + b^2k_2)\omega_r - ak_1\delta &= 0\end{aligned}\right\}$$

将上两式联立并消去 v，便可求得稳态横摆角速度增益为

$$\left.\frac{\omega_r}{\delta}\right)_s=\frac{u/L}{1+\frac{m}{L^2}\left(\frac{a}{k_2}-\frac{b}{k_1}\right)u^2}=\frac{u/L}{1+ku^2} \tag{4-56}$$

式中，k——稳定性因素，$k=\frac{m}{L^2}\left(\frac{a}{k_2}-\frac{b}{k_1}\right)$，它是表征汽车稳态响应的一个重要参数，其单位为 s^2/m^2。

2. 稳态响应的三种类型

根据 k 的数值，汽车的稳态响应可以分为 3 类。

1）中性转向

$k=0$ 时，$\left.\frac{\omega_r}{\delta}\right)_s=\frac{u}{L}$，即横摆角速度增益与车速成线性关系，斜率为 L^{-1}，如图 4.36 所示，这种稳态称为中性转向。

对于具有中性转向的汽车，当方向盘固定不动(即前轮转角 δ 保持不变)、使汽车加速时，汽车的转向半径不会改变(为常数)，如图 4.37 所示。

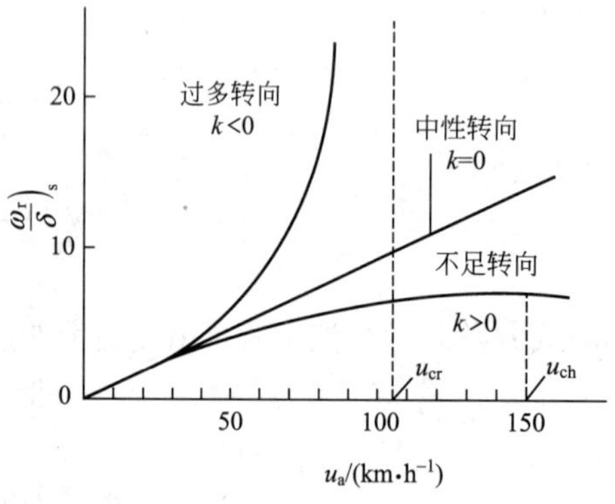

图 4.36　汽车横摆角速度增益曲线

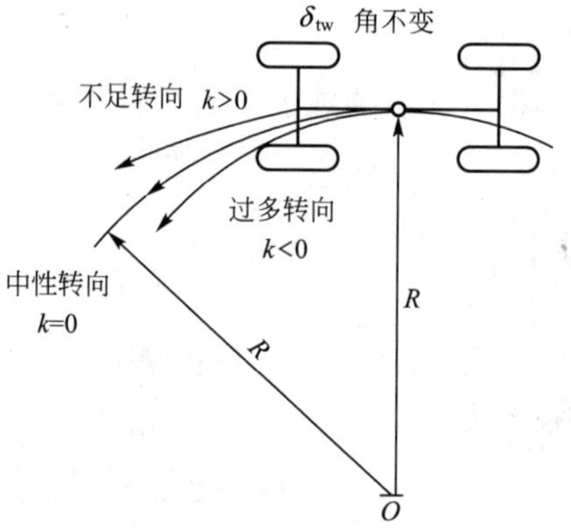

图 4.37　汽车的 3 种转向特性

2）不足转向

当 $k>0$ 时，式(4.56)分母大于 1，横摆角速度增益$\left.\frac{\omega_r}{\delta}\right)_s$ 比中性转向时要小。$\left.\frac{\omega_r}{\delta}\right)_s$ 不再与车速成线性关系，$\left.\frac{\omega_r}{\delta}\right)-u$ 是一条低于中性转向汽车稳态横摆增益线且后来又向下弯曲的曲线，如图 4.33 所示，具有这样特性的汽车称为不足转向汽车。k 值越大，横摆角速度增益曲线越低，不足转向量越大。

可以证明，当车速 $u_{ch}=\sqrt{1/k}$时，汽车稳态横摆角速度增益达到最大值，而且其横摆角速度增益为轴距 L 相等的中性转向汽车横摆角速度增益的一半。u_{ch} 称为特征车速，它是表征不足转向量的一个参数。当不足转向量增大时，k 增大，特征车速降低。

3）过多转向

当 $k<0$ 时，式(4-56)中的分母小于 1，横摆角速度增益$\left.\frac{\omega_r}{\delta}\right)_s$ 比中性转向大。随着车速的增加，$\left.\frac{\omega_r}{\delta}\right)_s-u$ 曲线向上弯曲，具有这种特性的汽车称为过多转向汽车。k 值越小(即

k 的绝对值越大)，过多转向量越大。

显然，当车速为 $u_{cr}=\sqrt{-1/k}$时，稳态横摆角速度增益趋于无穷大，u_{cr}称为临界车速，它是表征过多转向量的一个参数，临界车速越低，过多转向量越大。

过多转向汽车达到临界车速将失去稳定性，因为$\frac{\omega_r}{\delta}$趋于无穷大时，只要极其微小的前轮转角便会产生极大的横摆角速度，这意味着汽车的转向半径极小，汽车发生激转而侧滑或翻车。由于过多转向汽车有失去稳定性的危险，因此，汽车都应具有适度的不足转向特性。

近年来轿车的稳定性因素 k 值约为 0.0020～0.0035s^2/m^2。

4.2.4 汽车的瞬态响应

汽车的操纵稳定性同汽车行驶时的瞬态响应有密切关系。常用转向盘角阶跃输入下的瞬态响应来表征汽车的操纵稳定性。图4.38 上画出了一等速行驶的汽车在 $t=0$ 时，驾驶员突然将转向盘转过一定角度 δ_{sw0} 并维持此转角不变(转向盘角阶跃输入)时的汽车瞬态响应曲线。

图 4.38 中是以汽车横摆角速度 ω_r 来描述汽车响应的。可以看出，给汽车转向盘角阶跃输入后，汽车横摆角速度经过一过渡过程后达到稳态横摆角速度 ω_{r0}，此过渡过程即为汽车的瞬态响应。

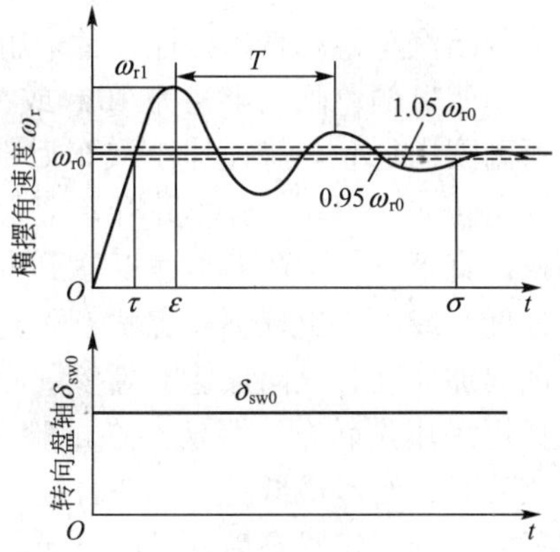

图 4.38 角阶跃转向输入下汽车的瞬态响应

通常用瞬态响应中的几个参数来表征响应品质的好坏，这些参数包括下面几项。

1. 反应时间 τ

反应时间是指角阶跃转向输入后，横摆角速度第一次达到稳定值 ω_{r0}所需的时间 τ。有的文献中也有取达到 0.9ω_{r0}或 0.63ω_{r0}值所需的时间。τ 是评价汽车瞬态响应的一个重要参数，τ 值小些较好。

2. 峰值反应时间 ε

通常也用到达第一峰值 ω_{r1}时所需的时间 ε 作为评价汽车瞬态横摆响应反应快慢的参数，称为峰值反应时间。

3. 超调量

最大横摆角速度 ω_{r1}常大于稳态值 ω_{r0}，$\omega_{r1}/\omega_{r0}\times100\%$称为超调量，它表示汽车执行指令误差的大小。

4. 横摆角速度 ω_r 波动时的固有(圆)频率 ω_0

在瞬态响应中，横摆角速度 ω_r 以频率 ω_0 在稳定值 ω_{r0}处上下波动。波动的频率 ω_0 决定于汽车动力学系统的结构参数，ω_0 值也是评价汽车瞬态响应的一个重要参数。ω_0 值高些较好，轿车 ω_0 值在 2π(即 f_0 在 1Hz)左右。

5. 稳定时间 σ

横摆角速度达到稳态值的95%～105%之间时的时间 σ 称为稳定时间，它表明进入稳态响应所经历的时间。当然，稳定时间越短越好。

4.2.5 操纵稳定性试验

操纵稳定性试验可以在试车场或实际路面上进行，测定的参数包括车速、侧向加速度、侧倾角、侧倾角速度、车轮轨迹、航向角、转向盘操纵力等，采用第五车轮、测力转向盘、加速度计以及陀螺测量仪等测量仪器。国家推荐标准《汽车操纵稳定性方法》包括6项试验，即稳态回转试验、转向回正性能试验、转向轻便性试验、转向瞬态响应试验(转向盘转角阶跃输入)、转向瞬态响应试验(转向盘转角脉冲输入)和蛇行试验。

1. 稳态转向特性试验

为判断汽车稳态转向特性，常采用固定转向盘转角连续加速试验法，试验前在试验场地上，用明显颜色画出半径为15m或20m的圆周。试验时驾驶员操纵汽车以最低稳定车速沿所画圆周行驶，待拖挂于汽车后部中点的第五车轮在半圈内都能对准地面所画圆周时，固定转向盘不动，停车并开始记录，记下各变量的零线，然后起步，缓慢而均匀地连续加速，直至汽车的侧向加速度达到6.5m/s^2(或受发动机功率限制而所能达到的最大侧向加速度、或汽车出现不稳定状态)为止，记录整个过程的车速、横摆角速度、车身侧倾角、侧向加速度、纵向加速度等参量，经数据处理评价汽车稳态转向特性。

也可采用定转弯半径法，在试验场地上用明显颜色画出半径为30m的圆弧形试验路径，试验时汽车以最低稳定车速行驶，调整转向盘转角，使汽车能沿圆弧行驶，在进入圆弧路径并达到稳定状态后，开始记录并保持油门和转向盘位置在3秒内不动(允许转向盘转角在±10°范围内调正)，然后停止记录。增加车速，但侧向加速度增量每次不大于0.5m/s^2，重复上述试验，直至做到侧向加速度达到6.5m/s^{2}或受发动机功率限制或汽车出现不稳定状态时的最大侧向加速度为止。记录转向盘转角、横摆角速度、汽车前进车速、车身侧倾角、侧向加速度等参量，经数据处理评价汽车的稳态转向特性。

试验按向左转和向右转两个方向分别进行。

2. 转向瞬态响应试验

目前常用转向盘转角阶跃输入试验来测定汽车对转向盘转角输入时的瞬态响应，以此评价汽车的瞬态特性。

试验车速是按被试汽车最高车速的70%并四舍五入为10的整数倍来确定的，试验时汽车以试验车速直线行驶，先按输入方向轻轻靠紧转向盘，消除转向盘自由行程并开始记录各测量参数的零线，经过0.2～0.5s后以尽快的速度(起跃时间不大于0.2s)转动转向盘，使其达到预先选好的位置并固定数秒钟(待所测变量过渡到新稳态值)，停止记录。记录过程中保持车速不变。

通过对记录的转向盘转角，横摆角速度等信号，整理成横摆角速度随时间变化的曲线，从曲线上可求出反应时间、峰值反应时间、横摆角速度超调量等参数，评价汽车的瞬态特性。

试验按向左转和向右转两个方向进行。

3. 回正能力试验

在平坦场地上，汽车以 40km/h 和 80km/h 作等速圆周行驶，转向盘转角应使其侧向加速度保持 0.4g，然后突然完全松开转向盘，汽车将从圆周行驶回复到直线行驶过程中相关参数变化来判断回正能力。

操纵稳定性的其他几项试验方法请参阅相应的国家推荐标准。

4.3 汽车被动安全性

4.3.1 车辆事故分析和被动安全性的评价方法

道路交通事故的统计和分析是研究汽车被动安全性的基础。根据事故统计，了解事故与气候、道路、时间、驾驶员和车外人员年龄等的关系，并找出发生频数最多的那一部分事故(即“典型事故”)，便于集中力量进行研究。

图 4.39 为根据统计得到的轿车轻型货车在撞车事故中碰撞部位的分布情况，汽车发生正面碰撞(包括斜碰)的概率占 40.2%左右，后部相随撞车占 25.3%，右侧撞车占 16.4%，左侧撞车占 17.4%。

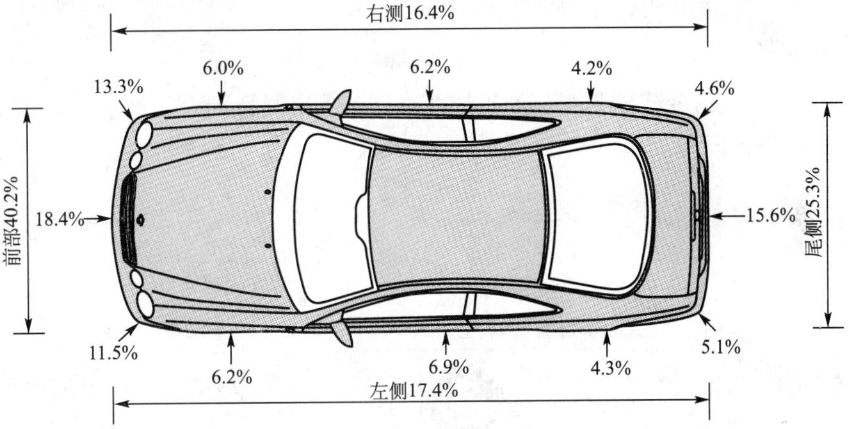

图 4.39 轿车轻型货车碰撞部位的平均分布

从撞车速度来看，前面撞车速度高于侧向撞车和后部相随撞车。有一半以上的前面撞车事故的速度高于 60km/h，而 90%的后部相随撞车事故的速度低于 30km/h。

事故中致使受伤害的主要是头、胸、下腹和脊椎等部位。图 4.40、图 4.41 分别画出了纵向撞车事故中驾驶员和轿车前排乘客的伤害形成过程。

为评价被动安全性，采用了不少指标。其中最简单的是事故的“严重性因素”F。

$$F=N_s/N_{sh}$$

式中，N_s——事故中的死亡人数(当场死亡或事故后存活不超过 7 昼夜的)；

N_{sh}——事故中的受伤人数。

各国统计数据表明，F 一般在 1/5～1/40 范围内。

图 4.40　撞车中轿车驾驶员受伤过程

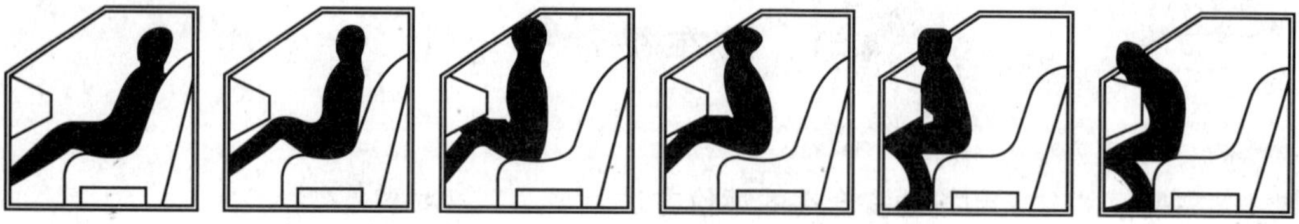

图 4.41　撞车中轿车前排乘客受伤过程

常常还用每 100 万居民、每 100 万千米行程、每 100 万部汽车的事故死伤人数来衡量道路交通事故的程度。

4.3.2　内部被动安全性

研究表明，事故中人体内伤和脑损伤与减速度直接有关，骨折与作用力有关，组织损伤与剪切应力有关，所以研究内部被动安全性的重要内容是降低人体的减速度。

1. 安全车身

在轿车发生迎面碰撞或碰到固定障碍物上时，前部出现特别大的平均减速度 j_{cp}($300g$～$400g$)，而向后逐渐降低，其质心位置的平均减速度 j_{cp} 为 $40g$～$60g$，瞬时值可达 $80g$～$100g$(图 4.42)。

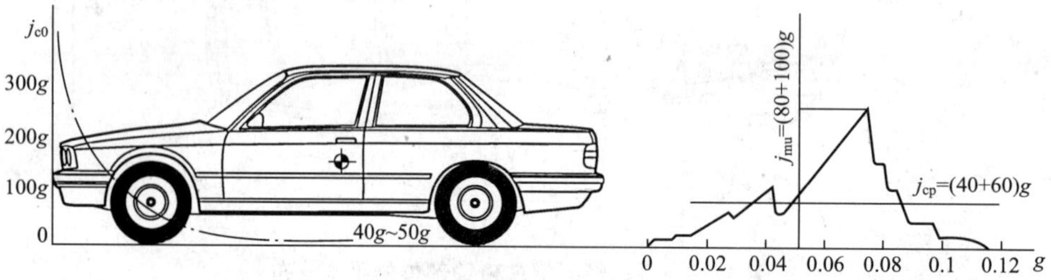

(a) 平均减速度沿车长方向分布　　(b) 质心处角速度随时间变化过程

图 4.42　汽车与固定障碍相撞时减速度的变化

为降低迎面碰撞时的减速度，必须在轿车前部做成摺叠区(图 4.43)，这样，在撞车时可提供 500mm 到 600mm 的变形行程，通过前部摺叠区的变形来吸收撞车时的动能，摺叠区的变形力应满足梯度特性，如图 4.44 所示，即可分为 5 个区段：行人保护、低车速保护、对事故伙伴的协调保护、自身保护(针对本车乘员)以及幸存空间。变形力从前向后逐渐增加，使得撞车力较小时变形仅限于前部零件。

后部撞车的速度较低，轿车后部摺叠区的变形过程为 300～500mm(图 4.43)，备胎后置有助于减小冲撞加速度，而油箱位置则必须避开摺叠区。

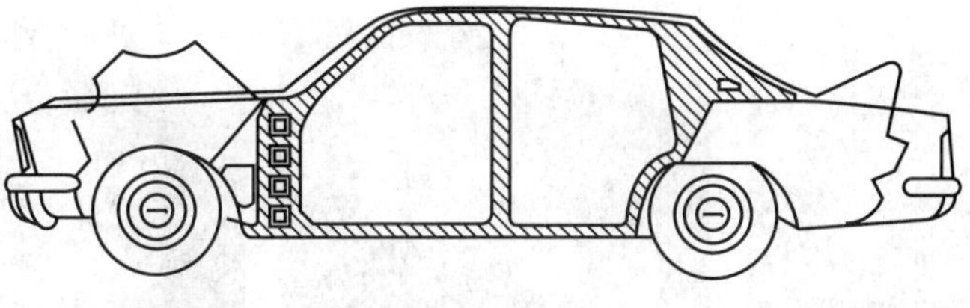

图 4.43　轿车各部不同的刚度(乘坐区刚度大，保证乘员的幸存空间)

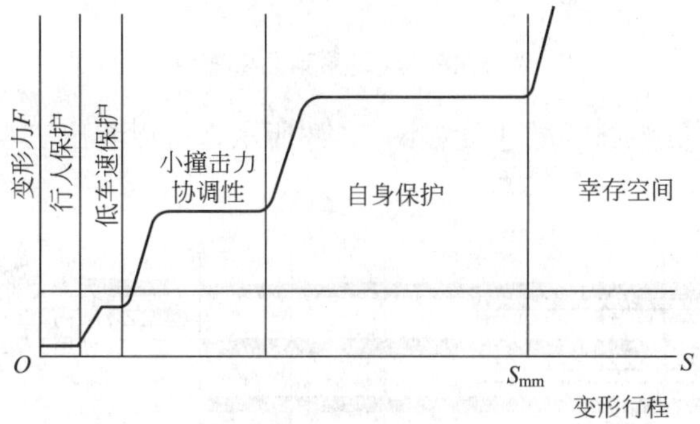

图 4.44　轿车前部变形力梯度特性

侧向撞车时，碰撞部位允许的变形行程很小，吸收能量的能力比前、后部小得多，这时应保证主撞车不致侵入被撞车的乘员室，为此，车门和铰链、门锁机构承受碰撞的能力就是一个关键。另外，在翻车事故中，车门应保证不能自开。

2. 限制乘员位移

在限位装置中，最简单有效的是安全带，图 4.45 所示为普通三点式安全带的正确系法。轿车驾驶员和前排乘客多用三点式安全带，后排乘客或载货汽车、大客车乘员也有用腰部安全带的，赛车上则用四点式。安全带的锁紧装置只要拉伸速度超过设计速度就可以把安全带紧固。腰部固定点承载能力不应低于 22.7kN，肩部固定点则应高于 22.9kN。在正常行驶时，安全带可以任意伸长而不妨碍驾驶员的操作和乘员的基本活动。

图 4.45　三点式安全带的正确系法

由于普通汽车的安全带是针对成年人设计的，不能对体形很小的儿童起到有效的保护作用，因此儿童安全座椅在欧美发达国家已经得到了普遍应用，而且这些国家基本上都制定了相当严格的法规对其生产和使用进行指导和规范。目前儿童安全座椅的固定方式主要有三种：欧洲标准的 ISO FIX 固定方式、美国标准的 LATCH 固定方式和安全带固定方式。正确地选购和使用儿童安全座椅被认为是最能有效防止交通事故造成儿童意外伤害的方法之一。图 4.46 所示为宝马系列儿童座椅。

图 4.47 表明，无安全带时的死亡事故在使用安全带以后可以转化为重伤或轻伤，

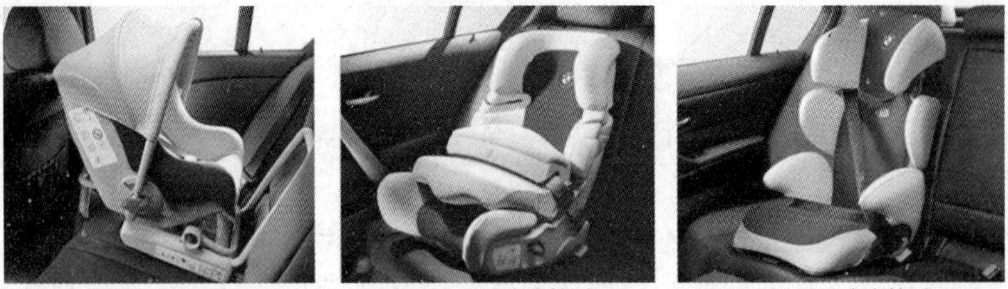

(a) BMW婴儿座椅　(b) BMW儿童座椅(小)　(c) BMW儿童座椅(大)

图 4.46　宝马系列儿童座椅

50km/h 撞墙试验时乘员头部的减速度如图 4.48 所示，可以看出三点式安全带可以使头部减速度降低一半。

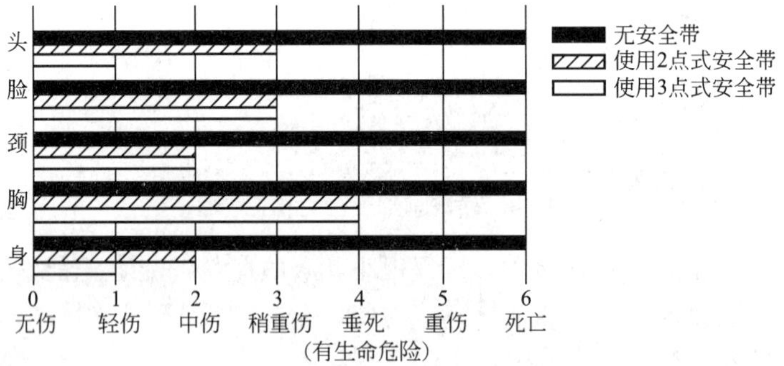

图 4.47　安全带的效果

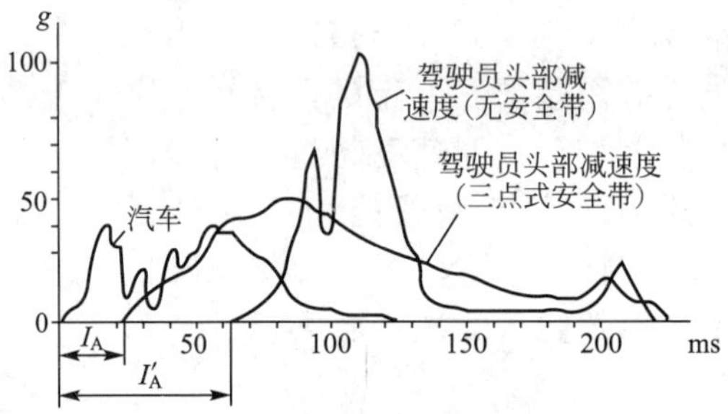

图 4.48　以 50km/h 撞墙试验时汽车与乘员减速度变化情况

安全带虽然简单，但毕竟对乘员的正常活动有限制。采用空气囊就没有这个缺点。

气囊设计的基本思想是，在汽车发生碰撞后，乘员与车内构件碰撞前，迅速地在二者之间打开一个充满气体的气垫，使乘员扑到气垫上，以缓和冲击并吸收碰撞能量，达到减轻乘员伤害程度的目的。

气囊一般对乘员保护的效果不如安全带，但它与安全带配合使用可大大降低事故中乘员的伤害指数，尤其是可大大减轻驾驶员面部的伤害。据交通事故调查统计，气囊可使事故死亡率降低约 18%，它与安全带配合使用可使事故死亡率下降 47%左右，而单独使用安全带可使驾驶员事故死亡率下降42%左右。可见，安全带对乘员保护的效果要好于气囊单独使用。但是安全带的佩戴率一直不能令人满意，欧洲由于受保险公司的制约安全带佩戴率可达98%，美国安全带佩戴率为67%左右，而日本的安全带佩戴率约为20%。气囊作为辅助约束系统，在较高车速碰撞时气囊才起作用。气囊的作用主要是保护乘员头部和面部。由于侧面碰撞事故所占比例仅次于正面碰撞事故，20世纪90年代后期对侧面碰撞进行保护的侧面气囊也得到推广。

头枕可以有效地保护头部和颈部，使之在后部跟随撞车时不致受伤。

3. 消除部件致伤因素

在乘坐区设计时必须保证在乘员幸存空间内没有致伤部件。在图4.49上画出了撞车前和撞车后零件变形界限。界限1—1将引起轻伤，界限2—2导致重伤，而3—3将是致命的。由于人体尺寸的差异，乘员乘坐姿势的不同，幸存空间的形式也各不相同，图4.45上表示的是美国和意大利轿车生产厂家确定的幸存空间形式。

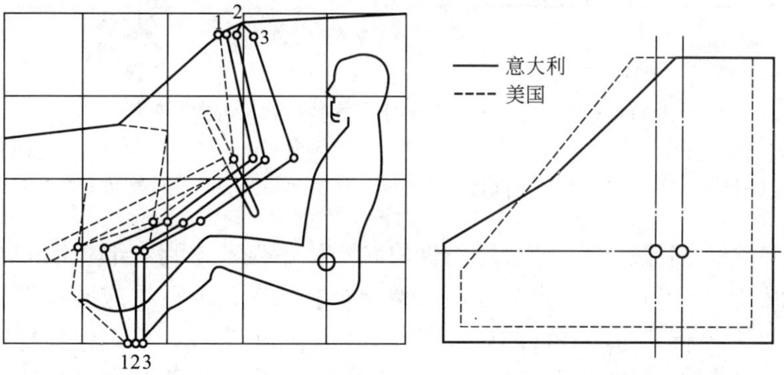

图4.49 幸存空间

1—1轻伤；2—2重伤；3—3有生命危险

仪表板下部、转向盘和挡风玻璃引起伤害的事故频数较高。

仪表板下部应安装膝部缓冲垫。风挡玻璃应采用钢化玻璃或夹层玻璃。转向盘可采用弹性有波纹的结构，并且盘缘可以变形，转向柱能弯曲或伸缩。乘员室内各种部件应软化，材料的燃烧速度要小。

4.3.3 外部被动安全性

1. 轿车与行人的碰撞

在轿车与行人碰撞过程中，首先行人腿部撞到保险杠上，然后骨盆与发动机罩前端接触，最后头部撞到发动机罩或挡风玻璃上。这时行人被加速到车速，这就是所谓的“一次碰撞”。车速越高，头部撞击点越靠近挡风玻璃。

由于汽车制动使行人与汽车分离，行人以与碰撞速度相近的速度撞到路上，这是“二次碰撞”。在有的事故中还发生行人被汽车碾压，这是“三次碰撞”(图4.50)。

决定行人伤害严重程度的主要因素是一次碰撞的部位和汽车与人体碰撞的部件形状、刚度。图4.51所示的为汽车前部的形状参数和刚度对碰撞有重要影响。

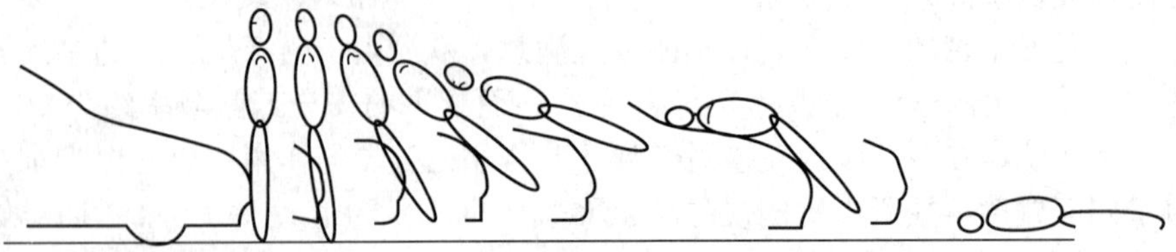

图 4.50　撞人事故中行人动态示意图

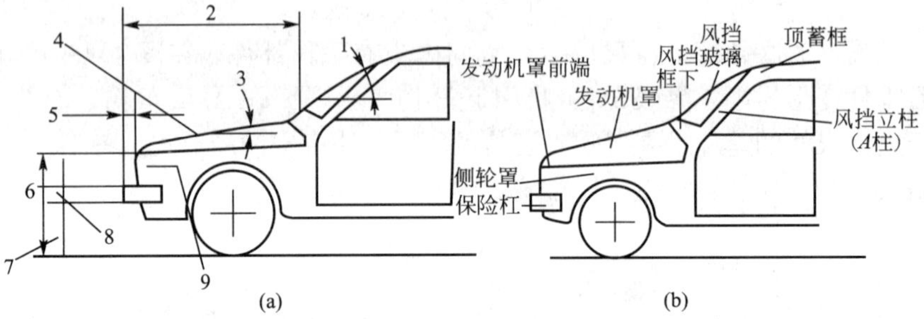

图 4.51　影响行人安全的车身形状参数(a)和零件刚度(b)

1—挡风玻璃倾角；2—发动机罩长度；3—发动机罩倾角；4—发动机罩外表光洁度；
5—发动机前端偏移量；6—发动机前端高度；7—保险杠高度；8—保险杠宽度；9—发动机前端圆角

保险杠是一个关键部件，设计合理的保险杠应该不仅考虑到内部被动安全性，而且也顾及外部被动安全性。为此，要求一切在公路上行驶的车辆前后均应装有保险杠。从减轻事故中受伤程度看，行人与保险杠的碰撞部位在膝盖以下为好，希望保险杠降低。但保险杠过低，会加大头部在发动机罩或挡风玻璃上的撞击速度。所以保险杠高度取为 330～350mm 是合适的，可以保证大部分行人的碰撞部位发生在膝盖以下。保险杠应该没有尖角和突出部，并且适当软化。

从安全角度看，发动机罩前端圆角应大些，机罩高度低，挡风玻璃倾角小。在头部撞击区要求妥善软化，并且取消突出部，如雨刷在停让状态时应位于发动机罩下，不设雨沿等。

2. 载货汽车的外部被动安全性

载货汽车与轿车相比，其质量、刚度和尺寸都要大得多，在与轿车迎面相撞时，轿车损坏比载货汽车严重得多。特别是两者尺寸相差悬殊时，轿车往往“揳入”载货汽车下面，轿车的前部摺叠区不能发挥作用，而导致乘坐区受到破坏。一般载货汽车后部不装保险杠，跟随行驶的轿车在事故中楔入的可能性大大增加，因此对于尾部离地高度不小于 0.7m 的车辆应装后保险杠，其安装高度为 0.38～0.51m。现在正在研制装于载货汽车尾部的缓冲装置以减小尾追轿车相撞时的损坏。

载货汽车与行人相撞时造成的伤亡也远比轿车严重，这是因为一次碰撞中，无论是长头还是平头驾驶室载货汽车都不可能存在轿车事故中的行人身体在发动机罩上翻转过程，而是在很短时间内行人被加速到货车速度，易于造成人的伤亡。驾驶室上突出的后视镜、驾驶员踏板以及保险杠也容易使行人头部、骨盆和大腿受伤。

知识链接

梅赛德斯-奔驰轿车的各类安全系统

http：//www.mbusa.com/mercedes/benz/safety

习　　题

1. 什么是汽车的制动性？如何评价汽车的制动性？

2. 某高速公路(φ=0.7)上，前后两辆轿车均以 100km/h 的车速等速行驶，如果驾驶员反应时间为 1s，试确定两车间最小安全距离。

3. 下雨或下雪时，路滑又下长坡，驾驶员常用手制动器制动，为什么？又为什么此时不宜采用紧急制动？

4. 下长坡利用发动机制动时，变速器应处于高速挡还是低速挡，为什么？

5. 某轿车由真空助力制动系改为压缩空气助力(气顶油)制动系后，制动时间($t_2'+t_2''$)由原来的 2.12s 减少为 1.45s，试分别计算两种制动系在初速为 30km/h 的制动距离，以此体会制动器作用时间的重要性。

6. 某货车满载总质量为 3738kg，轴距 L=2.8m，满载时质心至前轴距离 a=1.88m，重心高度 h_g=835mm，试绘制该车满载时的理想前、后制动器制动力分配曲线(即 I 曲线)。若该车同步附着系数 φ_0=0.53，求其制动器制动力分配系数 β，并分析在 φ=0.4 和 φ=0.7 两种路面上制动时的制动过程。

7. 什么是汽车的操纵稳定性？

8. 某客车总质量 2000kg，轴距 L=3m，a=b=1.5m

(1) 每个前轮的侧偏刚度为−38.92kN/rad，每个后轮为−40.25kN/rad，试确定该车稳态转向特性并求汽车的特征车速或临界车速。

(2) 若后轮保持不变，前轮换为子午线轮胎，每个子午线轮胎的侧偏刚度为−47.82kN/rad试确定该车的稳态转向特性。

9. 什么是汽车的被动安全性？

第5章 汽车公害

教学要求

本章主要应掌握什么是汽车公害、汽车公害由什么组成、影响汽车公害的使用因素等。

导入案例

如图5.1所示，随着中国汽车保有量的快速增长，由汽车尾气排放产生的大气污染日益严重，汽车尾气也成为了城市空气污染的罪魁祸首。由汽车产生的公害还不止于此，排气公害、噪声公害和电磁波公害是三种主要的汽车公害。

图5.1 汽车尾气已成为城市空气污染的罪魁祸首

汽车在给人们提供出行便利的同时，由其产生的公害对环境的影响也开始引起人们的重视。所谓汽车公害是指由于汽车在道路上行驶而在相当广泛的范围内产生的损害人体健康和人类生活环境的现象。本章主要介绍三种主要的汽车公害：排气公害、噪声公害、电磁波公害。

随着时代的发展和人民生活水平的不断提高，人们开始越来越关注自身的健康，对周围环境也越来越在意，因此环境保护和环境污染问题开始受到人们的普遍关注。而伴随着科技的不断进步，汽车已经成为人类不可缺少的交通工具，它在给人们提供出行便利的同时，由其产生的公害对环境的影响也开始引起人们的重视。

所谓汽车公害是指由于汽车在道路上行驶而在相当广泛的范围内产生的损害人体健康和人类生活环境的现象。

汽车的公害主要由3方面组成：汽车排气对大气的污染(即排气公害)、汽车噪声对环境的危害(即噪声公害)和汽车电器设备对无线电通信及电视广播等的电磁波干扰(即电磁波公害)。此外，制动蹄片、离合器片和轮胎的磨损物，以及车轮扬起的粉尘也会引起环境污染，但与前3种公害相比它们所占的比例较小。

排气公害对人们的生活环境影响最大(被认为是第一公害)，其次是噪声公害，而电磁波公害由于不直接影响人体健康，并且是局部性问题，所以没有前两者重要，但随着汽车电子化程度的不断提高它也开始逐渐引起人们的关注。

5.1 排气公害

目前，大气污染已不仅仅是某个国家或某些国家当中存在的问题，它已逐渐发展成为世界性的公害。而汽车排放已经成为大气污染的主要来源。尤其是在一些大、中城市，随着汽车保有量的增加，汽车排气污染物造成的环境污染情况日趋严重。

汽车排气公害主要是指柴油、汽油等汽车燃料因含有添加剂和杂质，在不完全燃烧时所排出的一些有害物质对环境及人体的污染和破坏。

5.1.1 排气公害的组成及危害

研究表明，汽车尾气成分非常复杂，有100种以上，其主要污染物包括一氧化碳(CO)、氮氧化物(NO_x)、碳氢化合物(HC)和碳烟等。这些污染物不仅污染环境，而且对人体也有巨大危害。表5-1给出发动机在额定负荷下每kW·h排出有害成分的数量(以百分数表示)。

表5-1 排气中有害产物的比含量

有害产物	g/(kW·h)			容积百分数	
	化油器式发动机	四冲程柴油机	二冲程柴油机	化油器式发动机	柴油机
一氧化碳CO	70～80	4.0～5.5	11	高达6	低于0.2
氧化氮(按NO_2算)	14	5～8	8	0.5	0.25
碳氢化合物(按C_6H_{14}算)	100～1000	14～29	5.0	0.05	低于0.01
醛(按丙烯醛算)	3.4	0.14～0.2	0.34	0.03	0.002
碳化氢	0.28	0.95	1.0	0.008	0.03
苯嵌二萘	0.02①	0.0014～0.002①	0.0014①	—	—
碳烟	0.4	1.4～2.0	1.22	0.05	0.25

注：①以mg/(kW·h)计。

汽车有害排放物的性质和对人体的危害见表5－2。

表5－2 汽车排气污染物性质及危害

	一氧化碳(CO)	碳化氢(HC)	氮氧化物(NO_x)	浮游微粒	铅(Pb)
性质	·无色、无臭的气体 ·难溶于水 ·对空气的相对密度：(1个大气压0℃)0.957 ·在空气中点燃呈蓝色火焰，生成CO_2(有还原性)	·碳氢有机化合物的总称 ·从化学性质可分为链烷烃(饱和锁状)、萘(饱和环状)烯烃(不饱和锁状)、芳香族(不饱和环状)	·在大气中主要是NO，NO_2 ·NO是无色无臭的气体，难溶于水，与空气接触生成NO_2 ·NO_2是红褐色有刺激味的气体，易溶于水与水反应生成亚硝酸 ·NO_2呈惰性	·无机化合物，植物性有机物，细菌的混合物 ·容易凝聚，在空中易于吸附带电物体	·柔软的白色金属 ·新的切口有金属光泽，但在空气中由于氧化呈银色 ·易于和氧、卤素、硫磺等化合 ·相对密度：11.34
主要发生源	·主要发生源是汽车，特别是在怠速时排出量大	·主要发生源是汽车排气及各种燃烧 ·此外，石油精制过程中产生	·汽车排气、化学工厂产生的气体以及各种燃烧设施排出的气体	·各种燃烧设施 ·产生灰尘的作业 ·风沙等自然现象	·主要发生源是汽车的排气(随着无铅汽油的使用，显著减少)、涂料、印刷厂等排出的气体
有害作用	·与血液中血红朊(Hb)结合生成CO－Hb ·CO－Hb增加妨碍血液的输气功能 ·血液中的CO－Hb达到5%时(大气中CO约为40ppm)会引起机能障碍	·当碳氢化合物浓度提高时，对粘膜和组织有破坏作用，特别是苯和甲苯等有害物 ·活性碳氢化合物(烯烃系·芳香族)是生成光化学烟雾的原因 ·一些高分子重芳香烃可以使人致癌	·NO_2对鼻、眼有刺激作用 ·会引起咳嗽、失眠等中毒症状 ·氮氧化合物是形成光化学烟雾的主要原因	·硅等→矽肺 ·镉铅→中毒 ·铅锌→中毒 ·碳粉→致癌 ·引起粘膜疾病、变态反应等有害物质	·人平均每天从食物内摄取0.14～0.45mg ·过量时(因人而异，一般是6～10mg/日)会引起中毒危险 ·铅中毒会引起消化系统障碍，乃至肌肉神经及脑障碍

碳氢化合物(HC)和氮氧化合物(NO_x)在强太阳光的作用下，会发生一系列的光化学反应，生成臭氧(O_3)和过氧乙酰基硝酸盐等所谓光化学过氧化物以及各种游离基根、醛、酮等成分，形成一种毒性很大的白色烟雾(有时带紫色、黄褐色或浅蓝色)，一般称为光化学烟雾。

光化学烟雾事件最早于1943年发生在美国加利福尼亚州的洛杉矶市，这个城市250万辆汽车每天燃烧掉1100t汽油。汽油燃烧后产生的碳氢化合物等在太阳紫外光线照射下发生化学反应，形成浅蓝色烟雾，使该市大多市民患了眼红、头疼病。1955 年和 1970 年洛杉矶又两度发生光化学烟雾事件，前者有 400 多人因五官中毒、呼吸衰竭而死亡，后者使全市 3/4 的人患病。且产生的烟雾对家畜、水果及橡胶制品和建筑物均有损坏，这就是在历史上被称为“世界八大公害”和“20 世纪十大环境公害”之一的洛杉矶光化学烟雾事件。日本东京于 1970 年也发生过光化学烟雾事件。光化学烟雾事件多发生在夏季，集中在车辆多的大城市，在夜间则不会发生。表 5-3 表明光化学烟雾对人和环境的影响。

表 5-3 光化学烟雾对人和环境的影响

浓度/10^{-6}	影响程度
0.02	在 5 分钟内，10 人中有 9 人能觉察到
0.03	在 8 小时内，灵敏度高的作物、树木受损害
0.2～0.3	人的肺机能减弱，胸部有闷感，眼睛红痛
0.2～0.5	3～6 小时内，视力减弱
0.1～1.0	1 小时内，呼吸紧张，气喘病恶化
1～2	2 小时内，头痛，胸痛，肺活量减少，人慢性中毒
5～10	全身疼痛，麻痹，肺气肿
15～20	小动物 2 小时内死亡
50 以上	人在 1 小时内死亡

发动机排气中有些成分如 CO_2 虽然不会对环境造成直接污染，但由于 CO_2 的大量积聚会对地球环境造成不良影响，即所谓“地球温室效应”。地球白天主要从太阳接受能量，夜间又向空间辐射能量，两者保持平衡，地球温度基本维持不变。CO_2 能吸收红外辐射，当大气中的 CO_2 气体达到一定浓度后，会形成像一层日益加厚的透明薄膜，太阳光照射在地表面的能量由于受到 CO_2 层的阻隔，在夜间很难散发到大气层外去，热量长年积累将使全球气候变暖，极地冰层融化，海平面上升，土地盐碱化、沙漠化等现象。因此，1997 年 12 月联合国气候变化框架公约方在日本京都通过了《京都议定书》，要求发达国家首先承担减少 CO_2 排放任务。

5.1.2 排气公害的形成及影响因素

1. 排气公害的形成

汽车排放污染的大部分来自发动机燃烧产生的废气。对于汽油机来说排气污染占产生总污染量的 65%～85%，还有发动机曲轴箱通风污染(主要是 HC)，以及燃料箱和化油器逸出的汽油蒸气、机油蒸发排放等。而柴油机的污染则主要来自排放及曲轴箱通风。

废气的成分取决于燃烧前混合气的形成、燃烧时的条件以及排气系统的反应条件。排气中的 CO、HC 和 NO_x 各自生成的条件不同，CO 和 HC 是燃料没有完全燃烧的产物，

而 NO_x 则在燃烧温度较高并且氧气充足的条件下形成较多。对于这 3 种物质的形成机理，可作以下定性解释。

1）一氧化碳(CO)的形成

汽油和柴油仍然是当今汽车发动机的主要燃料来源，而它们都属于碳氢燃料，当完全燃烧时，其产物为 CO_2 和 H_2O，反应关系式为

$$C_nH_m+\left(n+\frac{m}{4}\right)O_2=nCO_2+\frac{m}{2}H_2O \tag{5-1}$$

当空气不足时，则有部分燃料不能完全燃烧，生成 CO。反应关系式为

$$C_nH_m+\left(\frac{n}{2}+\frac{m}{4}\right)O_2=nCO+\frac{m}{2}H_2O \tag{5-2}$$

所以，理论上讲如果空气充足(过量空气系数 $\alpha\geqslant1$)不会产生 CO。实际上发动机由于混合、分配不均匀，在排气中还含有少量 CO。即使混合气混合的很均匀，由于燃烧后的温度很高，已经生成的 CO_2 也会由于一小部分被分解成 CO 和 O_2，H_2O 也会部分被分解成 O_2 和 H_2，生成的 H_2 也会使 CO_2 还原成 CO，所以排气中总会有少量 CO 存在。

2）碳氢化合物(HC)的形成

汽油的燃烧很复杂，任何发动机都可能发生不完全燃烧，在排气中都会有少量 HC 存在。因为以下几点原因造成。

(1) 为提高发动机的最大功率，常使发动机在 $\alpha<1$(空燃比 $A/F=12.5\sim13.0$)浓度混合气情况下工作。在低负荷时，由于汽缸内残余废气较多，为不使燃烧速度过低，也在 $\alpha<1$情况下工作。由于 $\alpha<1$ 是空气量不足，所以要发生不完全燃烧。

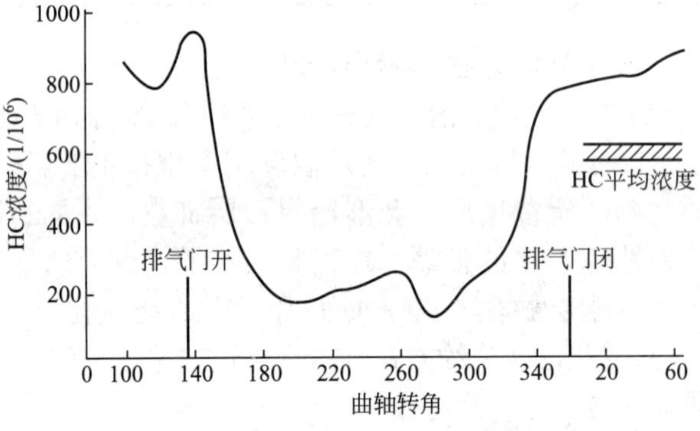

图 5.2 HC 的排出浓度与排气门开闭前后曲轴转角变化的关系

(2) 汽油机中用电火花点火，由火焰传播把混合气烧掉，但紧靠燃烧室壁面附近的混合气层(0.05～0.50mm)，由于缸壁的冷却形成激冷层，使火焰传播终止而熄灭，因此激冷层的混合气不能完全氧化燃烧，从而有许多未燃的 HC 随废气由排气管排出来。如图 5.2 所示，在排气门开启和关闭前后，HC 的浓度特别高，这说明在燃烧室内壁周围残留着高浓度的 HC。

(3) 从燃烧化学考虑，汽油的氧化燃烧是一个很复杂的过程，不是一下子就能反应成 CO_2 和 H_2O 的，以辛烷 C_8H_{18} 为例

$$C_8H_{18}+12.5O_2\longrightarrow 8CO_2+9H_2O \tag{5-3}$$

一个气态的汽油分子 C_8H_{18}，完全氧化需要 12.5 个 O_2 分子，此外还夹着 47 个 N_2 分子来干扰 C_8H_{18} 与 O_2 的反应。通常，一个 C_8H_{18} 分子同时碰到 12.5 个 O_2 分子而一下子生成 CO_2 和 H_2O 是不可能发生的。一般气态反应，两个分子互相碰撞的机会较多，3 个分子同时碰撞在一起的机会很少。所以汽油分子的反应过程必须是经过一连串的反应而达到最终生成物 CO_2 和 H_2O，在反应的不同阶段存在着不同的中间生成物。这些中间生成物若进一步氧化的条件不适宜，就可能生成为部分氧化物而使 HC 的排出量增加。

总之，排气中的 HC 是燃料不完全燃烧或部分被分解的产物，含有饱和烃、不饱和烃、芳香烃及部分含氧化合物(如醛、酮、酸等)，成分复杂，组成变化也很大。

3) 氮氧化物(NO_x)的形成

NO_x 是指 NO、NO_2、N_2O、N_2O_3、N_2O_4、N_2O_5 等氮氧化物的总称。在发动机排出的废气中 NO 占绝大部分(约占 99%)而 NO_2 的含量较少(约占 1%)，之后 NO 在大气中又被氧化成 NO_2。

关于 NO_x 的生成机理国外已进行大量研究，其研究结果不仅对汽油机而且对柴油机也很有用，摘要介绍如下述内容。

在较低的温度下，N_2 和 O_2 生成 NO 的机理可以认为是简单的双分子反应，即

$$N_2+O_2 \longrightarrow 2NO \tag{5-4}$$

但是在高温时，NO 的生成机理按捷尔杜维奇(Zeldovich)反应所支配，有以下两个反应

$$N_2+O \longrightarrow NO+N(K_1、K_{-1}) \tag{5-5}$$

$$N+O_2 \longrightarrow NO+O(K_2、K_{-2}) \tag{5-6}$$

式中，K_1、K_{-1}、K_2、K_{-2}分别为正逆反应的速度常数，其数值见表 5-4。

这些反应是连锁反应，分子状态的氮和原子状态的氧碰撞，或者氧分子和氮原子碰撞而生成 NO。反应式(5-5)左边的 O 一部分由反应式(5-6)右边生成的 O 供给，但是大部分是依靠高温条件下氧分子分解产生的氧原子。由于反应式(5-6)中的氮原子 N 主要依靠反应式(5-5)右边生成的 N 提供而反应式(5-5)又与温度有很大关系，因此，整个 NO 的形成在很大程度上取决于温度。

表 5-4 反应速度常数

速度常数	单位($cm^3/mol \cdot s^{-1}$)
K_1	$7\times10^{13}T\times\exp(-75.5/RT)$
K_{-1}	1.55×10^{13}
K_2	$13.3\times10^{9}T\times\exp(-7.08/RT)$
K_{-2}	$3.2\times10^{9}T\times\exp(-39.1/\mathrm{RT})$

注：表内温度 T 以 K(热力学温度单位)为单位，$R=1.986\text{cal/g}\cdot\text{mol}\cdot\text{K}$

利用上述化学平衡状态计算结果，虽然可以定性地说明发动机在燃烧过程中产生 NO 的倾向。但因发动机燃烧过程的时间很短，不能达到全部反应的平衡过程。其原因是实际反应的速率远远跟不上化学平衡的需要，即每一瞬间的化学动力状态都与化学平衡状态有一定差距。因此，要想达到化学平衡状态需要相当长的时间。除了燃烧气体的温度和氧的

浓度外，停留在高温下的时间也是NO生成的重要影响因素。

总结生成NO的因素有以下3点。

(1) 温度。随着高温的形成，NO平衡浓度也高，而且生成速度也加快了，特别有氧存在时温度是重要的。

(2) 氧的浓度。在氧气不足的条件下，即使温度高，NO的生成量也被抑制了。

(3) 滞留时间。因为NO的生成反应比燃烧反应缓慢，所以即使在高温条件下，如果停留时间短的话，NO的生成量也可以被抑制。

2. 影响排气公害的使用因素

1) 发动机转速

当发动机的转速增加时，由于加强了燃烧室内混合气的紊流，改善了混合和燃烧，使排气中的HC、CO含量减少。对于NO_x生成量，当用较浓混合气时，由于散热时间短，燃烧室内温度升高，NO_x生成量增加。反之，当用稀混合气时，由于燃烧过程相对的曲轴转角增大，燃烧峰值温度反而下降，NO_x生成量减少。

汽油机在过量空气系数α一定的条件下，废气中的CO随曲轴转速提高而下降，而HC排放量在高速时，由于燃烧时间短，易于产生未燃烃，低速时，若有较大的气门重叠角时，未燃烃会直接排出。当转速达到最大转速的65%～75%时，废气中的NO_x达到最大值。曲轴转速对排气有害成分的影响如图5.3所示。

2) 空燃比

图5.4给出了空燃比对有害气体排放浓度的影响。

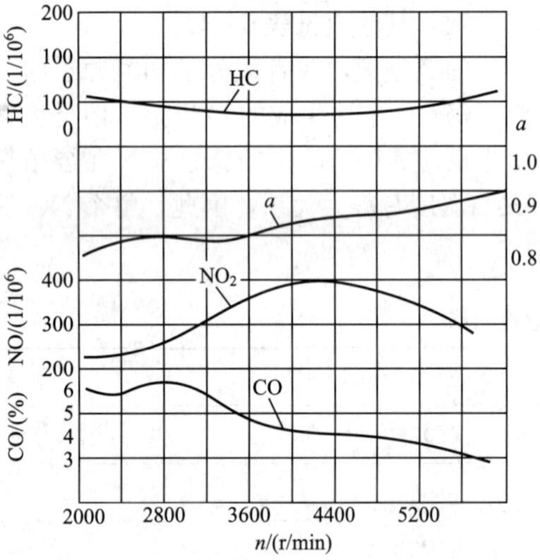

图5.3 曲轴转速对排气有害成分的影响

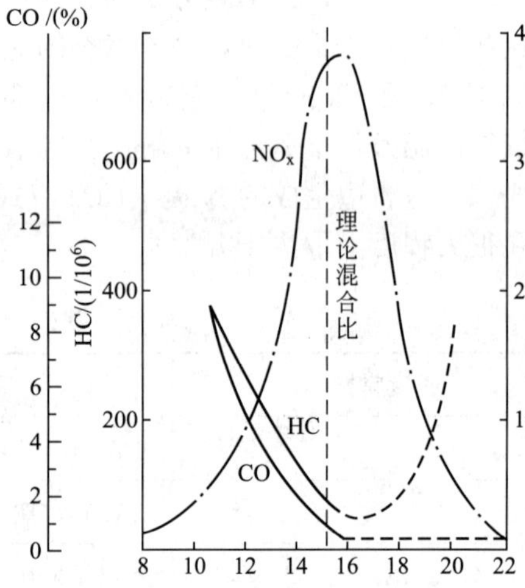

图5.4 空燃比对有害气体排放浓度的影响

当混合气处于比理论空燃比(14.8)浓的范围内时，随着空燃比的下降，由于空气量不足导致燃料不能完全燃烧，CO和HC的浓度增加；由于混合气浓度、燃烧高峰温度和氧的浓度降低，NO_x的浓度下降。

当混合气处于比理论空燃比稀的范围内时，随着空燃比的增加，CO的浓度变化不大，且浓度较低，而HC增加，NO_x减少，在理论上不会产生CO，但实际上由于混合气的混合及分配不均匀，以及 CO_2 在高温下的分解，因此仍有少量的 CO 生成。

当实际空燃比比理论空燃比大 10%左右时，虽然此时对减少 CO 和 HC的排放有利，然而 NO_x 排放量最多。为减少排气中的 NO_x，需要空燃比小于 12 或大于 18，但过浓和过稀的混合气对发动机的工作都将产生不利影响。当空燃比大于 18 时，混合气过稀，发动机工作不稳定，有灭火现象，反而引起 HC 增加(如图 5.3 中 HC 曲线虚线部分所示)。

3) 汽车运行工况

统计资料表明：一般市内运行的汽车，发动机怠速和中等转速占工作时间的 35%、加速占 22%、匀速占 29%、减速占 14%。

汽油机在减速和转速不高的工况下，废气中 HC 较多，CO 的浓度较大；而柴油机由于混合气的空气量充足，HC 浓度很小，CO 的含量也很少。而在汽油机和柴油机加速及高转速时，NO 浓度均明显增大。图 5.5 给出了汽油机排气有害成分与汽车运行工况的关系。

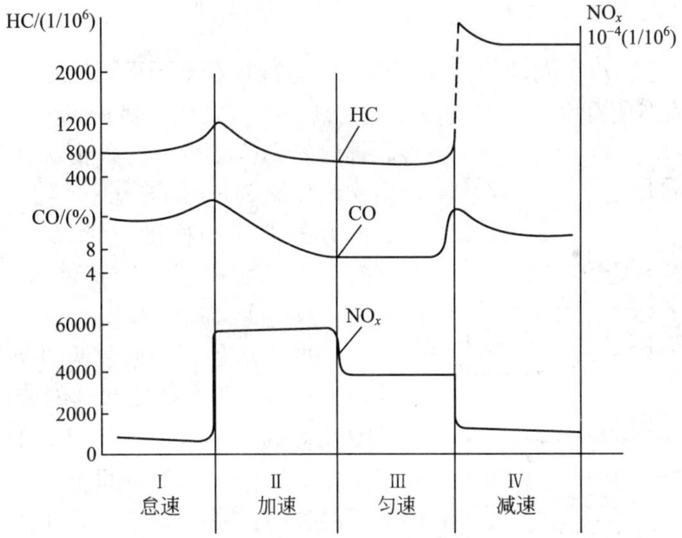

图 5.5 汽油机排气有害成分与汽车运行工况的关系

汽车在市内运行，很多时候处于强制怠速(即发动机制动)工况，此时，汽油发动机转速较高，节气门开度小，进入汽缸的混合气浓度很大，致使排气中的 CO、HC 浓度都很高；对于柴油发动机，由于此时已停止供油，因此几乎没有污染物排出。

4) 点火时间

点火提前角增大时，活塞平均有效压力和温度提高，废气中的 NO_x 浓度随之增大，反之，NO_x 浓度减小，如图 5.6 所示。

如果点火滞后，由于汽缸及排气系统温度高，废气中的 HC 浓度减小，但如果点火过迟，因燃烧速度慢，HC 浓度又会增大，如图 5.7 所示。

与前两者相比，点火时刻对排气中 CO 浓度的影响较小。

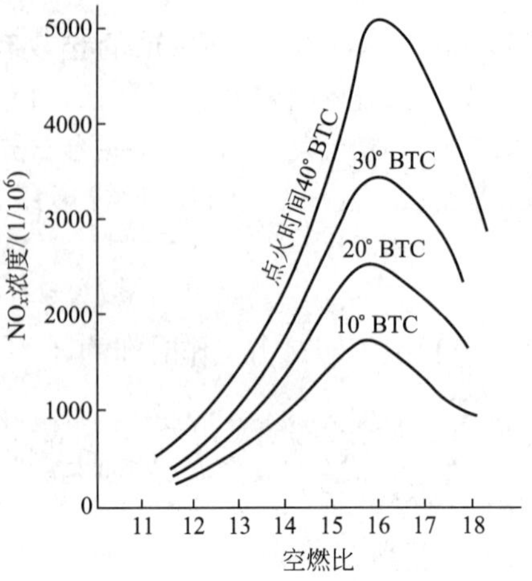

图 5.6　点火时间和空燃比对 NO_x 浓度的影响

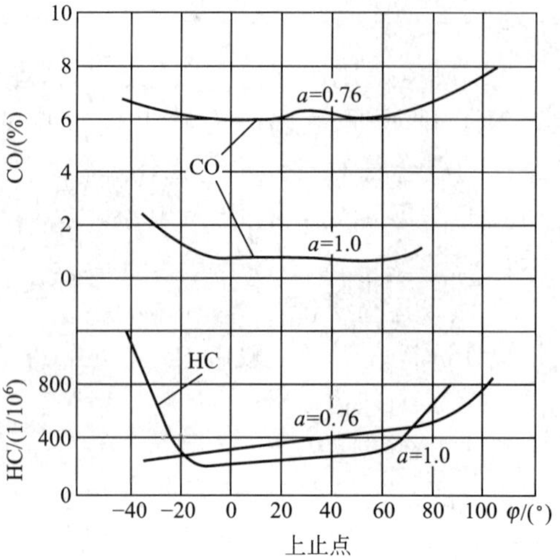

图 5.7　点火时间对 CO、HC 浓度的影响

5）温度

（1）冷却液温度。汽车发动机冷却液因汽车运行状态不同而不同，一般温度会在 85～95℃之间。冷却液温度升高时，缸壁温度也提高，在汽缸壁区域内的氧化反应条件得到改善，排出的 HC 减少，这种情况在空燃比较小时尤为明显，如图 5.8 所示。

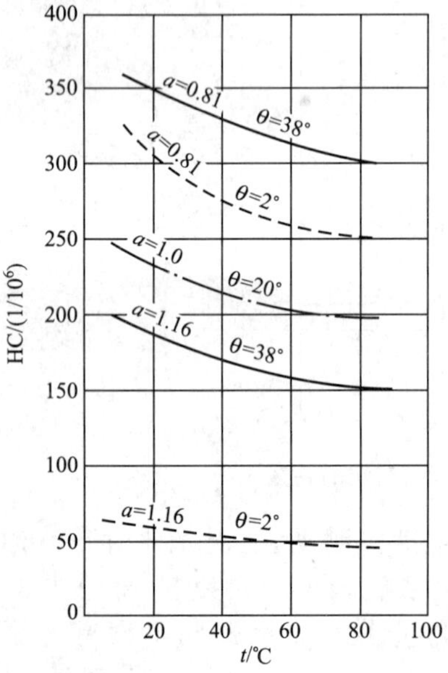

图 5.8　冷却液温度对 HC 排放量的影响

NO_x 排放量同样随着冷却液的温度提高而增加。对于汽油机来说，冷却液温度从 30℃提高到 80℃时，NO_x 增加 500×10^{-6}～700×10^{-6}。

（2）外界温度。汽车在低温条件下使用发动机容易产生过冷现象，造成起动困难，暖机时间增长，从而使发动机油耗增加、排气污染增大。而对于老式采用化油器供油的汽油机来说，随着进入化油器的空气温度的提高，NO_x、CO 的含量增加，HC 成分减少。

除了上述因素以外，汽车本身技术状况的下降同样会造成排气公害的增加。但每个因素对 NO_x、HC 和 CO 的影响程度都不相同，而且往往对减少排气公害排放量有利的措施都会造成汽车本身动力性和经济性的下降，因此在实际操作过程中还要综合考虑。

5.1.3　减少排气公害的主要措施

减少汽车排气公害大小，进而减少其对大气的污染，主要可从汽车内部和外部环境两大方面入手。

1. 内部措施

(1) 改进燃料，汽油中掺入一定的甲醇燃料或者采用含10%水分的水-汽油燃料能在一定程度上减少或消除CO、NO_x、HC和铅尘的污染效果。若采用“甲醇燃料”，即采用甲醇和其他醇类同汽油混合所制成的燃料，当甲醇占比例30%～40%时，机动车尾气排出的污染物可基本上消除。

采用多种燃料作为汽车动力来源。随着科学技术的发展，汽车中可逐步推广使用新的能源，比如太阳能、电力、压缩天然气等。这样可大大减少甚至消除汽车对大气的污染。

选用恰当的润滑剂-机械摩擦改进剂。在机油中添加一定量(比例为3%～5%)石墨、二硫化铝、聚四氟乙烯等固体添加剂，可节约发动机燃油5%左右，同时可使发动机汽缸密封性大大改善，汽缸压力增加，燃烧完全，尾气排放的CO和HC含量随之下降。

(2) 改进发动机结构可以减少尾气污染物的排放量。例如，改善燃烧室形状和减少喷油提前角，可以降低发动机工作的最高温度，控制燃烧条件，使燃烧较为完全，都可使CO、HC和碳烟减少。

(3) 采用汽车尾气净化技术。例如，采用一些先进的机外净化技术对汽车产生的废气进行净化以减少污染，目前所使用的机外净化技术主要是在汽车的排气系统中安装各种净化装置，采用物理的、化学的方法减少排气中的污染物。如图5.9所示，汽车上最常用的尾气净化装置是三元催化转化器，它一般安装在发动机排气歧管的末端。当高温的汽车尾气通过净化装置时，三元催化器中的催化剂将增强CO、HC和NO_x三种气体的活性，促使其产生氧化反应和还原反应，其中CO在高温下氧化成为无色、无毒的二氧化碳气体；HC化合物在高温下氧化成水和二氧化碳；NO_x还原成氮气。经过这些过程，三种主要的有害气体变成无害气体，使汽车尾气得以净化。图5.10所示为三元催化转化器的主要结构及工作原理。

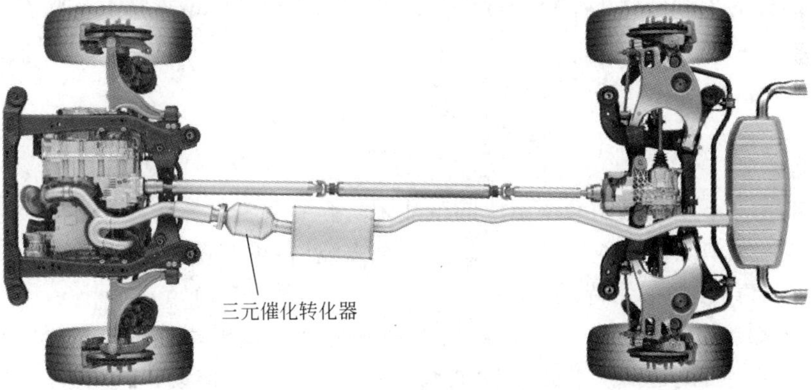

图5.9 汽车上的三元催化转化器

2. 外部措施

(1) 加大机动车污染控制力度，开展路检执法和治理工作。加大对上路行驶车辆尾气超标排放行为的查处力度，对超标车辆给予行政处罚或责令限期整改。

(2) 开展机动车辆污染申报登记工作。为建立机动车辆防治管理档案及信息系统奠定良好基础。

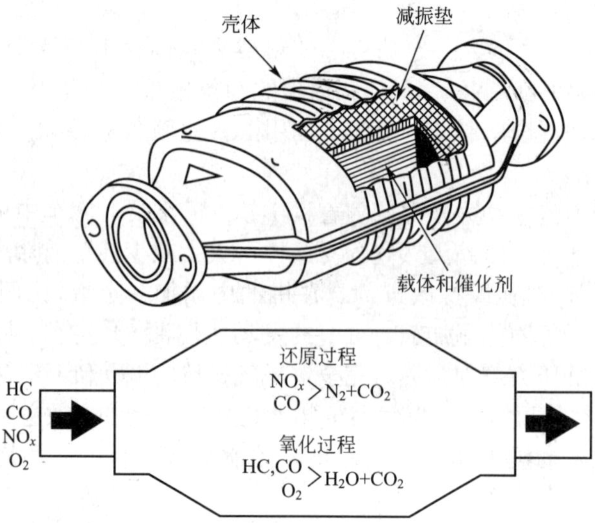

图 5.10　三元催化转化器的结构及工作原理

(3) 严格执行国家质量技术标准，控制燃料标准。按国家规定，不合格质量的燃料不能使用，市场上不准出售低劣的燃料。有关部门要加强市场上燃料质量标准的监督管理，积极鼓励使用清洁能源机动车辆。

(4) 加强在用车辆的维修、保养。好的技术状态是控制在用车污染物排放的基本原则。所以加强车辆维修、保养，使在用机动车在规定的耐久性期限内达到出厂时的国家标准要求。在用车的排放控制，应以强化检查(维护)制度为主，采取适用车辆淘汰和更新措施。完善城市在用车检查(维护)管理制度，加强检测能力和网络的建设，强化排放性能检测，强制不达标的车辆进行正常维护保养，保证车辆发动机处于正常工作状态。

5.2　噪声公害

噪声通常是由不同振幅和频率组成的杂乱无章的嘈杂声，是指人们不需要并希望用一定措施加以控制和消除掉的声音总称。噪声属于声波(在可听范围内的声波，频率为 20～20000Hz)，具有声波的一切特征。

噪声主要来源有交通噪声、生产噪声、建筑噪声和生活噪声等。交通噪声是城市噪声的主要来源，比例可高达 75%左右。交通噪声的主要声源是机动车辆(汽车、电车、摩托车等)，其中以汽车噪声影响最大。

噪声对人类和环境危害是严重的，白天室外 50dB(A)，夜间室外 35～40dB(A)会使人产生烦躁感。如长时间在噪声很大的环境中会使人激动、发怒，甚至失去理智；高于 70dB(A)的噪声还会使人易疲劳，影响工作效率，增加工作失误率，产生头晕、头痛、失眠、记忆力下降等各种病症。噪声对儿童身心健康和智力发展的影响尤其严重。

调查发现，心脏病和溃疡病的发展和恶化与噪声有着密切联系。有试验表明：50～70dB(A)会引起交感神经的紧张反应和内分泌系统失调，导致心率加快、血压升高和消化系统机能变坏。

机动车噪声一般是70～85dB的中等强度的噪声，重型车会超过90dB，由于影响时间长，危害很大。试验结果表明：在88dB时，驾驶员的注意力下降10%；在90dB时，下降20%。因此，汽车的高噪声不仅会影响周围环境，还会使驾驶员工作效率下降，反应时间加长，交通事故趋向增加。

因此，噪声公害已经越来越受到人们的重视。

5.2.1 汽车噪声的主观评价

1. 噪声的物理参数

通常，人们用声压(声压级)、声强(声强级)、声功率(声功率级)以及频率(频带)等物理量作为噪声的物理参数。

1) 声压、声压级

有声波存在时，局部空气产生压缩(压强增加)或膨胀(压强减少)，这样在原来的大气压上又叠加一个压强的变化，是由声波引起的，称为声压。它与大气压强比是极弱的。声压的大小与物体的振动有关，物体振动的幅度越大，则压强的变化也越大，因而声压也越大，因此，声压的大小表示了声波的强弱。

当物体做简谐振动时，空间各点产生的声压也是随时间作简谐变化，某一瞬间的声压称为瞬时声压。在一定时间间隔中将瞬时声压对时间求均方根值即得有效声压，正常人耳刚刚能听到的声压（称为听阈声压）是2×10^{-5}Pa；刚刚使人耳产生疼痛感觉的声压（称为痛阈声压）是20Pa。可见痛阈声压是听阈声压100万倍，在使用上不方便，因此用成倍比关系的对数式“级”来表示大小，即声压级

$$L_p=20\lg\frac{p}{p_0}\quad(\text{dB})$$

式中，L_p——声压级；

p——声压；

p_0——1000Hz时的基准声压，即2×10^{-5}Pa。

2) 声强 、声强级

声波的强弱可以用好几种不同的方法来描述，最方便的一般是测量它的声压，这要比测量振动位移、振动速度更方便、更实用。但是有时人们却需要直接知道机器所发出噪声的声功率，这时就要用声能量和声强来描述。

任何运动的物体包括振动物体在内都能够做功，通常说它们具有能量，这个能量来自振动的物体，因此声波的传播也必须伴随着声振动能量的传递。当振动向前传播时，振动的能量也跟着转移。在声传播方向上单位时间内垂直通过单位面积的声能量，称为声音的强度或简称声强，用I表示，单位是W/m^2。声强的大小可用来衡量声音的强弱，声强越大，人们听到的声音越响；声强越小，人们感觉的声音越轻。声强与离开声源的距离有关，距离越远，声强就越小。例如火车开出月台后，越走越远，传来的声音也越来越轻。

与声压一样，声强也可以用“级”来表示，即声强级

$$L_I=10\lg\frac{I}{I_0}\quad(\text{dB})$$

式中，L_I——声强级；

I——声强；

I_0——1000Hz 时的基准声强，即 $10^{-12}\,W/m^2$。

3）声功率、声功率级

声功率为声源在单位时间内辐射的总能量，通常用符号 W 表示。声强和声源辐射的声功率有关，声功率越大，在声源周围的声强也越大，两者成正比，它们的关系为

$$I=\frac{W}{S}$$

式中，W——声功率；

I——声强；

S——波阵面面积。

声功率是衡量噪声源声能输出大小的基本量。声压常依赖于很多外在因素，距离、方向、声源周围的声场条件等，而声功率不受上述因素影响，可广泛用于鉴定和比较各种声源。

声功率用级来表示时称为声功率级，单位为 dB，功率为 W 的声源，其声功率级 L_W 为

$$L_W=10\lg\frac{W}{W_0}\quad (dB)$$

式中，W_0——基准声功率，为 10^{-12}W。

L_P、L_I、L_W 的单位都是 dB，L_P、L_I 从听阈到痛阈的变化范围皆为 0～120dB。

4）噪声的频谱与频带

用横轴代表频率、纵轴代表各频率成分的强度(声压级或声强级)，这样画出的图形叫频谱图。乐音的频谱图是由不连续的离散频谱线构成，在噪声的频谱图上各频率成分的谱线排列得非常密集，具有连续的频谱特性，声能连续地分布在整个音频范围内(图 5.11)。

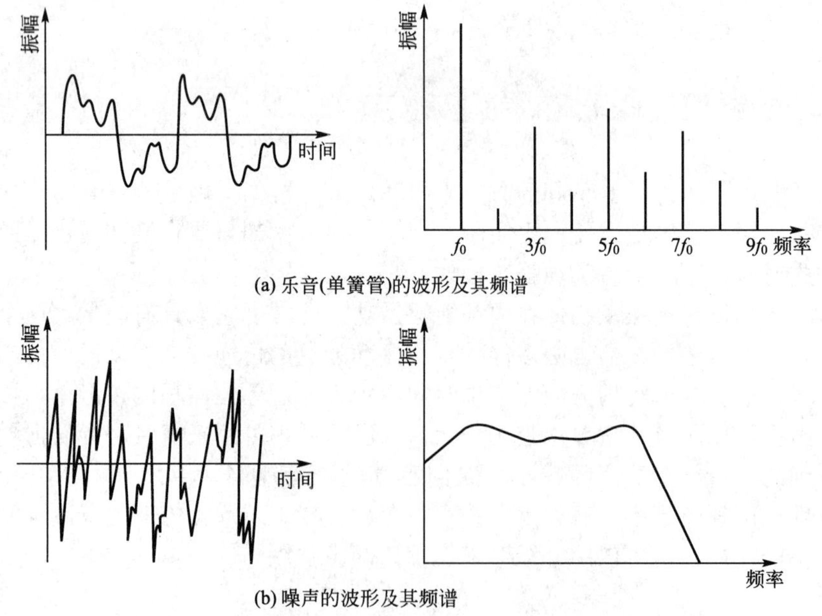

(a) 乐音(单簧管)的波形及其频谱

(b) 噪声的波形及其频谱

图 5.11　乐音和噪声的波形与频谱

噪声的频率从 20～20000Hz，为实际应用方便起见，一般把这一宽广的频率变化范围划分为一些较小的段落，这就是频带（图 5.12）。

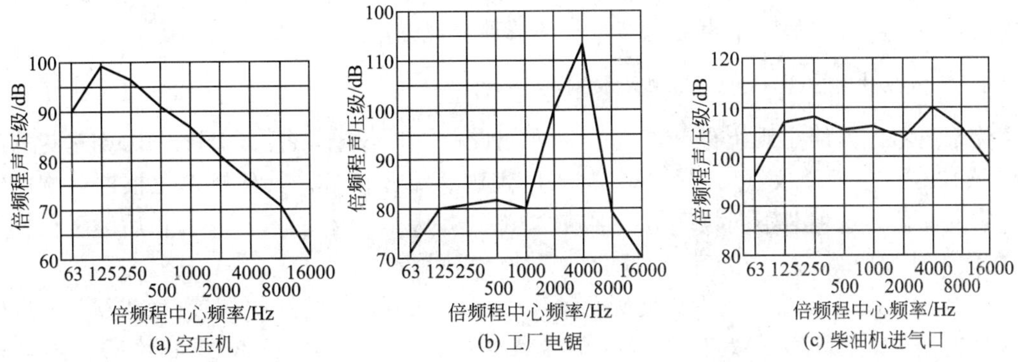

图 5.12　噪声源频谱

用于分析噪声的滤波器可把某一频带的低于截止频率 f_1 以下和高于截止频率 f_2 以上的信号滤掉，只让 f_1～f_2 之间的信号通过。因此这一中间区域成为通带，$\Delta f=f_2-f_1$ 就是频带宽度，简称带宽。为测量噪声而设计的滤波器有倍频带、1/2 倍频带、1/3 倍频带滤波器。一般对 N 倍频带作如下定义 $\frac{f_2}{f_1}=2^n$，当 $n=1$ 时，$\frac{f_2}{f_1}=2$，即高低频率之比为 2∶1，这样的频率比值所确定的频程称为倍频程，这种频带称为倍频带。频带的高低截止频率 f_2 和 f_1 与中心频率 f_0 间有下列关系

$$f_0=\sqrt{f_1 f_2}$$

2. 噪声的主观评价——响度级

从刚能听见的听阈到感觉到疼痛的痛阈之间人耳对强度相同而频率不同的声音又有不同的响度感觉。响度是用来描述声音大小的主观感觉量，如果把某个频率的纯音与一定响度的 1000Hz 纯音很快地交替比较，当听者感觉两者为一样响时，把该频率的声强标在图上，便可以画出一条等响曲线。图 5.13 是在自由声场中测得的等响曲线。把 1000Hz 纯音时声

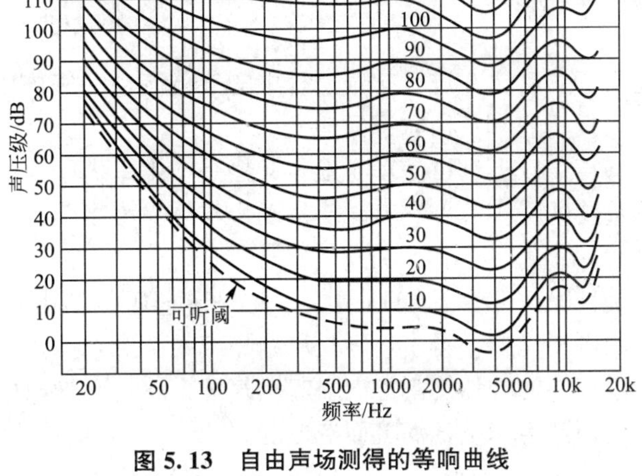

图 5.13　自由声场测得的等响曲线

强的 dB 数称为这条等响曲线的以“方”为单位的响度级。同一条等响曲线（即响度级相同）上的不同频率纯音的声强不同，但主观感觉的响度是相同的。

响度级只是反映了不同频率声音的等响感觉，它的量度单位仍是基于客观 dB，所以不能表示一个声音比另一个声音响多少倍的那种主观感觉。

3. 噪声仪中的 A、B、C 三种计权网络

为了要考虑人们主观上的响度感觉，人们设计一种仪器，把 300Hz、40dB 左右的响度降低 10dB，从而使仪器反映的读数与人的主观感觉相接近。其他频率也根据等响曲线作一定的修正。这种对不同频率适当增减的方法称为频率计权。经频率计权后测量得到的 dB 数称为计权声级。常用的有 A、B、C 三种计权网络。

A(B，C)计权曲线近似于响度级为 40(70，100)方等响曲线的倒置。经过 A 计权曲线测量出的 dB 数称为 A 计权声级，简称 A 声级，表示为分贝(A)或 dB(A)。经验表明，时间上连续、频谱较均匀、无显著纯音成分的宽频带噪声的 A 声级，与人们的主观反映有良好的相关性，即测得的 A 声级大，人们听起来也觉得响。A 声级是目前广泛应用的一个噪声评价量，已成为国际标准化组织和绝大多数国家用作评价噪声的主要指标。

5.2.2 汽车噪声的组成

汽车噪声主要来自发动机噪声、底盘噪声、车辆行驶空气阻力噪声、车身振动及喇叭声等。

1. 发动机噪声

发动机噪声是汽车噪声的重要组成部分，它占整个汽车噪声总量的 1/2 以上，它包括各种不同性质的噪声，主要有燃烧噪声、机械噪声、进排气噪声以及风扇噪声等。

1）燃烧噪声和机械噪声

燃烧噪声是在可燃混合气燃烧时，因压力急剧上升的气体冲击而产生的。这种噪声在汽油发动机噪声当中所占比例很小，但它却是柴油发动机噪声的主要来源。

机械噪声主要是指活塞对汽缸壁的敲击声和气门开启、关闭时产生的撞击声以及系统振动而形成的噪声。另外，对于柴油发动机，喷油系统也是其机械噪声来源之一，并且随着发动机转速的提高，噪声增大。

2）进、排气噪声

进、排气噪声是由于发动机在进、排气过程中的气体流动和气体压力波动导致振动而产生的噪声，它随发动机转速和负荷状态而改变。

进气噪声比排气噪声小，但它可使车身发生共振是产生车内噪声的原因之一。排气噪声是与风扇噪声同等重要的噪声源，它有时比发动机本体噪声高 10～15dB。

3）风扇噪声

风扇噪声主要由旋转噪声和涡流噪声组成，此外，它还包括由于机械振动引起的噪声，但这类噪声与前两者相比要小得多，不是风扇噪声的主要来源。

旋转噪声是由风扇旋转的叶片切割空气引起空气压力波动而发出的噪声；涡流噪声是由于风扇旋转时叶片周围产生的空气涡流而造成的。

2. 底盘噪声

1）传动系噪声

汽车传动系噪声包括变速器噪声、传动轴噪声以及驱动桥噪声，其中变速器是主要噪声源。

变速器噪声主要由齿轮噪声、轴承声响、润滑油搅拌声以及发动机振动传播到变速箱体而辐射的噪声所组成。

变速器噪声的发生及传播途径如图 5.14 所示。其中轴承声和润滑油搅拌声所占的比例不大，主要是齿轮在啮合过程中齿与齿之间的撞击和摩擦使齿轮产生振动而发出的噪声。

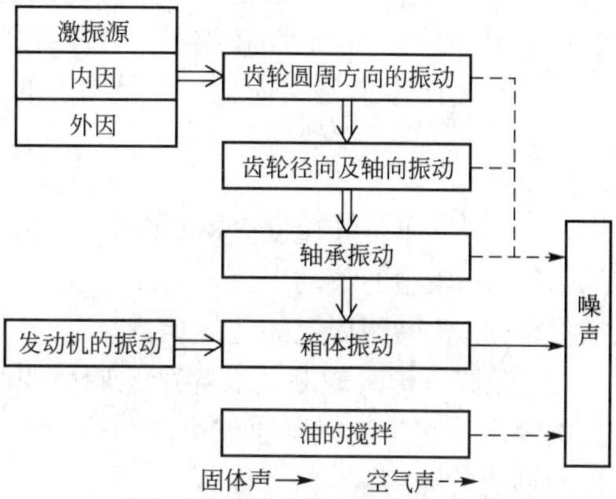

图 5.14　变速器噪声发生及传播途径

引起齿轮振动的内部原因是在交变载荷的作用下所引起的轮齿刚度的周期性变化和轮齿的啮合误差；外部原因是由于发动机转速变化而引起的齿轮负荷变化。

齿轮在啮合传动过程中，靠齿轮传递动力和运动。齿轮具有的弹性和质量，实际上组成了一个振动系统，在交变载荷下的弹性变形以及由于齿轮的各种制造误差将引起附加的冲击载荷，在这种载荷的激发下，齿轮就会产生圆周振动。这种圆周振动使齿轮不能平稳地运转，轮齿之间相互碰撞，引起负荷变化，产生动载荷。圆周振动产生的动载荷使轴和轴承产生振动，从而造成齿轮的径向振动。同时，由于轴的变形，还会引起齿轮的轴向振动。

齿轮噪声可直接或间接向外传播，由于齿轮箱是密封的，直接以声波向外传播仅是很少一部分，主要是齿轮的振动通过轴、轴承传到壳体上，形成壳体的振动，从而辐射出噪声。

通常啮合齿轮的噪声包括高频噪声和低频噪声两种成分。高频噪声主要是由于齿轮的基节偏差引起的，这是齿轮噪声的主要成分。基节的偏差会使得齿轮在啮合与分离时产生撞击，因此，每秒钟的啮合次数就是啮合撞击所产生的噪声频率。齿轮啮合的低频噪声主要是由于齿轮的周节累积误差引起的。由于有周节累积误差，齿轮每转一转产生一次撞击，其频率为 $f=\frac{n}{60}$。人的听觉对这种低频噪声不敏感，一般它不是主要的噪声成分。此外，当齿轮的啮合频率与齿轮本身的某阶固有频率相同时还会产生强烈的共振噪声。

变速器噪声与变速器型式、挡位及大小等因素有关。并随着汽车行驶状况、速度、负荷的变化而变化。其变化情况大致分为两种：一是随汽车速度的增加而单调地增加；再就是在某一速度时呈最大值。

为减少齿轮噪声，不仅要从设计、制造、精度、加工方法等方面入手，把因啮合而引起的撞击声和激振声降到最低程度，还应在使用过程中注意齿轮的安装精度和啮合印迹的调整。

2）轮胎噪声

轮胎引起的噪声有车内噪声和车外噪声，前者是轮胎激振车体传到车内的噪声，后者是出于轮胎与路面相互作用而直接发出的噪声。下面分析一下车外噪声的形成机理。

轮胎直接发出的噪声包括轮胎花纹噪声、道路噪声、弹性振动噪声以及轮胎旋转时搅动空气引起的风噪声。此外，还有汽车在急转弯、急起步和涉水时产生的轮胎噪声。

（1）花纹噪声在轮胎噪声中占主要地位，一般所说的轮胎噪声就是指这种噪声，是指汽车在行驶时因轮胎胎面花纹槽内的空气在接地时被挤压，并有规则地排出，从而引起周围压力变化而产生的噪声。轮胎花纹不同，压缩、排气的难易程度不同，所以噪声也不同。

对于常见的齿形花纹轮胎，当胎面上的花纹节距相同时，花纹噪声的频率为

$$f=\frac{vn}{3.6\times 2\pi R} \tag{5-7}$$

式中，v——汽车行驶速度，km/h；

R——轮胎的滚动半径，m；

n——轮胎圆周上的花纹槽数。

（2）道路噪声，轮胎花纹噪声是胎面凹凸引起的，而道路噪声是由于路面凹凸不平而产生的噪声，它是当汽车通过小凹凸路面时，凹凸内的空气因受挤压和排放、类似于泵的作用而形成的噪声。

轮胎花纹噪声和道路噪声都是轮胎和路面相互作用而产生的噪声。

（3）弹性振动噪声是由于轮胎不平衡、胎面花纹刚度变化或路面凹凸不平等原因激发轮胎振动而产生的噪声，其振动频率一般在200Hz以下。

弹性振动的噪声是轮胎本身的弹性引起的，由于它的振动频率低，不在人的听觉敏感范围内，所以并不明显。

影响轮胎噪声的因素很多，除了轮胎花纹外，车速、负荷、轮胎气压、轮胎磨损程度以及路面状况等使用因素对轮胎噪声都有很大影响。轮胎噪声与车速具有一定的线性关系，随着车速的提高，轮胎噪声也相应增大，它们之间的关系可用下列经验公式表示

$$\mathrm{dB}(A)=A\lg v+B \tag{5-8}$$

式中，A——系数，一般取20～40；

v——车速，km/h；

B——常数。

轮胎噪声随车速提高而增大的原因有两点：一是轮胎花纹内的空气容积变化速度加快，“气泵”声增大；二是胎面花纹承受的激振力增大，振动声也随之增大。

当车辆的负荷不同时、轮胎花纹的挤压作用也产生变化。随着载荷的增加，胎面花纹的变形增大、轮胎的胎肩逐渐接触地面，横向花纹便容易造成“封闭的空腔”而使噪声增大，这种情况对纵向花纹轮胎影响不大。

轮胎气压增加，轮胎变形小，反之则变形增大。因此，对于齿形花纹轮胎来说，当气压高时，噪声小；而气压低时，噪声大。

对于齿形花纹轮胎，由于胎冠尺寸增大、花纹的接地状态产生变化，使噪声增大。当进一步磨损时，花纹逐渐磨平，槽内空气量减少，噪声降低。

路面状况对轮胎噪声的影响主要是路面的粗糙度和潮湿程度。资料表明，由于路面粗糙度不同所引起的轮胎噪声变化程度约7dB，湿路面比干路面的噪声大10dB左右，其增

大的程度随路面含水量而变化。湿路面的轮胎噪声主要是因为溅水造成的，所以和轮胎花纹的关系不大。

汽车的噪声除上述原因外，还有在高速行驶时产生的空气阻力噪声、车身振动及喇叭声以及各种专用车辆上的动力装置噪声等，因为这些噪声不是连续性的，所以不占主要地位。

5.2.3 汽车噪声的测定

1. 噪声限值

GB 1495—2002 规定了我国汽车加速行驶车外噪声限值，汽车加速行驶时，其车外最大噪声级不应超过表 5-5 规定的限值。

表 5-5 汽车加速行驶车外噪声限值

汽车分类	噪声限值 dB(A)	
	第一阶段	第二阶段
	2002.10.1～2004.12.30 期间生产的汽车	2005.1.1 以后生产的汽车
M_1	77	74
M_2(GVM≤3.5t)，或 N_1(GVM≤3.5t)： GVM≤2t 2t<GVM≤3.5t	 78 79	 76 77
M_2(3.5t<GVM≤5t)，或 M_3(GVM>5t)： P<150kW P≥150kW	 82 85	 80 83
N_2(3.5t<GM≤12t)，或 N_3((GVM)>12t)： P<75kW 75kW≤P≤150kW P≥150kW	 83 86 88	 81 83 84

说明：

① M_1、M_2(GVM≤3.5t)和 N_1 类汽车装用直喷式柴油机，其限值增加 1dB(A)。

② 对于越野汽车，其 GVM>2t 时：

如果 P<150kW，其限值增加 1dB(A)；

如果 P≥150kW，其限值增加 2dB(A)。

③ M_1 类汽车，若其变速器前进挡多于 4 个，P>140kW，P/GVM 之比大于 75kW/t，并且用第三档测试时其尾端出线的速度大于 61km/h，则其限值增加 1dB(A)。

注：GVM——最大总质量(t)

P——发动机额定功率(kW)

根据 GB/T 15089—1994 机动车辆分类标准，表中车辆分类符号含义如下所述。

M 类：至少有 4 个车轮并且用于载客的机动车辆。

M_1 类：包括驾驶员座位在内，座位数不超过 9 座的载客车辆。

M_2 类：包括驾驶员座位在内，座位数超过 9 座，且最大设计总质量不超过 5000kg 的载客车辆。

M_3 类：包括驾驶员座位在内，座位数超过 9 座，且最大设计总质量超过 5000kg 的载客车辆。

N 类：至少有 4 个车轮并且用于载货的机动车辆。

N_1 类：最大设计总质量不超过 3500kg 的载货车辆。

N_2 类：最大设计总质量超过 3500kg，但不超过 12000kg 的载货车辆。

N_3 类：最大设计总质量超过 12000kg 的载货车辆。

2. 试验方法

如前所述，汽车噪声是一个由多种声源组成的综合性噪声，其影响因素很多。同一车辆由于使用条件不同噪声也不同。所以，用某一特定状态来模拟汽车发出的噪声是困难的。从控制噪声的角度出发，只能在简单再现汽车使用中的某一工况时进行测定。下面介绍一下汽车加速噪声和车内噪声试验方法。

1）加速噪声的试验方法

(1) 测量条件包括以下几点。

① 以测量场地中心为基点、半径为 50m 的范围内没有大的声反射物，如围栏、岩石、桥梁或建筑物等；试验路面和其余场地表面干燥，没有积雪、树木、松土或炉渣之类的吸声材料；测试话筒附近没有任何影响声场的障碍物，并且声源与测试话筒之间没有任何人站留。进行测量的观察者也应站在不致影响仪器测量值的位置。测量场地应基本上水平、坚实、平整，并且试验路面不应产生过大的轮胎噪声。

② 测量应在良好天气中进行。测量时测试话筒高度的风速不应超过 5m/s。必须注意测量结果不受阵风的影响。可以采用合适的风罩，但应考虑到它对测试话筒灵敏度和方向性的影响。气象参数的测量仪器应置于测量场地附近，高度为 1.2m。

③ 背景噪声至少应比被测汽车噪声低 10dB。

④ 被测汽车应空载，不带挂车或半挂车(不可分解的汽车除外)。开始测量之前，被测汽车的技术状况应符合该车型的技术条件(特别是该车的加速性能)和 GB/T 12534 的有关规定(包括发动机温度、调整、燃油、火花塞等)。

(2) 测量方法步骤如下。

① 测量区和测试话筒的布置形式和要求简述如下。

加速行驶测量区域按图 5.15 确定。O 点为测量区的中心，加速段长度为 $2\times(10\text{m}\pm0.05\text{m})$，$AA'$线为加速始端线，$BB'$线为加速终端线，$CC'$为行驶中心线。

测试话筒应布置在离地面高 $1.2\text{m}\pm0.02\text{m}$、距行驶中心线 CC' $7.5\text{m}\pm0.05\text{m}$ 处，其参考轴线必须水平并垂直指向行驶中心线 CC'。

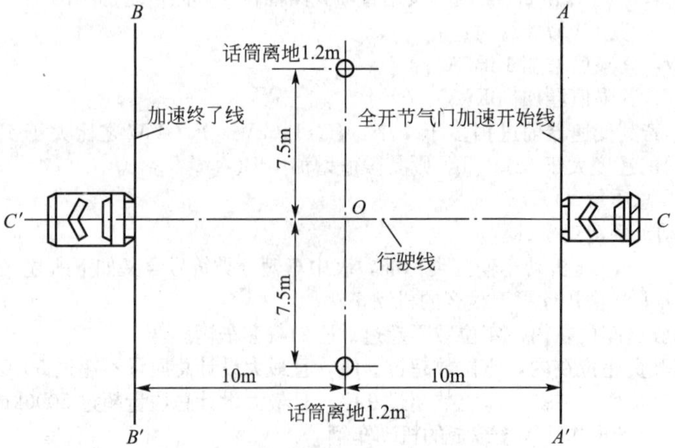

图 5.15　加速噪声测量区域图

② 汽车挡位选择原则和接近速度的确定原则简述如下。

手动变速器汽车：对于 M_1 和 N_1 类汽车，装用不多于 4 个前进挡的变速器时，应用第二挡进行测量；对于 M_1 和 N_1 类汽车，装用多于 4 个前进挡的变速器时，应分别用第二挡和第三挡进行测量。

如果用第二挡测量时，汽车尾端通过 BB'线时发动机转速超过了发动机的额定转速(S，以下同)，则应逐次按 5%S 降低接近 AA'线时发动机的稳定转速(N_A，以下同)，直到通过 BB'线时的发动机转速不再超过 S。如果 N_A 降到了怠速，通过 BB'线时的转速仍超过 S，则只用第三挡测量。

但是，对于前进挡多于 4 个并装用额定功率大于 140kW 的发动机、且额定功率/最大总质量之比大于 75kW/t 的 M_1 类汽车，假如该车用第三挡其尾端通过 BB'线时的速度大于 61km/h，则只用第三挡测量。

对于除 M_1 和 N_1 类以外的汽车，前进挡总数为 X(包括由副变速器或多级速比驱动桥得到的速比)的汽车，应该用等于或大于 X/n 的各档分别进行测量。对于发动机额定功率不大于 225kW 的汽车，取 $n=2$；对于额定功率大于 225kW 的汽车，取 $n=3$。如 X/n 不是整数，则应选择较高整数对应的挡位。从第 X/n 挡开始逐渐升挡测量，直到该车在某一挡位下尾端通过 BB'线时发动机转速第一次低于额定转速时为止。

接近 AA'线时的稳定速度取下列速度中的较小值：50km/h；3/4S 的速度(M_1 类和发动机功率不大于 225kW 的其他各类汽车)；1/2S 的速度(M_1 类以外的且发动机功率大于对应于 225kW 的各类汽车)。

自动变速器汽车：如果该车的自动变速器装有手动选挡器，则应使选挡器处于制造厂为正常行驶而推荐的位置来进行测量。

对于有手动选挡器的汽车，其接近速度按手动变速器汽车确定方法确定。

如果该车的自动变速器有两个或更多的挡位，在测量中自动换到制造厂规定的在市区正常行驶时不使用的低挡(包括慢行或制动用的挡位)，则可采取以下任一措施。

将接近速度提高，最大到 60km/h，以避免换到上述低挡的情况；

保持接近速度为 50km/h，加速时将发动机的燃料供给量限制在满负荷所需的 95%。以下操作可以认为满足这个条件。

——对于点燃式发动机，将节气门开到全开角度的 90%；

——对于压燃式发动机，将喷油泵上供油位置控制在其最大供油量的 90%。

装设防止换到上述低挡的电子控制装置。

对于无手动选挡器的汽车，应分别以 30、40、50km/h(如果该车道路上最高速度的 3/4 低于 50km/h，则以其最高速度 3/4 的速度)的稳定速度接近 AA'线。

③ 加速行驶操作规范简述如下。

汽车应以上述规定的挡位和稳定速度接近 AA'线，其速度变化应控制在±1km/h 之内，若控制发动机转速，则转速变化应控制在±2%或±50r/min 之内(取两者中较大值)。

当汽车前端到达 AA'线时，必须尽可能地迅速将加速踏板踩到底(即节气门或油门全开)，并保持不变，直到汽车尾端通过 BB'线时再尽快地松开踏板(即节气门或油门关闭)。

汽车应直线加速行驶通过测量区，其纵向中心平面应尽可能接近中心线 CC'。

如果该车是由牵引车和不易分开的挂车组成，确定尾端通过 BB'线时不考虑挂车。

④ 噪声测量及最大噪声级的确定原则简述如下。

测量时，在汽车每一侧至少应测量4次。应测量汽车加速驶过测量区的最大噪声级。每一次测得的读数值应减去1dB(A)作为测量结果。如果在汽车同侧连续4次测量结果相差不大于2dB(A)，则认为测量结果有效。将每一挡位(或接近速度)条件下每一侧的4次测量结果进行算术平均，然后取两侧平均值中较大的作为中间结果。

对于装用不多于4个前进挡的手动变速器的 M_1 和 N_1 类汽车，直接取中间结果作为最大噪声级；对于装用多于4个前进挡的手动变速器的 M_1 和 N_1 类汽车，如果用了第二挡和第三挡测量时，取两挡中间结果的算术平均值作为最大噪声级，如果只用了第三挡测量时，则取该挡位的中间结果作为最大噪声级；对于除 M_1 和 N_1 类以外的汽车，取发动机未超过额定转速的各挡中间结果中最大值作为最大噪声级。

对于有手动选挡器的自动变速器汽车，取中间结果作为最大噪声级；对于无手动选挡器的自动变速器汽车，取各速度条件下中间结果中最大值作为最大噪声级。

如果按上述规定确定的最大噪声级超过了该车型允许的噪声限值，则应在该结果对应的一侧重新测量4次，此4次测量的中间结果应作为该车型的最大噪声级。

2）车内噪声的试验方法

(1) 测量条件简述如下。

测试场地应是沥青或混凝土铺装路面、平直、足够长。其纵坡不超过0.3%。路面应坚硬、尽可能光滑平整、接缝小(或无缝)，并且应干燥、无雪、无落叶或沙石等。距跑道中心线两侧20m范围内应没有大的声反射物。

测量应在良好天气中进行。环境气温度最好是在－5～35℃之间。测量时跑道上约1.2m高处的风速不应超过5m/s。

由背景噪声和仪器固有噪声所决定的仪器动态范围下限应至少比被测汽车噪声低10dB(A)。测量中应保证不被偶然的其他声源所干扰。

被测汽车为空车，车内应有标准设备、测量仪器和必要的人员。对于 M_1 和N类车，测量时车内不应多于2人(驾驶员和测量人员)；对于除了 M_1 类以外的M类车，测量时车内最多不应超过3人(包括驾驶员和测量人员)。

被测汽车的所有门窗、通风进出口都应关闭，除非要专门考察它们对车内噪声的影响。测量时，车上装有的刮水器、通风扇、空调装置等不应开动。

可调坐椅应在水平及垂直两个方向上调整到调整范围的中间位置。如果靠背是可调的，则应尽可能调整到垂直位置。可调头枕应调整到中间位置。

被测汽车的技术状况应符合该车的技术条件和GB/T 12534的规定。

(2) 测量方法步骤简述如下。

① 测点位置及测试话筒布置形式和要求简述如下。

选择的测点数应足够，必须有一个测点是在驾驶员座位处。轿车的后排中间应选一个测点。除轿车以外的M类车中其余测点可选在车厢中间一排和最后一排靠近汽车纵向轴线的座位。所选测点在车厢中的准确位置应标在一张图上。测量时，除驾驶员外，其他人不得坐在选定测点的座位上。

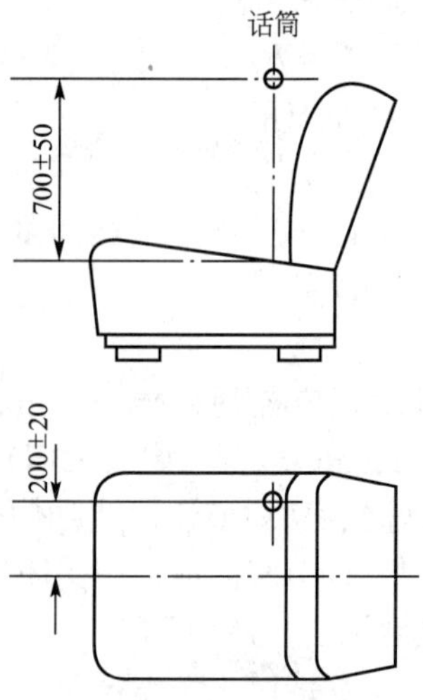

图5.16 车内噪声测量图

坐椅处的测点位置如图5.16所示。其垂直坐标是未坐人坐椅表面与靠背表面相交线中点以上 700mm±50mm。在有驾驶员的座位上，其水平坐标是距该坐椅(未坐人时)纵向中心铅垂平面(对称面)200mm±20mm，且位于靠近汽车纵向轴线的一侧。对于站立位置，测点的垂直坐标是地板上方 1600mm±100mm，水平坐标是对应于站在选定点的人。在有卧铺情况下，测点应在无人时的枕头中央上方 150mm±20mm 处。测试话筒与壁面或装饰材料的距离不应小于 150mm。

测试话筒的参考轴线应水平，其指向应与汽车前进方向一致。应尽量减小振动对测试话筒的影响。

② 行驶条件及行驶操作规范简述如下。

选用能覆盖所有测试车速的最大传动比挡位(尽可能低的挡位)并且测试中不得换挡，发动机不得超过额定转速。在 50km/h 或最高车速的 40%(取其中较小的)至 110km/h 或最高车速的 80%(取其中较小的)的范围内，以等间距，至少选取 5 个速度(应圆整到 10 或 5 的整数倍)分别测试。按照以上规定，保持匀速稳定行驶，车速变化不应超过±3%。

③ 噪声测量方式及步骤简述如下。

声级计的时间计权应用慢速(S)档，频率计权应分别用 A、C 计权网络。

分别测取各测点在不同速度时声级计指示读数的稳定值或平均值，偶尔出现的峰值应略去不计。每一次测量时间至少为 5s。

如果为新产品鉴定，则在各种测量条件下，每一测点至少应测量两次。如果任一测量条件下在任一测点测得声级的差值超过 3dB(A)，应再次进行测试，直到有连续两次测得的读数差值都在 3dB(A)以内。然后取这两个读数的平均值作为该工况的结果。如果为产品质量检查，则在各种确定的测量条件下，每一选定测点可以只测量一次，应将测得的结果按四舍五入的原则取为整数分贝值。

进行车内噪声(1/1 或 1/3 倍频程)频谱分析时，应包括中心频率为 31.5，63，125，250，500，1000，2000，4000，8000Hz 的倍频程带。

5.3 电磁波公害

电磁波公害是指汽车上的电器设备产生的杂散电波对电视和无线电广播、通信等造成的干扰。虽然汽车电磁波的危害没有像汽车的噪声及尾气的排放对人类环境所造成的影响那么严重，但随着汽车拥有量的不断增加，由汽车杂散的电波所造成对无线电等的干扰已经引起人们的普遍关注和重视。

5.3.1 电磁波公害的来源

汽车的电磁干扰主要来源于汽车电器，它以传导和辐射的形式向车内外传播，主要来源包括电磁辐射、电路网络、静电放电、车载通信设备等。

1. 电磁辐射

电磁辐射是汽车电磁干扰的主要来源，它发生在电路或触点在接通或断开的瞬间，此间电路中会出现各种瞬变电压，也叫瞬变过电压，尤其是电感性和电容性负载，瞬变电压较高，辐射频率快，不仅影响车内外无线电的接收，对车上其他的电器设备也有一定的影响。

汽车上的电感性负载很多，包括发电机、点火线圈、电磁继电器、电动机、电喇叭等，在电路突然断开时产生自感电动势，感应电动势的方向与原电路电流方向同向叠加，形成有规律的或不定期的过电压加在负载上，产生电磁干扰脉冲，引起电子元件损坏，导致基本计算逻辑判断错误。

当点火开关断开时点火停止、发动机熄火、激磁绕组与蓄电池脱离连接，但是与其他负载还有连接，这一瞬间激磁绕组上会产生自感电动势，其方向仍为一种负脉冲，不仅产生电磁干扰，同时还冲击仪表电路，造成元件损坏。

互耦式过电压的产生是由于汽车上的电器配线较长、电器配线无屏蔽及搭铁阻抗在汽车挡位系统内产生磁感性耦合造成的。由于汽车电路导线常常包扎成线束，导线间电压和电流存在梯度，导线间就会产生电感式电容耦合，这种耦合也会发生在多点搭铁的电路电位差处，耦合产生的瞬变电压可高达200V以上，耦合的结果将带来与电感负载过电压相同的危害。

此外，电路在接通或断开时，断电器触点之间，分火头和分电器盖上的电极之间，火花塞电极间隙之间，发电机电刷和整流子之间都会产生电火花和电弧，电火花和电弧都是发射高频电磁波的干扰源。

2. 电路网络

电路网络的干扰主要来自汽车本身的电器设备，它主要影响汽车收放机的正常接收。汽车电路导线通常被包扎成线束，由于各种电压高低不同、电流大小和方向不同的线路捆扎在一起，以及一些敏感电器元器件安装位置不合适、质量不过关等原因，都会产生干扰电磁信号，这些信号在网络周围以电磁波的形式传播，干扰附近和车内收放机的正常接收。

3. 静电放电

乘客和坐椅之间的摩擦以及汽车行驶时车身与空气的摩擦会造成电荷积累，形成静电，聚集过多的高压静电放电时会在一定程度上影响电子设备的工作。

4. 车载通信设备

车上的通信设备也能引起对外界的干扰，如附近的飞机、加油站、笔记本式计算机等。

5.3.2 电磁波公害的控制

为减轻电磁干扰的影响，可采取以下一些防范和控制措施。

1. 合理布线，减少电路网络干扰

合理布置电线及其走向，抑制电路网络干扰源的输出，是防止电路干扰的有效途径。

(1) 对于干扰敏感的部件采用独立电源，分列用线。

(2) 对于干扰敏感部件的输入端加抗干扰衰减滤波器，合理布置地线，采用一点接地法，将强弱信号和大小不同电流的地线分隔布置，防止干扰信号通过地线进入各级用电设备，以降低电磁干扰和辐射。

(3) 在汽车收放机电路中引入调频波段抑制噪声电路，或把印制电路板各个部分馈电系统布置成放射状，收放机的公共地线置于中央位置，以免线路之间的干扰信号被收放机接收。

(4) 电源的馈电系统加设RC滤波电路，以减少电路的耦合。

2. 科学设计，减少电磁辐射源

1）串接阻尼电阻

汽车电磁辐射发生在高压电部分的能量较大，影响也大，经常能遇到触点式分电器的触点被瞬间高压火花烧蚀的现象。如果在调频振荡电路中串联阻尼电阻，如在点火高压电路中串入阻值为10～20kΩ的阻尼电阻，使高频振荡受到削弱，可以有效地抑制电磁辐射的生成。电阻最好装在火花塞附近，且焊点应光滑可靠。

2）并联抗干扰电容

如在调节器电池接柱与搭铁接柱之间并联0.2～0.5μF的电容；在水温表与机油压力表传感器触点间并联0.1～0.2μF的电容；在闪光器和喇叭的触点间并联大于0.5μF的电容，均能吸收火花能量，减轻干扰。

3）采用无触点点火装置或无分电器点火系统

触点式点火装置是利用分电器中断电器触点的导通和断开来控制点火线圈初级电流的，经过点火线圈的升压在次级形成高压电，此高电压再经过分电器按点火顺序分配给各缸的火花塞，点燃汽缸中的混合气。各触点在断开和接通时，会产生很强的电磁辐射。目前普遍使用的无触点点火装置，则以脉冲发生器和点火控制模块取代了分电器中的机械电器触点和凸轮。无分电器电子点火系统采用微电脑控制点火，主要由模拟和数字转换电路、微处理器及各种传感器组成。由于没有分火头和断电器触点，消除了干扰源，大大降低了电磁辐射。

4）采用金属屏蔽

将容易产生电火花的电器，如点火线圈、发电机、调节器、仪表和传感器等，用金属罩遮盖，将高频电流通过的导线用密织的金属网或金属罩屏蔽，并将其搭铁，可有效防止和消除电磁波的辐射和传播。

5）利用电子控制，降低触点的电流

当电喇叭触点闭合时，电流可以达到3A，这么大的电流在触点开闭时会产生电火花，如果将电路稍微加以改动，设置1个三极管开关电路，取三极管的基极电流为触点电流，则触点的闭合电流仅为几十毫安，减少了电火花产生的可能性。

知识链接

"新车评"网总编颜宇鹏博文《以实验逻辑分析科鲁兹电磁波"超标"》
http：//www.xincheping.com/yyp/817/1.htm

习　题

1. 什么是汽车公害？
2. 汽车排气公害都有哪些，它们是如何形成的？
3. 请说出影响排气公害的使用因素及其影响过程。
4. 汽车噪声来源有哪些，它们是怎样形成的？
5. 如何防范和减少电磁波公害？

第6章 汽车的行驶平顺性和通过性

教学要求

本章主要应掌握汽车行驶平顺性和通过性的定义、影响汽车行驶平顺性和通过性的主要因素、汽车行驶平顺性的评价指标、汽车通过性的几何参数。

导入案例

汽车的悬架系统是影响汽车行驶平顺性的重要因素之一。传统悬架的减振器其阻尼特性一般是固定不变的，因此装备有传统悬架系统的汽车在行驶过程中其悬架性能也是不变的，这使得汽车的行驶平顺性和乘坐舒适性受到了限制。现代汽车对悬架有更高的要求，希望悬架的阻尼可以根据汽车具体的行驶状况进行动态的调节。图6.1所示是德国ZF公

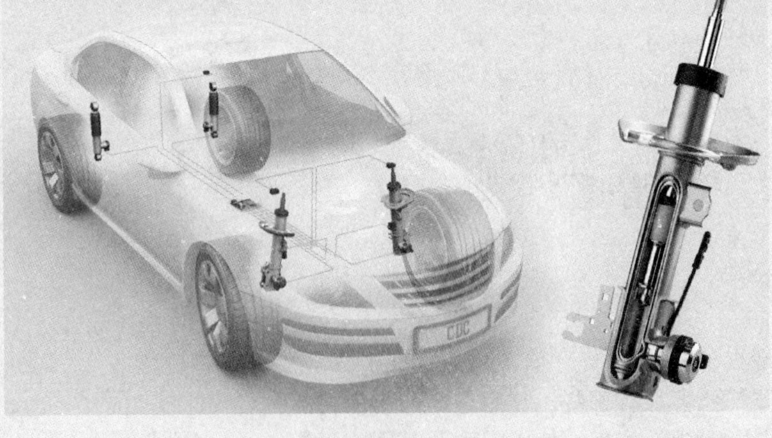

图6.1 Sachs公司的阻尼连续调节系统CDC可有效改善汽车行驶平顺性

司下属的Sachs公司生产的阻尼连续调节(Continuous Damping Control，CDC)系统，这套系统完全摒弃了传统悬架系统的螺旋弹簧，它采用电控方式调节悬架刚度和阻尼，能根据汽车的行驶状况为每个车轮提供独立的悬架控制，最大程度保证了车身的行驶平顺性。

汽车的行驶平顺性是指汽车在一般行驶速度范围内行驶时，乘员所处的振动环境具有一定舒适度的性能，对于载货汽车还包括保持货物完好的性能；汽车的通过性是指汽车在一定装载质量下能以足够高的平均车速通过各种坏路及无路地带和克服各种障碍的能力。本章主要介绍汽车行驶平顺性及通过性的评价指标以及影响它们的结构因素。

6.1 汽车的行驶平顺性

汽车行驶时，路面不平以及发动机、传动系统和车轮等旋转部件将引起汽车的振动。通常，路面不平是汽车的基本输入，此输入经过轮胎、悬架及坐椅等弹性元件传到人体，最后产生系统的输出——人对汽车振动的反应。汽车行驶平顺性是指汽车在一般行驶速度范围内行驶时，乘员所处的振动环境具有一定舒适度的性能，对于载货汽车还包括保持货物完好的性能。由于行驶平顺性主要是根据乘员的舒适程度来评价，所以有时又称为乘坐舒适性，它是现代汽车的主要性能之一。

汽车作为一个复杂的多质量振动系统，其车身通过悬架的弹性元件与车桥连接，而车桥又通过弹性轮胎与道路接触，其他如发动机、驾驶室等也是以橡胶垫固定于车架上。汽车的振动可能有多个激振源，一般分为两类——路面不平度和车上的振源。车上的振源来自包括轮胎/车轮总成、传动系统和发动机这些旋转部件。汽车在这些激振力的作用下将发生复杂的振动，这种振动对乘员的生理反应和所运货物的完整性均会产生不利的影响。

车身振动频率较低，共振区通常在低频范围内。为保证汽车具有良好的平顺性，应使引起车身共振的行驶速度尽可能地远离汽车行驶的常用速度。在坏路上，汽车的允许行驶速度受动力性的影响不大，主要取决于行驶平顺性，而被迫降低行车速度。其次，振动产生的动载荷会加速零件磨损乃至引起破坏。此外，振动还会消耗能量，使燃料经济性变坏。因此，减少汽车本身的振动，不仅关系到乘坐的舒适性和所运货物的完整性，而且关系到汽车的运输生产率、燃料经济性、车辆使用寿命和工作可靠性等。

6.1.1 汽车行驶平顺性的评价方法

汽车行驶平顺性的评价方法通常是根据人体对振动的生理反应及对保持货物完整性的影响来制定的，并用振动的物理量，如频率、振幅、加速度、加速度变化率等作为行驶平顺性的评价指标。

一般来说，汽车行驶平顺性有主观评价和客观评价两种评价方法。由于振动对人体的影响一方面取决于振动的频率、强度、作用方向和持续时间，另一方面它与每个人的心理与身体素质有着密切的关系，所以对同样的振动，每个人的敏感程度有着很大的差异。单独采用主观评价方法，可能会造成评价结果上的不同。有鉴于此，必须有一种客观的评价方法来对汽车的平顺性进行一种客观的评价。1974年，国际标准化组织ISO在综合大量有关人体全身振动研究成果的基础上，制定了国际标准ISO 2631——《人体承受全身振动的评价指南》。1997年，经过几次修改和补充，ISO公布了ISO 2631—1——1997(E)《人体承受全身振动评价——第一部分：一般要求》。这一标准对于评价长时间作用的随机振动和多输入点多轴向振动环境对人体的影响时，能更好地和主观感觉一致。

目前，常用汽车车身振动的固有频率和振动加速度来评价汽车的行驶平顺性。试验表明：为保持汽车具有良好的行驶平顺性，车身振动的固有频率应为人体所习惯的步行时，身体上、下运动的频率，它约为60～85次/min(1～1.6Hz)。振动加速度极限值为0.2g～0.3g。为保证所运输货物的完整性，车身振动加速度也不宜过大。如果车身加速度达到1g，未经固定的货物就有可能离开车厢底板。所以，车身振动加速度的极限值应低于0.6g～0.7g。

1. 主观评价法

主观评价方法是由有经验的驾驶员和乘客组成的专门小组来完成汽车行驶平顺性的主观评价。该小组成员按预定的方式驾驶和乘坐一组车辆来主观评价行驶平顺性的水平或特性，然后完成相应的主观评价表，最后综合确定车辆的乘坐舒适性。此评价方法一般用于在同样试验条件下(路况、车速、气象等条件)车辆的比较，通过统计分析法，可以建立相对可信度。但是主观评价的缺点也是很明显的，个人对振动感觉的不同、不同层次或不同组人员给出的评价车辆平顺性的数据具有差异等都会影响评价的结果。

2. 客观评价法

客观评价法是借助于测量仪器来完成对随机振动数据的采样和记录，在专用数据处理机上进行数据处理，得到相应的分析值，该值与相对应的限值指标相比较，即可较为客观地确定车辆的行驶平顺性。

3. 平顺性评价指标

ISO 2631《人体承受全身振动的评价指南》标准用加速度均方根值(*rms*)给出了在中心频率1～80Hz振动频率范围内人体对振动反应的3种不同的感觉界限：暴露极限、疲劳-工效降低界限和舒适-降低界限。我国参照ISO 2631也制定了国家标准《汽车平顺性随机输入行驶试验方法》和《客车平顺性评价指标及极限》。

(1) 暴露极限。当人体承受的振动强度在这个极限之内时，将保持健康和安全。通常把此极限作为人体可以承受振动量的上限。

(2) 疲劳-工效降低界限。这个界限与保持工作效率有关。当驾驶员承受振动在此极限内时，能保持正常地进行驾驶。

(3) 舒适-降低界限。此界限与保持舒适有关。在这个界限之内，人体对所暴露的振动环境主观感觉良好，能顺利完成吃、读、写等动作。

3个界限只是振动加速度容许值不同。“暴露极限”值为“疲劳-工效降低界限”的2

倍(增加 6dB)；“舒适-降低界限”为“疲劳-工效降低界限的 1/3.15(降低 10dB)；而各个界限容许加速度值随频率的变化趋势完全相同。

图 6.2(a)和图 6.2(b)分别为在双对数坐标下的垂直和水平方向振动对人体影响的“疲劳-工效降低界限”。

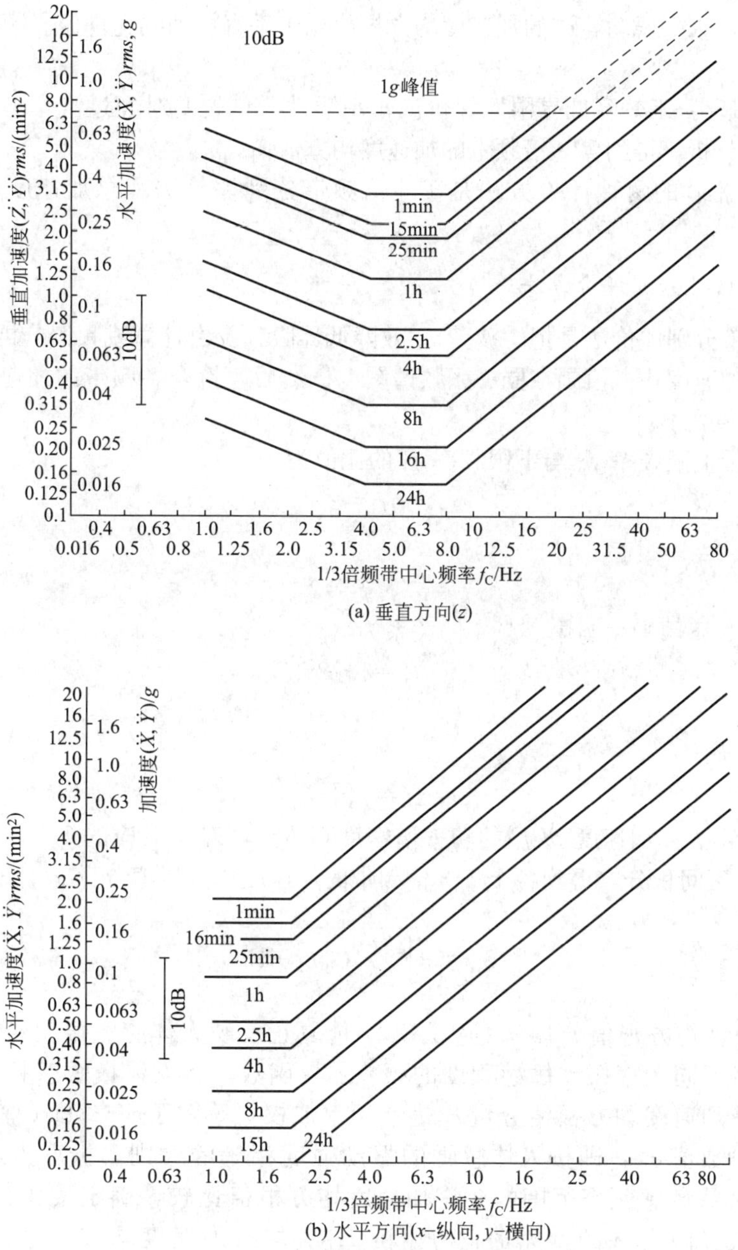

(a) 垂直方向(z)

(b) 水平方向(x-纵向, y-横向)

图 6.2 ISO 2631 人体对振动反应的“疲劳-工效降低界限”

由图 6.2 可知，在一定的频率下，随着暴露(承受振动)时间加长，感觉界限容许的加速度值下降。所以，可用达到某一界限允许暴露时间来衡量人体感受到的振动强度的大小。图上注明的暴露时间是指长年累月每天重复在振动环境中持续的时间，例如运输企业的驾驶员。对于偶尔乘车的人，加速度均方根值的容许值要高得多。

由图 6.2 还可以看出，人体最敏感的频率范围（“疲劳-工效降低界限”上容许加速度值最小的频率范围)，对于垂直振动为 4～8Hz；对于水平振动为 1～2Hz。这个频率范围正好是人体包括心脏、胃部在内的“胸-腹”系统的振动共振频率。而且在 2.8Hz 以下，同样暴露时间，水平振动容许的加速度均方根值低于垂直振动的允许值。频率在 2.8Hz 以上则相反。

为了用“疲劳-工效降低界限”评价汽车平顺性，首先要对经过汽车坐椅传至人体的振动进行频谱分析，得到 1/3 倍频带的加速度均方值谱。

ISO 2631 推荐的两种评价方法是 1/3 倍频带分别评价法和总加速度加权均方值评价法。

4. 1/3 倍频带分别评价方法

1/3 倍频带分别评价法是把“疲劳-工效降低界限”及由计算或频谱分析仪处理得到的 1/3 倍频带的加速度均方值画在同一张频谱图上。然后，检查各频带的加速度均方差是否都保持在界限值之下。

1/3 倍频带上限频率 f_u 与下限频率 f_l 的比值为

$$f_u/f_l=2^{1/3} \tag{6-1}$$

中心频率为

$$f_c=\sqrt{f_u f_l}=2^{1/6}f_l \tag{6-2}$$

上限频率、下限频率与中心频率的关系为

$$\begin{cases} f_u=1.12f_c \\ f_l=0.89f_c \end{cases} \tag{6-3}$$

分析带宽为

$$\Delta f=f_u-f_l \tag{6-4}$$

将振动传至人体加速度 $p(f)$ 的功率谱密度 $G_p(f)$，对所对应的 1/3 倍频带中心频率 f_{ci} 在带宽 Δf_i 区间积分，得到各个 1/3 倍频带的加速度均方根值分量 σ_{pi}，即

$$\sigma_{pi}=\sqrt{\int_{0.89f_{ci}}^{1.12f_{ci}}G_p(f)\mathrm{d}f} \tag{6-5}$$

带宽加速度均方根值分量 σ_{pi} 的大小，不能真正反映人体感觉振动强度的大小。为此引入人体对不同频率振动敏感程度的频率加权函数。将人体最敏感频率范围以外的各 1/3 倍频带加速度均方根值分量 σ_{pi} 进行频率加权，等效于 4～8Hz(垂直)、1～2Hz(水平)的分量数值 σ'_{pi}，即按人体感觉的振动强度相等的原则，折算为最敏感的频率范围。用 σ_{pi} 和最敏感频率范围的允许加速度均方根值比较，确定按疲劳-工效降低界限或舒适降低界限允许的暴露时间 T_{CD} 和 T_{FD}。加权加速度均方根值分量 $\sigma_{\omega i}$ 的计算式为

$$\sigma'_{p\omega i}=W(f_{ci})\sigma_{pi} \tag{6-6}$$

式中，f_{ci}——第 i 频带的中心频率，Hz；

$W(f_{ci})$——频率加权函数。

垂直方向振动的频率加权函数 $W_N(f_{ci})$ 为

$$W_N(f_{ci})=\begin{cases}0.5\sqrt{f_{ci}}, & 1<f_{ci}\leqslant 4\\ 1, & 4<f_{ci}\leqslant 8\\ 8/f_{ci}, & 8<f_{ci}\end{cases} \tag{6-7}$$

水平方向振动的频率加权函数 $W_L(f_{ci})$ 为

$$W_L(f_{ci})=\begin{cases}1, & 1<f_{ci}\leqslant 2\\ 2/f_{ci}, & 2<f_{ci}\end{cases} \tag{6-8}$$

加权加速度均方根值分量 $\sigma_{p\omega i}$ 反映人体对各 1/3 倍频带振动强度的感觉。1/3 倍频带分别评价法的评价指标就是 $\sigma_{p\omega i}$ 中的最大值 $(\sigma_{p\omega i})_{max}$。

此法认为当有多个频带的振动能量作用于人体时，各频带的作用无明显联系，对人体的影响主要是由单个影响最突出的频带所造成。因此，要改善行驶平顺性，主要避免振动能量过于集中，尤其是在人体最敏感的频率范围内不应该有突出的尖峰。

5. *总加权值评价法*

在处理平顺性试验结果或计算设计参数对振动的影响时，通常还采用传至人体振动的加速度均方根值 σ_p 或车身振动的加速度均方根值 σ_z 作为评价平顺性的指标。这种方法比较简单，适用振动频率分布相似的条件下进行对比。σ_p 和 σ_z 值等于 1～80Hz 中 20 个 1/3 倍频带加速度均方根值分量 $\sigma_{p\omega i}$ 或 σ_{zi} 平方和的平方根。即

$$\sigma_{p,z}=\sqrt{\sum_{i=1}^{N}(\sigma_{p\omega i,zi})^2} \tag{6-9}$$

式中，N——频带数。

总加权值反映全部振动能量的大小，而且振动加速度均值为零，所以 σ_p 和 σ_z 代表加速度幅值波动的范围。

总加权值 σ_p 还可利用计权滤波网络，由均方根值检波器读出。在《汽车平顺性随机输入行驶试验方法》(GB 4970—1996)和《客车平顺性评价指标及极限》(GB/T 12477—1990)中均把总加速度加权均方根值 σ_p 列为平顺性评价指标之一。

当各 1/3 倍频带加速度加权均方根值分量 $\sigma_{p\omega i}$ 彼此相等时，1/3 倍频带分别评价指标 $(\sigma_{p\omega i})_{max}$ 和总加速度加权均方根值 σ_p 的关系为

$$\sigma_p=\sqrt{n}(\sigma_{p\omega i})_{max} \tag{6-10}$$

式中，n——总的频带数。

在只有一个 1/3 倍频带有能量的窄带振动条件下($n=1$)，能量分布都集中在该 1/3 倍频带内。总加速度加权均方根值 σ_p 显然就是前面 1/3 频带分别评价方法所考虑的，对人体影响最突出的那个频带的加速度均方值

$$\sigma_p=(\sigma_{p\omega i})_{max} \tag{6-11}$$

只是此值已折算到人体最敏感的频率范围，所以，可将 $\sigma_{p\omega i}$ 值与“疲劳-工效降低界限”上人体最敏感频率范围的容许值比较来进行评价。

汽车坐椅传递给人体的振动主要是 10Hz 以下的宽带随机振动，总频带数 n 约为 10。

若各 $\sigma_{p\omega i}$ 都相等，则

$$\sigma_p=\sqrt{10}(\sigma_{p\omega i})_{max}=3.16(\sigma_{p\omega i})_{max} \quad (6-12)$$

实际上，各1/3倍频带的 σ_{pi} 不相等，实际测算为

$$\sigma_p=2(\sigma_{p\omega i})_{max} \quad (6-13)$$

因图6.2中给出的界限值是针对1/3倍频带分别评价法给的，用总加速度加权均方根值 σ_p 进行评价时，允许界限值也要相应调整，即此ISO 2631给的允许值增大到2倍，否则会偏于保守。

6.1.2 影响汽车行驶平顺性的结构因素

汽车是一个由多质量组成的复杂振动系统，为便于分析，需要将汽车进行简化。图6.3为经过简化的振动系统模型。在研究振动时，常将汽车由当量系统代替，在一般情况下，它可视为由彼此相联系的悬挂质量与非悬挂质量所组成。

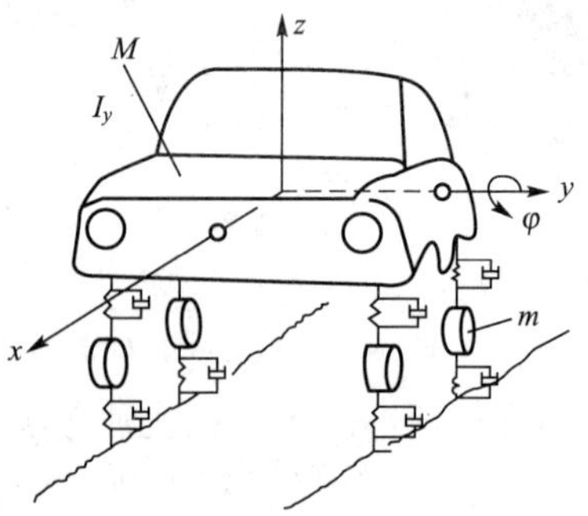

图6.3 四轮汽车简化的振动系统模型

汽车的悬挂质量 M 由车身、车架及其上的总成所构成。该质量通过质心的横轴 y 的转动惯量为 I_y，悬挂质量由减振器和悬架弹簧与车轴、车轮相连。车轮、车轴构成的非悬挂质量为 m，车轮再经过具有一定弹性和阻尼的轮胎支承在路面上。

下面将通过5个方面即悬挂系统、轮胎、悬挂质量与非悬挂质量、发动机悬置来讨论其对平顺性的影响。

1. 悬挂系统

如图6.4所示，悬挂系统由减振器、弹性元件与导向装置等组成，其中以弹性元件和悬挂系统中的阻尼影响较大。

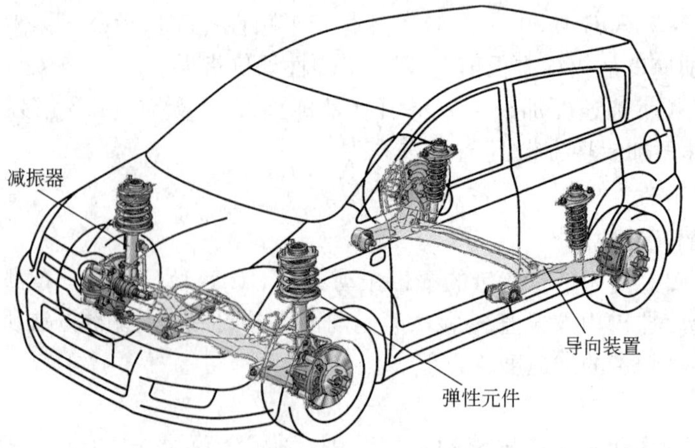

图6.4 典型的汽车悬挂系统

1）弹性元件

将汽车车身看成一个在弹性悬挂上做单自由度振动的质量时，其固有频率 f_0 为

$$f_0=\frac{1}{2\pi}\sqrt{\frac{gC}{G}}，\text{Hz} \tag{6-14}$$

式中，C——悬架刚度，N/mm；

G——悬挂重力，N；

g——重力加速度，$g=9810\text{mm/s}^2$。

令 $f_s=G/C$，f_s 为悬挂重力 G 作用下的悬架的静挠度/mm。则

$$f_0=\frac{1}{2\pi}\sqrt{\frac{g}{f_s}}，\text{Hz} \tag{6-15}$$

由式(6-14)可知，减少悬架刚度 C 可降低车身的固有频率 f_0，这对改善汽车的行驶平顺性有很大帮助。由试验得知，为保持汽车具有良好的平顺性，车身振动的固有频率应为人体所习惯的步行时身体上下运动的频率，约为60～85次/分(1～1.5Hz)。当汽车的其他结构参数不变时，要使悬架系统有较低的固有频率，悬架就必须具备很大的静挠度，它是指汽车满载时，刚度不变的悬架在静载荷下的变形量；对于变刚度悬架，静挠度是由汽车满载时，悬架上的静载荷和与此相应的瞬时刚度来确定。目前，汽车悬架的静挠度 f_s 的变化范围见表6-1。

表6-1　汽车悬架静挠度的变化范围/mm

车　型	轿　车	大客车	越野车	货　车
悬架静挠度	100～300	70～150	60～130	50～110

汽车前、后悬架静挠度的匹配对行驶平顺性也有很大影响，若前、后悬架的静挠度以及振动频率都比较接近，将会减少共振的机会。为减少车身的俯仰振动，通常后悬架的静挠度 f_{s2} 要比前悬架的 f_{s1} 小些。据统计，一般取 $f_{s2}=(0.7\sim0.9)f_{s1}$。对于短轴距的微型汽车，为改善其乘坐舒适性，通常把后悬架设计得软一些，即 $f_{s2}>f_{s1}$。

为防止汽车在不平路面上行驶时经常冲击缓冲块，悬架还应该有足够的动挠度 f_d(指悬架平衡位置到悬架与限位块相碰时的变形)。前后悬架的动挠度常根据其相应的静挠度选取，其数值主要取决于车型和经常使用的道路状况，动挠度值与静挠度值之间的关系为

$$f_d=\begin{cases}(0.5\sim0.7)f_s，\text{轿车}\\(0.7\sim1.0)f_s，\text{载货汽车、大客车}\end{cases} \tag{6-16}$$

越野车的 f_d 可按货车范围取上限以减少车轮悬空和悬架击穿现象。

根据上述讨论，减少悬架刚度即增大静挠度可以提高汽车的行驶平顺性。但悬架刚度降低会增加非悬挂质量的高频振动位移。大幅度的车轮振动有时会使车轮离开地面，同时前轮定位角度也将发生显著变化，紧急制动时会产生严重的汽车“点头”现象。转弯时，由于悬架侧倾刚度降低，会使车身产生较大的侧倾角。另外，悬架动挠度的增加还会受到悬架布置空间的限制。

为使悬架既有大的静挠度又不影响其他性能指标，可采取一些相应措施，如采用悬架刚度可变的非线性悬架。由于非线性悬架的刚度随动行程增大而增大，就可以在同样

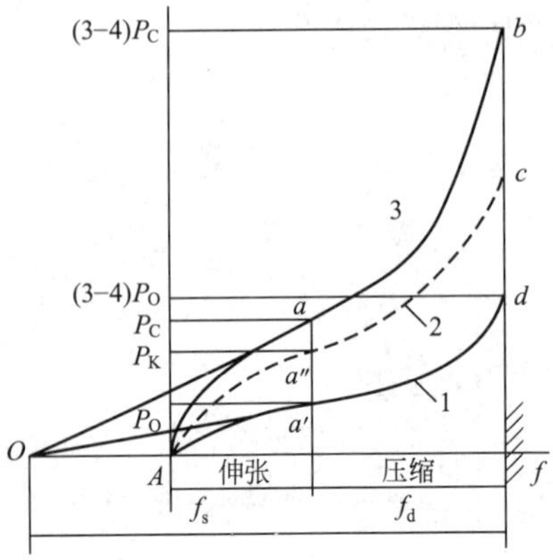

图 6.5　可变的悬架弹性曲线

1—静载荷值为满载；2—静载荷值为半载；3—静载荷值为空载

的动行程中，得到比线性悬架更多的动容量(指悬架从静载荷时的位置起，变形到与车架部分接触时的最大变形)。悬架的动容量越大，对缓冲块撞击的可能性就越小。现代货车在后悬架上采用钢板弹簧加副簧即为此种最简易的办法。为使载荷增减时，静挠度保持不变，较为理想的是在悬架系统中设置自动调节车身高度的装置。这样，悬架弹性特性曲线就应如图 6.5 所示绘出了有代表性的 3 条弹性曲线。曲线 1、2 和 3 分别表示静载荷值为满载 P_M、半载 P_K 和空载 P_O 时的情况。由于这一组曲线，虽然载荷发生了变化，但静挠度 f_s 可以保持不变(静挠度 f_s 指图 6.3 上 $a-a'$ 点在横坐标上的投影到 O 点的距离，O 点为曲线上 a、a''、a' 诸点所作切线的交点)。

这组曲线的另一特点是这些曲线在悬架行程中各点的斜率也是不同的，即悬架刚度还随行程而变化。一般是在静载时(行程中间位置)刚度小，但在离静载荷较远的两端，如在压缩行程 b、c、d 处和伸张行程的 A 点处的刚度就较大，做到了在有限的动行程范围内有足够的动容量。

采用变刚度特性曲线的悬架，对于载荷变化较大的货车而言，会明显地改善行驶平顺性。例如，某货车在满载时，后悬架的载荷约为空车的 4 倍多，假定悬架刚度不变，若满载时的静挠度等于 100mm 时，则空车时的静挠度将不到 25mm。不难算出，满载时的振动频率为 1.6Hz，而空车时的频率则为 3.2Hz。显然，空车时的振动频率过高，平顺性很差。如果采用变刚度悬架，使空车时的刚度比满载时的低，就会降低空车的振动频率而改善汽车行驶的平顺性。

2) 悬架系统的阻尼

为衰减车身自由振动和抑制车身、车轮的共振，以减小车身的垂直振动加速度和车轮的振幅(减小车轮对地面压力的变化，防止车轮跳离地面)，悬架系统中应具有适当的阻尼。悬架阻尼主要来自液压减振器的作用，和其名称相反，减振器并不吸收由道路颠簸所引起的冲击。与其说悬挂系统吸收冲击是减振器的功能，不如说由减振器耗散通过颠簸输入系统的能量。对于各种悬架结构，以钢板弹簧悬架系统的干摩擦最大，钢板弹簧叶片数目越多，摩擦越大。所以，有的汽车采用钢板弹簧悬架时，可以不装减振器，，但是阻尼力的数值很不稳定，板簧生锈后阻力过大，不易控制。而采用其他内摩擦很小的弹性元件(如单片钢板弹簧、螺旋弹簧、扭杆弹簧等)的悬架，必须使用减振器以耗散振动能量，使振动迅速得到衰减。

减振器的阻力常用相对阻尼系数 φ 来评价，即

$$\varphi=\frac{C_s}{2\sqrt{CM}} \tag{6-17}$$

式中，C_s——减振器阻力系数；

M——悬挂质量。

对 1/4 车辆模型，悬架阻尼的影响可用图 6.6 所示的响应增益加以说明。阻尼的百分

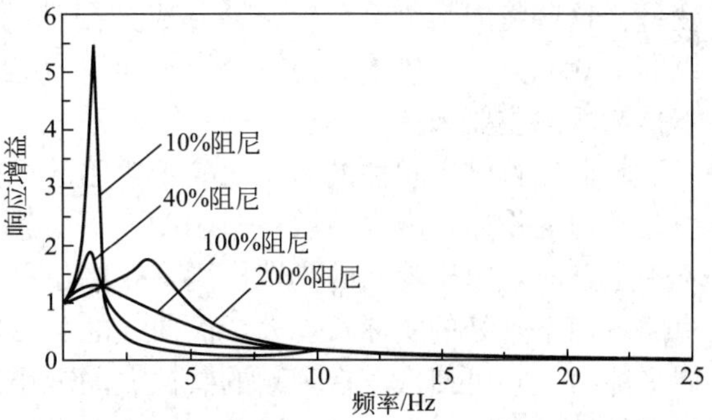

图 6.6 阻尼对悬架隔振特性的作用

比可由方程式(6－17)中的阻尼比来决定。阻尼很小时(10％)的响应在频率为1Hz时有很高的峰值突出。这种形式的响应常常被称为“浮动”，它引起悬挂质量将道路上比较大的起伏加以放大。尽管这是不利的，但在共振点以上所有频率却因为达到高的衰减而获益。由于共振时放大倍数在1.5～2.0Hz范围成为公认的事实，所以40％阻尼比的曲线较好地代表大多数车辆。在100％(临界)阻尼时，悬挂质量在1Hz上下跳动的运动被有效控制，但对较高频率的隔振非常不利。如果阻尼增加到超过临界值时，例如200％阻尼，此时减振器变得相当硬，使悬架不再运动，因此车辆在其轮胎上跳动，在3～4Hz范围产生共振。

为使减振器阻尼效果好，又不传递大的冲击力，常把压缩行程的阻尼和伸张行程的阻尼取不同值。当车轮遇到突起时，压缩行程的阻尼力传递到悬挂质量上，所以在这个方向不要求具有高的阻尼，以充分发挥弹性元件的作用；另一方面，为耗散遇到颠簸时弹簧所储存的能量，所以在回弹方向的阻尼是需要的。通常，减振器压缩行程的相对阻尼系数 φ_c 与伸张行程的相对阻尼系数 φ_e 之间的关系为

$$\varphi_c=(0.25\sim0.5)\varphi_e \tag{6-18}$$

当 $\varphi_c=0$ 时，即压缩行程时无阻尼，只在伸张行程有阻尼作用，具有这种阻尼特性的减振器称为单向作用减振器；在压缩、伸张行程均有阻尼作用的称为双向作用减振器。

对于不同悬架结构形式及不同的使用条件，满足平顺性要求的相对阻尼系数的大小应有所不同。在设计时，通常先取压缩行程和伸张行程相对阻尼系数的平均值。对于无内摩擦的弹性元件(如螺旋弹簧)悬架，$\varphi_c=0.25\sim0.35$；对于有内摩擦的钢板弹簧悬架，相对阻尼系数较小。

减振器可提高汽车行驶平顺性，还可增加悬架的角刚度，改善车轮与道路的接触条件，防止车轮跳离地面，因而可以改善汽车的稳定性，提高汽车的行驶安全性。改进减振器的性能对提高汽车在不平道路上的行驶速度有很大的帮助。

2. 轮胎

因为轮胎/车轮是汽车行驶平顺性隔振系统的一部分，因此从理论上来讲，为吸收路面的冲击，它应该柔软。而同时它转动时应该对车辆不产生任何激励的作用。实际上，由于轮胎、车轮、轮毂、制动器及其他元件制造的缺陷可能造成以下3个方面主要形式的不均匀性。

(1) 质量不平衡。

(2) 尺寸的变差。

(3) 刚度的变差。

兼备所有这些不均匀性的轮胎/车轮总成在滚动时将引起它承受在地面上力和力矩的

变差。这些将成为传至车轮轮轴并成为振动的激振源。力的变化可能在垂直(径向)方向、纵向(牵引)方向或侧向。翻转力矩、回正力矩，以及滚动阻力矩这些方向的力矩变化通常不是激振的主要来源，不过它们对转向系统振动有影响。

轮胎对行驶平顺性的影响取决于轮胎的径向刚度，轮胎的展平能力以及轮胎内摩擦所引起的阻尼作用。减少轮胎径向刚度，可使悬架换算刚度减小10%～15%。当汽车行驶于不平道路时，由于轮胎的弹性作用，轮胎位移曲线较道路断面轮廓要圆滑平整，其长度较道路坎坷不平处的实际长度大，而曲线的高度则较道路不平的实际高度小，即所谓的轮胎展平能力。它可使汽车在高频的共振振动减小。由于轮胎内摩擦所引起的阻尼作用，对于轿车轮胎的相对阻尼系数 φ 可达0.05～0.106。

为提高汽车行驶平顺性，轮胎径向刚度应尽可能减小。在采用足够软的悬架的情况下，在相当大的行驶速度范围内，低频共振的可能性完全可以消除。但轮胎刚度过低，会增加车轮的侧向偏离，影响操纵稳定性，同时，还使滚动阻力增加，轮胎寿命降低。

3. 悬挂质量

实验和理论研究表明，车身的振动主要是以自振频率进行的振动，即由于车身偏离平衡位置时所积蓄的能量而产生的振动。为研究汽车在纵向垂直平面内的自由振动，将汽车的悬挂质量 M 分解为由无质量的刚性杆互相连接的前轴上的质量 M_1、后轴上的质量 M_2 以及质心 C 上的质量 M_3 的3个集中质量(图6.7)。它们的大小由下述3个条件决定。

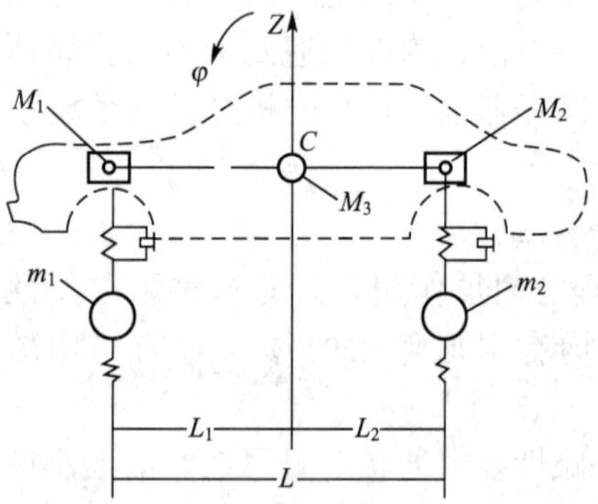

图6.7　双轴汽车简化的平面模型

总质量保持不变

$$M=M_1+M_2+M_3 \tag{6-19}$$

质心位置不变

$$M_1L_1-M_2L_2=0 \tag{6-20}$$

转动惯量 L_y 的值保持不变

$$I_y=M_{\rho y}^2=M_1L_1^2+M_2L_2^2 \tag{6-21}$$

由式(6-19)、(6-20)和(6-21)可得出3个集中质量的值分别为

$$M_1=M\frac{\rho_y^2}{L_1L} \tag{6-22}$$

$$M_2=M\frac{\rho_y^2}{L_2L} \tag{6-23}$$

$$M_3=M\left(1-\frac{\rho_y^2}{L_1L_2}\right) \tag{6-24}$$

式中，ρ_y——绕横轴 y 的回转半径；

L_1、L_2——车身质心至前、后轴的距离；

L——轴距。

由式(6-22)～式(6-24)可见，当悬挂质量分配系数$\rho=\frac{\rho_y^2}{L_1L_2}$等于1时，质心上的质量$M_3=0$。此时，前、后轴上的集中质量$M_1$、$M_2$的垂直方向运动相互独立。也即，当前轮遇到路面不平度而引起振动时，质量M_1运动，而质量M_2不运动，反之也然。为维持这个条件，应保证ρ_y相应的数值，例如把质量分配到汽车的两端(发动机前移，行李舱后移等)，或者改变汽车质心的位置，但这有时难以实现。

减少公共汽车和载货汽车的悬挂质量，会使车身振动加速度增加，降低行驶平顺性。为保持良好的行驶平顺性，应该采用等挠度悬架，使悬架刚度随悬挂质量的减小而减小。

座位的布置对行驶平顺性也有很大的影响。实际感受和试验表明：座位接近车身的中部其振动最小，离此中心越远处其平顺性越差。座位位置常由它与汽车质心间的距离来确定，用座位到汽车质心距离与汽车质心到前(后)轴的距离之比评价座位的舒适性。该比值越小，车身振动对乘客的影响越小。

对载货汽车和公共汽车，座位在高度上的布置也是重要的。为减小水平纵向振动的振幅，座位在高度方面与汽车质量中心间的距离应该不大。

弹簧坐椅刚度的选择要适当，防止因乘客在座位上的振动频率与车身的振动频率重合而发生共振。对于具有较硬悬架的汽车，可采用较软的坐垫。对于具有较软悬架的汽车，可采用较硬的坐垫。

4. 非悬挂质量

减小非悬挂质量可以降低车身的振动频率，增大车轮的振动频率。这样就可使低频共振与高频共振区域的振动减小，而将高频共振移向更高的行驶速度，对行驶平顺性有利。

其次减小非悬挂质量，还将引起高频振动的相对阻尼系数增加($\varphi=0.5r\sqrt{CM}$)，因而减振器所吸收的能量减少，工作条件可以获得改善。非悬挂质量可因悬架导向装置型式而改变，采用独立悬架，可使非悬挂质量减小。常用非悬挂质量与悬挂质量之比m/M评价非悬挂质量对行驶平顺性的影响。比值越小，行驶平顺性越好。对于现代轿车$m/M=10.5\%\sim14.5\%$，可以保证良好的行驶平顺性。

5. 发动机悬置

发动机悬置是指连接发动机与车架间的支撑块(体)。图6.8所示为一横向前置发动机的坐标轴系统，此图给出了目前多数发动机采用的典型的三点支撑形式。

现代汽车的设计强调轻量化，采用了新型高强度轻质材料以图降低整车的质量，而发动机的质量却难以降低。这样，发动机的质量在整车质量中所占比重有所上升。然而发动机却多采用平衡性较差的四缸四冲程发动机；轿车多采用整体式的薄壁结构车身，这样，车身弹性增加，振动趋势上升，发动机对车身的振动激励相对增加。以上诸多因素促使了发动机悬置技术的发展，动力总成悬置系统设计也从最初由经验设计发展成为一门学科。

如何有效地隔离发动机的振动向车架(身)的传递是汽车设计的一个关键问题。从汽车的发展历史中可以清晰地看出发动机振动的隔离技术的发展过程。传统的橡胶悬置已

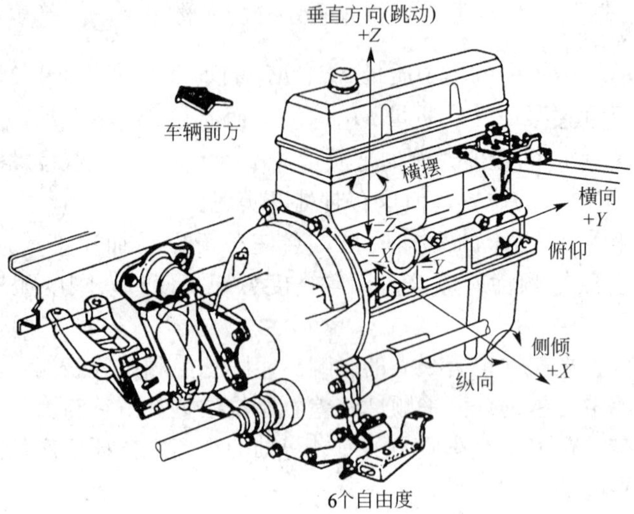

图 6.8　典型横置发动机和支撑部件

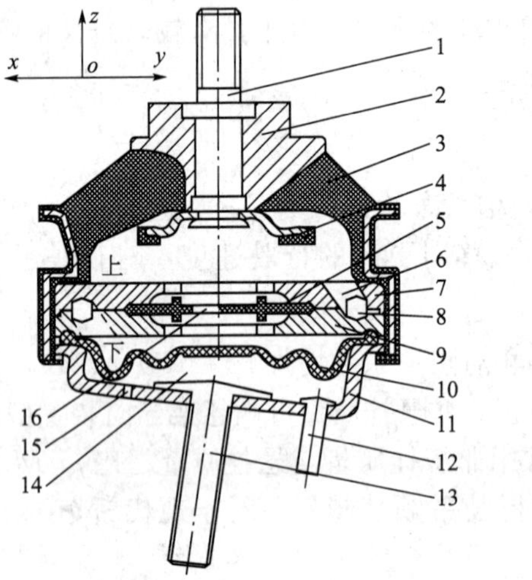

图 6.9　某汽车发动机液压悬置结构

1—连接螺柱；2—金属骨架；3—橡胶主簧；4—缓冲限位盘；5—解耦盘；6—惯性通道入口；7—惯性通道体上半部分；8—惯性通道；9—惯性通道体下半部分；10—底膜；11—底座；12—安装定位销；13—连接螺栓；14—空气室；15—气孔；16—补偿孔

无法满足汽车多工况、宽频带的减振降噪要求。液压悬置的出现弥补了橡胶悬置的不足。

液压悬置的发明者综合了橡胶的弹性特性与悬架系统的筒式减振器的设计思路，即在原橡胶悬置的基础上，设计为具有中间隔板上、下液室，在中间隔板设有长孔连接上、下液室的液压悬置。图 6.9 所示为某汽车发动机液压悬置的结构。

对发动机悬置的要求是悬置具有较大刚性以支承发动机静重和输出大的扭矩。悬置在低频下具有大阻尼、高动刚度特性，以衰减汽车起动、制动、换挡，以及急加速、减速等过程中因发动机输出扭矩波动引起的动力总成低频振动；悬置应在 7～72Hz 范围内具有较大阻尼，以迅速衰减因路面、轮胎激励引起的动力总成的低频振动；悬置应在 25Hz 附近具有较低的动刚度，以衰减怠速振动；悬置在高频范围内(＞50Hz)，具有小阻尼、低动刚度特性，以降低振动传递率，提高发动机的降噪效果。

总之，影响行驶平顺性的结构参数很多，且其关系错综复杂，必须对这些参数进行综合分析，以便正确选择参数，提高汽车行驶的平顺性。

乘坐舒适性在很大程度上还取决于座位的结构、尺寸、布置方式和车身(或载货汽车的驾驶室)的密封性(防尘、防雨、防止废气进入车身)、通风保暖、照明、隔声等效能，以及是否设有其他提高乘客舒适性的设备(钟表、收音机、烟灰盒、点烟器等)。

有些国外大客车，尤其是长途公共汽车的座位都充分考虑舒适性。如美国的长途客车因乘客乘坐时间长，要求有更好的舒适性，一般都设有半躺坐椅或可调的活动坐椅，坐椅的布置尽可能使乘客面朝前方，并设有阅读专用灯、洗漱室、快餐部和广播设备以适应长途旅行的需要。

另外，大客车的发动机多采用后置式，以利于隔绝噪声和方便维修。车身越来越多采用承载式结构、空气悬架以减轻振动和噪声。市内公共汽车因需经常起步、加速和换挡，传动系统多采用液力-机械自动变速器以实现自动换挡和无级变速，减轻驾驶员的疲劳和改善发动机功率的利用。

6.2 汽车的通过性

汽车的通过性是指汽车在一定装载质量下，能以足够高的平均车速通过各种坏路及无路地带(如松软的土壤、沙漠、雪地、沼泽等松软地面及坎坷不平地段)和克服各种障碍(如陡坡、侧坡、台阶、沟壕等)的能力。

通过性是汽车的主要性能之一，它不仅影响汽车的运输生产率，而且有时直接决定汽车能否进行运输工作。对军用、农用以及在矿山、建筑工地、林区等使用的汽车，因为要在坏路或无路条件下行驶，因此，要求这些汽车具有良好的通过性。

汽车通过性可分为轮廓通过性和牵引支承通过性，前者是表征车辆通过坎坷不平路段和障碍的能力；后者是指车辆能顺利通过松软土壤、沙漠、雪地、冰面、沼泽等地面的能力。

在松软地面上行驶时，汽车驱动轮对地面施加向后的水平力，使地面发生剪切变形，相应的剪切变形所构成的地面水平反作用力，被称为土壤推力。它常比在一般硬路面上的附着力要小得多。汽车在松软地面上行驶时也受到土壤阻力的作用。土壤阻力是指轮胎对土壤的压实作用、推移作用而产生的压实阻力、推土阻力，以及充气轮胎变形引起的弹滞损耗阻力。它要比在硬路面上的滚动阻力大得多。因此，它们经常不能满足汽车行驶附着条件的要求，这是松软地面限制汽车行驶的主要原因。

汽车的通过性主要决定于汽车的支承-牵引参数及几何参数，并且与汽车的其他性能，如动力性、平顺性、稳定性等密切相关。

6.2.1 轮廓通过性

在越野行驶时，由于汽车与不规则地面的间隙不足，可能出现汽车被托住而无法通过的现象，称为间隙失效。间隙失效主要有“顶起失效”、“触头失效”或“托尾失效”两种形式。顶起失效是车辆中间底部的零件碰到地面而被顶住的间隙失效。触头失效(或托尾失效)是汽车前端(或车尾)触及地面的间隙失效。

汽车通过性的几何参数是与防止间隙失效有关的汽车本身的几何参数。它们主要包括最小离地间隙、接近角、离去角、纵向通过角等，如图 6.10 所示。各类汽车通过性几何参数的数值范围见表 6-2。另外，汽车的最小转弯直径和内轮差、转弯通道圆及车轮半径也是汽车通过性的重要轮廓参数。

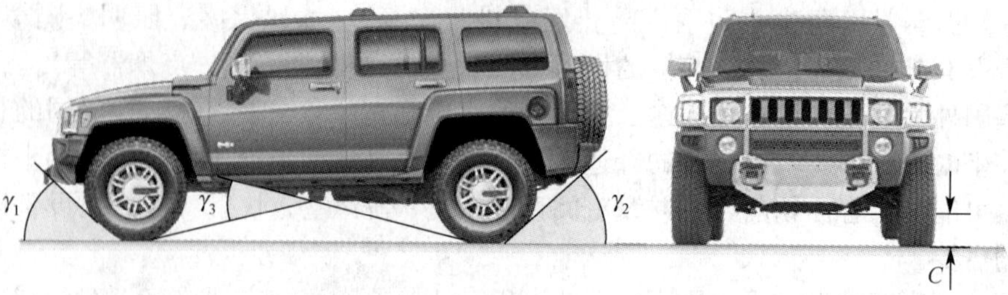

图 6.10 汽车通过性的几何参数

表 6-2 汽车通过性的几何参数

汽车类型	驱动型式	最小离地间隙 C/mm	接近角 γ_1/(°)	离去角 γ_2/(°)	最小转弯直径 d_H/m
轿　车	4×2	120～200	20～30	15～22	14～26
	4×4	210～370	45～50	35～40	20～30
客　车	6×4、4×2	220～370	10～40	6～20	28～44
越野车(乘用)	4×4	210～370	45～50	35～40	20～30
货　车	4×2	250～300	25～60	25～45	16～28
	4×4、6×6	260～350	45～60	35～45	22～42

1. 最小离地间隙

最小离地间隙 C(图 6.10)是汽车除车轮之外的最低点与路面之间的距离，它表征汽车无碰撞地越过石块、树桩等障碍物的能力。汽车的前桥、飞轮壳、变速器壳、消声器和主传动器外壳等通常有较小的离地间隙。汽车前桥的离地间隙一般比飞轮壳的还要小，以便利用前桥保护较弱的飞轮壳免受冲碰。后桥内装有直径较大的主传动齿轮，一般离地间隙最小。在设计越野汽车时，应保证有较大的最小离地间隙。

2. 接近角与离去角

接近角 γ_1 和离去角 γ_2(图 6.10)是指自车身前、后突出点向前、后车轮引切线时，切线与路面之间的夹角。它表征了汽车接近或离开障碍物(如小丘、沟洼地等)时，不发生碰撞的能力。接近角和离去角越大，则汽车的通过性越好。

3. 纵向通过角

纵向通过角是指在汽车空载、静止时，在汽车侧视图上通过前、后车轮外缘做切线交于车体下部较低部位所形成的最小锐角 γ_3。它表征汽车可无碰撞地通过小丘、拱桥等障碍物的轮廓尺寸。纵向通过角越大，汽车的通过性越好。

4. 最小转弯直径和内轮差

车辆在转向过程中，转向盘向左或向右转到极限位置时，车辆外转向轮印迹中心在其支承面的轨迹圆直径中的较大者称为车辆的最小转弯直径。它表征车辆在最小面积内的回转能力和通过狭窄弯曲地带或绕过障碍物的能力。转向轴和后轴的内轮印迹中心在车辆支承平面上的轨迹圆之差被称为内轮差，如图 6.11 所示。

《机动车运行安全技术条件》(GB 7258—2004)规定：机动车辆的最小转弯直径，以前转向外轮轨迹中心为基线，测量其值不得大于 24 m；当转弯直径为 24 m 时，前转向轴和末轴的内轮差(以两内轮轨迹中心计)不得大于 3.5 m。

5. 转弯通道圆

转向盘转至极限位置时，图 6.12 中两圆为车辆转弯通道圆。车辆所有点在车辆支承平面上的投影均位于圆外的最大内圆和包含车辆所有点在车辆支承平面上的投影均位于圆内的最小外圆。

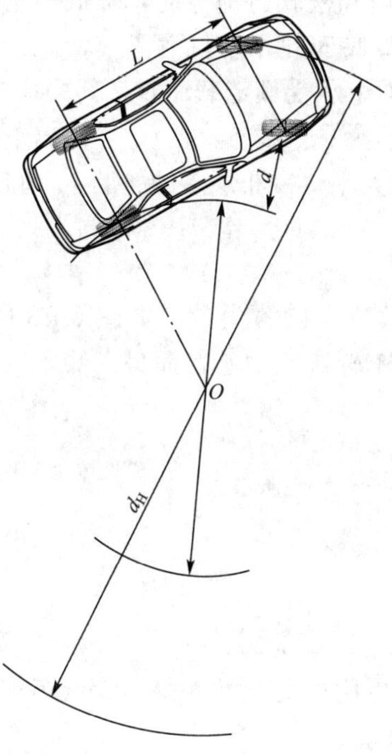

图 6.11　汽车转弯直径示意图

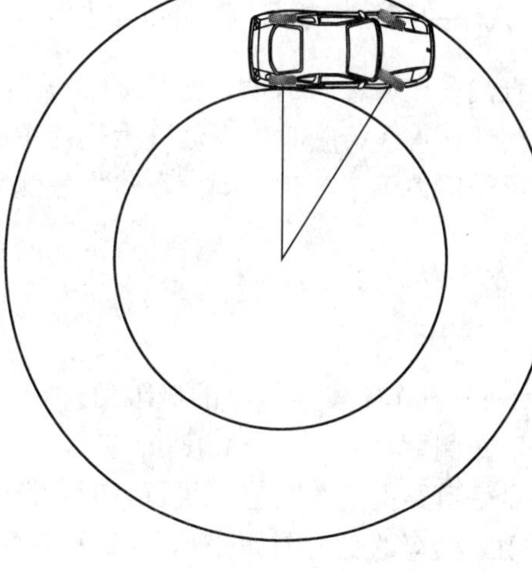

图 6.12　汽车转弯通道圆示意图

车辆有左和右转弯通道圆。转弯通道圆的最大内圆直径越大，最小外圆直径越小，车辆所需的通道宽度越窄，通过性越好。

6.2.2　牵引支承通过性

车辆牵引支承通过性的主要评价指标包括附着质量、附着质量系数及车辆接地比压。

1. 附着质量和附着质量系数

附着质量是指轮式车辆驱动轴载质量 m_μ。车辆附着质量与总质量 m_a 之比称为附着质量系数 k_μ。

为满足车辆行驶的附着条件的要求，应有

$$m_\mu g \mu_g \geqslant m_a g \psi \tag{6-25}$$

式中，ψ——道路阻力系数，$\psi = f_r \pm i$；

μ_g——地面附着系数。

由式(6-25)得

$$k_{\mu}=m_{\mu}/m_{a}\geqslant\psi/\mu_{g} \tag{6-26}$$

显然，k_{μ} 值大有利于汽车在坏路面上行驶，丧失通过性的可能性就小。为保证车辆的支承通过性，应对车辆附着质量有明确的要求。例如，意大利对 4×2 牵引车组成的汽车列车的附着质量系数的规定为 0.27，英国规定为 0.263。

2. 车轮接地比压

车轮接地比压是指车轮对地面的单位压力。车辆在松软地面上行驶的滚动阻力系数和附着系数都与车轮接地比压直接有关。车轮接地比压小，轮辙深度小，车轮的行驶阻力和车轮沉陷失效的概率就小。同样，当汽车行驶在粘性土壤和松软雪地上时，降低车轮接地比压可使得车轮接地面积增加，提高地面承受的剪切力，使车轮不易打滑。

车轮接地比压 p 与轮胎气压 p_{w} 有关，车轮在硬路面上承受额定载荷时，其关系式为

$$p=k_{w}p_{w} \tag{6-27}$$

系数 k_{w}=(1.05～1.20)，其大小取决于轮胎刚度的大小，帘布层多的轮胎 k_{w} 值较大。

6.2.3 汽车的倾覆失效

越野汽车在通过障碍时，过大的侧坡或纵坡会导致汽车倾覆失效，如图 6.13 所示。汽车在侧坡上直线行驶时，当坡度大到使重力通过一侧车轮接地中心，而另一侧车轮的地面法向反作用力等于零时，则汽车将发生侧翻。此时有

$$Gh_{g}\sin\beta=G\frac{B}{2}\cos\beta \tag{6-28}$$

$$\tan\beta=\frac{B}{2h_{g}} \tag{6-29}$$

式中，β——汽车不发生侧翻的极限角。

为防止侧翻，汽车质心高度 h_{g} 应低，轮距 B 应宽。

在良好道路上汽车高速曲线行驶时，侧向惯性力的作用也会导致侧翻。设汽车作等速圆周运动，汽车的受力图如图 6.14 所示，侧向惯性力 F_{jl} 为

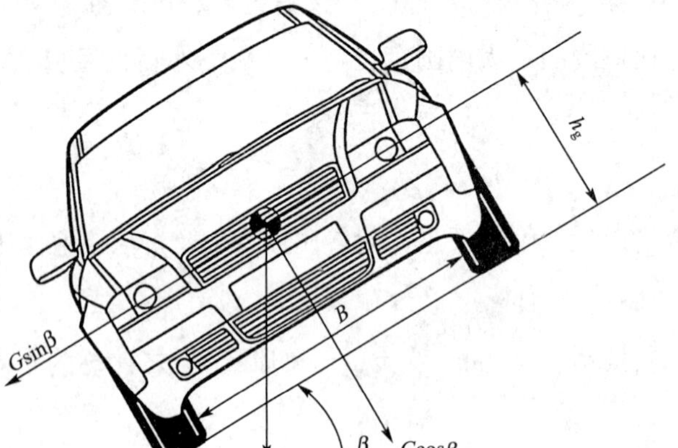

图 6.13 汽车的侧翻

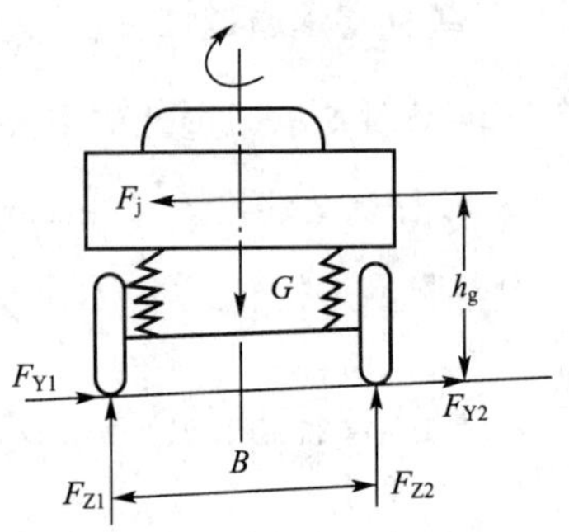

图 6.14 汽车圆周行驶受力情况

$$F_{j1}=\frac{G}{12.96g}\frac{u_a^2}{R} \tag{6-30}$$

式中，R——弯道半径，m。

作用在汽车左、右车轮上的法向反力分别为

$$F_{Z1}=\frac{G}{2}+\frac{F_{j1}h_g}{B} \tag{6-31}$$

$$F_{Z2}=\frac{G}{2}-\frac{F_{j1}h_g}{B} \tag{6-32}$$

在即将侧翻的临界状态下，$F_{Z2}=0$，则

$$\frac{GB}{2}=F_{j1}h_g \tag{6-33}$$

显然，汽车不发生侧翻的最大允许车速为

$$u_{amax}=\sqrt{\frac{6.48gBR}{h_g}} \tag{6-34}$$

因此，为保证汽车高速行驶的横向稳定性，轿车都力求保持一定轮距，并尽量降低质心高度。

在大侧坡角度 β' 的坡道上也可能发生侧滑，此时

$$G\mu_1\cos\beta'=G\sin\beta' \tag{6-35}$$

$$\tan\beta'=\mu_1 \tag{6-36}$$

式中，μ_1——侧向附着系数。

当侧坡角的正切值等于侧向附着系数时，汽车将发生整车侧滑。一般认为，与其发生侧翻，不如发生侧滑。所以希望 $\tan\beta>\tan\beta'$，即

$$\frac{B}{2h_g}>\mu_1 \tag{6-37}$$

同理，可导出纵向倾覆的条件，它也取决于质心高度与质心至前轴或后轴的距离。

6.2.4 影响汽车通过性的因素

汽车的通过性与汽车的结构特点、路面质量和行驶状况有关，下面将讨论如下方面对汽车通过性的影响。

1. 汽车的动力性

1）汽车的最大单位驱动力

由于汽车越野行驶的阻力很大，为充分利用地面提供的牵引力，保证汽车的通过性，除了减少行驶阻力外，还必须增加汽车的最大单位驱动力。汽车的最大单位驱动力为

$$\frac{F_{Xmax}}{G}=\left(\frac{M_e i_g i'_R i_0 \eta_T}{Gr}\right)_{max} \tag{6-38}$$

式中，i'_R——分动器传动比。

实际上，在汽车低速行驶时，若忽略空气阻力，最大单位驱动力等于最大动力因数。为获得足够大的单位驱动力，要求越野汽车有较大的比功率以及较大的传动比。这些要求可通过提高发动机功率，在传动系中增加副变速器或使分动器具有低挡以增加传动系的总传动比来实现。在困难的行驶条件下，限制越野汽车的额定载质量能提高单位驱动力，同时也能降低在松软地面上的滚动阻力。

2）行驶速度

当汽车低速行驶时，土壤剪切和车轮滑转的倾向减小。因此，用低速行驶克服困难地段可以改善汽车的通过性。为此，越野汽车传动系最大总传动比一般较大。越野汽车最低稳定车速可按表6-3选取，其值随汽车总质量而定。也可由发动机的最低稳定转速求得汽车的最低稳定行驶速度 u_{amin}，即

$$u_{amin}=0.377\frac{n_{emin}r}{i_g i'_R i_0} \tag{6-39}$$

式中，n_{emin}——发动机的最低稳定转速，r/min。

表6-3　越野汽车的最低稳定车速

汽车总质量/kN	<19.6	<63.7	≤78.4	>78.4
最低稳定车速/(km/h)	≤5	≤2～3	≤1.5～2.5	≤0.5～1

2. 汽车的传动系

1）液力传动

当汽车装有液力变矩器或液力耦合器时，能提高发动机工作的稳定性，使汽车可以长时间稳定地以低速(0.5～1.5km/h)行驶，从而可减小滚动阻力和提高附着力，改善汽车通过性。装有普通机械式传动系的汽车在突然起动时，驱动轮扭矩急剧上升，并产生对土壤起破坏作用的振动(图6.15虚线1b)。即使在缓慢起步时(图6.15虚线1a)，驱动转矩也比滚动阻力矩 M_f 大得多。在松软地面上起步时，这种过大的驱动转矩并不能使汽车得到较大的加速度，相反却使土壤被破坏，轮辙加深，起步困难，而液力传动能保证驱动轮扭矩逐渐而平顺地增长(图6.15实线2a、2b)，从而防止土壤被破坏和车轮滑移。

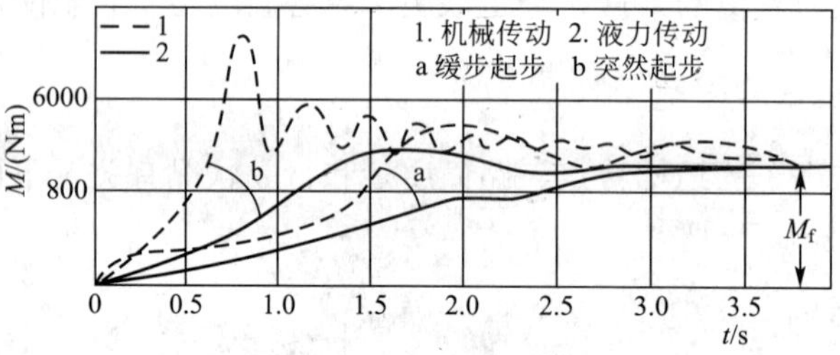

图6.15　汽车起步时驱动轮上扭矩变化图

液力传动还能消除机械式传动系经常发生的扭振现象。这种扭振现象会引起驱动力产生周期性冲击，减少土壤颗粒间的摩擦，增加轮辙深度，并减少轮胎与土壤间的附着力，因而使车轮滑转的可能性大为增加。扭矩脉动所引起的土壤内摩擦力的减小，还会使汽车前轮所造成的轮辙立即展平，使后轮滚动阻力增加。

装有普通机械传动系的汽车，在松软地面行驶时，由于车速低，汽车惯性不足以克服较大的行驶阻力，致使换挡时，因切断功率而停车。采用液力传动即可消除因换挡所引起的功率传递间断现象，因而使汽车通过性有显著提高。

2）差速器

为保证各驱动车轮能以不同的角速度旋转，在传动系中装有差速器。但普通齿轮差速

器由于具有使驱动车轮之间扭矩平均分配的特性，当某一侧驱动车轮陷入泥泞或冰雪路面上时，得到较小的附着力$(F_\mu)_{\min}$，则与之对应的另一侧驱动车轮也只能以同样小的附着力$(F_\mu)_{\min}$限制其驱动力。为避免这种情况发生，某些越野汽车上装有差速锁，以便必要时能锁止差速器。此时汽车可能得到的驱动力为

$$F_X=(F_Z\mu_g)_{\min}+(F_Z\mu_g)_{\max} \tag{6-40}$$

但在实际道路条件下，各驱动车轮上的附着力差别很小，汽车总驱动力的增加一般不超过20%～25%。而且长时间使用差速锁会使半轴过载引起功率循环，而当驱动车轮滑转导致停车后，再挂差速锁起步，有时会因滑转处土壤表面已被破坏或因全部扭矩突然传至另一驱动车轮引起土壤破坏而失去效果。

差速器的内摩擦能使左右车轮传递的扭矩不等。设传给差速器的扭矩为M，差速器的内摩擦力矩M_r，则旋转较慢和较快的驱动车轮上的扭矩分别为

$$\begin{cases}M_1=(M+M_r)/2\\M_2=(M-M_r)/2\end{cases} \tag{6-41}$$

这样，如果一个驱动车轮由于附着力不足而开始滑转，因其转速加快，则传给它的扭矩就会减小到M_2，因而可能停止滑转，而另一车轮的扭矩增大到M_1。结果在两个驱动车轮上的总驱动力可能达到最大数值

$$(F_X)_{\max}=2(F_Z\mu_g)_{\min}+M_r/r \tag{6-42}$$

由此可见，由于差速器的内摩擦，使汽车的总驱动力增加了M_r/r。由于普通齿轮差速器的内摩擦不大，实际上驱动力仅提高4%～6%。为增加差速器的内摩擦，越野汽车常采用高摩擦式差速器，如凸轮式或蜗杆式差速器等。这时总驱动力可增加10%～15%，因而能提高汽车通过性。

3）驱动防滑系统(ASR)

汽车在泥泞道路或冰雪路面行驶时，因路面的附着系数小，常会出现驱动轮滑转现象。当驱动轮滑转时，产生的驱动力很小。特别是驱动轮原地空转时，驱动力接近零。例如，汽车驱动轮陷入泥坑时，汽车不能前进。即汽车的驱动轮一侧或两侧滑转后，汽车的总驱动力不足以克服行驶阻力，使汽车通过坏路的行驶能力受到限制。汽车驱动轮胎滑转，限制了汽车动力性的发挥，增加了轮胎的磨损，降低了轮胎的使用寿命；并使汽车抗侧向力的能力下降，当遇到侧风或横向斜坡时，容易发生侧滑，影响汽车行驶的横向稳定性。

ASR系统(图6.16)可以自动调节发动机转矩到驱动轮的驱动力，使驾驶员的工作强度得以减小，稳定性和操纵性得到安全的调节，驱动力的发挥得以改善。ASR系统保持

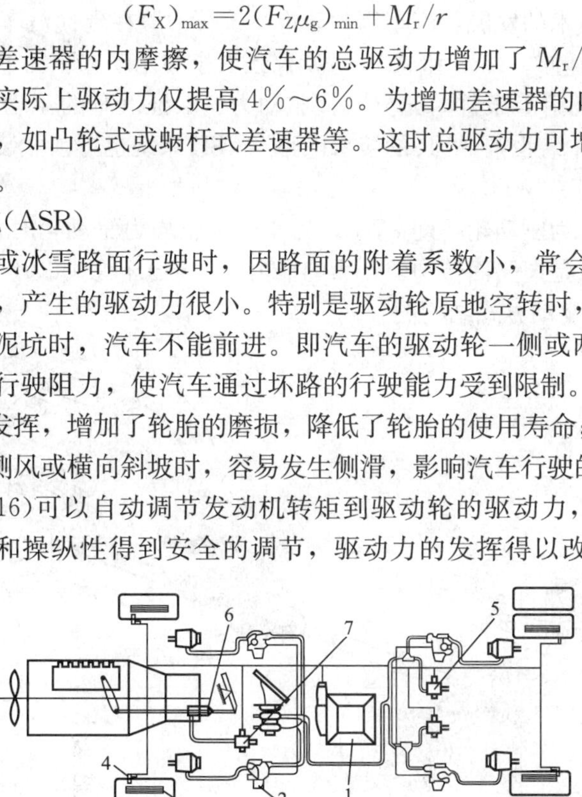

图6.16 ASR系统示意图

1—电子计算机；2—制动压力调节器；3—车轮速度传感器脉冲盘；
4—车轮速度传感器；5—差速制动阀；6—发动机控制缸；7—发动机控制阀

驱动轮处于最佳滑转范围内的控制方式有以下几种：调节发动机输出转矩、制动驱动轮以及锁止差速器。这些控制方式的目的都是调节驱动轮上的驱动力矩。

发动机输出转矩控制。如果驱动过程中左、右驱动轮同时滑转，ASR 系统的控制系统可从前、后车轮速度传感器传来的转速差过大的信息中，判断出左、右车轮均在空转，于是，对发动机控制阀(油门)发出指令，通过发动机控制直接操纵发动机供油量控制杆，相应降低其输出转矩，使得驱动轮的转速降低，直到驱动轮停止滑转。

驱动轮制动控制。汽车行驶中若出现一侧车轮滑转超过规定值时，控制系统向差速器制动阀和制动压力调节器发出控制指令，对滑转的车轮施加制动，使得滑转的车轮减速，当其减速至规定值后，停止对其控制。若又开始滑转，则重复上述循环过程。整个过程中，一方面对滑转的车轮施加制动，另一方面又对另一侧无滑转车轮施加正常驱动力，其效果相当于差速锁的作用，车辆在滑路上的方向稳定性和起步能力均可得到改善。

发动机输出转矩调节和驱动轮制动控制综合进行。当汽车在滑路转弯行驶时，如果驱动力过大，会引起驱动轮空转，使车辆在离心力的作用下甩尾侧滑。遇到这类情况，控制系统会自动控制驱动轮制动和调节发动机输出转矩，使二者同时或单独工作，保证汽车稳定行驶。另外，在驱动轮滑转时，ASR 系统自动向驾驶员发出警报(报警灯)，提示不要猛踏加速踏板，注意转向盘操作。

随着汽车电子技术的发展，汽车制动防抱系统(ABS)在现代汽车上的应用增加，ASR 系统是 ABS 系统的延伸。ABS 和 ASR 分别保证汽车在制动和驱动过程中的稳定性和转向性。ASR 是保证驱动附着条件，充分发挥驱动力，保证汽车的驱动稳定性的装置。一般在汽车的 ABS 系统中装设与 ASR 的接口电路。ASR 系统也可独立装在车上使用。

4) 四轮驱动技术(4WD)

传统汽车的两轮为驱动轮，即 2WD，当 4 个车轮均为驱动轮时，即为 4WD。与其他方式相比，它的特点是向路面传递驱动力的能力强，善于行驶坏路，爬坡能力好。图 6.17 所示为典型的 4WD 驱动方式结构图。

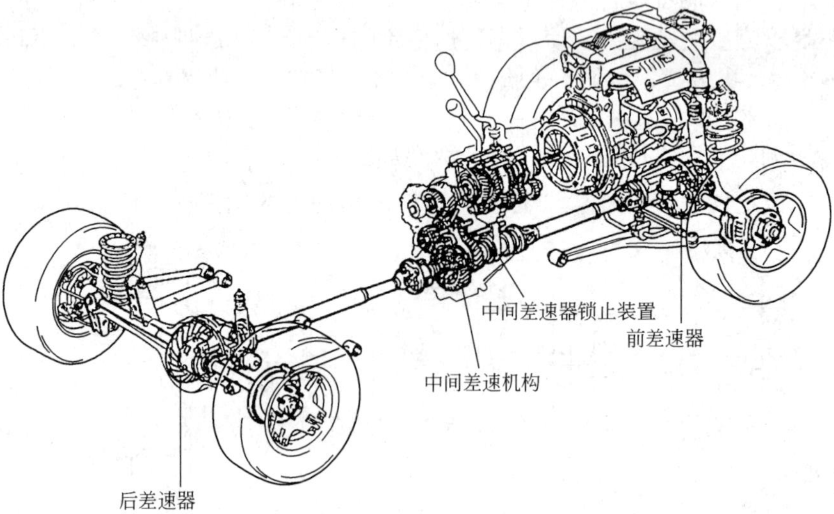

图 6.17　典型 4WD 驱动方式结构图

汽车刚出现时以二轮驱动为主，但有时在无路或泥泞的路面上，常出现汽车抛锚的现象，于是人们设想汽车能像马车一样无论在什么道路环境下都能有很好的通过性，由此出现了4WD汽车，两次世界大战加速了4WD汽车的发展。在第二次世界大战中，四轮驱动军用车辆成为机动部队的交通工具，在战争中广泛使用。战后和平年代，当初的4WD汽车向不同的方向发展：四驱车不但用于军事上，而且更多用于赛车、野营、运输等，进一步向轿车和轻型车方面急速普及开来。

在越野超越路面的台阶时，即使条件相同，后轮驱动车的前轮是从动轮，本身没有超越台阶的能力，而是撞在台阶上形成阻力。这种情况下的路面往往不很坚硬，若想推动前轮，后轮很容易发生打滑，致使汽车不能前进。但是4WD车没有越野性极差的从动轮，所有车轮都具有超越台阶的能力，是以前轮拉后轮推的形式提高越野性能。4WD车是将驱动力分散传送到各车轮，仅一个车轮的驱动力就等于2WD的一半。但是这很难超过轮胎摩擦力的极限。也就是说，即使在2WD车的驱动轮空转不能行进的条件下，4WD车仍能紧紧附于路面向前行驶。当然，要想提高整车的越野性能，保证充分的离地间隙和采用大直径车轮也会起到很大的作用。从根本上讲，4WD是越野性能良好的驱动方式。图6.18形象地比较出了4WD驱动方式与其他驱动方式在越过障碍物时驱动轮的功用。

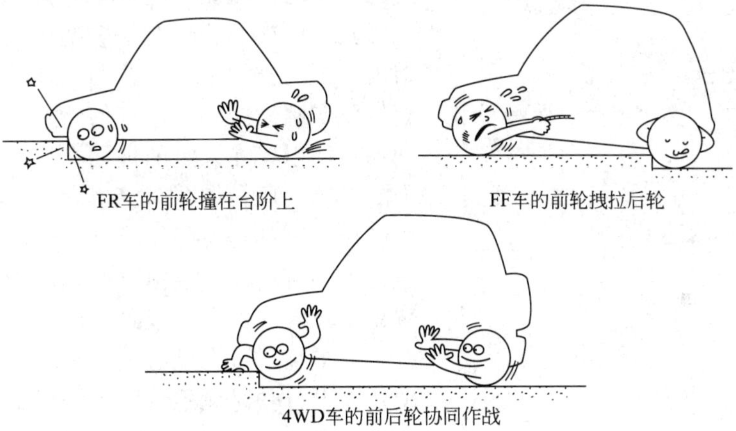

图6.18 各种驱动方式驱动轮的功用

3. 汽车车轮

车轮对汽车通过性有着决定性的影响，为提高汽车的通过性，必须正确选择轮胎的花纹尺寸、结构参数、气压等，使汽车行驶滚动阻力较小，附着能力较大。

1）轮胎花纹

轮胎花纹对附着系数有很大影响。正确地选择轮胎花纹，对提高汽车在一定类型地面上的通过性有很大作用。越野汽车的轮胎具有宽而深的花纹。当汽车在湿路面上行驶时，由于只有花纹的凸起部分与地面接触，使轮胎对地面有较高的单位压力，足以挤出水层。而汽车在松软地面上行驶时，因轮胎下陷而嵌入土壤的花纹凸起数目增加，与地面接触面积及土壤剪切面积都迅速增加，因而能保证有较好的附着性能。越野轮胎花纹的形状应具有脱掉自身泥泞的性能。

在表面滑溜泥泞而底层坚实的道路上，提高通过性的最简单办法是给轮胎套上防滑链

(或使用带防滑钉的轮胎)，它相当在轮胎上增加了一层高而稀的花纹。防滑链能挤出表面的水层，直接与地面坚硬部分接触，有的还会增加土壤剪切面积，从而提高附着能力。

2）轮胎直径与宽度

增大轮胎直径和宽度都能降低轮胎的接地比压。用增加车轮直径的方法来减小接地比压，增加接触面积以减少土壤阻力和减少滑转，要比增加车轮宽度更为有效。但增大轮胎直径会使惯性增大，汽车质心升高，轮胎成本增加，并要采用大传动比的传动系。因此，大直径轮胎的推广使用受到限制。

加大轮胎宽度不仅直接降低了轮胎的接地面比压，而且因轮胎较宽，允许胎体有较大的变形，而不降低其使用寿命，因而可使轮胎气压取得低些。若将后轮的双胎换为一个断面比普通轮胎大 2～2.5 倍、气压很低(29.4～83.3kPa)、断面具有拱形的“拱形轮胎”时，接地面积将增大 1.5～3 倍以上，则可大幅度地减小接地比压，使汽车在沙漠、雪地、沼泽地面上行驶时，具有特别良好的通过性。但这种专用于松软地面的特种轮胎，花纹较大，气压过低，不应在硬路面上行驶，否则将过早损坏和迅速磨损。

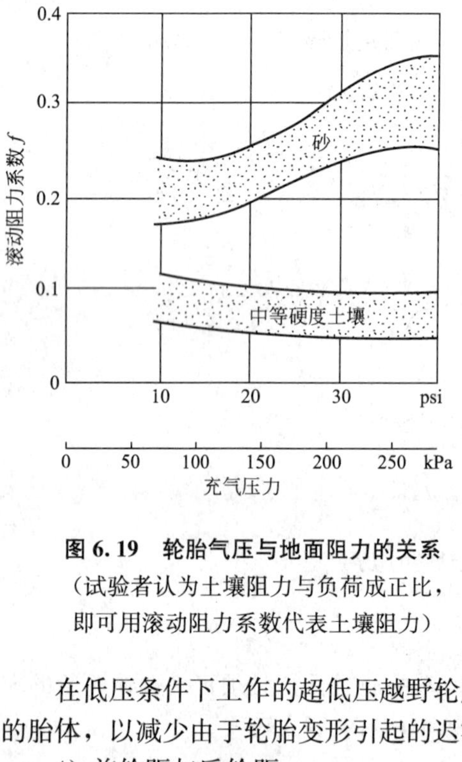

图 6.19　轮胎气压与地面阻力的关系

(试验者认为土壤阻力与负荷成正比，即可用滚动阻力系数代表土壤阻力)

3）轮胎的气压

在松软地面上行驶的汽车，要相应降低轮胎气压，以增大轮胎与地面的接触面积，降低接地比压，从而减小轮胎在松软地面的沉陷量及滚动阻力，提高土壤推力。轮胎气压降低时，虽然土壤的压实阻力减小，但却使轮胎本身的迟滞损失增加。所以，在一定的地面上有一个最小地面阻力的轮胎气压，如图 6.19 所示。实际上，轮胎气压应比该气压略高 19.2～29.4kPa。此时，地面阻力虽稍有增加，但由于在潮湿地面上的附着系数将有较大的提高，从而可改善汽车的通过性。

为提高越野汽车通过松软地面的能力，而在硬路面上行驶时又不致引起大的滚动阻力和影响轮胎寿命，可装用轮胎中央充气系统，使驾驶员能根据道路情况，随时调节轮胎气压。通常，越野汽车的超低压轮胎气压可以在 49～343kPa 范围内变化。

在低压条件下工作的超低压越野轮胎，其帘布层数较少，具有薄而坚固、又富有弹性的胎体，以减少由于轮胎变形引起的迟滞损失，并保证其使用寿命。

4）前轮距与后轮距

当汽车在松软地面上行驶时，各车轮都需克服形成轮辙的阻力(滚动阻力)。如果汽车前轮距与后轮距相等，并有相同的轮胎宽度，则前轮辙与后轮辙重合，后轮就可沿被前轮压实的轮辙行驶，使汽车总滚动阻力减小，提高汽车通过性。所以，多数越野汽车的前轮距与后轮距相等。

5）前轮与后轮的接地比压

试验证明：前轮距与后轮距相等的汽车行驶于松软地面时，当前轮对地面的单位压力比后轮的比压小 20%～30%时，汽车滚动阻力最小。为此，除在设计汽车时，可将负荷按此要求分配于前、后轴，也可以使前、后轮的轮胎气压不同以产生不同的接地比压。

6）从动车轮和驱动车轮

在越野行驶中，常以很低的车速去克服某些障碍物，如台阶、壕沟等。这时，可用静力学平衡方程式求得障碍物与汽车参数间的关系。

图 6.20 为硬地面上后轮驱动汽车越过台阶时的受力情况。由图 6.20(a)可知，前轮(从动轮)碰到台阶时的平衡方程式为

$$\begin{cases}F'_{Z1}\cos\alpha+f_{r}F'_{Z1}\sin\alpha-\mu_{g}F_{Z2}=0\\F'_{Z1}\sin\alpha+F_{Z2}-f_{r}F'_{Z1}\cos\alpha-G=0\\f_{r}F'_{Z1}r+F_{Z2}L-GL_{1}-r\mu_{g}F_{Z2}=0\end{cases}\tag{6-43}$$

式中，F'_{Z1}——台阶作用于前轮(从动轮)的反作用力。

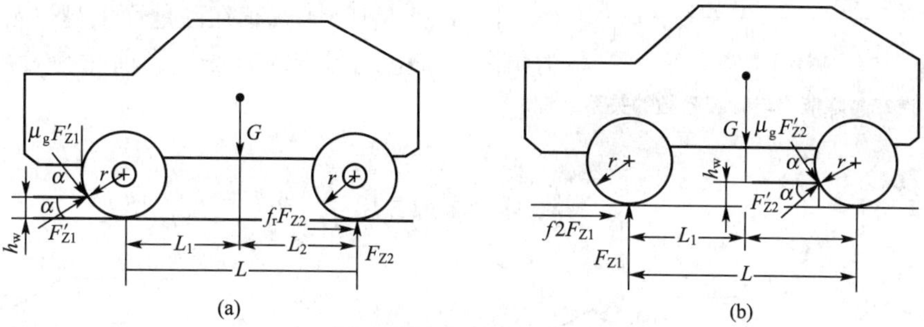

图 6.20 4×2 汽车通过台阶受力情况

将方程式(6-43)中的 G、F'_{Z1}、F'_{Z2} 消除，可得无因次方程式为

$$\left(\frac{\mu_{g}+f_{r}}{\mu_{g}}\frac{L_{1}}{L}-\frac{f_{r}}{\mu_{g}}+\frac{f_{r}r}{L}\right)\sin\alpha-\left(\frac{1}{\mu_{g}}-\frac{1-f_{r}\mu_{g}}{\mu_{g}}\frac{L_{1}}{L}-\frac{r}{L}\right)\cos\alpha=\frac{f_{r}r}{L}\tag{6-44}$$

由图 6.20 的几何关系可知

$$\sin\alpha=\frac{r-h_{w}}{r}=1-\frac{h_{w}}{r}\tag{6-45}$$

将式(6-45)代入式(6-44)，并设硬路面上的 $f_r\approx0$，则式(6-44)成为

$$\left(\frac{h_{w}}{r}\right)_{f}=\left[1-\frac{1}{\sqrt{1+\mu_{g}^{2}\left(\frac{L_{1}/L}{1-L_{1}/L-\mu_{g}r/L}\right)^{2}}}\right]\tag{6-46}$$

式中，$\left(\frac{h_w}{r}\right)_f$——前轮单位车轮半径可克服的台阶高度，它表示前轮越过台阶的能力。

由式(6-46)可知，L/r 越小及 L_1/L 越大，$\left(\frac{h_w}{r}\right)_f$ 就越大，即汽车前轮越容易越过较高的台阶。

当后轮(驱动轮)碰到台阶时(图 6.20(b))，其平衡方程式为

$$\begin{cases}F'_{Z2}\cos\alpha+f_{r}F_{Z1}-\mu_{g}F'_{Z2}\sin\alpha=0\\F_{Z1}+F'_{Z2}\sin\alpha+\mu_{g}F'_{Z2}\cos\alpha-G=0\\F_{Z1}L+\mu_{g}F'_{Z2}r-GL_{2}+rf_{r}F_{Z1}=0\end{cases}\tag{6-47}$$

式中，F'_{Z2}——台阶作用于后轮(驱动轮)的作用力。

将式(6-45)及 $f_r \approx 0$ 代入式(6-47)，可解得

$$\left(\frac{h_w}{r}\right)_r = \left[1 - \frac{1}{\sqrt{1+\mu_g^2}}\right] \tag{6-48}$$

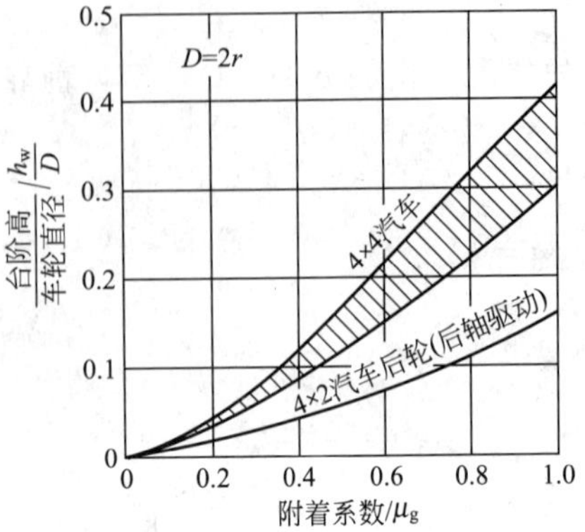

图 6.21　汽车越障能力与附着系数的关系

式中，$\left(\frac{h_w}{r}\right)_r$——后轮单位车轮半径可克服的台阶高度，它表征汽车后轮越过台阶的能力。

由式(6-48)可知，后轮越过台阶的能力与汽车的结构参数无关。

将不同的附着系数代入式(6-46)和式(6-48)可发现，后轮是限制汽车越过台阶的因素。式(6-48)计算所得的曲线示图 6.21 下部。

图 6.22 是 4×4 汽车在硬地面上越过台阶时的受力情况。按上述同样的方法，当前轮与台阶相遇时，则有

$$\left(\frac{1}{\mu_g} - \frac{1+f_r\mu_g}{\mu_g}\frac{L_1}{L} - \frac{r}{L}\right)\cos\alpha - \left(1-\mu_g\frac{r}{L}\right)\sin\alpha - \mu_g\frac{r}{L} = 0 \tag{6-49}$$

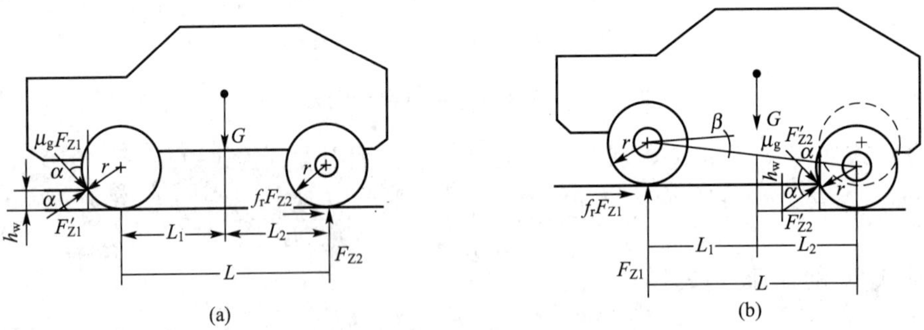

图 6.22　4×4 汽车通过台阶时受力图

同样，将式(6-45)代入式(6-49)，可求出$\left(\frac{h_w}{r}\right)_f$。经分析计算后可知，$\left(\frac{h_w}{r}\right)_f$随$\frac{L}{r}$的增加而降低，另外，增加$\frac{L_1}{r}$的比值时，可使 4×4 汽车前轮越过台阶的能力显著提高，甚至可使车轮爬上高度大于车轮半径的台阶。

当后轮遇到台阶时，有

$$\left[(\cos\beta - \mu_g\sin\beta) + \mu_g\frac{r}{L}\right]\sin\alpha - \left[\left(\frac{1+\mu_g^2}{L}\frac{L_1}{L} + \mu_g\right) - \left(\frac{1+\mu_g^2}{L}\frac{h_0}{L} + 1\right)\sin\beta - \frac{r}{L}\right]\cos\alpha$$
$$-\mu_g\frac{r}{L}[(L-L_1)\cos\beta + h_0\sin\beta] = 0 \tag{6-50}$$

式中，$\sin\alpha = 1 - h_w/r$；

h_0——汽车质心至前后轴心连线的距离。

对式(6-50)进行分析可知，L_1/L 比值的影响正好与 4×4 汽车前轮越过台阶的情况相同。长轴距、前轴负荷大的汽车(即 L_1/L 较小)，其后轮越过台阶的能力要比前轮大。

较大的 L/r 比值不论汽车的总质量如何在轴间分配，总会改善后轮越过台阶的能力。

图 6.21 也给出了 4×4 汽车的越障性能，由图可知，4×2 汽车的越障能力要比 4×4 汽车差得多。4×4 汽车的越障能力与 L_1/L 的比值有关，有关数据均已包含在曲线的阴影区内。该区域的上、下限决定于被试验汽车的几何参数。由图可知，当 $\mu_g=0.7$ 时，根据 L_1/L 的参数不同，4×4 汽车的 $h_w/r=0.18\sim0.26$，但是后轮驱动的 4×2 汽车越障能力比 4×4 汽车约降低 50%。

用同样方法解汽车越过壕沟的问题时，从图 6.23 可以看出，沟宽 l_d 与车轮直径之比值 l_d/r，同上面求得的 h_w/r 值间只有一个换算系数的差别，它们之间的关系为

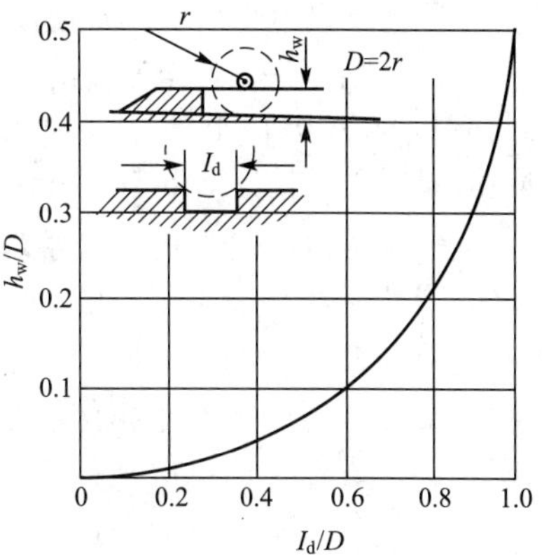

图 6.23 车轮可越台阶或壕沟尺寸换算图

$$l_d/r=\sqrt{h_w/r-(h_w/r)^2} \tag{6-51}$$

将式(6-51)绘成曲线，如图 6.23 所示。因此，只要知道车轮越过垂直障碍的能力 h_w/r，就可通过此图查得可越过的壕沟宽度。

如上所述，就 4×4 汽车的 r/L 与 L_1/L 比值的变化而言，前、后轮在越障能力方面有不同的反映。因此，在设计时就应当考虑这两方面的折中。这可将前、后轮对不同 L_1/L 值绘制 $h_w/r=F(\psi)$ 曲线，找出它们理想交点来求得。初步设计时，若结果不够理想，可适当地改变 L_1/L 值以得出较好的性能。

驱动轮在汽车上的部位及其数目对通过性的影响还可从克服坡度能力加以论述。汽车上坡行驶时，其行驶所能克服的坡度大小与此有密切关系。

4. 悬架

6×6 型和 8×8 型多轴驱动的越野汽车在异常坎坷不平的地面上行驶时，常会因悬架的结构引起某驱动车轮的垂直载荷大幅度减小，乃至离开地面而悬空的现象，使驱动车轮失去与地面的附着而影响通过性。独立悬架和平衡式悬架允许车轮与车架间有较大的相对位移，使驱动车轮与地面经常保持接触，以保证有较好的附着性能。同时独立悬架可显著地提高汽车的最小离地间隙，从而提高汽车的通过性。

5. 拖带挂车

汽车拖带挂车后，由于总质量增加，动力性将有所降低，即汽车列车的最大动力因数将比单车的最大动力因数小。因而，汽车列车的通过性也随之变得差些。

为保证汽车列车有足够高的通过性，对经常拖挂车工作的汽车，设计有较大的动力因数。增大传动系的总传动比可以加大动力因数，但与此同时，汽车的最大行驶速度将会降低；加大发动机功率也会增大动力因数，但汽车在一般道路上行驶时，由于功率利用率低，将使汽车燃料经济性变坏。

汽车拖挂车后的相对附着重力 G_{cu}/G_a' 随之减少。在汽车列车总重力 G_a' 相同的条件下，因为半挂车的部分质量作用在牵引车上，则拖带半挂车时的相对附着质量比拖带全挂车时

的大，因而半挂车汽车列车的通过性较好。

将汽车列车做成全轮驱动是提高相对附着质量的最有效方法。这可通过在挂车上也装上动力装置(动力挂车)，或将牵引车的动力通过传动轴或液压管路传输到挂车的车轮上(驱动力挂车)。

全轮驱动汽车列车的通过性较高，这不仅因其相对附着质量最大，同时，由于道路上各点的附着系数一般是不同的(如道路上有积水小坑)，驱动车轮数目增多后，各驱动车轮均遇到附着系数小的支承面的可能性大为减小，因而对汽车列车的通过性有利。此外，与相同质量的重型载货汽车相比，全轮驱动汽车列车的车轮数一般较多，因而车轮对地面的比压较小。另外，还可以把各轴轮距做成相等以减少滚动阻力，提高通过性。

设计汽车列车时，应使挂车车轮轨迹在转弯时与牵引车后轮轨迹重合。这不仅可减小汽车列车的转弯宽度，提高机动性，同时也可降低汽车列车在松软地面上转弯时的滚动阻力，从而提高其通过性。

汽车列车克服障碍的能力与挂钩和辕杆的结构参数也有关。如辕杆在垂直平面内的许可摆角($\alpha_\beta+\alpha_H$)，对汽车列车所能通过的凸起高度有很大影响(图 6.24)。

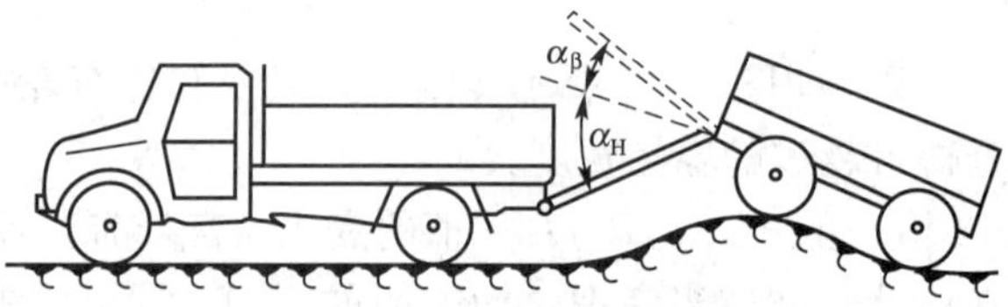

图 6.24　汽车列车通过凸起

6. 驾驶方法

驾驶方法对汽车通过性的发挥有很大影响。在通过沙地、泥泞、雪地等松软地面时，应该用低速挡以保证车辆有较大的驱动力和较低的行驶速度。在行驶中应避免换挡和加速，并保持直线行驶，因为转弯时将引起前后轮辙不重合，而增加滚动阻力(图 6.25)。

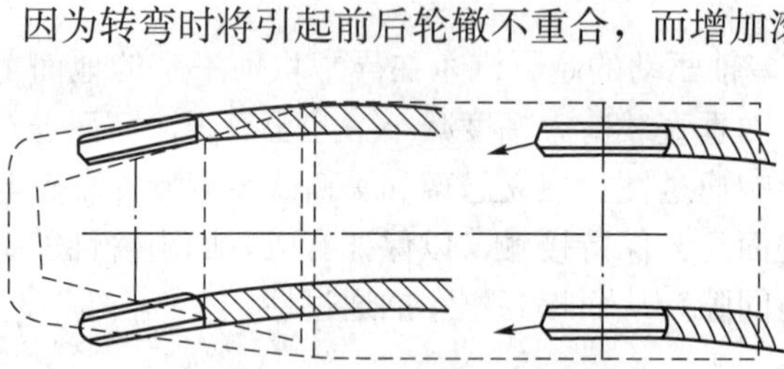

图 6.25　汽车转弯时的轮辙图

后轮双轴的汽车常会在两胎间夹杂泥石，或使车轮表面粘附一层很厚的泥，因而使附着系数降低，增加车轮滑转趋势。遇到这种情况，驾驶员可以适当提高车速将车轮上的泥甩掉。

当汽车传动系装有差速锁时，驾驶员应该在估计有可能使车轮滑转的地区前就将差速器锁住。因为车轮一旦滑移后，土壤表面就会被破坏，附着系数下降，再锁住差速锁不会起显著作用。当汽车离开坏路地段后，驾驶员应将差速锁脱开，避免由于功率循环现象使发动机、传动系和轮胎磨损增加，燃料经济性和动力性变坏，以及通过性降低等不良后果。

此外，为提高越野汽车的涉水能力，应注意发动机的密封问题，并提高空气滤清器的位置，不得浸入水中。普通汽车一般能通过深度为 0.5～0.6m 的硬底浅水滩。

知识链接

"新车评"网总编颜宇鹏博文《神器"鳄鱼王拖拉机"越野能力分析》
http：//www.xincheping.com/yyp/717/1.htm

习　　题

1. 什么是汽车的行驶平顺性？影响汽车行驶平顺性的结构因素有哪些？

2. 振动对人体的影响取决于哪些因素？

3. 汽车行驶平顺性的评价指标有哪些？

4. 某货车在平坦的卵石路面上以 40km/h 等速行驶，在驾驶员坐椅上测得的垂直加速度均方根值如下表，试计算其总加权加速度均方根值并评价其平顺性，确定"疲劳-工效降低界限"的暴露时间。

中心频率	1.0	1.6	2.5	3.15	4.0	6.3	8	10	12.5	16
加速度均方根值(m/s^2)	0.13	0.43	0.71	0.76	0.45	0.31	0.25	0.48	0.45	0.31

5. 什么是汽车的通过性？影响汽车通过性的结构因素有哪些？

6. 汽车通过性的几何参数有哪些？

7. 画出汽车匀速上坡时的受力图，分析汽车上坡时不纵翻和不整车下滑的条件。

第7章 汽车在特殊条件下的使用

教学要求

要求学生掌握汽车在各种特殊条件下运用时所发生的主要特点，产生这些特点的主要原因以及在这些特殊条件下如何合理运用汽车。

导入案例

2008年1月10日至2月2日，我国南方地区接连出现四次严重的低温雨雪天气过程，致使南方近20个省遭受历史罕见的冰冻灾害。灾害的突然出现，使得南方人民群众生活的很多方面受到极为严重的影响。冰冻积雪的道路上，轮胎与路面间的摩擦系数极小。由于正值春运高峰期间，致使交通事故频发，大量汽车寸步难行，公路交通运输受到了严重的阻碍，由此也带来了巨大的经济损失。图7.1所示为2008年中国南方冰冻灾害期间被困在高速公路上的汽车。

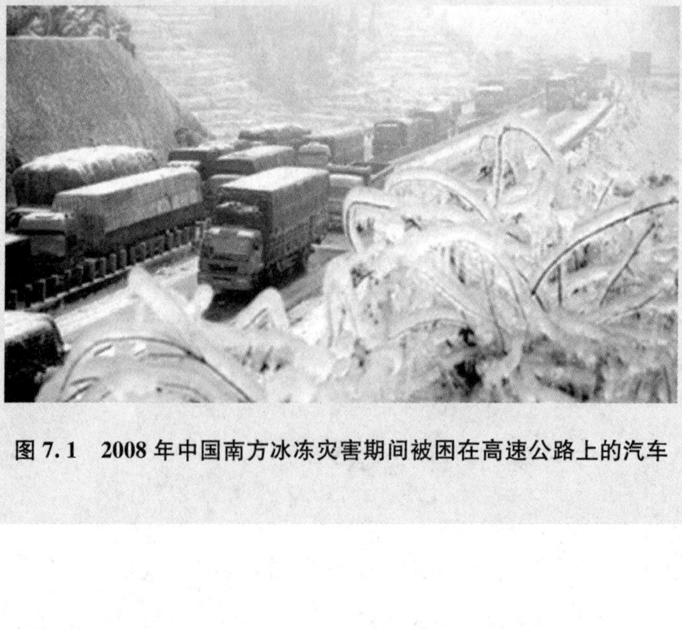

图7.1　2008年中国南方冰冻灾害期间被困在高速公路上的汽车

低温冰冻天气只是汽车使用过程中可能遇到的特殊条件之一，汽车在各种特殊条件下的运行均会造成汽车各部件或总成的工作状况发生显著变化，使汽车的使用性能变坏。因此，必须针对在汽车运用上的某些特殊情况，掌握其特点和采取相应的措施，以保证汽车的合理运用。

7.1 汽车走合期的使用

走合期是指在汽车运行初期改善零件摩擦表面的几何形状和表面层物理机械性能的过程，新车(包括大修竣工的汽车)最初的使用阶段称为走合期。不同车辆在说明书中规定出的新车走合期的里程略有不同，如桑塔纳轿车走合期里程为1100～1500km，富康轿车走合期里程为1500～2500km。虽然各车型的走合期有所不同，但汽车走合期的正确运用和维护，与延长汽车的使用寿命、提高汽车行驶可靠性、提高燃料经济性、发挥汽车使用性能有很大关系。

走合期的实质是使汽车向正常使用阶段过渡，在使用的过程中对相互配合的零件摩擦表面进行走合加工的工艺过程是改善零件表面几何形状和表面物理机械性能的过程。

新车或大修竣工的汽车尽管经过了生产磨合，但是零件加工表面仍存在微观和宏观的几何形状偏差(粗糙度、圆度、圆柱度、直线度等)，此外，总成及部件装配也有一定的允许误差。因此，新配合件表面的实际接触面积比计算面积小得多(按加工质量不同，实际接触面积小，新配合件表面的实际单位压力要比理论计算值大得多)。在这种情况下，汽车若以全负荷运行，零件摩擦表面的单位压力会很大，将导致润滑油膜被破坏和局部温度升高，使零件迅速磨损和破坏。因此，汽车有必要设置走合期。

7.1.1 配合零件的磨损规律

配合零件的磨损规律通常用磨损特性曲线来表示，两个配合副零件的磨损量与汽车行驶里程(或使用时间)之间的变化规律称为磨损特性。如图7.2所示，磨损规律基本可分为3个阶段：初期磨损阶段(走合期)A、正常工作阶段B和逐渐加剧磨损阶段C。在使用过程中，磨损使配合零件的配合间隙Δab随着汽车的工作时间或行驶里程的增加而增大。

初期磨损阶段又称为零件磨合阶段，这个阶段的磨损特点是工作初期磨损较快，当摩擦副配合良好后，磨损量增长速度开始减慢。磨合终了的间隙为Δcd。

正常工作阶段也叫做允许磨损期。零件经磨合阶段后，其磨损量随着汽车行驶里程的增加而缓慢地增长，在间隙达到Δef后，磨损将再度加剧。由于配合零件通常以不同的强度进行磨耗，所以在B阶段磨损曲线1、2的斜率是不一样的。

Δef是配合零件的极限间隙，δ_{ae}和δ_{bf}为零件Ⅰ和Ⅱ的极限磨损量。超过极限间隙的零件磨损期为逐渐加剧磨损阶段。在这个阶段，磨损加剧，故障增加(响声、漏气、漏油等)，工作能力急剧下降，并迅速损坏。

从配合零件的磨损规律可以看出，减小磨合终了的间隙Δcd和给定的配合间隙Δab值

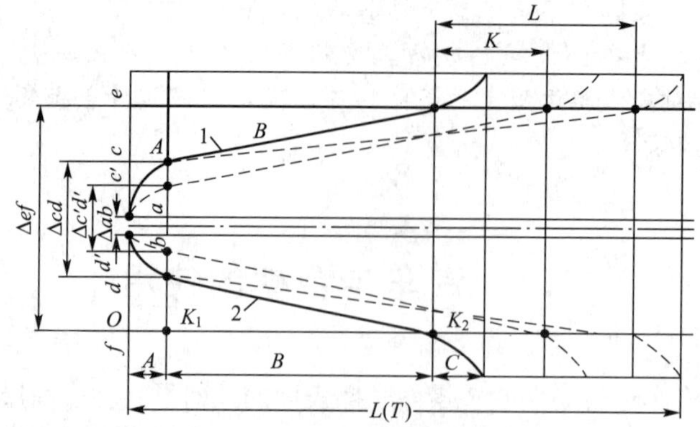

图 7.2 配合零件的磨损规律

δ—磨损量(mm)；L—行驶里程(km)；T—汽车工作时间(h)

可以延长正常磨损阶段 B。如果把磨合终了的间隙 Δcd 减小到 $\Delta c'd'$，则正常磨损阶段可以延长 a 里程，这样就提高了配合零件的使用寿命。

配合零件磨合阶段的磨损量主要与零件表面的加工质量及磨合规范有关。在这个阶段如果使用不当，未正确地执行磨合规范(包括清洁作业、合理选用加有添加剂的专门润滑油等)，将影响配合零件的工作期限。

汽车走合期实际上是为了使汽车向正常使用阶段过渡，也是在使用中对相互配合的摩擦表面进行磨合加工的工艺过程。在此期间里，零件摩擦表面不平的部分被磨去，逐渐形成了比较光滑、耐磨而可靠的工作表面，以承受正常的工作负荷。同时，通过磨合，暴露出生产或修理中的缺陷并加以消除，使进入正常使用时的故障率基本趋于稳定。根据总成或部件在这个阶段的工作特点，汽车在走合期必须对其使用做出专门规定。

7.1.2 汽车走合期的特点

1. 走合期磨损速度快

由磨损特性曲线知，走合期曲线较陡，即零件磨损量增加较快。主要原因是：零件表面存在着微观和宏观的几何形状偏差；相配合零件间表面粗糙度不适应其工作要求；总成及部件的装配存在误差等。此时汽车若以全负荷工作，零件摩擦表面的单位压力很大，破坏润滑油膜，形成干摩擦或半干摩擦，加之新装配零件间隙较小，表面凸凹部分嵌合紧密，相对运动中构成磨料磨损，使磨损加剧。其次，因间隙小摩擦表面温度高，使润滑油粘度降低造成润滑不良。上述原因导致零件磨损量增长较快，所以走合期磨损速度快。经过走合期，使相配合的摩擦表面进行一次走合加工，使表面不平的部分被磨去，逐渐形成比较光滑而耐磨的工作表面，这样零件就能较好地承受正常的工作负荷。

2. 行驶故障较多

走合期故障较多是由于零件或总成加工装配质量不佳，紧固件松动，或者因使用不当未执行走合规范等。走合期故障为发动机过热，拉缸烧瓦，摩擦片不能全面接触出现制动不灵等。

3. 油耗量高

走合期由于摩擦阻力加大，行驶速度控制较低，所以，油耗量偏高。

4. 润滑油易变质

走合期零件表面和润滑油的温度高，同时配合零件间的金属磨屑被润滑油带入曲轴箱，在油底壳中起催化作用，使润滑油氧化变质。因此，走合期对润滑油有换油规定，一般行驶500km、1000km、2500km时，分别更换发动机油底壳润滑油，若发现润滑油杂质过多或变质严重，应缩短换油里程。

7.1.3 汽车走合期的合理使用及维护

1. 走合期的规定

汽车走合期通常用走合期内行驶里程表示。汽车走合期取决于零件表面加工精度、装配质量、润滑油品质、运行条件和驾驶技术等。通常，汽车制造厂均规定有走合期里程，通常为1000～2000km，也有的进口汽车走合期为3000km。

汽车走合期里程取决于零件表面加工精度、装配质量、润滑油的品质、运行条件和驾驶技术等。汽车的走合期里程通常为1000～1500km，相当于40～60h。

第一阶段，即在走合期的开始50～70km内，因为零件加工表面粗糙，加工后的形状和装配位置都存在一定偏差，配合间隙也较小，因此零件磨损和机械损失很大，零件表面和润滑油的温度也很高。

第二阶段，即走合100～200km时，零件开始形成了较为光滑的工作表面，消耗在摩擦上的机械损失和产生的热量逐渐减少。

第三阶段，零件工作表面的磨合过程逐渐结束，并形成了一层防止配合表面金属直接接触的氧化膜，进入氧化磨耗过程。

2. 汽车在走合期采取的主要措施

1）减载

在走合期内，应选择较好的道路并减载限速运行。一般载货汽车按额定载质量减载20%～25%，并禁止拖带挂车；半挂车按载质量标准减载25%～50%。限速行驶是指各挡都要限速，通常按各挡位最大车速下降25%～30%，见表7-1。东风EQ1092型汽车在走合期内减载30%，即装载质量不准超过3500kg。

表7-1 走合期速度的规定

行驶里程/km	载 荷	车 速
0～200	空车	不超过相应发动机额定转速的50%
>200～800	不超过额定载荷的50%	不超过相应发动机额定转速的50%
>800～1500	不超过额定载荷的75%	不超过相应发动机额定转速的75%
>1500～2500	满载	不超过额定的最高转速

2）限速

在载质量一定情况下，车速越高，发动机和传动机件的负荷也就越大，因此在走合期内不允许发动机转速过高。走合期汽车的最高行驶速度一般不超过 40～50km/h。不同类型的汽车可根据使用说明书的要求确定最高走合速度。一般规律见表 7－1。

3）选择优质燃、润料

为防止汽车在走合期中产生爆燃、加速机械磨损，应选用优质燃料。另外，由于各部分间隙较小，应选用低粘度的优质润滑油使摩擦工作表面得到良好润滑。应该按走合期维护规定及时更换润滑油。路试中应注意润滑油的工作压力和温度，有异常情况及时排除。

4）保持正确驾驶方法

在走合期内，驾驶员必须严格执行驾驶操作规程，保持发动机正常工作温度和机油压力。经常注意变速器、后桥、轮毂及制动鼓的温度，尽量避免急促地、长期地使用行车制动。

5）按规定对汽车进行技术维护作业

走合期技术维护作业的重点是检查、紧固、调整和润滑。要特别注意做好日常维护工作，经常检查、紧固各部位外露螺栓、螺母，注意各总成在运行中的声响和温度变化，并及时进行调整。

走合期满后，应进行一次走合维护，结合二级维护对汽车进行全面的检查、紧固、调整和润滑作业(更换润滑油)。其作业项目和深度参照制造厂的要求进行。

3. 汽车走合期的维护

汽车在走合期实施的维护称为走合期维护。走合期的维护一般分为走合前期、走合中期和走合后期的维护。

1）走合前期维护

走合前期维护是为了防止汽车出现事故和损伤，保证顺利地完成走合。其主要内容如下：

(1) 清洗全车，检查各部位的连接及紧固情况。

(2) 检查散热器的存水量，并检查冷却系各部位有无漏水现象。

(3) 检查发动机、空气滤清器、变速器、后桥、转向器、制动器和各种助力器用油的数量和质量、视需要添加或更换，并检查各部位有无漏油现象。

(4) 检查变速器各挡位能否正确接合。

(5) 检查转向机构各部位有无松旷和发卡现象。

(6) 检查电气设备、灯光和仪表工作是否正常，并检查蓄电池电液密度与液面高度。

(7) 检查和调整轮胎气压是否符合标准。例如，东风 EQ1091 型汽车前轮 392kPa，后轮 520kPa。

(8) 检查制动效能(制动距离，有无跑偏和发咬现象)，如果不符合要求，应查明原因，并及时排除故障。

2）走合中期维护

走合中期的维护是在汽车行驶 500km 左右时进行的，主要是对个别技术状况开始发生变化的部分进行一次及时的维护，以恢复其良好的技术状态，保证下阶段走合顺利进行。其主要内容如下：

(1) 清洗发动机润滑系、更换润滑油和滤芯。

(2) 润滑全车各润滑点。最初行驶30～40km时，应检查变速器、分动器、前后驱动桥、轮毂和传动轴等处是否发热或有杂音。如果发热或有杂音应查明原因，予以调整或修理。

(3) 检查制动效能和各连接处、制动管路的密封性，必要时加以调整和紧固。

(4) 检查调整离合器踏板自由行程。

(5) 检查并按规定力矩和顺序拧紧汽缸盖及进、排气歧管螺栓，螺母和轮胎螺母。

(6) 走合500km左右后，应在热车状态更换发动机润滑油，以免未清洗干净的铁屑、脏物等堵塞油道，刮伤轴瓦。

3) 走合后期维护

走合期结束后应结合二级维护对汽车进行全面检查、紧固、调整和润滑作业。只有在汽车达到良好的技术状况后才能投入正常运行。其主要内容如下：

(1) 清洗润滑油道和集滤器，更换润滑油的细滤芯。

(2) 按规定先中间后四周，分2～3次紧固汽缸盖螺栓。铝质缸盖在发动机冷态时拧紧，铸铁缸盖在发动机热走后，再检查汽缸盖螺栓的紧度，以防螺栓热膨胀后造成汽缸盖密封不良，损坏汽缸盖衬垫。

(3) 清洗并更换变速器、驱动桥、转向器润滑油。

(4) 紧固前后悬挂的U形螺母(满载时进行)，检查前、后钢板弹簧固定端的螺栓及U形螺栓的紧固螺母有无松动。

(5) 检查和调整制动系统。

(6) 检查与调整离合器踏板的自由行程。

(7) 检查、紧固与调整前桥转向机构的技术状况。

(8) 按规定力矩检查底盘和传动部分的各部位连接。

(9) 检查并紧固车身、车箱各部位的连接，调整车箱栓钩。

在走合期后1000～3000km运行中，仍应控制车速，发动机仍尽量避免以很高的转速运转，并且不要满载行驶或在很差的道路上行驶。

7.2 汽车在低温条件下的使用

低温条件是指气温在－10～－15℃以下的车辆使用条件(如我国北方的冬季)。汽车在低温条件下使用的主要问题是发动机起动困难和总成磨损严重。此外，还存在机件损坏、腐蚀、总成热状态不良、燃料润滑油消耗增大以及轮胎强度减弱、行车条件明显变差等问题。

7.2.1 汽车起动困难

露天停放的汽车一般当气温低于－15℃时便难以起动，主要原因是温度低使发动机曲轴旋转阻力矩增大，燃料雾化性变差，蓄电池工作能力下降。

1. 发动机曲轴旋转阻力矩增大

为分析问题的方便，可以把发动机的起动和预热过程分为 4 个阶段：①曲轴自静止状态旋转到发动机起动所必要的起动转速；②保持这一转速至发动机起动开始；③润滑油自油底壳进入机油泵，并经油道到达工作表面；④发动机冷却系的水温达到正常工作温度。显然，前两个阶段与发动机的起动性有关，后两个阶段直接影响发动机的磨损。

如上所述，发动机的起动与起动转速有很大关系，而起动转速主要受起动阻力的影响。曲轴在起动时的旋转阻力包括汽缸内被压缩的可燃混合气(或空气)的反作用力、运动部件的惯性力以及各摩擦副的摩擦阻力等。为获得最低的起动转速，起动转矩 M_C 可表示为

$$M_C = M_K + M_J + M_R \tag{7-1}$$

式中，M_K——消耗在压缩工作气体上的转矩，N·m；

M_J——消耗在运动部件惯性力上的转矩，N·m；

M_R——消耗在摩擦力上的转矩，N·m。

消耗在压缩工作混合气(或空气)所需要的力矩可按式(7-2)确定

$$M_K = \frac{W}{\alpha} \tag{7-2}$$

式中，W——克服压缩力所做的功，N·m；

α——做功时间内的曲轴转角。

W 值可以利用经验公式求出，前苏联学者哈瓦舍夫推荐的经验公式为

$$W = 40.3\frac{V_h}{i}$$

式中，V_h——发动机排量，L；

i——发动机汽缸数。

所以有

$$M_K = 40.3\frac{V_h}{2\pi i} \quad 或 \quad M_K = 6.42\frac{V_h}{i} \tag{7-3}$$

克服惯性力的力矩 M_J 为

$$M_J = I\frac{d\omega}{dt} \tag{7-4}$$

式中，I——发动机的惯性矩，N·ms²；

$\frac{d\omega}{dt}$——曲轴旋转角加速度，r/s²。

发动机类型、结构、使用情况等都是影响摩擦阻力矩的因素。因此，在计算摩擦阻力矩时，利用分析计算法比较困难，通常用经验公式计算，即

$$M_R = 5.35 \times 10^4 A_e v^{0.53} n^{0.34} \tag{7-5}$$

式中，A_e——取决于发动机结构的系数，cm²；

v——润滑油的运动粘度，St；

n——发动机起动时的曲轴转速，r/s。

分析 M_K、M_J 和 M_R 计算式可以看出，对于结构一定的发动机，前两种阻力在温度降低时变化不大，而后者在低温条件件下主要取决于润滑油的粘度，即发动机曲轴旋转阻力矩和起动转速在低温条件下主要受润滑油粘度的影响。在摩擦阻力中，活塞与汽缸、曲轴各轴承的摩擦力是主要的，约占起动摩擦力矩 60%以上($1St=10^{-4}m^2/s$)。

随着温度的下降，机油的内摩擦力增加，发动机的阻力矩增加，使发动机起动所需要的功率增加。图 7.3 表明 SAE30、SAE20W、SAE10W 等 3 种粘度的发动机润滑油随着温度下降使某发动机起动所需要功率增加的情况，使用低粘度润滑油所需要的起动功率相对增幅较小。例如，在－23.3℃温度下，使用 SAE10W 润滑油只需 3.7kW 的起动功率，使用 SAE20W 则需 7.4kW，而使用 SAE30 竟增加到 11.8kW。其原因是 SAE10W 比其他两种润滑油的低温粘度小。在－18℃时 SAE10W 的动力粘度最大只有 2500mPa·s，而在相同温度下，SAE20W 的动力粘度却高达 10000mPa·s。

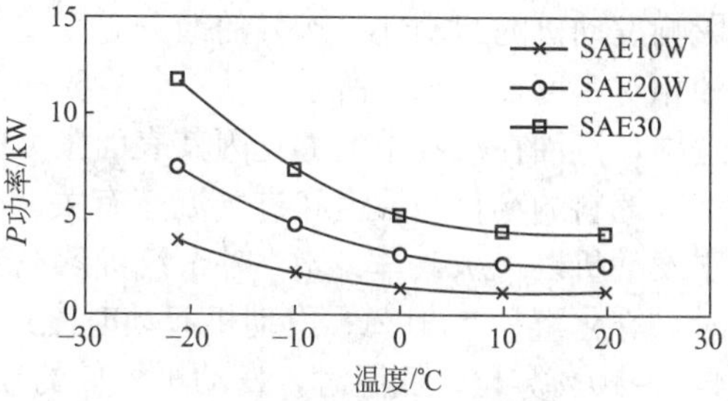

图 7.3 发动机润滑油随温度下降所需起动功率增加情况

P—起动系统输出功率

由润滑油的粘温特性所决定，低温条件下发动机机油粘度增大，如图 7.3 所示，因此，曲轴转动阻力矩增大，曲轴转速降低，达不到起动转速。由于发动机的结构和试验条件不同，对发动机润滑油低温起动性试验结果不一致。图 7.4 表明：粘度指数(VI)为 100 的 SAE10W 号发动机机油可能起动的最低温度为－22～－27℃；SAE20W 号发动机机油能起动的最低温度为－13～－22℃。

在低温条件下，随着润滑油粘度提高，曲轴旋转阻力矩增大，发动机的起动转速下降，从而影响了汽油发动机汽油的相对密度、粘度，使汽油的汽化过程变差，如图 7.5 所

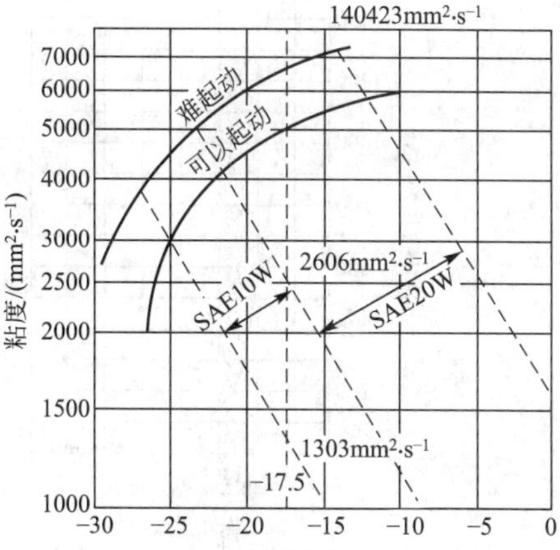

图 7.4 发动机机油的粘温特性(VI=100)和可能起动的最低气温

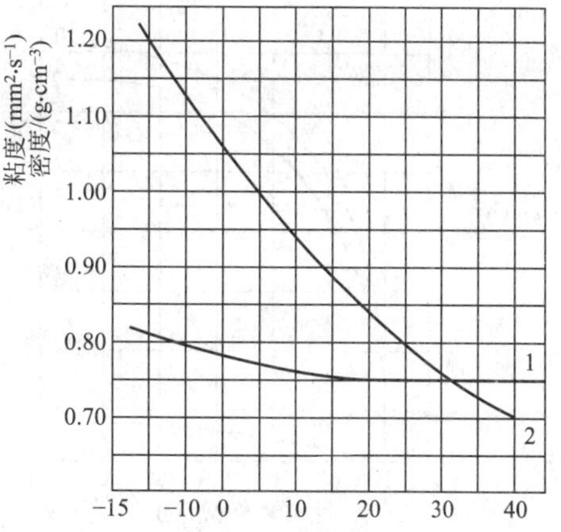

图 7.5 汽油的相对密度、粘度与气温的关系

1—相对密度曲线；2—粘度曲线

示。对于柴油机来说，也会因起动转速的降低而使压缩终点的压力和温度下降，造成起动困难。为保证发动机顺利起动，发动机起动时的曲轴转速 n_e 应大于最低起动转速 n_{min}。不同的发动机，其最低起动转速是不相同的。

2. 燃料雾化性差

燃料对发动机起动性能的影响主要是其蒸发性。汽油的蒸发性特别是10%的馏分温度影响发动机的起动性。10%的馏分温度越低，起动性能越好。随着温度降低，汽油的粘度和相对密度如图 7.5 所示，从+40℃到−10℃汽油的粘度提高 76%，相对密度提高 6%。这样，汽油在汽缸中的雾化因其表面张力的增大而恶化。

燃料的雾化与温度和进气流速有关。试验表明，气温−30℃和进气流速 40m/s(相当于发动机以最大功率工作)时，汽油雾化量为 59.5%；气温为零度和进气流速为 10m/s时，雾化量只有 31%；发动机起动时流速一般不超过 3～4m/s，气温在 0～12℃时，只有4%～10%雾化。低温时，发动机机件的吸热作用影响混合气的温度，对燃料的雾化不利，大部分燃料以液态进入汽缸，造成混合气过稀，不易起动。要改善燃料雾化量，主要在于提高进气管温度。

增加发动机的起动转速，汽油的雾化量增加不显著。图 7.6 为化油器式发动机在−8℃～−12℃起动时，燃料的雾化试验结果：转速由 30r/min 增至 260r/min(8～9 倍)，雾化量增加 3～4 倍，仅为总燃料消耗量的 4%～10%。因此，化油器式发动机在 0～20℃的气温下，一般最低起动转速为 35～40r/min。为在更低的气温下顺利起动，常取最低起动转速为 50～70r/min。但也不要过高，否则起动时的阻力矩和磨损增大。要改善燃料雾化量，主要在于提高进气管温度。

柴油机为压燃式，轻柴油的雾化性和汽缸压缩终点温度对其起动性影响很大。在低温条件下使用的柴油机，要求柴油具有很好的流动性和较低的粘度。然而，夏季牌号的柴油在温度降低到−18～−20℃时，粘度开始明显提高，如图 7.7 所示。由于柴油粘度增大，引起柴油雾化不良，使燃烧过程变坏。同时，低温还使发动机起动转速下降，以及汽缸压缩终点温度降低，从而导致柴油机低温起动更困难。

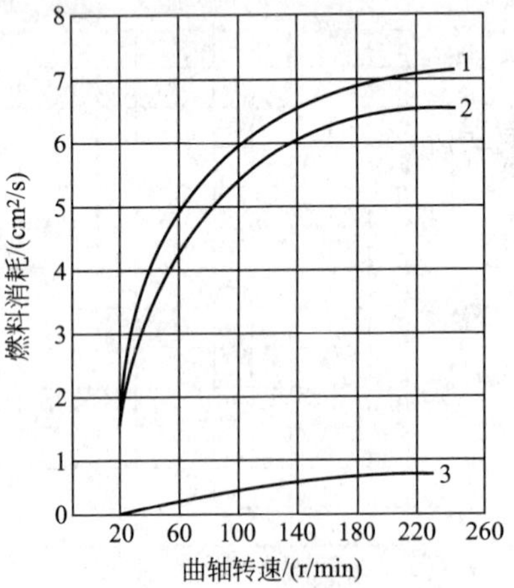

图 7.6　发动机转速与燃油雾化量之间的函数关系

1—总燃料消耗量；2—液态燃油量；

3—进入汽缸的燃油量

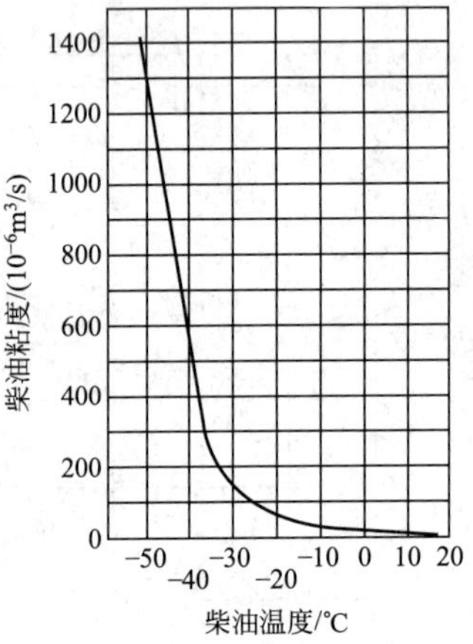

图 7.7　柴油粘度与温度之间的关系

3. 蓄电池工作能力低

蓄电池在起动过程中主要影响起动机的起动转矩和火花塞的跳火能量。蓄电池电压为

$$U=E-IR$$

式中，U——蓄电池电压，V；

E——蓄电池电动势，V；

R——蓄电池内阻，Ω；

I——蓄电池输出电流，A。

在低温条件下，蓄电池电动势 E 变化不大，从 +20℃到 −70℃的电动势 E 值仅从 2.12V 下降到 2.08V，即环境温度有较大变化时，蓄电池的单位电压下降并不多。但是，随着温度降低，蓄电池的电解液粘度增大，向极板的渗透能力下降，内阻增加；同时，起动时的电流很大，从而使蓄电池的端电压及容量明显下降。所以在低温起动时，蓄电池输出功率下降，如图 7.8 所示，导致起动机无力拖动发动机旋转或不能达到最低起动转速。例如，奔驰 2026 型汽车在 −41℃时冷起动试验表明，在柴油机起动的瞬间(2～3s)，蓄电池放电电流大约为额定容量电流的 3～5 倍，电压下降将近 1/2。

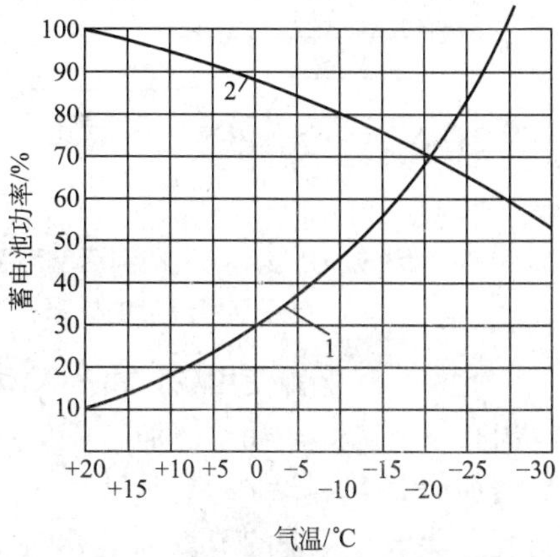

图 7.8 低温时蓄电池功率与发动机起动功率之间关系

1—必须起动的起动功率(蓄电池功率的百分数)；2—蓄电池功率

低温起动时，由于蓄电池端电压低，火花塞的跳火能量小，使发动机起动困难。此外，火花弱的原因还有冷的可燃混合气密度大使电极间电阻增大，火花塞有油、水及氧化物等。

7.2.2 低温对汽车总成磨损的影响

(1) 汽车在低温条件下使用时，各主要总成磨损都比较大，尤其是发动机的磨损更为明显。在发动机使用周期内，50%的汽缸磨损发生在起动过程中，而冬季起动占起动磨损的 60%～70%。而且，低温起动后在未达到正常温度之前，磨损强度一直是很大的。图 7.9 表明东风 EQ1090 型汽车发动机汽缸壁温度对汽缸壁和活塞环磨损的影响。

在低温下发动机磨损严重的主要原因有以下几点。

① 低温起动时，润滑油粘度大，流动性差，机油泵不能及时地将润滑油压入各润滑表面，使汽缸壁和轴承等磨损表面润滑条件恶化。

② 燃料雾化不良，大部分以液态进入汽缸，冲刷了汽缸壁上的油膜，沿缸壁流入曲轴箱稀释润滑油，并使其油性减退。燃料不完全燃烧而形成的碳化物也会同废气一起窜入曲轴箱污染机油。

③ 由于温度低，燃烧过程中的水蒸气凝结在汽缸壁上，并与硫的氧化物生成酸，引起腐蚀磨损。为此在低温条件下使用的汽油含硫量不应大于 0.1%。汽油含硫量与汽缸壁磨损的关系如图 7.10 所示。

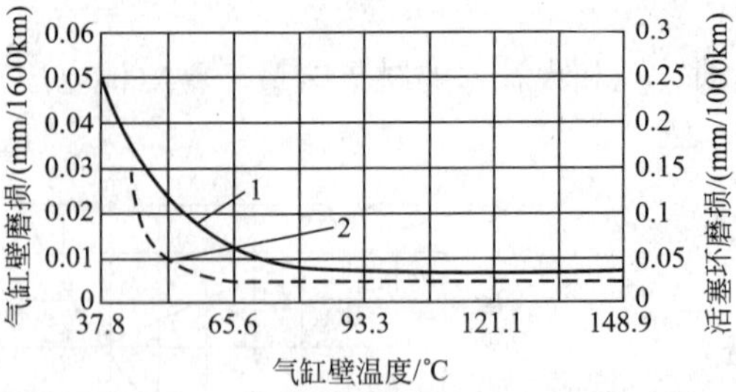

图 7.9　发动机汽缸和活塞环磨损与汽缸壁温度的关系

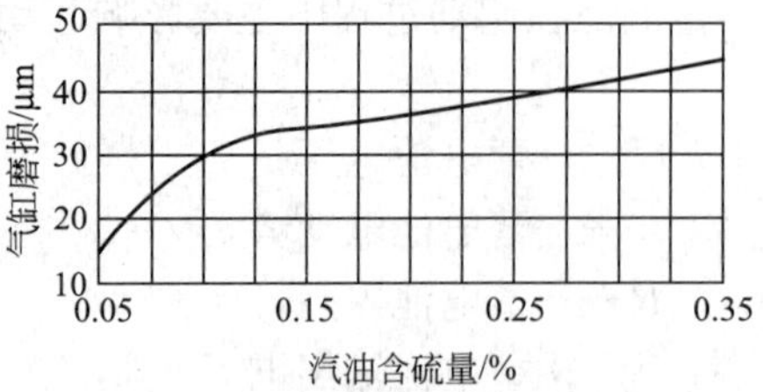

图 7.10　汽油含硫量与汽缸壁磨损的关系

此外，在低温使用中，由于发动机升温过程长，工作温度低，摩擦损失大，使发动机输出功率下降，油耗量增加。例如，当汽油发动机冷却液温度由 80℃降到 60℃时，耗油量增加约 3%，降到 40℃时增加约 12%，降到 30℃时增加约 25%。为掌握发动机的工作温度，要求冷却系的节温器和水温表必须完好有效。为避免燃料消耗的增加，低温起动时，冷发动机升温到 40～50℃的时间应尽量缩短。

(2) 轴和轴瓦磨损严重的主要原因有以下几点。

① 低温起动时，润滑油粘度低，流动性差，机油泵不能及时地将润滑油压入曲轴颈的工作表面，使润滑条件恶化。

② 润滑油被窜入曲轴箱中的燃料稀释；燃料不完全燃烧而形成的碳化物也会同废气一起窜入曲轴箱污染润滑油。

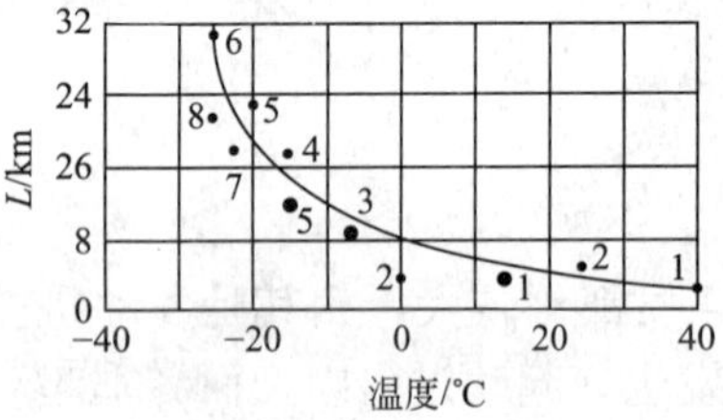

图 7.11　发动机的起动磨损量与温度之间的关系

1—E・A・曲达柯夫；2—O・B・秋鲍夫；
3—B・M・卡尔尼契夫；4—JI・JL・捷米扬诺夫；
5—R・C・拉萨文；6—И・A・科维奇；
7—A・A・吉列夫；8—R・C・萨维立也夫

③ 在低温条件下，由于轴瓦的合金、瓦背与轴颈的膨胀系数不同，使配合间隙变小，而且很不均匀，加速轴颈与轴瓦的磨损。

低温起动试验结果由于试验条件不同差异很大。R・C・拉萨文对各种资料进行了归纳，提出了发动机汽缸直径在一次起动中的磨损与发动机温度的关系，并把这个磨损量折合成汽车的正常运行里程数，如图 7.11 所示。由此可得到汽车正常行驶里程数(对应汽缸直径的磨损量)与发动机温度之间的函数关系为

$$L=\frac{K}{t+K_1} \tag{7-6}$$

式中，t——起动时发动机温度，℃；

K——经验系数，取 270 km；

K_1——经验系数，取 40℃；

L——折合里程，km。

从图 7.11 可以看出，在温度低于−10～−15℃时发动机的磨损将急剧增长。

(3) 传动系总成(变速器、主减速器和差速器等)的正常工作温度是靠零件摩擦和搅油产生的热量保证的，这种温升速度很慢。例如，解放CA1090型汽车传动系总成中的油温为−10℃时，汽车需要行驶6km油温才能升到10～15℃。此时，齿轮和轴承仍得不到充分的润滑，从而使零件磨损增大。研究表明，汽车主减速器齿轮和轴承在−5℃的润滑油中比在35℃的润滑油中运转磨损增大10～12倍。另外，传动系润滑油因低温而粘度增大，运动阻力相应增大，传动系各总成在起步后的很长一段时间内的负荷较大，使总成中传动零件的磨损加剧。

(4) 零件材料在低温下物理机械性能将发生变化，例如，气温在−30～−40℃或更低时，碳钢的冲击韧性急剧下降，硅、锰钢零件(钢板弹簧)、铸件(汽缸盖、飞轮壳、变速器壳和主传动器壳)变脆；在−45℃或更低时，锡铝合金焊剂容易产生裂纹或成粉末状，从接头的地方脱落，汽车上的塑料制品出现裂纹，并可能从机体上脱落。特别是在严寒的情况下，橡胶轮胎逐渐变脆，受冲击作用时易破裂。因此，在冬季行车时，为提高轮胎温度，应在汽车起步后的几千米内以低速行驶，要慢慢起步和越过障碍物。

7.2.3 改善汽车低温使用性能的主要措施

从上述对汽车在低温条件下使用情况的分析可知，要改善汽车低温使用性能，应采取的主要措施有预热、保温、合理选用燃料和润滑油、改善混合气的形成条件，防止冷却系冰冻、车轮装用防滑装置等。

1. 预热

在寒冷地区起动前预热发动机一般采用热水、蒸汽、热空气、电加热和红外线辐射加热装置等。

1) 热水预热

热水预热是应用最广泛的预热方式。热水由锅炉加热至90～95℃，从散热器加水口灌入冷却系。由于散热器的冷却及节温器的闭塞作用使这种加热方法的效果较差。例如，为保证可靠起动，气温在−10℃、−10～−20℃和−20℃以下时消耗的热水量分别为冷却系容量的1.5、2、3～4倍。

若将热水直接灌入缸体水套，使其完全充满后再流入散热器，这种方法能充分利用热能，减少损耗，可迅速提高发动机的温度。

热水供给装置有移动式及固定式。移动式热水供给装置实际上是将锅炉和水箱放在小车或雪橇上，利用液体或固体燃料加热，热水通过供水管加入发动机冷却系。水由锅炉产生的热蒸汽在加热器中预热，然后由供水管加入水箱。预热后的水再从水箱的下水管经回水管流入水池。供水系统的压力不应高于40kPa。预热装置的耗水量和水温分别由水表和温度表显示。

热水预热发动机的缺点是曲轴轴承与曲轴箱机油得不到充分预热。此外，在严寒条件下热水的热容量小，所以使用受一定限制。

2) 蒸汽预热

蒸汽通过蒸汽管从水箱的下水管进入冷却系或直接引入发动机冷却水套。这种预热方式能保证较好的加热效果，加热迅速，蒸汽浪费也少，但需在缸体或缸盖上加设蒸汽阀。

为防止蒸汽热量集中，通入的蒸汽可经带有小孔的分配板，使蒸汽均匀地分布在水套空间内。当气温较高时，缸体放水阀应打开，气温较低时(−30℃以下)，需同时打开水箱的放水阀，使蒸汽窜通。

在曲轴箱内加设蒸汽管或散热容器，可以同时用蒸汽加热润滑油，降低润滑油粘度，使发动机更易于起动。

蒸汽比水的热容量大，使用方便，应用广泛。预热的蒸汽压力不高于100kPa。发动机经蒸汽预热后再供给热水，能保证良好的起动与工作条件。

3) 热空气预热

这种预热方法是用鼓风机将空气压入热风机，加热后的空气通过热风管输送到各预热点。每个预热点设有接头开关及护风罩，护风罩对准汽车的头部，热风经散热器吹向发动机使其预热。

2. 保温

保温的目的是使发动机在一定的热状态下工作并随时可以出车。

我国北方，主要对发动机保温，其次是蓄电池。只有在气温很低或某些承担特殊任务的车辆才进行油箱和驾驶室的保温。

发动机保温的方法可采用百叶窗或改进风扇参数(叶片数目或角度)，也可采用降低转速或使风扇不工作。后一种方法不但减少热量耗散，而且减小发动机的功率损失。关闭百叶窗可减小流经散热器的空气流，但由于气流阻力大，风扇消耗的功率略有增加。

汽车发动机罩采用保温套是保持发动机温度的重要措施。这种常见的保温方法可以使汽车在−30℃左右的气温下工作时，发动机罩内的温度保持在20～30℃。停车后，发动机各主要部位的冷却速度比无保温套者约降低至1/6。

保温套材料可以是棉的或毡的，前者保温性能好一些，用很薄的乙烯基带密封低温下工作的发动机罩，也可以取得良好的效果。

发动机的油底壳除了采用双油底壳保温外，还可以在油底壳内表面用一层玻璃纤维密封。

蓄电池的保温一般采用木质的保温箱。保温箱有时做成夹层的，夹层中装有毛毡等保温材料。常用的几种绝热材料中，聚苯乙烯的效果较好。

3. 合理选用燃料和润滑油

低温下使用的燃料应具有良好的蒸发性、流动性、低含硫量，以利于低温起动和减少磨损。某些国家有专门牌号的冬季汽油和柴油，供汽车在严寒地区使用。

采用低温时粘度增加不显著的冬季润滑油，可使零件的润滑条件得到改善，并降低起动阻力。

4. 改善混合气的形成条件

无论是汽油机还是柴油机在低温起动时，燃料的雾化和蒸发都不好。为在汽缸内创造良好的点燃条件，除了可以在起动时加注易燃燃料外，还常常采用预热进气的方法。

由于汽油机的低温起动并不十分困难，因此，只在起动前预热进气管。而柴油机往往在进气管装设电热装置或用火焰加热器加热空气滤清器、进气管道和吸气气流。用电能加热的方法会加大蓄电池负荷，所以对低温条件下使用的蓄电池不利。

5. 防止冷却系冰冻

防止发动机冷却系冰冻是低温条件下汽车使用的一项重要措施。行车之后，车辆在露天停放时要及时放水或采用冷却水加注防冻液。后者能减轻驾驶员的劳动强度，大大减少起动前的准备时间。

在冬季，汽车发动机冷却系可使用防冻液，防止冻裂机件，不必每天加水、放水，减轻劳动强度。特别是合理使用防冻液和专门的起动预热设备相配合，可以大大地减少起动前的准备时间。

防冻液的使用性能用凝固点、沸点、传热性和热容量表示。为保证防冻液在冷却系中的流动性，要求其粘度要低。防冻液还不应引起金属腐蚀、橡胶溶胀，并具有一定的化学稳定性。防冻液组成成分的主要性能见表 7-2。

表 7-2 防冻液组成成分的主要性能

成 分	凝固点/℃	沸点/℃	比热/kJ/kg℃	70℃时热传导系数/kJ/cms℃
水	0	100.0	4.18	0.006699
甘 油	−17.0	290.0	2.43	0.002763
乙 醇	−117.0	78.5	2.43	0.001298
甲 醇	−97.8	64.5	—	0.001817
乙二醇	−11.5～17.5	197.5	2.72	0.002512

按防冻液的成分不同，防冻液可分为乙二醇-水型、酒精-水型和甘油-水型 3 种。其中，酒精-水型虽然流动性好，但易挥发，需要不断地添加酒精，并且冰点在−40℃的酒精-水型防冻液的酒精含量在 55%以上，容易燃烧。甘油-水型防冻液粘度较大，并且随着温度降低，粘度增大，影响发动机的冷却功能。常用的防冻液是乙二醇-水型防冻液，按其使用寿命分类可分为普通防冻液(AF)和长效防冻液(LLC)。普通防冻液仅用一冬，长效防冻液全年均可使用，后者因添加了有机磷酸盐等防锈、防腐蚀剂，所以可以长时间使用。此外，长效防冻液可使发动机冷却系不易积垢，散热效果好。乙二醇-水型防冻液温度、密度、冻结温度及浓度(成分比例)的关系见表 7-3。

表 7-3 乙二醇-水型防冻液温度与密度、冻结温度、浓度的关系

防冻液水温(℃)与密度					冻结温度/℃	安全使用温度/℃	防冻液浓度%(规定量)
10	20	30	40	50			
1.054	1.050	1.046	1.042	1.036	−16	−11	30
1.063	1.058	1.054	1.049	1.044	−20	−15	35
1.071	1.067	1.062	1.057	1.052	−25	−20	40
1.079	1.074	1.069	1.064	1.058	−30	−25	45
1.087	1.082	1.076	1.070	1.064	−36	−31	50

(续)

防冻液水温(℃)与密度					冻结温度/℃	安全使用温度/℃	防冻液浓度%(规定量)
10	20	30	40	50			
1.095	1.090	1.084	1.077	1.070	−42	−37	55
1.103	1.098	1.092	1.084	1.076	−50	−45	60

防冻液在使用时应注意下列几点。

(1) 在配制防冻液时，选用防冻液的冰点应比使用地区的最低温度低5℃。

(2) 加注前要仔细检查冷却系的密封性，因为防冻液表面张力低于水，比水容易泄漏。

(3) 由于防冻液的膨胀系数大，所以只能加到冷却液总容积的95%，以免升温后防冻液溢出。

(4) 在使用酒精-水型防冻液时，酒精蒸发快，应经常用比重计检查其成分，应视需要添加适量酒精和少量的水，乙二醇-水型和甘油-水型防冻液在使用中只需添加适量的水即可。

(5) 不同类型的防冻液不能混装。

在低温条件下，制动液、减振液的粘度增大，甚至出现结晶，影响汽车行驶的安全性与平顺性。因此，在严寒地区应选用适于低温使用的制动液和减振液，减振器在必要时应拆下避振杆。

6. 车轮装用防滑装置

寒冷地区的冬季冰雪较多，由于冰雪路面附着系数小，汽车行驶容易滑溜，制动效能变坏，行车困难，车轮可装用防滑装置，以提高车轮的附着系数。如图7.12所示，防滑链是一种最常用的车轮防滑装置。

图7.12 装有防滑链的汽车车轮

7. 汽车在低温条件下使用的其他措施

驾驶室与车厢的温度过低会影响驾驶员的工作条件和乘客舒适感，挡风玻璃结霜会影响驾驶员的视野。现代汽车一般装有采暖设备，采暖设备一般是利用发动机冷却系的热量、排气热量或独立的采暖设施。无采暖设备的汽车可将经过散热器的热空气引入驾驶室及挡风玻璃上，以便采暖和除霜。另外，用30%饱和盐水加70%的甘油涂在挡风玻璃表面，可实现防霜、防雾。

7.3 汽车在高原和山区条件下的使用

汽车在高原行驶时，由于海拔高、空气稀薄、气压低，发动机充气量少，使汽车动力性和燃料经济性下降。汽车低挡爬坡时，发动机易过热；停车时，发动机又很快冷却。因此，发动机应采取良好的冷却和保温措施。汽车在山区行驶时，换挡、制动和转弯次数多，底盘机构的载荷大，轮胎磨损大，应适当缩短维护周期。

7.3.1 海拔高度对发动机动力性的影响

由内燃机原理可知，发动机的平均指示压力 p_i 与充气系数 η_V 成正比，即

$$p_i=\frac{H_{mo}\eta_i}{1000\alpha}\eta_V \tag{7-7}$$

式中，H_{mo}——理论混合气的热值，kJ/m³；

α——过量空气系数；

η_i——指示效率；

η_V——充气系数。

当大气压力下降时，若进气温度和进气系统的阻力不变，进气终了时刻的汽缸内压力与进气压力的比值基本不变，则充气系数变化不大。但是，随着海拔增高，气压逐渐降低，空气密度减小(表7-4)，使发动机的进气量减小，平均指示压力下降。

表7-4 海拔高度、大气压力、温度及密度的关系

海拔高度/m	大气压力/kPa	气压比例	空气温度/℃	空气密度/(kg/m³)	相对密度
0	101.3	1.0	15.0	1.2255	1.0
1000	89.9	0.887	8.5	1.1120	0.9074
2000	79.5	0.7845	2.0	1.006	0.8215
3000	70.1	0.6918	−4.5	0.9094	0.7421
4000	51.3	0.6042	−11.0	0.8193	0.6685
5000	54.0	0.533	−17.5	0.7363	0.6008

对于四冲程发动机而言，发动机功率 N_i 与平均指示压力 p_i 成正比，即

$$N_i=\frac{p_iV_hn}{120}\times10^{-3} \tag{7-8}$$

式中，N_i——发动机指示功率，kW；

V_h——发动机总工作容积，L；

p_i——平均指示压力，kPa；

n——曲轴转速，r/min。

对于一定型号的发动机在转速不变的情况下，平均指示压力直接影响着发动机功率，即发动机功率随着海拔升高而下降。

图7.13所示为某型商用汽车发动机功率、转矩与海拔高度的关系。海拔4000m比0海拔时的发动机功率降低40%～50%。海拔高度每上升1000m，发动机功率和转矩分别下降12%和11%左右。

随着海拔高度的增加，大气压力降低，进气管真空度增高，在原油门开度下则进气量

不足，使发动机的转速下降。同时，由于混合气过浓，发动机怠速稳定性差。从图 7.14 可以看出，海拔每增高 1000m，怠速转速降低 50r/min。

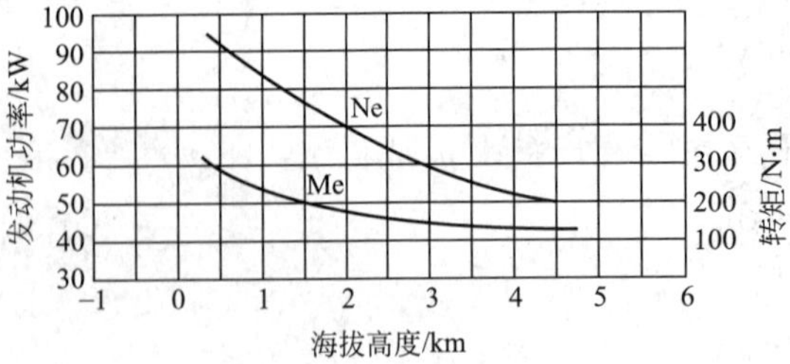

图 7.13　某型商用汽车发动机功率、转矩与海拔高度的关系

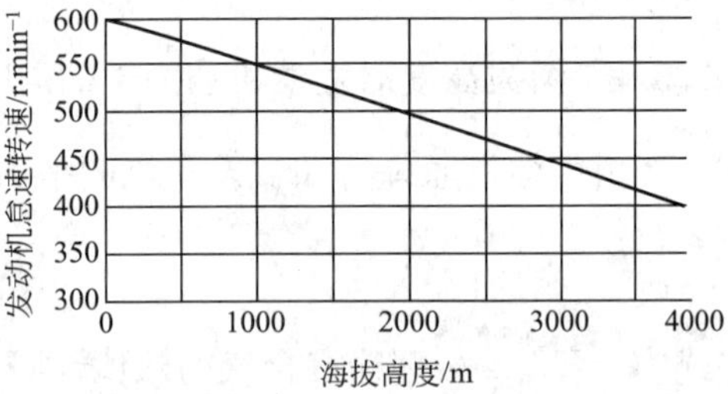

图 7.14　发动机怠速与海拔高度之间的关系

7.3.2　海拔高度对燃料经济性的影响

在高原行驶的汽车，由于空气密度下降，充气量将明显降低。随着海拔高度的增加，空燃比变小，混合气变浓，如果不进行修正，就会使发动机料耗增大。电子控制燃料喷射发动机的控制单元可对空气状况(大气压力)进行修正。

由于大气压力降低，燃料蒸发性提高，就燃料蒸汽压力、蒸馏特性而言，当大气压力从 101kPa 降至 80kPa(海拔高度约 2000m)，相当于外界气温上升 8～10℃所造成的影响。因此，高原行车易产生气阻和渗漏等问题，致使油耗增大。同时，因发动机功率不足，汽车需经常以低挡行驶，也是引起油耗增大的原因之一。

7.3.3　海拔高度对排放的影响

海拔高度对排气污染物的生成也有影响。由于海拔高度影响发动机的空燃比，空燃比的变化又导致排气成分浓度的改变，从而影响有害物质的排放量。图 7.15 所示为海拔高度与发动机排气中的 CO、HC 和 NO_x 的关系。从图中可以看出，CO、HC 排放浓度随海拔升高而增大，而 NO_x 的浓度则有所下降。

7.3.4　在高原地区改善发动机性能的主要措施

在高原地区行驶的汽车，发动机功率下降导致汽车的动力性下降，特别是对储备功率较小的汽车列车影响更大。下面将介绍提高汽车在高原地区的动力性与燃料经济性的措施。

1. 提高发动机的压缩比

提高压缩比不仅可以提高压缩终点时刻汽缸内的温度与压力，加快燃烧速率，改善燃烧过程，减少热损失，还可以采用较稀的混合气，从而提高发动机的动力性和燃料经济性。

发动机压缩比的选定与汽油的辛烷值有直接关系。汽油辛烷值越高，爆震倾向越小，压缩比就可以相应地选大一些。图 7.16 给出了汽油辛烷值与压缩比的关系。

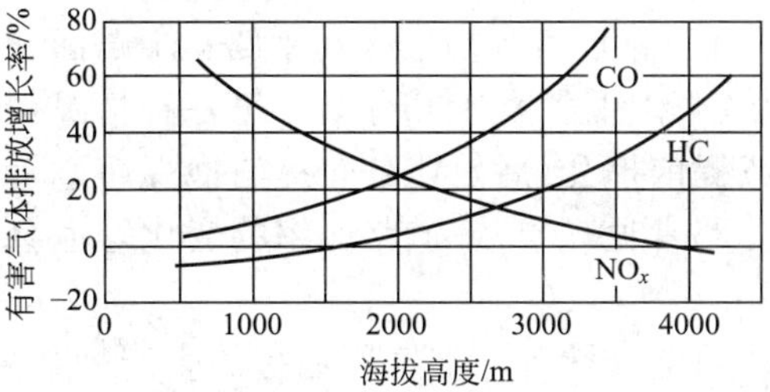

图 7.15 海拔高度与排气中有害气体浓度的变化关系

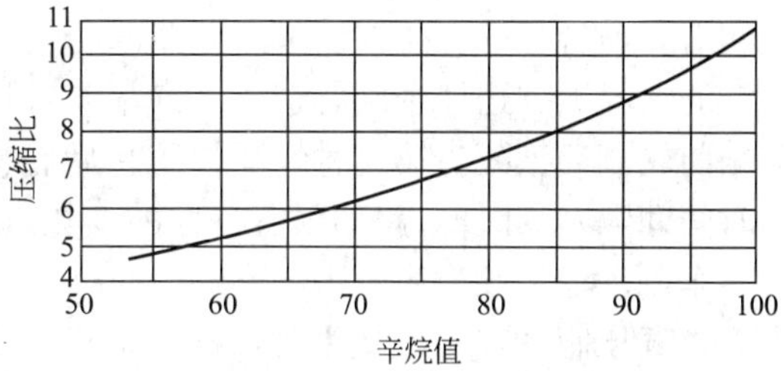

图 7.16 汽油辛烷值与压缩比之间的关系

2. 采用增压设备

柴油机由于无爆震的限制，使用增压器比较合适。柴油机装增压器后(一般是废气涡轮增压)，增加了充气量，压缩终点时刻压力和温度也相应提高，从而改善了发动机的动力性和燃料经济性。由于发动机的工况复杂以及发动机罩下空间的限制，要求增压器结构紧凑，涡轮等旋转零件的转动惯量小，反应敏感。此外，还应对柴油机的供油量及喷油提前角进行适当调整。图 7.17 所示为典型的废气涡轮增压器。

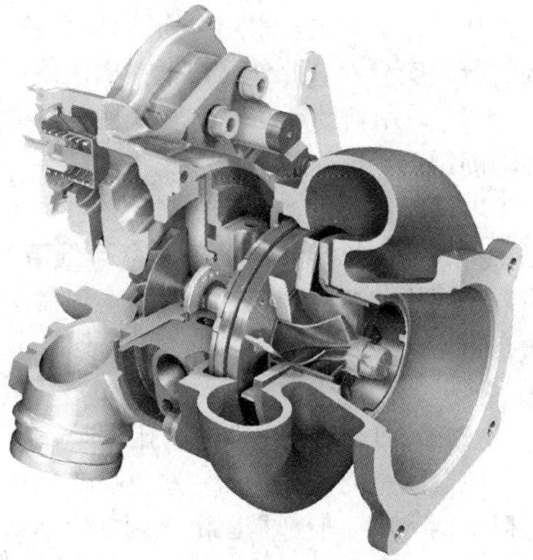

图 7.17 废气涡轮增压器

汽油机采用废气涡轮增压的困难很大，其中主要是爆震问题和涡轮热负荷过高问题。因此，废气涡轮增压在汽油机上的应用受到一定限制，但是作为在高原地区使用的汽车为恢复原有的发动机功率仍是行之有效的办法。

3. 采用含氧燃料

含氧燃料就是在汽油中掺入酒精、丙酮及其他含氧化合物。掺入的这些含氧燃料的分子中都含有氧，在燃烧过程中，补偿了因气压低而产生的充气量不足的问题。试验表明：采用含氧较高的燃料，其相对效能随海拔高度的增加而提高。

7.3.5 高原及山区条件下汽车安全行驶的措施

1. 制动系统的改进措施

由于山区地形复杂，经常会遇到上坡、下坡、路窄、弯多等问题，所以影响山区行驶安全的主要问题是汽车制动性能。在山区行驶，汽车需要经常制动减速，因此制动系的使用特点是制动频繁，致使摩擦衬片和制动毂(盘)经常处于发热状态。下长坡时，制动蹄摩擦衬片温度可达 400℃左右。在这种情况下，摩擦衬片的摩擦系数急剧下降、严重时可能出现制动失效。此外，由于摩擦衬片连续高温，磨损加剧并会产生碎裂现象。

在山区行驶的汽车制动安全性主要存在两个方面的问题，即前轮失去转向能力和后轴侧滑。前者容易发生在坡道、湿路面和超载的情况下；后者容易发生在平路、干路面和空载的情况下。这两个问题造成了汽车前后制动力分配比例上的突出矛盾：第一种情况须防止前轮制动抱死；第二种情况须防止后轮抱死或提前抱死(后轮比前轮提前抱死超过一定时间间隔)。此外，路面附着特性的变化(山区公路常见现象)、道路曲率的变化等也会对汽车制动稳定性产生较大的影响。

气压制动在山区使用时，特别是高原山区，因空气稀薄，空气压缩机的生产率下降，供气压力不足，再加上制动次数多，耗气量大，往往不能保证汽车、特别是汽车列车的可靠制动。

在高原山区行驶的汽车使用制动频繁，制动器因摩擦而生热，使制动系统温度升高。如果使用沸点低的制动液，还会在高温时由于制动液的蒸发而产生气阻，引起制动失灵。

从总体上来说，采用ABS制动系统可以提高车辆制动的操纵稳定性，提高汽车在山区的行驶安全性。此外，汽车在山区使用条件下，解决制动问题的途径如下：

(1) 采用辅助制动器。辅助制动器主要有电涡流、液体涡流和发动机排气制动。前两种辅助制动器由于体积较大、结构复杂，多用于山区或矿用的重型汽车上，又称电力或液力下坡缓行器。发动机排气制动是一种有效而简便的措施。它是在一般发动机制动的基础上，再在发动机排气管上装一个排气节流阀，当使用排气制动时，切断发动机的燃料供给，关闭排气节流阀，达到降低车速制动汽车的目的。排气制动也属于缓行制动装置，多用在重型汽车上。排气制动可保证各车轮制动均匀，制动功率可达发动机有效功率的80%～90%。

(2) 采用大范围可调制动比例阀。现有的比例阀主要用于防止后轴制动抱死，不能解决前轮制动抱死问题，而一些进口矿用车的前轮制动减压阀又只能用于防止前轮抱死，而且以上两类阀一般都是固定比例的，不适用于制动工况变化很大的山区情况。因此有必要采用一种从前轮制动减压到后轮制动减压的大范围可调比例阀。

(3) 制动毂淋水。为防止制动器过热，在下长坡时，对制动毂外缘进行淋水冷却效果很好，可以基本上防止摩擦衬片的烧蚀现象。但是，这种方法需要有充足的水源，在缺水地区无法使用。此外，经常需要停车加水，增加了驾驶员的劳动强度，降低了运输生产率。

(4) 选用合成型汽车制动液。评价制动液高温抗气阻性能的指标是平衡回流沸点。平衡回流沸点是指制动液在测定条件下开始沸腾的温度，平衡回流沸点越高，越不易产生气阻。

(5) 此外，为满足气压制动的供气压力要求，可采用供气量大的双缸空气压缩机。

2. 发动机的冷却与保温

由于高寒山区空气稀薄，发动机冷却强度有时和发动机负荷不相适应；低挡爬坡时，发动机易过热；停车时，发动机又很快冷却，因此发动机应采取良好的冷却与保温措施。

3. 改善灯光确保夜间行车安全

加宽汽车大灯照射角度，便于急转弯时可靠照明。大灯最好采用能随转向传动机构相应转动的装置。

4. 加强维护保养

汽车在高原和山区使用时，因换挡、制动和转弯次数多，道路不平，底盘的负荷大，轮胎磨损加快，所以维护周期应适当缩短。高原地区的冬季一般兼有寒区的低温特点，因而也要遵照寒冷地区的使用要求。

5. 提高安全驾驶技术

爬长坡、陡坡时，注意提前换挡，禁止熄火空挡滑行。正确使用发动机辅助制动装置，在使用辅助制动装置时，如挂空挡滑行或中途分离离合器，则发动机因与传动轴之间解除了动力传递，故辅助制动装置将不起作用。在下长坡时，为防止制动鼓过热，可采用制动毂淋水降温装置。在汽车上加装贮水器，在下长坡之前，打开贮水器开关，使其向制动毂外表面淋水降温。

为适应高原使用特点，中国第二汽车制造厂制造了东风EQ1090C型高原变型汽车(适于海拔1500～2000m地区使用)，为使用者提供了方便。

7.4 汽车在高温条件下的使用

7.4.1 汽车在高温条件下的使用特点

在我国炎热的南方和夏季的西北高原，由于气温高、辐射热强，最高气温达35℃以上。汽车在高温条件下散热能力差，有的汽车曲轴箱温度达95℃，驱动桥齿轮油油温高达120℃，轮毂轴承最高温度可达130℃，轮胎行驶中的温度在100℃以上，制动液最高工作温度可超过130℃。因此，汽车在高温条件下使用时，对其使用性能影响很大，应采取相应措施加以改善。

汽车在高温环境里，发动机冷却系的散热温差小，散热能力差，发动机容易过热。汽车发动机散热器的散热量Q可表示为

$$Q=kS\Delta T \tag{7-9}$$

式中，Q——散热量；

k——传热系数；

S——散热器的散热面积；

ΔT——散热器内外温度差。

当散热器一定时，k和S的数值变化不大，散热量Q主要取决于ΔT。在炎热的夏天，由于外界气温高，发动机的冷却液与大气温差变小，导致冷却系散热量变小，使发动机过热。

在高温条件下行驶的汽车由于发动机过热，往往会出现下述问题。

1. 发动机充气能力下降

气温越高，空气密度越小，发动机的实际进气量减少，由于发动机过热，发动机罩内温度更高，发动机充气能力降低。充气系数下降，造成发动机功率下降，使汽车行驶无

力。试验表明：当气温从15℃升高到40℃时，发动机功率下降6%～8%。另外，由于充气系数下降，混合气相对变浓，汽车废气中的有害物质(CO、HC、NO_x、炭烟)浓度增大，增加环境污染。

2. 燃烧不正常

大气温度高，进入汽缸的混合气温度也高，发动机整个工作循环的温度也高，而散热器的散热效率又低，使发动机处于过热状态，燃烧室内末端混合气吸收热量多，加剧燃前反应，这就容易产生爆燃。另外，过热的发动机使积存于活塞顶部、燃烧室壁、气门顶部及火花塞上的积炭形成炽热点，易造成可燃混合气的早燃。这种不正常的燃烧更加剧了发动机的过热现象，形成恶性循环，汽缸体和缸盖易产生热变形甚至裂纹，较为常见的是烧坏汽缸垫、气门及气门座。

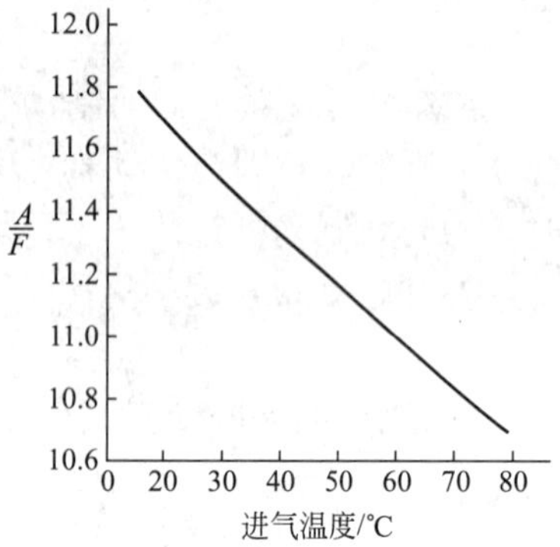

图7.18　在一定条件下进气温度与空燃比 A/F 的关系

随着气温升高，使空气密度减小，混合气变浓，如图7.18所示，导致燃料经济性变差。试验表明：当气温高于28℃时，汽车运行燃料消耗量相对于5～28℃时，增加2%以上。

3. 机油变质，零件磨损加剧

发动机的机油在高温、高压下工作时，使机油的抗氧化安定性变坏，加剧了其热分解、氧化和聚合的过程。机油与燃烧不完全的产物、凝结的水蒸气以及进气中夹带的灰尘混合，引起机油变质。另外，由于机油温度高，粘度下降，使机油变稀，油性变差，机油压力降低，发动机零部件表面不易形成润滑油膜。同时，金属零件由于高温热膨胀较大，零件之间正常配合间隙变小。这些都加速机件磨损，严重影响发动机的使用寿命。

此外，夏季炎热而干燥，空气中的灰尘很多。而湿热带的南方地区，空气中的水蒸气浓度大。灰尘和水蒸气通过进气系统或曲轴箱通风口等处进入发动机污染机油。

高温条件下使用的汽车，发动机在起动过程中的磨损减少，但是长时间行驶，特别是超载爬坡或高速行驶，机油温度高，粘度下降，油性变差，加速了零件磨损。

4. 供油系产生气阻

气温越高，发动机罩内温度也就越高，越易出现气阻现象。供油系受热后，部分燃油蒸发成气体状态存在于油管及输油泵中，不仅增加了燃油的流动阻力，同时由于气体的可压缩性，输油泵出油管中的油蒸汽随着输油泵的脉动压力不断地被压缩和膨胀，破坏了输油泵在吸油行程中所形成的真空度，造成发动机供油不足甚至中断，严重时形成供油系气阻。在炎热地区，特别是汽车满载爬坡或以低速长时间行驶时，更容易发生气阻。

5. 汽车制动效能下降

汽车制动效能随着气温升高将有所下降。液压制动的汽车，制动液在高温下可能发生气阻现象。在频繁制动的情况下，制动液温度可达100℃以上，易导致皮碗膨胀、制动液气阻，致使制动效能下降，影响行车安全。

外界气温高，轮胎散热较慢，过热易使气压过高，引起轮胎爆破。车速越快，轮胎产生的热量越多，越容易发生爆胎。

大气温度通过空气密度、空燃比和燃料蒸发等因素对发动机排气污染物产生复杂的影响。图7.19为环境温度变化时发动机排气中CO实际浓度的变化。HC、NO_x的浓度也随气温变化而变化，即气温升高，混合气变浓，HC浓度增大，而NO_x浓度则成"凸"形曲线变化，在某一空燃比时达到最大值。

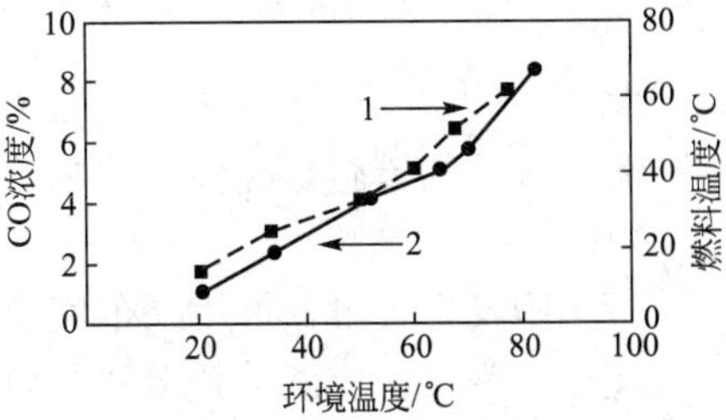

图7.19 CO浓度随气温变化的关系

1—CO浓度；2—燃料温度

7.4.2 提高在高温条件下汽车使用性能的主要措施

1. 提高发动机冷却系的冷却强度

每种汽车的冷却系只能适应一定的使用条件。我国幅员辽阔，从严寒的北方到炎热的南方气候条件差异很大。在高温条件下使用时，需要在结构方面增大冷却系的冷却强度，主要措施是：增加风扇叶片数、直径或叶片角度；提高风扇转速；采用形状过渡圆滑的护风圈等；尽量使气流畅通、分布均匀、阻力小、没有热风回流现象以及散热器正面避免无风区；风扇对散热器的覆盖面积要大一些。还可以采用通风良好的发动机罩、罩外吸气、冷却供油系等办法增大吸入空气及燃料温度的变化。

2. 加强技术维护

加强冷却系的维护，清除水垢，保持冷却系良好的冷却效果。行车中勿使发动机过热。在发动机过热、散热器开锅时，应及时停车降温，并且不要熄火，以防止发动机内部过热而发生拉缸事故。

与铸铁和铝相比，水垢导热率很低，因此水垢会影响冷却系的散热强度。清除冷却系水垢可提高散热能力。此外，还应定期检查节温器的工作情况。

各总成和轮毂轴承换用夏季润滑油(脂)。

注意机油平面的检查，适当缩短换油周期。在灰尘大的地区，应加强空气滤清器的维护。在条件允许的情况下，对于在酷热天连续行驶的车辆，要加装机油散热器和选用优质机油。

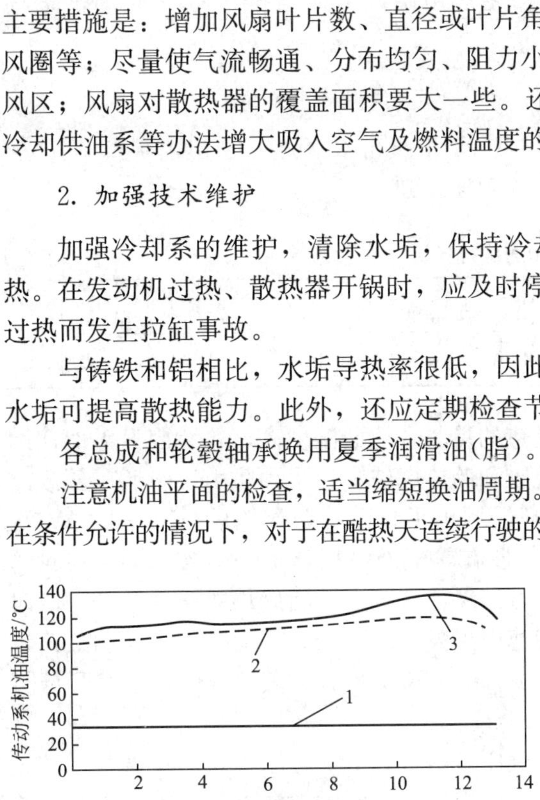

图7.20 连续爬坡时传动系统润滑油的温度变化

1—大气温度；2—差速器机油温度；
3—变速器机油温度

在高温地区行驶的汽车应适当调小充电电流，检查调整蓄电池电解液密度，保持液面高度和通气孔畅通。点火系的火花强度也会因气温升高、点火线圈发热而减弱，宜将点火线圈放在空气流通处。

大型载货汽车和大客车变速器和差速器的油温在高负荷连续行驶的条件下会逐渐升高，在炎热的夏季往往超过120℃，如图7.20所示。由于高温将引起传动系润滑油的早期变质，应适当缩短换油周期。润滑脂在高温下易流失(滴点温度一般在100℃)，特别是对轮毂润滑的润滑脂要按规定周期进行检查和维护。

液压制动系的汽车，在经常制动情况下，制动液温度可达80～90℃，甚至达到110℃。为保证行车安全，应选用高沸点(不低于115～130℃)制动液。

3. 防止气阻

防止气阻的措施是改善发动机的散热和通风，以及隔开供油系的受热部位。具体措施如下：

行车中发生气阻，可用湿布使输油泵冷却或将汽车开到阴凉处降温。柴油机应排除供油系统中的空气，才能重新起动发动机。

4. 防止爆震

由于发动机爆震与发动机的进气温度有很大关系，从而可以改进进气方式，降低进气温度，防止爆震。例如，在夏季，东风EQ1090型汽车满载拖挂行驶时，发动机罩下温度可达60℃。如果把空气滤清器原进气缝隙密闭，另开进气口，用连接管通至水箱侧支撑板处，在支撑板上开口，即改进成前吸式空气滤清器，使进气不受发动机热辐射的影响。试验表明：在汽车满载拖挂(汽车列车总质量为14t)上坡行驶(坡度8%)时，进气温度下降近10℃，减少爆震倾向。在使用中，可适当推迟点火时间，防止爆震。

5. 防止轮胎爆破

轮胎的最高工作速度有统一规定，见表7-5。子午线轮胎胎侧注有速度符号。同一规格的轮胎可能生产几种速度的产品，使用中不应超速行驶。

表7-5 轮胎速度符号表

符号	C	D	E	F	G	J	K	L	M	N	P	Q	R	S	T	U	H	V
km/h	60	65	70	80	90	100	110	120	130	140	150	160	170	180	190	200	210	240

汽车超载也是爆胎的重要原因之一。在炎热的夏季，地面温度高，轮胎因升温而使胎体强度下降。如果超载行驶，容易产生胎面脱胶和胎体爆破。为了预防由于轮胎失压或爆胎带来的行车安全隐患，各大轮胎厂商几乎都研制出了自己的防爆轮胎(Run-flat tire)。图7.21所示就是一种典型的防爆轮胎，这种轮胎在轮辋外缘加装了一圈支承圈，在轮胎失压后，主要由支承圈来承担车身重量，这样可以保证汽车在爆胎后仍能正常行驶一段时间。轮胎的负荷能力是以速度为基础的，行驶速度提高，负荷能力相应减少。轮胎负荷也有标记，如桑塔纳2000型轿车的轮胎型号为195/60R14 85H。其中H表示速度符号(210km/h)，负荷指数为85，相应的负荷为515kg。

轮胎气压与环境温度有关，胎侧上标注的气压是指常温下的轮胎气压。在汽车行驶过程中，轮胎气压随轮胎温度提高而相应升高。在检查轮胎气压时应注意：停驶后只有当胎里空气温度与环境温度平衡时所测得的轮胎气压才是较为准确的，仅凭轮胎外表温度来判断胎内空气温度是否冷却是很不准确的。一般在炎热夏季应停车在4h以后测量轮胎气压，再根据需要进行补气。

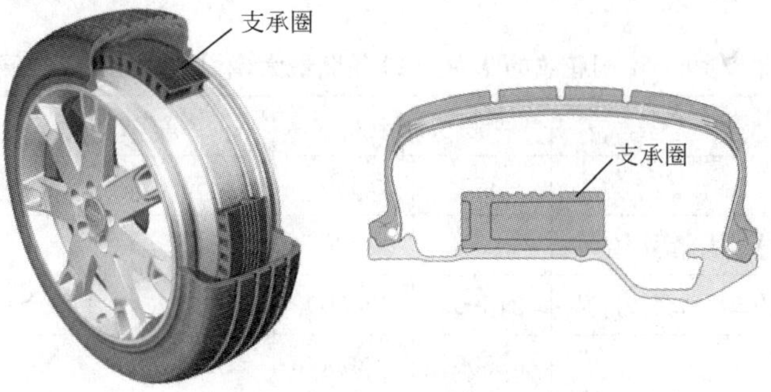

图 7.21　典型的防爆轮胎

6. *注意车身维护*

漆涂层和电镀层在湿热带地区试验结果表明，漆涂层的主要损坏是老化、褪色、失光、粉化、开裂和起泡等。电镀层的主要损坏是锈斑、脱皮以及锈蚀等。因此，在维修中，应注意喷漆前的除锈和采用耐腐蚀、耐磨性高的涂层，并加强外表养护作业。

高温、强烈的阳光，多尘和多雨均影响驾驶员的劳动强度、行车安全和乘客舒适性。应加装空调设备、遮阳板，或者加强驾驶室、车厢的通风和防漏雨。

7.5　汽车在坏路和无路条件下的使用

坏路或恶劣道路是指泥泞的土路、冬季的冰雪道路和覆盖砂土的道路等；无路是指松软土路、耕地、草地和沼泽地等。

7.5.1　汽车在坏路和无路条件下的使用特点

在坏路和无路条件下，汽车驱动轮与路面的附着力减小，车轮的滚动阻力增大，突出的障碍物也会影响汽车的通过，而使汽车的牵引-附着条件恶化。

汽车在松软的土路上行驶时，支撑路面将出现残余变形，车轮在路面上形成车辙，滚动阻力增大。汽车在泥泞而松软的土路上行驶时，常因附着系数低，引起驱动轮打滑，使汽车无法通过。

汽车在土路上的附着系数与土壤的性能状况、轮胎花纹和气压、汽车驱动轴上的负荷及汽车的行驶速度有关。

附着程度的好坏主要取决于轮胎与路面的接触处变形后的相互摩擦情况。在干燥平坦的土路上，附着系数约为0.5～0.6。在不平整的低级道路上，由于减少了轮胎与路面的接触面积，附着系数下降。而当路面潮湿或泥泞时，其表面坑洼都被泥浆填满，阻碍了轮胎与路面间的接触，致使附着系数降低到0.3～0.4或更低。

轮胎花纹和轮胎气压对附着系数的影响较大。越野花纹轮胎与路面抓着力大，附着系数大，适于坏路和无路情况使用。轮胎气压低，轮胎与路面的接触面积大，单位压力减小，增加了轮胎与路面的附着力。在较差的路面上行驶时，轮胎花纹和气压对汽车最大牵引力有极大的影响，见表7-6。

表7-6　不同花纹的9.00-20轮胎最大牵引力对比试验结果

路　面	硬质泥土路		草　地		砂　地	
气压/kPa	350	550	350	550	350	550
使用越野花纹轮胎的最大牵引力/N	25000	23000	17000	15000	8000	6000
使用普通花纹轮胎的最大牵引力/N	215000	20000	14000	11000	6000	5000
两者相差值/N	3500	3000	3000	4000	5000	1000
越野轮胎提高/%	16.3	15.0	21.4	36.1	33.3	20.0

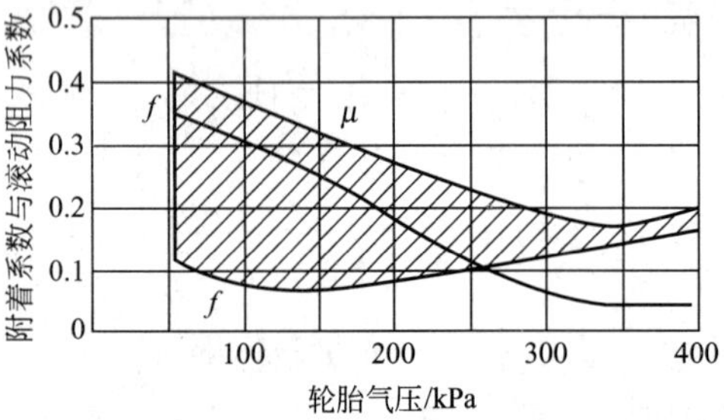

图7.22　附着系数、滚动阻力系数与轮胎气压之间的关系

μ—附着系数；f—滚动阻力系数；(μ-f)—附着系数与滚动阻力系数的差值

轮胎对路面的单位压力下降，在软土路上行驶的滚动阻力也下降。图7.22给出了低压胎在软土路上的附着系数与滚动阻力的变化情况。轮胎气压过低时轮胎变形显著增大，滚动阻力略有增加。

砂路的特点是表面松散，受压后变形大，轮胎花纹嵌入砂土后，因砂土的抗剪切能力差，抓着力小，附着系数降低，同时，车轮的滚动阻力增大。干砂路和流砂地容易使汽车打滑，特别是在流砂地上，汽车车轮的滚动阻力系数为0.15～0.30或更大，而驱动轮由于附着系数小而空转，影响汽车通过性能。

雪路对汽车通过性的影响主要取决于雪的特性，即雪层的密度和硬度。雪层密度越大，其承受的压力也越大。雪层密度与气温和压实的程度有关，气温越低，雪层密度越小。雪层硬度也与气温有关，气温低，雪层干而硬；气温高，雪层软而松。当气温在－10～－15℃时，雪路的性能见表7-7。从中可以看出，雪路比一般刚性路面对车轮的滚动阻力增加，而车轮的附着系数显著下降，雪层的密度越小，汽车的行驶条件越差。

表7-7　－10～－15℃时雪路的主要性能

雪的状态	密度/(g/cm³)	滚动阻力系数	附着系数
中等密度雪	0.25～0.35	0.1	0.1
密实雪	0.35～0.45	0.05	0.2
非常密实雪	0.5～0.6	0.03	0.3

雪层厚度对汽车行驶也有一定的影响。在公路上，经车轮压实，平坦而密实的雪层厚度为7～10cm时，对汽车的正常行驶影响不大；当雪层特别是松软雪层加厚时，汽车的通过性将明显下降。使用经验表明，雪层厚度大于汽车最小离地间隙的1.5倍、雪密度低于0.45g/cm³时，汽车便不能通过。

汽车在冰路上行驶时，轮胎与冰面的附着系数非常低。在冬季有冰的道路上，附着系数可降低到0.1以下，但是车轮滚动阻力相对刚性路面略有增加。为保证行车安全，在冰路上行驶时的车速要低，行车间隔要大。特别是通过河流或湖泊的冰面时，还需要检查冰层厚度和坚实情况(裂缝、气泡或雪的夹层)。

冰层除了表面有一层冰雪外，主要由混浊的上层和透明的下层组成。在检查冰层厚度时，每隔15～25m测量一次这两部分冰层的厚度，并观察冰层的状况。在气温低于0℃情况下，汽车通过冰封的渡口时，冰层的最小厚度见表7-8。

表7-8 冰层的承载能力

汽车(汽车列车)总质量/t	冰层厚度/cm(−1℃～−20℃)	从渡口到对岸的最大距离/m	
		海 冰	河 冰
≥3.5	25～34	16	19
≥10	42～46	24	26
≥40	80～100	38	38

7.5.2 汽车在坏路和无路条件下使用时采取的主要措施

在坏路和无路条件下使用时，改善驱动轮同路面之间的附着系数和减少滚动阻力对提高汽车的通过性是最有意义的。从使用方面改善汽车通过性的措施如下所述。

1. 安装防滑链，提高车轮与路面的附着力

在汽车驱动轮上装防滑链是提高车轮与路面附着系数的有效措施，已得到广泛应用。防滑链的形式主要取决于路面状况和汽车行驶系的结构。防滑链有普通防滑链、履带式防滑链和防滑块。

普通防滑链是带齿的(圆型、V型或刀型)链条，用专用的锁环装在轮胎上。这种防滑链在冰雪路面和松软层不厚的土路上有良好的通过性，而在松软层厚的土路上效果明显下降。

履带式防滑链有菱形和直形的。履带式防滑链能保证汽车在坏路上甚至驱动轮陷入土壤或雪内仍可以通过。菱形履带式防滑链还具有防侧滑能力。

防滑链的缺点是链条较重，拆装不方便，更重要的是装有防滑链的汽车，其动力性和燃料经济性均下降，在硬路面上行驶的冲击大，使轮胎和后桥磨损增大。因此仅在克服困难道路时，轮胎才装防滑链。克服短而难行的无路地段时，宜使用容易拆装的防滑块和防滑带。

2. 选用特殊胎面花纹的轮胎，提高车轮与路面的附着力

轮胎胎面花纹可分为普通花纹、越野花纹和混合花纹，即纵向花纹、横向花纹和纵横混合花纹。越野花纹轮胎的特点是：花纹横向排列、花纹沟槽深、凸出面积小，与地面附着力大，适合在坏路和无路条件下使用。

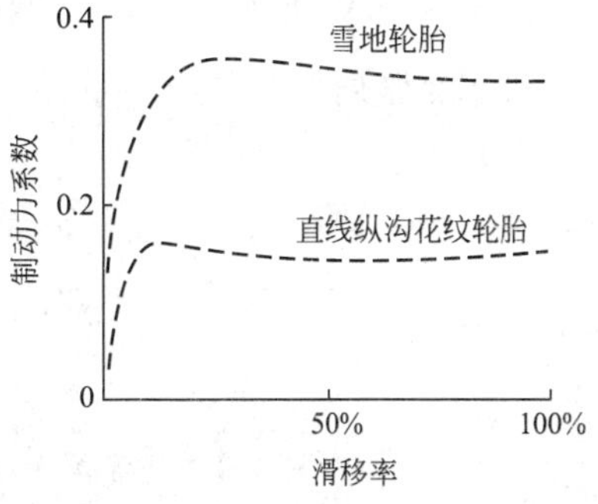

图7.23 雪地制动力系数与滑移率的关系

冰雪路面摩擦系数小，用一般轮胎行驶较困难，国外多使用具有特殊胎面花纹的雪地轮胎，雪地轮胎在冰雪道路上具有良好的制动性能，如图7.23所示。表7-9给出了制动初速度为40km/h时雪地轮

胎在压实雪路面上的制动性能与带防滑链的普通轮胎的比较结果。

表 7-9 雪地轮胎与带防滑链的普通轮胎的比较

对比轮胎	制动距离/m	指数
雪地子午线轮胎	15.5	100
带防滑链的对比轮胎	13.1	118
雪地斜交轮胎	20.7	100
带防滑链的对比轮胎	19.9	104

3. 根据路况选择汽车轮胎气压

轮胎气压减小后，轮胎与路面的接触面积增大，单位面积压力减小，致使车轮的滚动阻力减小，并改善了附着条件。表 7-10 所示为汽车在土路上行驶时与土壤特点相适应的轮胎气压。轮胎气压降低后，轮胎变形加大，使用寿命降低，因此不能使轮胎长期在低气压行驶。

表 7-10 道路条件与轮胎气压

土壤的变形模量/(N/cm^2)	土壤特点	最合适的轮胎气压/kPa
50～250	非常松软的砂路、新翻地、沼泽地	50～100
250～500	填土、没翻的耕地	100～200
500～1000	车轮压实的填土	200～300
1000～1500	自然形成的坚固层	300～400
1500～2000	压实过的道路	400～500

4. 提高在无路和坏路条件下的驾驶技术

驾驶方法对提高汽车的通过性也有很大作用。例如，汽车通过砂地、泥泞土路和雪地等松软路面时，应降低车速(低速挡)，以保证有较大的牵引力，同时减少了车轮对土壤的剪切和车轮陷入程度，提高了附着力。除降低车速外，还应避免换挡和加速并尽量保持直线行驶，因为转弯会使前后轮辙不重合而增加滚动阻力。

5. 其他自救措施

汽车克服局部障碍或陷住时，可采用自救措施。一般的自救方法是去掉松软泥土或雪层，在驶出的路面上撒砂、铺石块或木板等，然后将汽车开出。也可以用绳索绑在树干(或木桩)和驱动轮上，如同绞盘那样驶出汽车。

知识链接

"爱卡汽车"网：夏季高温暴晒，注意防止车辆自燃的发生
http://t.cn/zOnQDmY

习 题

1. 汽车走合期使用特点有哪些？在汽车走合期内如何正确使用汽车？

2. 低温对汽车使用有何影响？在低温条件下使用汽车时应采用什么技术措施？

3. 高温对汽车使用有何影响？在高温条件下使用汽车时应采用什么技术措施？

4. 高原山区对汽车使用有何影响？在高原山区下使用汽车时应采用什么技术措施？

5. 坏路和无路条件对汽车使用有何影响？在坏路和无路条件下使用汽车时应采用什么技术措施？

第8章 汽车的技术状况及其变化

教学要求

通过本章学习，掌握汽车技术状况变化的原因及规律，学会分析各主要因素对汽车技术状况的影响，能根据汽车技术状况的变化规律分析合理使用汽车的技术措施，并掌握汽车技术状况的分级方法与评定标准，为合理有效地使用汽车奠定技术基础。

导入案例

构成汽车的零部件可分为四大类：发动机、底盘、车身、电气设备。如果将细小的螺钉、螺母、螺栓计算在内的话，一辆普通的汽车大概由30000个零件组成，图8.1所示为一辆普通轿车在基本拆解为单个零部件后的状态。汽车零部件的技术状况的变化，往往是引起汽车技术状况变化的基本原因。自然损坏、塑性变形、疲劳损坏、腐蚀以及零件或材料方面的其他变化等，都直接影响汽车技术状况的改变。

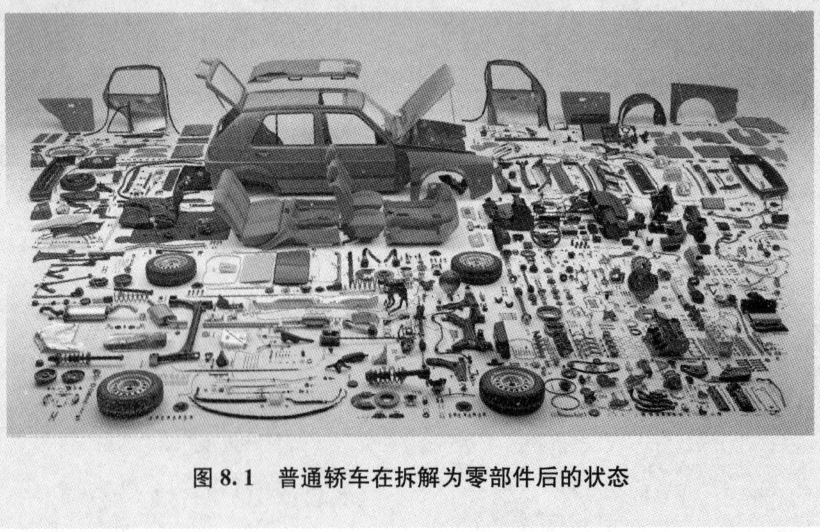

图8.1 普通轿车在拆解为零部件后的状态

研究汽车技术状况变化的规律以及引起变化的原因，掌握其变化的客观规律，对于合理使用和组织汽车技术维护，保持良好的汽车技术状况，提高汽车运输生产效率、使用寿命和行驶安全性具有重要作用。本章重点介绍汽车技术状况变化对汽车运用性能的影响，汽车技术状况变化的原因、影响因素、变化规律及特征、汽车技术状况的分级与评定等内容。

8.1 汽车技术状况与运用性能

8.1.1 汽车技术状况概述

汽车的技术状况是指能定量测得的、表征某一时刻汽车外观和性能的参数总和。

在汽车使用过程中，汽车内部零件之间、零件与工作介质和工作产物之间、汽车与外部环境之间均存在着相互作用，其结果是汽车零件在机械负荷、热负荷和化学腐蚀作用下，引起零件磨损、发热、腐蚀等一系列物理的和化学的变化，使零件尺寸、零件相互装配位置、配合间隙、表面质量等发生改变。零件是汽车的基本组成单元，零件性能下降后，汽车的技术状况将受到影响，因此，汽车技术状况的变化取决于组成零件的综合性能。

随着汽车行驶里程的增加，汽车技术状况将逐渐变坏，致使汽车的动力性下降、经济性变坏、使用方便性下降、行驶安全性和使用可靠性变差，直至最后达到使用极限。其主要症状有以下几点。

(1) 汽车最高行驶速度或技术平均速度降低。

(2) 加速能力降低。

(3) 爬坡能力下降。

(4) 牵引能力下降，甚至严重影响拖挂质量。

(5) 燃料与润滑油消耗量增加。

(6) 制动迟缓或失灵。

(7) 转向沉重、摆振。

(8) 行驶中出现抖振、摇摆或异常声响等。

(9) 排黑烟或有异常气味。

(10) 运行中技术故障率高，导致停歇时间增多，以致影响运输效率。

8.1.2 汽车运用性能及变化

汽车的主要运用性能是由设计与制造工艺确定下来的，这些性能包括装载质量、容积、动力性、燃料经济性、舒适性、安全性和可靠性等。每个性能都有表明其特性的参数(一个或几个)或物理量，这些参数可以作为衡量汽车工作能力的指标。例如，表示货车生产率的指标参数是货运量和货物周转量，货运量的单位是每年(或每月、或每工作班)所完成的货物运输总量，吨(t)；而货物周转量的单位是每年(或每月、或每工作班)所完成的货物运输总量与运距的乘积，吨·千米(t·km)。

汽车的技术状况可用汽车的工作能力或运用性能来评价。汽车的运用性能包括动力性、经济性、行驶安全性、使用可靠性、使用方便性、舒适性、装载质量和容积等。汽车运用性能的评价指标见表8-1。

表8-1 汽车运用性能评价指标

汽车运用性能	评价指标
动力性	最高行驶车速，加速时间与加速距离，最大爬坡能力，平均技术速度，低挡使用时间
使用经济性	燃料消耗量，润滑油消耗量，维修费用
使用方便性	每100km平均操纵作业次数，操作力、灯光、信号的完好程度，起动暖车时间，最大续驶里程
行驶安全性	制动距离，制动力，制动减速度，制动时的方向稳定性，侧滑量
使用可靠性	故障率和小修频率，维修工作量，因技术故障停歇的时间

大多数性能指标主要取决于原车产品质量，例如，动力性、燃料经济性、安全性、生产率和舒适性等。当然，在汽车工作过程中，这些性能也是在改变的。

汽车运用性能下降会导致汽车在运输生产过程中的运输生产率下降，运输成本增加，经济效益变差，同时对环境的污染加剧，并易于发生行车安全事故。表8-2反映了载货汽车随使用时间增加，其运输生产率、维修工作量和运输成本的相对变化情况。

表8-2 汽车运输生产率、维修工作量和运输成本随使用时间变化关系

汽车工作时限(年)	运输生产率(%)	维修工作量(%)	运输成本(%)
1	100	100	100
4	75～80	160～170	130～150
8	55～60	200～215	150～170
12	45～50	280～300	170～200

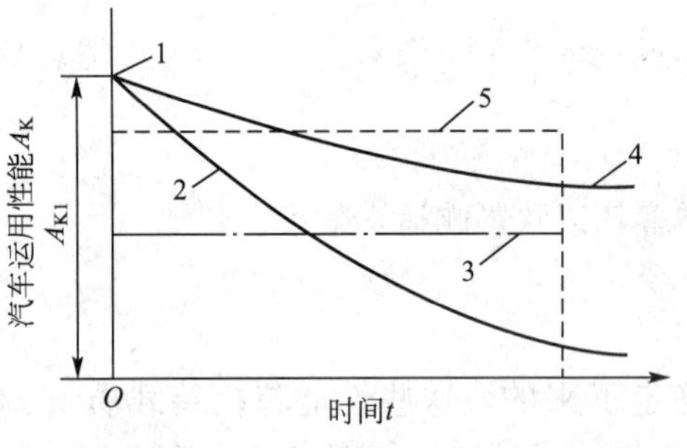

图8.2 汽车运用性能与使用时间的关系

1—汽车初始性能；2—汽车运用性能随时间变化的曲线；3—汽车实际运用性能；4—汽车合理运用对性能的影响；5—通过合理运用可提高汽车的实际运用性能

汽车运用性能是由原设计与制造工艺确定的，主要取决于汽车的设计制造质量。在汽车使用过程中，汽车的实际运用性能从汽车的初始性能开始，随着使用时间或行驶里程的增长而变化。汽车的初始性能取决于汽车的制造质量，而汽车的实际运用性能除取决于汽车的制造质量外，还取决于汽车的运用条件和运输工作状况等多方面的因素。在汽车制造方面，可以通过改进汽车的结构设计和完善汽车的制造工艺来提高汽车的运用性能；在汽车运用方面可以通过合理运用来提高汽车的实际运用性能(A_K)(图8.2)。

由图8.2可知，由于汽车合理运用的原因，可使汽车运用性能随着使用时间增加而下降的程度减小，从而使汽车使用过程中实际运用性能的平均水平有所提高，并延长汽车的使用寿命。要实现汽车的合理运用，必须对汽车技术状况的影响因素和在各种运用条件下提高汽车技术状况的措施进行研究，依靠有一定技术专长的人员和汽车技术状况管理组织等手段来保证汽车的工作能力，同时，要做好汽车运用技术管理的基础工作，在汽车运用过程中要经常按运用时间(或行驶里程)检测、记录汽车运用性能的变化情况，以作为分析汽车技术状况变化并确定提高汽车技术状况相应措施的依据。

8.2 汽车技术状况变化的原因及影响因素

8.2.1 汽车技术状况变化的原因

汽车在运用过程中，影响汽车技术状况改变的因素，有汽车本身工作的影响，也有偶然因素或外界运用条件的影响。偶然因素是指某个零件制造时有隐蔽缺陷或汽车运用过程中有超载、超速等意外情况。在这些影响因素中，汽车零件、机构或总成技术状态的改变，往往是引起汽车技术状况变化的基本原因。如：自然损坏、塑性变形、疲劳损坏、腐蚀以及零件或材料方面的其他变化等，都直接影响汽车状况的改变。汽车在某种特定使用条件下，其零件各种损坏所占百分比的情况见表8-3。

表8-3 某特定使用条件下的汽车零件损坏形式百分比

零件表面特征	载货汽车	大型载货汽车和公共汽车
磨损	40%	37%
塑性变形与损坏	26%	29%
其中包括：		
折断、破裂、脱离、剪切	(20%)	(19%)
拉伸、弯曲、压缩	(6%)	(10%)
疲劳损坏	18%	16%
其中包括：		
裂痕	(12%)	(7%)
损坏	(5%)	(8%)
剥落	(1%)	(1%)
高温损坏	12%	11%
其中包括：		
煅毁	(5%)	(7%)
烧损	(4%)	(3%)
炭化	(3%)	(1%)
其他	4%	7%
总计	100%	100%

汽车零件主要损坏的形式可分为以下几项。

1. 磨损

磨损是相互接触的物体在相对运动中表层材料不断磨耗的过程，它是伴随摩擦而产生的必然结果。影响汽车技术状况变化的零件磨损形式主要有磨料磨损、分子-机械磨损和腐蚀磨损等3种形式。

磨料磨损是相互摩擦表面之间有坚硬、锐利的微粒，对摩擦表面产生破坏作用的结果(如制动蹄摩擦衬片与制动鼓的磨损等)。

分子-机械磨损(也称粘附磨损)是在相互摩擦的表面靠得太近或承受压力极大并且缺少润滑油的情况下，由于相互摩擦表面分子之间相互吸引作用而粘结在一起造成的一种损坏形式(如曲轴与轴瓦的粘附等)。

腐蚀-机械磨损发生在摩擦表面有氧化物、酸、碱等有害物质腐蚀的情况下，零件表面既受腐蚀作用又有机械磨损(如汽缸壁、气门和气门座等的磨损，其磨损速度比单纯磨损要大得多)。

2. 塑性变形与损坏

零件所受载荷超过材料的弹性变形极限时，就要发生塑性变形或损坏，这通常都是由于零件原设计计算的错误或违反汽车运用规定所造成的(如汽车超载引起的车轴、车架变形或断裂等)。

3. 疲劳损坏

这种损坏是由于零件在交变载荷作用下承受超过材料的耐疲劳极限的循环应力而产生的损坏(如齿轮面的疲劳点蚀、钢板弹簧折断等)。

4. 腐蚀

零件在有腐蚀性的环境里工作会产生腐蚀损坏。例如，氧化作用可以使材料坚固性下降，并能导致零件外观形状变坏；酸、碱腐蚀作用会使零件表面产生疏松、脱落(如车身锈蚀、蓄电池导线接头腐蚀等)。

5. 老化

老化是零件材料受到物理、化学、温度和阳光等条件变化的影响，而引起缓慢损坏的一种形式。汽车上的一些橡胶制品(如轮胎、油封、膜片)和电器元件(如电容器、晶体管等)，长期受环境气体成分和温度的影响，原有性能会逐渐衰退而老化。例如，温度的冷、热作用；油类及液体的化学作用；太阳光的辐射作用等，都会使橡胶制品失去弹性并表面龟裂。老化的特点是随时间的延长而逐渐发生，新的零件无论使用与否，它都会老化，例如橡胶制品即使不用，长期放置也会失去弹性或出现龟裂；塑料制品的零件，长期闲置，由于冬夏冷暖季节的交替变化，也会变硬、发脆或断裂。

汽车在使用过程中，润滑油等液体性能也将逐渐变坏，由于润滑性能的降低因而会引起被润滑零件的损坏。为此，在润滑油中要加入抗油品老化变质的添加剂。汽车零件与运行材料性能的改变，不仅在汽车使用过程中发生，在长期储存和运输过程中也同样在变化，例如，橡胶制品会失去弹性和坚固性；燃料、润滑油、制动液等液体会发生氧化、变质、沉淀；金属零件会产生氧化、锈蚀等。

掌握零件损坏的原因的目的是为改进汽车的设计，改善使用条件，以便在汽车运用过程中减少零件的损坏，防止故障的发生，保证汽车技术的完好。

8.2.2 影响汽车技术状况的因素

汽车零件的磨损和老化是汽车运行过程中技术状况变化的主要原因，而影响汽车零件磨损和老化的因素很多，其中主要有汽车的结构和使用因素。使用因素有运行条件、燃料和润滑材料的品质、合理运用程度等。

1. 汽车的结构

汽车的结构设计与制造工艺的合理性和零件材料选择是否适当是提高汽车技术性能和使用寿命的重要途径。如果设计与制造工艺不合理或零件材料选择不当，在汽车使用过程中会因为已有的故障隐患，而经常出现同一故障的现象。

2. 运行条件

(1) 气候条件。汽车各总成在工作过程中都有一个最佳的热工况区，如发动机最佳热工况的冷却水温为80～90℃。发动机以最佳热工况运行，零件磨损最小，环境温度每变动1℃，将使缸体水套温度变化0.25～0.99℃(图8.3)。汽车的故障率也与环境温度有关(图8.4)，在环境温度变化的范围内，总是存在一个故障最低的大气温度区，环境温度高于或低于这个温度都导致汽车故障增加。

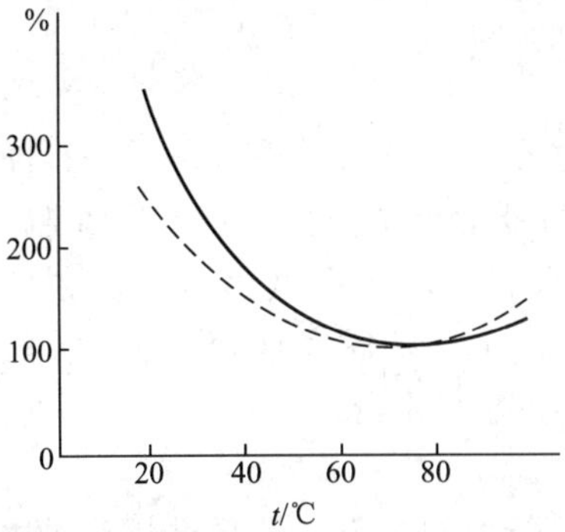

图8.3 环境温度对发动机磨损的影响

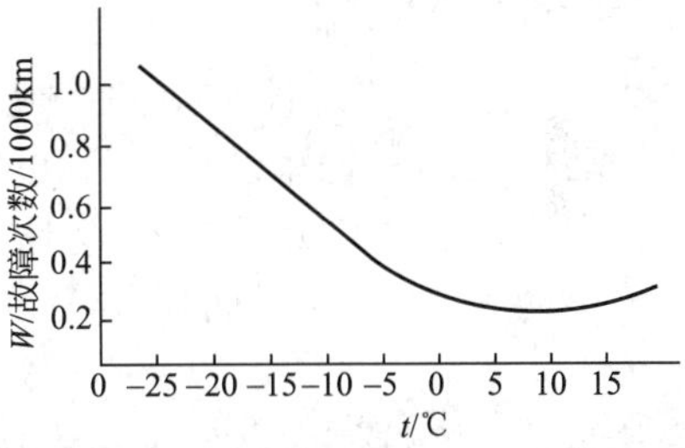

图8.4 环境温度对汽车故障率的影响

在气温低的条件下，润滑油的粘度大，流动性比较差。发动机起动时，润滑油到达润滑表面的时间长，使机件的磨损增加。在低温条件下，燃油的雾化性比较差，并以液滴状态进入汽缸，吸附在缸上的润滑油滴，将导致汽缸磨损加剧。试验表明：在−15℃的条件下起动发动机，润滑油需2min才能到达主轴承；在5℃时起动发动机并走热一次，汽缸磨损程度相当于汽车行驶30～40km时的磨损量；而在−18℃时起动发动机并走热一次，汽缸磨损程度相当于汽车行驶200～200km时的磨损量。

另外，非金属元件在低温时更易出现硬化、开裂、弹性下降或降低零件的结构强度等现象。气温过高时，发动机散热性能变差，造成发动机过热，使润滑油粘度降低，机油压力减小，并加速机油氧化变质，导致机件磨损严重；高温易产生爆燃和早燃，加速发动机的磨损；气温高还易使发动机供油系产生“气阻”，使车辆起动困难，工作可靠性下降；气温过高，还会使轮胎出现爆破现象。

(2) 道路状况的影响。道路条件是影响汽车技术状况的重要因素。道路的质量决定了汽车的运行情况(车辆运行中的速度范围、发动机转速控制范围、车辆的装载、操纵台作业次数等)，从而也决定了汽车总成、零件的磨损进程。

在坏路上行驶的汽车，其主要总成的使用寿命明显下降，汽车技术状况很快变坏。因为在坏路上行驶的车辆平均技术速度很低，但发动机转速却很高，而且负荷较大，汽缸内平均压力很高，因而汽缸、活塞组件磨损严重。所以，经常在坏路行驶的汽车，其发动机的大修间隔里程将缩短32%。汽车在崎岖不平的道路上行驶时，车身垂直弹起的加速度可达20～30m/s^2，对汽车技术状况影响很大。尤其是底盘部分总成结构，往往遭到直接的破坏或损伤，燃料消耗将增加30%～50%，轮胎磨损将增大2倍左右。由于操作次数的增加，离合器、变速器、制动蹄和制动毂等元件磨损增大而导致使用期限缩短30%～40%。行驶试验表明：悬挂弹簧片在良好的公路上行驶里程可达15×10^4km，而在无路条件下行驶时，其行驶里程下降近90%。

(3) 交通环境。仅有好的路面条件，而没有良好的交通环境，汽车也不能具有良好的运行工况。目前，我国交通环境并不理想，尤其是在城市，由于混合交通，车多路窄，交通流量大，交叉路口多，汽车难以以最佳的工况运行。在同样路面条件下，货车在城市行驶速度较郊区要降低50%～52%，发动机曲轴平均转速要增加30%～36%，换挡次数要增加2～2.5倍，制动消耗的能量增加7～7.5倍。显然，在这种工况下运行，将加速汽车技术状况的恶化进程。

3. 燃料和润滑油料的影响

(1) 汽油品质的影响。馏分温度、辛烷值和含硫量直接影响汽车的使用性能。

① 馏分温度。90%馏分温度和干馏点的高低表示汽油中所含重质馏分的多少。它们和发动机的燃料耗率及磨损速度有密切关系。这两个温度值越高，说明汽油中不易挥发、雾化和燃烧的重质馏分就越多。重质馏分不易挥发而以油滴状态进入汽缸，冲蚀缸壁上的油膜，窜入曲轴箱稀释润滑油，使润滑条件变差，从而加剧零件的磨损。

② 辛烷值。辛烷值的高低表示汽油抵抗爆燃能力的大小。如果选用汽油的辛烷值和该车的压缩比不相适应，就会产生爆燃。爆燃产生的高压冲击波和高温气体，使汽缸表面的润滑油膜受到严重破坏，从而使润滑条件变坏，同时高温气体使发动机产生过热现象。长时间爆燃会使连杆变形、气门烧蚀、火花塞绝缘损坏、活塞与汽缸磨损增大，甚至使轴瓦合金脱落。

③ 含硫量。燃料中的硫在燃烧后生成二氧化硫，当缸壁温度较低时，空气中的水蒸气在缸壁上凝结成水，与二氧化硫反应生成亚硫酸，对金属有强烈的腐蚀作用，造成发动机腐蚀磨损。含硫量越多，发动机的磨损量就越大。

(2) 柴油品质的影响。柴油中的重质馏分过多，将造成燃烧不完全而形成碳粒，汽缸磨损增加。另外，重质馏分容易堵塞喷油嘴的喷孔，影响发动机的正常工作。

柴油十六烷值的高低对发动机工作的平稳性有很大影响。如果选择不当，柴油机会产生工作粗暴的现象，增加发动机载荷，加剧机件磨损。柴油的十六烷值过低，柴油的自燃点过高，着火滞后期长，容易产生工作粗暴现象。同时，也加大了发动机的热负荷，这将加剧发动机磨损。如十六烷值过高，则柴油蒸发性差，凝固点高，低温流动性差，使发动机冷起动困难。

柴油的粘度必须适宜。粘度大，则柴油的低温流动性和雾化性变差，燃烧不完全，积炭和排黑烟增多；粘度小，则柴油不能良好地存在于喷油泵和喷油器偶件的配合间隙内，使润滑作用下降，导致磨损增加。

(3) 润滑油品质的影响。润滑油对汽车技术状况影响较大的性能指标是润滑油的粘度、油性、抗氧化安定性。

① 粘度。润滑油的粘度应和发动机转速磨损状况及气候条件相适应。如果粘度大，润滑油流动困难，特别是低温时，会使发动机起动困难。而且起动时润滑油到达零件工作表面所需的时间长，润滑条件变坏，使发动机的磨损增加。如果粘度小，润滑油的流动性好，但油压比较低，造成供油不足，使零件工作表面容易出现边界摩擦或半干摩擦，同样会使发动机的磨损增加。

② 油性。润滑油的油性好，说明润滑油吸附金属表面的能力强，对减缓配合件在边界摩擦或半干摩擦状态下的磨损起着重要作用。

③ 抗氧化安定性。如果润滑油的抗氧化安定性差，在使用过程中，润滑油在氧和热的作用下就会形成糊状物、胶状沉积物或积炭。糊状物或胶状物导热性能不良，粘附在活塞环上会降低其活动性，甚至引起活塞环卡死，将刮伤汽缸。沉积物严重时，会影响润滑油在油道、油管以及机油滤清器的通过能力，破坏润滑系的正常工作。积炭也是热的不良导体，且硬度较高，当燃烧室和活塞顶积炭以后，发动机的散热性就会变差，容易产生爆燃，加速零件磨损。

4. 汽车的合理运用程度

使用条件对汽车技术状况的影响主要表现在驾驶技术、装载质量和速度的合理利用方面。实践表明：车辆使用寿命的长短和技术状况的好坏，与使用情况有密切的关系。

(1) 驾驶操作的影响。驾驶操作直接影响零件的使用寿命。一个技术素质良好的优秀驾驶员在驾驶过程中，经常采用诸如冷摇慢转、预热升温、轻踏缓抬、均匀中速、平稳行驶、及时换挡、正确滑行、控制温度等一系列正确合理的操作方法。并能根据道路情况正确地选择行驶路线和车速，使车辆经常处于比较有利的工作状态，从而使车辆技术性能良好，使寿命延长。

(2) 装载情况。车辆合理运用的重要方面之一是正确选择装载量。汽车的装载量应按制造厂规定的额定标准来装载，不应超载。当装载超过规定载量时，各总成都在超负荷状况下工作，发动机工作不稳定性加大，单位行驶里程的发动机转速增高，冷却系和润滑系工作温度过高，这都导致发动机磨损量增大，如图8.5所示。有些中吨位汽车动力性较好，后备功率也高，当装载超过额定载荷10%左右时，其使用性能外表看来并没有太大影响，在眼前利润的促使下，有些车主便将车辆在超载状况下运行，这对车辆是十分有害的。如果车辆动力性好，可以按制造厂规定实行拖挂运输，并应遵循拖挂运输的基本原则和使用规律，以求最低运输成本和最大经济效益。

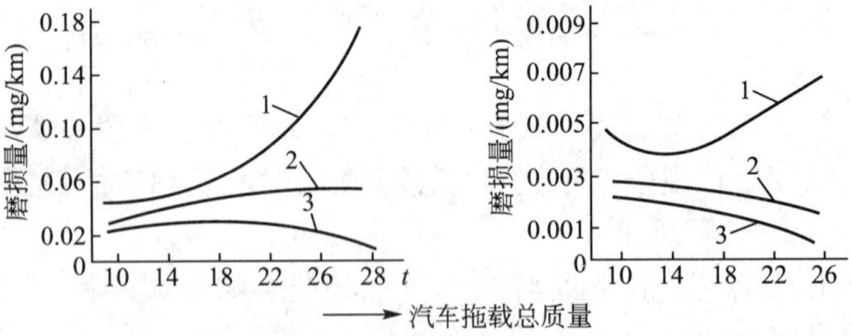

图 8.5　汽车拖载总质量对各主要总成磨损的影响

1—发动机磨损量；2—变速器的磨损量；3—主减速器的磨损量

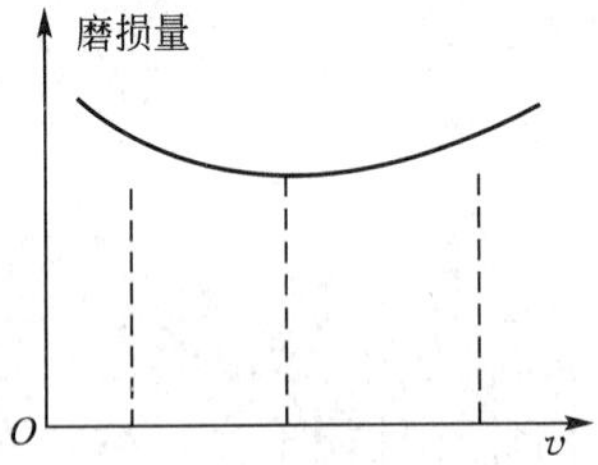

图 8.6　行驶速度对发动机磨损的影响

(3) 行驶速度。汽车行驶速度对发动机磨损的影响是很明显的。当装载量一定时，行驶速度对发动机磨损的影响，如图 8.6 所示。若汽车行驶速度过高时，发动机处于高转速下运转，活塞的平均移动速度增加，汽缸磨损也相应增大；高速行驶时，制动次数相对增多，而且常需紧急制动，所以车轮制动器的磨损也增加。汽车低速行驶时，由于润滑系条件变差，因而磨损同样也会增大。

5. 汽车维修质量对技术状况的影响

汽车维修质量对于合理使用汽车，延长使用寿命和保持原有使用性能有着至关重要的作用。维修质量是影响汽车技术状况的重要因素。

汽车维修质量的好坏，主要取决于以下几方面的因素。

(1) 维修人员的技术素质。现代汽车结构越来越复杂，新装置、新技术、新工艺应用日渐增多，现代汽车已成为集机械、液压、电子、自动控制及传感技术为一体的综合性科技产品。汽车维修工作的技术含量越来越高，相应的技术标准、技术要求也越来越严格。另一方面汽车的可靠性越来越好，故障发生率下降，使用同一项工作的重复性也降低，一旦汽车出现问题，可为借鉴的经验太少，这些都要求从事汽车维修的工作人员应有较高的技术素质和更为严谨的工作作风。

(2) 先进的设备。汽车维修作业是依靠一定的设备辅助以人力才得以完成的。要准确分析故障原因，确定维修作业的具体内容，对损伤零件进行修复，都离不开必要的专用设备。

(3) 配件的质量。当前汽车配件市场十分活跃，而质量参差不齐，尤其是冒牌配件的质量差、可靠性更差。现代汽车维修技术中将废旧件、损坏件修复后，再装车用的比例日渐减少，而更换新件的比例明显上升，因而汽车配件的质量就显得更为重要。

为规范行业市场秩序，确保汽车的维修质量，大型的品牌汽车制造企业全面实施自营或委托代理的售后服务体系，在一定程度上避免了假冒汽车配件对车辆维修质量的负面影响。

8.2.3 汽车故障的分类

汽车故障是指汽车部分或完全丧失工作能力的现象(国家标准GB/T 5624—2005《汽车维修术语》)。完全故障是指汽车完全丧失工作能力不能行驶的故障。局部故障为汽车部分丧失工作能力，即降低了使用性能的故障。致命故障则为导致汽车或总成重大损坏的故障。严重故障指汽车运行中无法排除的完全故障。一般故障为汽车运行中能及时排除的故障或不能排除的局部故障。例如，车厢内照明灯泡灯丝烧断，虽然不能照明，但汽车仍可工作，故属于一般故障，而汽车制动系或转向系一旦发生故障，汽车行驶安全性就失去了保障，汽车无法继续行驶工作，因而属于完全故障。

1. 按设计产生原因引起的故障和运用原因引起的故障分类

设计原因包括结构设计欠合理、加工工艺不完善等；使用原因主要是违反行车的规定，如汽车超载、使用不符合标准的燃料和润滑油以及没有按规定维护汽车等。

2. 按故障对其他零件引起的后果分类

可分为独立性故障和牵连性故障。独立性故障影响面小，独自发生后，不会引起其他零件的损坏，而牵连性故障影响面大，发生后会引起其他零件的损坏。例如，发动机连杆大头螺栓断裂后，可能会引起连杆、汽缸筒、曲轴和轴瓦的损坏，这就是一种牵连性故障，而发电机皮带断裂故障，只会造成发电机停转不发电，一般不会引起其他零件的损坏，因而属于独立性故障。

3. 按故障发生规律和预报性分类

可分为渐变性故障和突变性故障。渐变性故障从单一技术参数来看，它发展平稳、缓慢(图8.7(a))，汽车上的一般零件都是按这种规律出现故障和发生损坏的。

对于渐变性故障来说，汽车(或总成、零件)技术状况的变化是一个连续的过程，由初始状态(完好的技术状况)E_n变到E_0故障状况，要经过一系列的中间过程(图8.7(a))。这是所说的渐变性故障是以单一技术状况E_{n-1}缓慢过渡到E_{n-2}，而不至于一下子达到E_0。在全部的汽车故障中，有40%～70%属于渐变性故障。

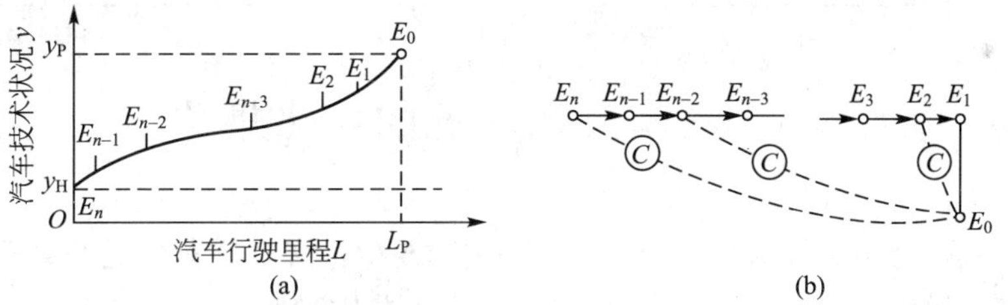

图8.7 渐变性故障与突变性故障

(a)渐变性故障；(b)突变性故障E_n，E_{n-1}，E_{n-2}，…，E_2，E_1汽车工作能力情况；E_0—故障状况；E_n—初始状况

突变性故障的特点是技术性能参数产生跃变，故障在任何时候都可以发生(例如，汽车超载而引起的某一零件突然损坏)。从图8.7(b)中可以看出，突变性故障是汽车从任意

一种工作能力 E_i 突然下降到 E_0 的状况。

4. 按故障出现的周期分类

可分为短周期故障(汽车行驶里程 $x<3000\sim4000$km 发生一次)、中等周期故障($3000\sim4000\text{km}\leqslant x<12000\sim16000$km)、长周期故障($x>12000\sim16000$km)。

5. 按排除故障的周期分类

可分为简单故障、中等故障、复杂故障。对于现代汽车，排除一个简单故障约需要1.2～2人工时；排除中等故障约需2～4人工时；排除一个复杂故障所用工时与劳动量都要多。调查表明：汽车一般的故障为简单故障和中等故障，复杂故障发生较少。例如，原苏联ЛИАЗ汽车使用中，主要的故障(87%)是排除时间小于2人工时的简单故障和2～4人工时的中等故障，其余13%是复杂故障，这部分故障所占的比例虽然较小，但是所占的工时可长达汽车总停修工时的82%，所用劳动量占汽车总修工作量的78%。

6. 按故障影响汽车工作时间分类

可分为影响汽车工作时间的故障和不影响汽车工作时间的故障。对于不影响汽车工作时间的故障，可暂不排除，待进行汽车维护作业时一并排除或在汽车非工作时间进行排除，从而不占用汽车工作时间。而影响汽车工作时间的故障，则必须占用汽车工作时间来排除。某汽车各总成故障排除时所占用汽车工作时间情况(按百分比计算)见表8-4，其中排除车架故障时汽车必须停驶进行作业，因而占用100%的汽车工作时间。

表8-4　汽车各总成故障排除时所占用汽车工作时间百分比

汽车发生故障的总成	故障排除时所占用汽车工作时间百分比	汽车发生故障的总成	故障排除时所占用汽车工作时间百分比
车　架	100	后　桥	29
发动机	78	前　桥	29
变速器	75	电气设备	23
离合器	65	悬　架	21
车　厢	61	供油系	17

8.3　汽车技术状况的变化规律

汽车在运用过程中其技术状况的变化有一定的规律，汽车技术状况变化规律是指汽车技术状况与汽车行驶里程或行驶时间的关系。按技术状况变化过程的不同，可分为两类即：渐发性变化规律和偶发性变化规律。

渐发性变化规律的特点是汽车技术状况的变化与固定的变量(如汽车行驶里程或使用时间)之间有严格的对应关系。偶发性变化规律的特点是汽车技术状况的变化受很多随机因素的影响，其技术状况的变化与固定的变量(如汽车行驶里程或使用时间)之间没有严格的对应关系。

如果汽车运用合理，其主要技术状况的变化均属渐发性变化规律。而汽车运行中出现的故障是偶发性的，它与很多因素有关，诸如零件本身的品质、零件工作表面的尺寸精度与表面粗糙度、汽车及总成的装配质量、汽车按计划执行维修的情况、汽车运用条件、汽车驾驶和维修人员的技术水平等。尽管这些因素都对故障有影响，但却没有严格的对应关系。

8.3.1 汽车技术状况的渐发性变化规律

如上所述，汽车技术状况的变化，大多是按照汽车工作时间或行驶里程而逐渐平缓的发生变化，具体变化形式的几种可能情况如图 8.8 所示。

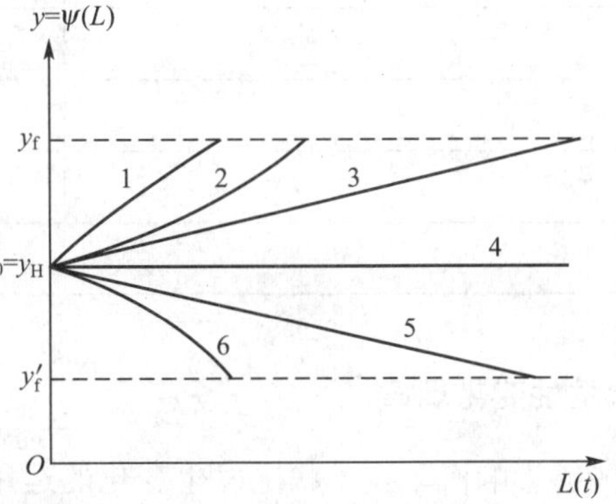

图 8.8 汽车技术状况 y 按汽车工作时间 t 或行驶里程 L 变化的几种形式

1、2、3—汽车运用中逐渐变大的技术参数；4—汽车运用中稳定不变的技术参数；
5、6—汽车运用中逐渐变小的技术参数；y_f、y'_f各种技术参数变化的范围

实际经验和研究结果表明：运用中的汽车技术状况 y 与汽车工作情况 L 之间的函数关系，可用多项式方程或指数方程表示，其多项式方程为

$$y=a_0+a_1L+a_2L^2+a_3L^3+\cdots+a_nL^n \tag{8-1}$$

式中，a_0——汽车初始技术状况参数；

L——汽车工作状况参数，即汽车工作时间或行驶里程；

a_1、a_2、a_3、…、a_n——由 L 确定 y 情况和程度的系数。

如果用指数方程则可表示为

$$y=a_0+a_1L^b \tag{8-2}$$

式中，a_0——汽车初始技术状况参数；

a_0、b——确定汽车工作强度和技术状况变化程度的系数。

若已知 $y=\varphi(L)$的函数关系和汽车技术状况参数 y_n，可用方程 $L=f(y)$确定出汽车的平均技术寿命。在有足够多有规律变化的技术参数(如制动蹄与制动鼓的间隙、离合器自由行程等)的情况下，汽车技术状况 y 可写成下列线性方程

$$y=a_0+a_iL \tag{8-3}$$

式中，a_0——汽车初始技术状况参数；

a_i——汽车技术状况变化的强度，它根据汽车结构与运用条件而变化；

L——汽车工作状况参数(汽车工作时间或汽车行驶里程)。

某型载货汽车在运用过程中，部分技术状况参数的变化情况见表 8-5。

表 8-5　某型载货汽车部分技术状况参数的变化情况

汽车技术参数	参数值变化
离合器踏板自由行程(mm/1000km)	$(4\sim6)\times10^{-1}$
制动器踏板自由行程(mm/1000km)	$(6\sim9)\times10^{-1}$
前轮制动间隙(mm/1000km)	$(4\sim6)\times10^{-2}$
后轮制动间隙(mm/1000km)	$(6\sim9)\times10^{-2}$
前轮前束值(mm/1000km)	$(1\sim3)\times10^{-1}$
风扇皮带挠度(mm/km)	$(3\sim6)\times10^{-1}$
传动轴角间隙(°)	$(1\sim3)\times10^{-2}$
后桥主传动角间隙(°)	$(2\sim3)\times10^{-1}$

8.3.2　汽车技术状况的偶发性变化规律

汽车在运用过程中，能够影响汽车技术状况发生变化的运用条件、驾驶员的技术水平以及各种汽车的本身性能，都是不尽相同的。因此，当确定了某项汽车运用性能的水准后(图 8.9(a))，并将汽车技术状况的极限(即汽车使用寿命)定为 y_{p} 则各种不同汽车工作到这一极限状态的行驶里程分别是 L_{P1}，L_{P2}，L_{P3}，…，$L_{\mathrm{P}n}$。也就是说，各种汽车工作到使用年限的情况是有很大差别的。因此，在这种情况下，不易预测出汽车的最佳维护时机。另外，如果把汽车工作到需要维护时的行驶里程定为 L_0(图 8.9(b))，则汽车工作到这种状况的技术状况将是 y_i，此时汽车变得工作吃力，达到了技术状况需要恢复的阶段，也就是说，这就是汽车应该进行维护的时机。这里可以明显地看出，解决这个问题需要涉及很多随机因素，假如各种随机因素为 x 则它们对汽车技术状况影响所起的平均作用可写成下式

$$\bar{x}=\frac{x_1+x_2+x_3+\cdots+x_n}{n}=\frac{\sum_{i=1}^{n}x_i}{n}$$

它们的标准差(均方差)为

$$\sigma=\sqrt{\frac{\sum_{i=1}^{n}(x-\bar{x})^2}{n}}$$

标准差变异系数 v 可写成下式

$$v=\frac{\sigma}{x}$$

标准差 σ 可用来衡量随机因素离散程度的大小，而标准差变异系数 v 可用来区分各种随机因素离散程度的显著性。当 $v\leqslant0.1$ 时，表明离散程度显著性(偶然性)小；当 $0.1<v\leqslant0.33$ 时，表明离散程度显著性中等；当 $v>0.33$ 时表明离散程度显著性大。

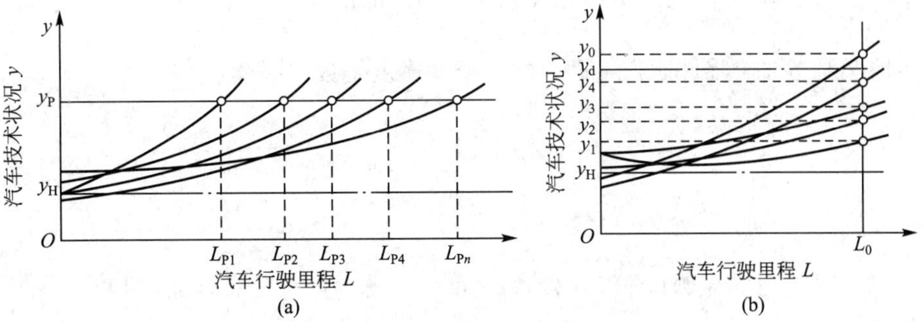

图 8.9　汽车技术状况的随机变化

y_H—汽车技术状况参数的初始值(名义值)；y_P—汽车技术状况参数的极限值；

y_d—汽车技术状况能数的许用值

此外，还有一个重要的特性就是各种随机因素对汽车技术状况影响的概率。汽车连续工作可靠性的概率为 $R(x)$，它与汽车工作中产生的故障次数有关，具体可用下式表示

$$R(x)=\frac{n-m(x)}{n}=1-\frac{m(x)}{n} \tag{8-4}$$

式中，$m(x)$——汽车工作期为 x 时所出现的故障次数。

汽车工作过程中的故障频率为 $F(x)$，它与汽车连续工作可靠性概率 $R(x)$ 的意义正好相反，因而可写成下式

$$F(x)=1-R(x)=\frac{m(x)}{n} \tag{8-5}$$

汽车可靠性概率 $R(x)$ 与故障频率 $F(x)$ 之间的关系如图 8.10 所示。

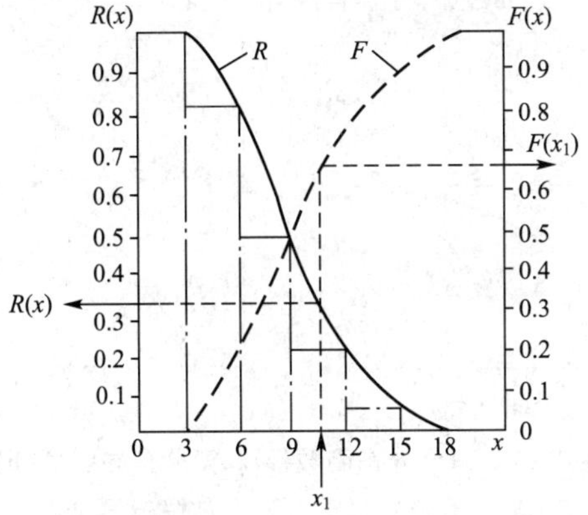

图 8.10　可靠性 R 与故障频率 F 的关系

x—汽车工作到出现故障时的行驶里程(1000km)

此外，随机因素对汽车技术状况的影响还可以用故障概率密度 $f(x)$ 来评价。若汽车无故障工作可靠性概率为 $R(x)=1-\frac{m(x)}{n}$，n 为常数，微分后可得

$$\frac{dR}{dx}=-\frac{dm}{dx}\frac{1}{n}$$

式中，$\frac{dm}{dx}$——基本概率，在汽车不更换总成和零件的情况下工作发生故障的概率。

上述情况对于 n 个零件而言，即是故障概率密度函数。因此，$f(x)=\frac{1}{n}\frac{dm}{dx}$。

又因 $F(x)=\frac{m(x)}{n}$，于是可得

$$f(x)=F(x),\ F(x)=\int_{-\infty}^{x} f(x)dx \tag{8-6}$$

$F(x)$称为积分分布函数(图 8.11(a))；而 $f(x)$称为微分分布函数(图 8.11(b))。

又因
$$R(x)=1-F(x)$$
所以
$$R(x)=\int_{-\infty}^{\infty} f(x)dx \tag{8-7}$$

有了 $F(x)$或 $f(x)$的关系就可以对汽车进行可靠性评价。也就是说可以确定出汽车故障概率和求出连续工作到出现故障的平均周期

$$\bar{x}=\int_{-\infty}^{x} f(x)dx \tag{8-8}$$

微分分布函数 $f(x)$有时也称为随机变量的分布规律。

掌握了随机变量的分布规律后，就能够更精确地确定出汽车的维护时期和维护工作量，算出各个维护时期所需要备件的必要数量和决定其他的工艺组织问题。

汽车在运用过程中，技术状况的变化要受到运用条件的影响，而运用条件(如行驶速度)在汽车运行过程中有着一定的随机性，汽车技术状况的变化也具有随机性。事实上，各种随机现象既有其偶然的一面，也有其必然的一面。这种必然性表现为大量实验中的随机事件出现的频率具有稳定性，即一个随机事件出现的频率常在某固定值附近波动。其中规律性就是统计的规律性。下面列举汽车技术状况(或汽车运用条件)变化的两种典型规律。

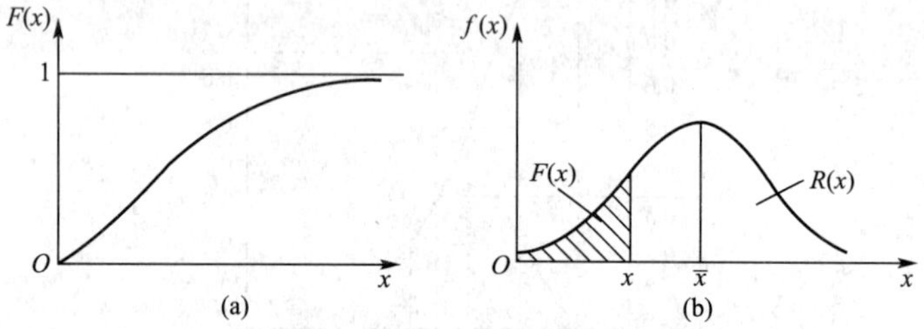

图 8.11 积分分布函数(a)和微分分布函数(b)

$F(x)$—故障概率；$f(x)$—故障概率密度

1. 正态分布规律

汽车运用过程中，很多运用条件变化的概率分布都属于正态分布。如有文献报道BJ 1041型汽车在市区行驶的车速分布规律就属于正态分布规律。正态分布的概率密度函数 $f(x)$、可靠性概率 $R(x)$和故障频率 $F(x)$可分别写成下式

$$f(x)=\frac{1}{\sigma\sqrt{2\pi}}e^{-\frac{(x-\bar{x})^2}{2\sigma^2}} \tag{8-9}$$

$$R(x)=\frac{1}{\sigma\sqrt{2\pi}}\int_{x}^{\infty}\mathrm{e}^{-\frac{(x-\bar{x})^2}{2\sigma^2}}\mathrm{d}x \tag{8-10}$$

$$F(x)=\frac{1}{\sigma\sqrt{2\pi}}\int_{-\infty}^{x}\mathrm{e}^{-\frac{(x-\bar{x})^2}{2\sigma^2}}\mathrm{d}x \tag{8-11}$$

对于正态分布大量计算时，可采用定额函数$\Phi(z)$的概念，新的随机变量为$z=\frac{x-\bar{x}}{\sigma}$，从而$x=\bar{x}+z\sigma$

$$\Phi(z)=\frac{1}{\sigma\sqrt{2\pi}}\int_{-\infty}^{x}\mathrm{e}^{\frac{-x^2}{2}}\mathrm{d}(\bar{x}+z\sigma)$$
$$=\frac{1}{\sqrt{2\pi}}\int_{-\infty}^{z}\mathrm{e}^{\frac{-x^2}{2}}\mathrm{d}z \tag{8-12}$$

为便于计算，还可把定额函数$\Phi(z)$制成表格。

汽车在行驶为$x_1\sim x_2$时的故障概率取决于下式

$$P(x_1<x<x_2)=P_{(x_2)}-P_{(x_1)}=\Phi(x_2)-\Phi(x_1)$$

2. 威布尔分布

所谓威布尔分布是指一个由若干个零件组成的系统，若其中任何一个零件发生故障或损坏，都将导致整个系统发生故障，那么该系统可靠性的概率分布率发生变化，因此也称为“薄弱环节”的概率分布。汽车使用寿命的变化情况，就属于威布尔分布，因为汽车的技术状况就是由一系列零件所组成的链来决定的。

故障分布属于这种形式的系统状况受系统中独立环节x_i(如汽车使用中的里程或时间等)作用的影响，这些最小独立环节为$x_c=\min(x_1, x_2, x_3, \cdots, x_n)$，其分布函数可写成下式

$$F_n(x)=P(x_e<x)=1-P(x_1\geqslant x, x_2\geqslant x, \cdots, x_n\geqslant x) \tag{8-13}$$

例如，在汽车上某一个总成的滚动轴承中，只要有一个钢球(或滚子)损坏或错位，即可造成轴承的故障，从而导致总成的故障乃至汽车的停歇。

8.3.3 汽车技术状况等级的评定

1. 汽车技术状况的等级划分及标准

在汽车运用的过程中，其技术状况将随着行驶里程(或行驶时间)、运行条件、使用强度和维修质量等因素而改变。如能掌握不同运用阶段的汽车技术状况，即可根据车辆技术状况组织相应的运输生产，从而会有利于合理使用车辆和科学地安排汽车维修计划。

我国汽车技术状况的分级，是要根据交通部第13号令《汽车运输业车辆技术管理规定》的第17条，将汽车按技术状况分为一级车、二级车、三级车和四级车等4类，对各级车的标准规定如下：

1）一级车——完好车

新车行驶到第一次额定大修间隔里程的2/3，或第二次额定大修间隔里程的2/3以前(例如第一次大修间隔里程为18万km，第二次大修间隔里程为12万km，即处于第一次大修间隔里程12万km以内，或第二次大修间隔里程8万km以内才属于一级车)；汽车

各主要总成的基础件和主要零部件坚固可靠，技术性能良好；发动机运转稳定，动力性能好，无异常声响；燃料与润滑油消耗不超过额定指标(国家标准 GB/T 4352—1984《载货汽车运行燃料消耗量》和国家标准 GB/T 4353—1984《载客汽车运行燃料消耗量》)的规定；废气排放与噪声符合国家标准；各项装备齐全、完好，在运行中无任何保留条件即可随时出车参加运输工作的车辆。

综上所述，一级车必须满足的标准有如下 3 条。

(1) 车辆技术性能良好，各项主要技术指标满足规定要求。

(2) 车辆行驶里程必须在相应额定大修间隔里程的 2/3 以内。

(3) 汽车技术状况完好，能随时投入运输工作。

由此可见，一级车不仅要满足技术状况和性能指标的要求，同时还要满足行驶里程(车辆新旧程度)的要求。由于汽车的技术状况是随着行驶里程和大修次数的增加而逐步下降的，因此第二次大修的间隔里程要比第一次大修的间隔里程短。而对于经过两次大修后的汽车，无论技术状况如何都不能核定为一级车。因为行驶里程过长，车辆老旧，其基础件和主要零部件的可靠性均已下降，车辆技术性能难以全面恢复到较高的标准。

2) 二级车——基本完好车

技术状况处于基本完好状态的汽车。为二级车车辆的主要使用性能和技术状况都低于一级车的要求，或行驶里程超过第一次大修间隔里程的 2/3，或行驶里程超过第二次大修间隔里程的 2/3(例如第一次大修间隔里程为 18 万 km，第二次大修间隔里程为 12 万 km，即处于第一次大修间隔里程 12 万 km 以上，或第二次大修间隔里程 8 万 km 以上，就属于二级车)，但车辆尚符合国家标准 GB 7258—2004《机动车运行安全技术条件》的规定，能随时参加运输工作。因此，二级车被称为基本完好车。

3) 三级车——需修车

技术状况处于需要修理状态的汽车。三级车为需送大修之前，经过最后一次二级维护后正在使用的汽车以及正在大修或待更新尚在行驶的车辆。在此，三级车实际上都是那些处于需要修理状态的汽车。

4) 四级车——停驶车

汽车技术状况不良属于需要停驶的车辆。四级车的技术状况最差，预计在短时期内无法修复，或修复费时、费力代价昂贵，经济上不合理，属于无修复价值的车辆，也即是待报废的车辆。因此，四级车被称为停驶车。

2. 汽车平均技术等级

汽车平均技术等级是指企业或单位所有运输车辆技术状况的平均技术等级。汽车平均技术等级是综合体现汽车运输企业的技术管理水平、技术装备质量和企业发展潜力的主要技术经济指标之一，它标志着汽车运输企业所有车辆的平均技术状况。按照交通部第 12 号令《汽车运输业车辆技术管理规定》中的折算方法，对于一个企业或单位所拥有的各种等级车辆和四级车的数量，最后再用下式计算企业或单位所拥有的全部车辆的平均技术等级：

$$\text{车辆平均技术等级}=\frac{(1\times C_1)+(2\times C_2)+(3\times C_3)+(4\times C_4)}{C_1+C_2+C_3+C_4} \tag{8-14}$$

式中，C_1——一级车辆数；

C_2——二级车辆数；
C_3——三级车辆数；
C_4——四级车辆数。

知识链接

百度文库：《长城哈弗汽车零部件鉴定手册(发动机部分)》
http：//t.cn/zjJi8j5

习 题

1. 汽车技术状况的含义是什么？
2. 汽车有哪些主要运用性能？汽车运用性能与技术状况的变化有何关系？
3. 汽车技术状况恶化的原因有哪些？汽车技术状况变化的外观症状有哪些？
4. 影响汽车技术状况变化的因素有哪些？
5. 汽车技术状况的变化规律有哪两种形式？各有何特点？
6. 车辆技术状况的等级如何划分？评定依据是什么？

第9章 车辆技术管理

教学要求

本章主要要求掌握车辆的鉴定评估基本方法，其重点是车辆鉴定评估方法的类别及应用，掌握目前汽车的诊断检测及其维修的内容，对汽车的使用寿命会进行判断，最后了解车辆的基础管理。

导入案例

中国汽车工业协会于2012年2月发布的国内2012年1月份的汽车销售数据显示，新车销量同比下降超过26%。而据中国汽车流通协会发布的最新统计数据显示，2011年国内市场累计二手车交易量突破400万辆，其增幅大大超过新车市场。据统计，目前美国、德国、瑞士和日本二手车的销量分别是新车销量的3.5倍、2倍、2倍和1.4倍，二手车市场是市场的主力。但目前国内二手车销量不及新车销量的1/4。随着国内汽车进入换车潮，可以预见中国的二手车市场增速将越来越快，二手车的销量也会不断增加，这就需要有大量的专业技术人才对二手车进行专业的车辆鉴定评估。图9.1所示为北京市旧机动车交易市场。

图9.1 北京市旧机动车交易市场

加强车辆的技术管理工作、采取科学的管理制度和先进的管理手段是汽车运输业取得良好效益和提高社会效益的基础。本章主要介绍车辆的基础管理内容，车辆的诊断检测和维修，车辆的鉴定评估的基本方法和汽车的使用寿命。掌握车辆技术的管理能够为运输生产提供安全、优质、高效、低耗、及时、舒适的运力，具有重要的社会意义、经济意义和环境意义。

交通运输是国家经济、国防建设的生命线，而汽车运输又以其独有的优越性而得到大力发展。汽车在自诞生以来的100多年里为人类的发展生产、改造环境、建设物质文明起到了重要的作用。随着汽车的发展和普及，车辆的技术管理工作变得日益重要。

9.1 车辆的基础管理

为适应和进一步促进我国汽车运输业持续、稳定、协调发展，中华人民共和国交通部在1990年3月制定并颁发了《汽车运输业车辆技术管理规定》。该规定是我国公路运输管理法规的重要组成部分，是各级交通运输管理部门在对运输车辆进行行业管理时必须遵循的规章，也是运输单位和个人在进行运输生产时必须遵循的准则。该规定的管理对象为运输车辆，特别是营业性运输车辆，即将以往对汽车运输和维修企业的技术管理变为针对汽车运输业的最基本设备——运输车辆的技术管理。该规定适用于所有从事汽车运输的单位和个人，即把以往对汽车运输与维修企业的部门管理扩大为对我国整个汽车运输业的全行业管理。

9.1.1 车辆使用的前期管理

新车(大修车)在接收和使用前应做到以下几点。

(1) 按合同和使用说明书规定，对照车辆清单或装箱单进行验收，清点随车工具和附件。

(2) 新车在投入使用前应进行一次全面检查，并根据制造厂的规定进行清洗、润滑、紧固，视具体情况进行必要的调整。

(3) 新车在使用前应建立车辆档案，配备必要的附属装备和安全装置。

(4) 新车在投入使用前，应组织驾驶员和维修工进行培训，在掌握车辆发动、使用和维修方法后再投入使用。

(5) 严格按磨合规范，做好车辆磨合。

(6) 按制造厂要求选择燃料、润滑剂和工作液。

(7) 按GB/T 18344—2001《汽车维护、检测、诊断规范》要求，制定新车的维护工艺规范。

9.1.2 汽车的技术档案

车辆的技术档案是指从新车购置直至报废全过程中，记载车辆基本情况、主要性能、运行使用、检测维修及机件事故等内容的车辆资料的历史档案。通过汽车的技术档案，可以了解车辆性能，技术状况的动态，运行材料和维修材料、维修工时的消耗，汽车在运行期的经济效益；掌握车辆使用、维修规律，为车辆的维护、改造和配件储备提供科学依据；为汽车制造厂提高产品质量进行信息反馈。因此，建立车辆技术档案是车辆技术管理的重要基础工作。

车辆技术档案的格式由各省、自治区、直辖市的交通厅(局)统一制定，以使其内容和格式统一，便于管理。车辆技术档案应作为发放、审核营运证的依据。

车辆技术档案一般应包括如下内容。

1）车辆的基本情况和主要性能

记载车辆的装备、技术性能和规格、总成改装和变动情况等。

2）运行使用情况

记载车辆的行驶里程、运输周转量、燃料消耗、轮胎使用和车辆机件故障等。

3）检测维修情况

记载检测的内容、结果、时间，查明故障或隐患的部位、原因及解决对策，历次维修情况以及各主要总成的技术状况等。

4）事故处理情况

主要记载车辆机件事故发生的状况、原因、损失、解决对策和处理情况等。

运输单位和个人必须逐车建立车辆技术档案。车辆从购置到报废全过程的技术管理应系统地记入车辆技术档案，并应认真填写、妥善保管，及时、完整和准确地记载，不得任意更改。技术管理部门应定期进行检查。

9.1.3 汽车的技术经济定额

技术经济定额是运输单位和个人在一定的生产条件下进行生产和经济活动应遵守或达到的限额，是实行经济核算、分析经济效益和考核经营管理水平的依据。科学制定车辆的各项技术经济定额，及时掌握和考核定额的完成情况，客观分析影响完成的各项因素，并采取针对性技术措施和组织措施，对于提高车辆的管理水平、降低运输成本、提高生产率和经济效益具有重要的意义。

1. 技术经济定额

根据《汽车运输业车辆技术管理规定》，汽车运输业应建立的主要技术经济定额包括行车燃料消耗定额、轮胎行驶里程定额、车辆维护和小修费用定额、车辆大修间隔里程定额、发动机大修间隔里程定额和车辆大修费用定额等 6 项。

1）行车燃料消耗定额

汽车每行驶 100km 或完成 100t·km 周转量所消耗燃料的限额，按车型、使用条件、载重(客)量和燃料种类分别制定。

国家标准化管理委员会颁布了《乘用车燃料消耗量限制》标准(GB 19578—2004)，于 2005 年 7 月 1 日实施，标志着更多的经济型、环保型汽车走进了百姓的生活。

2）轮胎行驶里程定额

轮胎从开始装用，经翻新到报废总行驶里程的限额，按车型、轮胎种类和作用条件分别制定。

3）车辆维护和小修费用定额

汽车每行驶一定里程，维修和小修用的工时和物料费用的限额，按车型和使用条件制定。

4）车辆大修间隔里程

新车到大修，或大修到大修之间行驶的里程限额，按车型和使用条件制定。

5）发动机大修间隔里程定额

发动机到大修，或大修到大修之间行驶的里程限额，按发动机类别和型号分别制定。

6）车辆大修费用定额

车辆大修所消耗工时和物料费用的限额，按车型分别制定。

2. 主要技术经济指标

汽车运输业应建立的技术经济指标主要有完好率、车辆平均技术等级、车辆二级维护实施率、车辆维护返工率、车辆新度系数、小修频率和轮胎翻新率。

1）完好率

车辆完好车日占总车日的百分比。完好车日是指在统计期内技术状况完好，不需要进行维护即可随时出车执行运输任务的营运车辆的车日总数。总车日是指在统计期内在用运营车辆的车日总数。

2）车辆平均技术等级

所有运输车辆技术状况的平均等级。

3）车辆二级维护实施率

完成的二级维护车辆数与按维护周期应完成的二级维护车辆数之比，即

$$\text{二级维护实施率}=\frac{\text{完成的二级维护车辆数}}{\text{计划完成的二级维护车辆数}-\text{计划变更的二级维护车辆数}}\times 100\% \tag{9-1}$$

4）车辆维护返工率

车辆维护出厂后，返工辆次占维护竣工总辆次的百分比

$$\text{车辆维护返工率}=\frac{\text{维护返工辆次}}{\text{维护竣工总辆次}}\times 100\% \tag{9-2}$$

5）车辆新度系数

综合评价运输单位车辆新旧程度的指标，其计算方法是

$$\text{车辆新度系数}=\frac{\text{年末单位全部运输车辆固定资产净值}}{\text{年末单位全部运输车辆固定资产原值}}\times 100\% \tag{9-3}$$

车辆新度系数是综合评价运输单位车辆的新旧程度，保持运输生产能力和后劲的一项重要指标，对促进企业加快车辆更新、发展运力和提高竞争能力具有深远的意义。在车辆正常使用过程中，运输单位车辆新旧系数呈逐年自然下降状况，对该指标的要求也应与之相适应，保值或增值应视单位的具体情况而定，一般不应低于0.52。

6）小修频率

每车每千米发生小修的次数(不包括各级维护作业中的小修)。

7）轮胎翻新率

在统计期内，经过翻新的报废轮胎数占全部报废轮胎数的百分比。

3. 制定技术经济定额的方法

制定技术经济定额的常用方法如下：

1）三面统筹法

三面统筹法是适当选择专业运输单位的先进面、总体平均面和落后面的比例，以制定技术经济指标的平均先进定额的一种方法。计算公式为

$$A=A_1Q_1+A_2Q_2+A_3Q_3 \tag{9-4}$$

式中，A——平均先进定额；

A_1——先进面上的平均定额；

A_2——总体面上的平均定额；

A_3——落后面上的平均定额；

Q_1——先进面所占百分比，一般取30%左右；

Q_2——总体平均面所占百分比，一般取50%左右；

Q_3——落后面所占百分比，一般取20%左右。

三面统筹法的特点是能够从整体出发，注意到3个方面的实际情况，因而据此制定出的定额较为稳妥，适用于制定工时消耗定额、材料消耗定额等。

2）比例法

比例法就是把最先进的水平、最可靠的水平和最保守的水平，按一定比例(一般取1∶4∶1)进行平均计算来确定技术经济定额的方法。计算公式为

$$A=\frac{A_4+4A_5+A_6}{6} \tag{9-5}$$

式中，A_4——最先进水平的平均定额；

A_5——最可靠水平的平均定额；

A_6——最保守水平的平均定额。

3）系数法

系数法是在平均定额基础上，根据年度计划指标，合理确定适当的增减系数来确定技术经济定额的方法。计算公式为

$$A=A_2(1+\delta) \tag{9-6}$$

式中，δ——增减系数。

9.1.4 车辆的停驶、封存、租赁和折旧

车辆的停驶、封存、租赁和折旧也是车辆技术管理的一项经常工作，对于保护运力、避免运力浪费具有重要作用。

1. 车辆的停驶

因物流、客流原因，需调整运力的车辆；凡部分总成的部件严重损坏，在较长时间内配件无法解决又不符合报废条件的车辆；车型老旧无配件供应但尚有改造价值的车

辆，由车辆使用管理单位做出技术鉴定，按车型、数量、停驶原因和日期报请有关部门批准。

经批准停驶的车辆，应指定专人负责妥善保管，并积极创造条件修复，以恢复运力。车辆在停驶期间，应当选择地点集中停放，原车机件不得拆借、丢失。

停驶车辆恢复行驶前，应进行一次维护作业，并在检验合格后才能参加营运。

2. 车辆的封存

凡技术状况良好，因其他原因(如运力过剩、驾驶员不足、燃料短缺等非技术原因)需要在较长时间(半年以上，可参考《机械工业企业设备管理规定》)停驶的车辆，按规定办理审批手续后方可做封存处理，并报上级主管部门、公路运管部门、公安交通管理部门备案。

车辆封存期间不进行指标考核，但一定要做好停驶技术处理，妥善保管，定期做好必须的维护，保持车况完好。营运车辆的停驶和封存情况应记录在车辆技术档案和维修卡上，停驶、封存车的交通规费缴稽卡、营运证应交回公路运管部门，车辆号牌、行驶证应交回公安交通管理部门，并结算有关交通规费，否则不予办理有关手续。

封存车辆启封使用时，应进行一次维护作业，经检验合格后方可参加营运。

3. 车辆的租赁

车辆租赁作为车辆的一种特殊经营方式，有其特定的市场份额。车辆租赁分为长期租赁和短期租赁。长期租赁一般为一个大修期为宜，短期租赁则随行就市，少则一个班次，多则1～2年。

车辆租赁时，应认真审核承租方的有关定资证，协商有关费用，签订租赁合同；按规定填写车辆技术档案，认真执行车辆检测诊断与维修制度，保持汽车技术状况良好。租赁车辆的技术档案、技术经济指标完成情况和技术等级情况(包括租赁期满后的车况要求)等考核内容，由出租与承租双方记录和考核，并在签订租赁协议时予以明确。

加强租赁车辆的经营管理是车辆技术管理的一个重要环节，对维持良好的技术状况具有重要作用。

4. 车辆的折旧

车辆在使用过程中，由于机械磨损、自然腐蚀和技术进步而引起价值损耗，逐渐地、部分地转移到营运成本费中。这种转移到营运费用中去的车辆价值损耗称为车辆折旧。

车辆折旧基金必须严格按国家规定提取，专款专用，即折旧基金只能用于车辆的更新改造和技术进步，不得挪用，以维持汽车运输企业的简单再生产和扩大再生产，推动汽车运输事业的不断发展。但应注意有关部门规定的车辆折旧里程是提取车辆基本折旧基金的依据，也是车辆报废的依据之一，但不是车辆报废的标准。

9.2 车辆的诊断检测与维修

车辆的诊断检测技术是指在车辆不解体情况下，判明汽车或总成的技术状况，查明故障部位及原因，并预测和预报未来的技术状况。广义地讲，汽车诊断检测技术还必须包括对从过去到现在，从现在到将来一系列信息资料所进行的科学预测工作，不仅是检测技术，而应当是从汽车计划设计开始，一直到报废为止，在汽车整个寿命过程中都起作用的诊断技术。

近年来，汽车检测诊断技术在汽车制造厂、汽车运输部门、汽车维修行业、车辆安全管理部门得到广泛应用。对于汽车新产品的性能鉴定、汽车技术等级的评定、维修过程中的检测诊断、维修竣工后的验收及维修质量检测、车辆安全性能年度审验等都离不开检测诊断技术。

汽车维修是指在汽车使用过程中，为维持和恢复汽车的技术状况，保持汽车的工作能力所采取的技术措施。汽车维修以“预防为主”、“可靠性为中心”为维修思想，采用定期维护、按需维护、事后维修、以可靠性为中心的 4 种维修方式，汽车维修质量的高低对汽车使用中技术状况的好坏和使用寿命的长短也具有决定性作用。

由此可见，车辆的诊断检测和维修是保证运行车辆技术状况的重要手段，对车辆进行定期、不定期的检测，认真做好车辆的维护和修理工作，对于保持运输行业车辆技术状况良好，减少零部件、总成故障率，延长车辆使用寿命，降低维修费用，提高经济效益、社会效益、环境效益，具有十分重要的作用。车辆的诊断检测与维修应贯彻预防为主和技术与经济相结合的原则，实行“定期检查、强制维护、视情修理”的方针。

9.2.1 车辆的诊断检测

1. 车辆诊断检测的作用和主要内容

车辆诊断检测技术可在车辆不解体情况下，运用专门的仪器设备，准确、迅速地确定车辆的技术状况、工作能力，查明故障的部位及原因，用以代替几十年来的人工经验判断方法，并采用计算机控制的仪器设备，能够自动分析、判断、存储并打印汽车的技术状况，从而达到科学、高效、准确的目的。

车辆检测诊断的主要内容包括汽车的安全性(制动、侧滑、转向、前照灯等)、可靠性(异响、磨损、变形、裂纹等)、动力性(车速、加速性能、底盘输出功率、发动机功率、转矩和供给系统、点火系统状况等)、经济性(燃料消耗)及噪声和废气排放状况等。

2. 车辆检测制度的制定

根据《汽车运输业车辆技术管理规定》，各省、自治区、直辖市的交通厅(局)应负责制定本地区的汽车运输业车辆检测制度，并在车辆全过程综合管理工作中推广检测诊断技术，实行定期检测，建立车辆技术状况监控体系，建立合适本地区情况的车辆行业管理检测制度，对营运车辆按行驶里程或行驶时间实行定期或不定期检测；对非营运性运输车辆实行不定期检测，对维修车辆实行质量抽检。检测项目应满足综合性能检测的要求，并建立管理制度，严格执行检测标准。

表 9 - 1 为奇瑞汽车的强检标准。

3. 汽车检测站

汽车检测站是综合运用现代检测技术，对汽车实施不解体检测与诊断的机构，它具有

表9-1 奇瑞汽车的强检标准

环保与节能		主动安全		被动安全		灯光信号		一般安全	
1	GB 18352.2—2001 轻型汽车排气排放(图Ⅲ)	9	GB 12676—1999 制动	24	GB 15083—94 座椅强度	40	GB 4785—98 照明和光信号装置安装规定	55	GB 1589—2004 外廓尺寸、轴荷及质量限制
2	GB 18352.3—2005 轻型汽车排气排放(国Ⅲ、国Ⅳ)	10	GB/T 13594—2003 ABS	25	GB 11550—95 座椅头枕	41	GB 4599—94 前照灯	56	GB 16735—2004 车辆识别代号(VIN)
3	GB 18285—2005 双怠速及建议工况法排放	11	GB 16897—1999 制动软管	26	GB 14166—2003 安全带	42	GB 4660—94 前雾灯	57	GB 7258—2004 机动车运行安全技术条件
4	GB 1495—2002 加速噪声	12	GB 17675—1999 转向系统	27	GB 14167—93 安全带安装固定点	43	GB 15235—94 倒车灯	58	GB 15740—95 防盗装置
5	GB 14023—2000 无线电干扰	13	GB 9743—1997 轿车轮胎	28	GB 15086—94 门锁及门铰链	44	GB 5920—99 位置灯、视廓灯和制动灯	59	GB 11568—99 罩(盖)锁装置
6	GB 18655—2002 保护车载接收机的无线电干扰	14	GB 9656—2003 安全玻璃	29	GB 11566—95 外部凸出物	45	GB 11554—98 后雾灯	60	GB/T 15089—2001 车辆及挂车的分类
7	GB 19578—2004 燃料消耗量限值	15	GB 15084—94 后视镜	30	GB 11552—99 内部凸出物	46	GB 17509—98 转向信号灯	61	GB 3730.1—2001 汽车术语和定义
8	GB 17930—1999 汽油	16	GB 15085—84 刮水器洗涤器	31	GB 15743—95 轿车侧面强度	47	GB 18408—01 后牌照灯	62	GB 16737—2004 车辆世界制造厂识别代码(WMI)
		17	GB 11556—94 除霜系统	32	GB 11557—98 防止汽车转向机构对驾驶员伤害	48	GB 18409—01 驻车灯		
						49	GB 18099—00 侧标志灯		
		18	GB 11555—94 除雾系统	33	GB 17354—98 前后端防护装置	50	GB 15766.1—00 灯丝灯泡尺寸光电性能		
		19	GB 1565—94 刮水器挂刷面积	34	GB 8410—94 内饰材料燃烧特性	51	GB 11564—98 回复反射器		
				35	GB 18296—01 燃油箱				
		20	GB 11562—94 视野	36	GB 11551—2003 正面碰撞	52	GB 19151—03 三角警告牌		
		21	GB 15082—99 车速表	37	GB ****—200* 侧面碰撞	53	GB 15742—01 电喇叭		
		22	GB 15741—95 号牌板	38	GB ****—200* 后面碰撞	54	GB 4094—99 操纵件、指示器及信号装置的标志		
		23	GB 7063—94 户轮板	39	GB 11553—89 正面碰撞时对燃油泄露的规定				

现代的检测设备和检测方法，能在室内检测出车辆的各种参数并诊断出可能出现的故障，为全面、准确地评价汽车的使用性能和技术状况提供可靠依据。

汽车检测站按服务功能分类，可分为安全检测站、维修检测站和综合检测站；按规模大小分类，可分为大、中、小3种类型；按自动化程度分类，可分为手动式、半自动式和全自动式3类。

检测站主要由一条或多条检测线组成，对于独立而完整的检测站，除检测线外，还应包括停车场、清洗站、泵气站、维修车间、办公区和生活区等设施。

以五工位全自动安全环保检测线的全工位检测为例，简单介绍如图9.2所示的双线综合检测站。

1）汽车资料输入及L工位

汽车资料登录计算机一般放在进线控制室或检测线入口处的左侧，由登录员操作。进线指示灯红色为等待，绿色(或蓝色)为开进。当绿色指示灯亮时，汽车进入检测线停在第一工位上，由登录员根据行车执照和报检单向登录机输入车辆的相关信息，如牌照号码、车型、车主姓名、车辆各总成号码等资料，并发往主控制计算机，由主控制计算机安排检测程序。

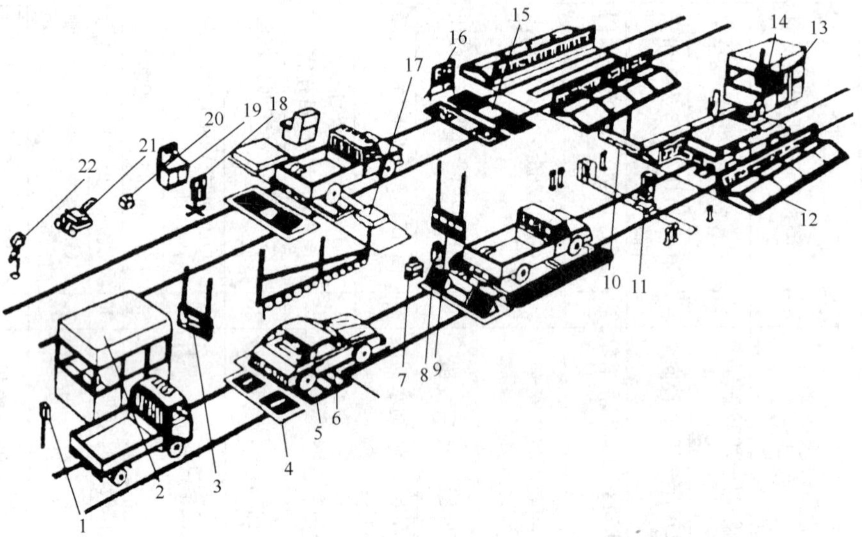

图9.2　双线综合检测站

1—进线指示灯；2—进线控制室；3—L工位检验程序指示器；4、15—侧滑试验台；5—测试台；6—车速表试验台；7—烟度计；8—排气分析仪；9—ABS工位检验程序指示器；10—HX工位检验程序指示器；11—前照灯检测仪；12—地沟系统；13—主控制室；14—P工位检验程序指示器；16—前轮定位检测仪；17—底盘测功工位；18、19—发动机综合测试仪；20—机油清净分析仪；21—就车式车轮平衡机；22—轮胎自动充气机

L工位上，由检查人员按规定项目进行车上部外观检查，若有不合格项目，可通过不合格项目输入键盘报告给主控制计算机，并在检查完毕后及时按下该键盘上的“检查结束”键，否则主控制计算机将一直等待。

2）ABS工位

在此工位上可进行侧滑量检测、制动力检测和车速表指示误差检测。

侧滑量检测时，汽车沿地面标线，以 3～5km/h 的车速匀速通过侧滑试验台。通过时，汽车应垂直于侧滑板，不可转动方向盘。当汽车前轮切断侧滑试验台之后的光电开关时，光电开关输出的电信号通知计算机，计算机开始采集车轮侧滑量数据，当汽车前轮切断出口的光电开关时，停止数据采集，并以此期间侧滑板的最大位移量作为侧滑数据，并经主控制计算机判断是否合格。

制动力检测时，汽车被检车轴应先称重然后再驶上制动测试台测制动力，然后在制动踏板放松情况下，采集左、右车轮的制动拖滞力，接着用力踩下制动踏板，采集左、右车轮的最大制动力，至滚筒停止时采集结束。此外，对于与驻车制动器相连的车轴，可拉紧驻车制动器，采集左、右车轮最大制动力，最后将检测结果输入主控制计算机进行判定。

对于车速表指示误差进行检测时，应注意，将与车速表传感器相连的车轴开上车速试验台，车轮遮挡光电开关，计算机确认车辆到位后，落下举升器。将变速杆置于最高挡位，匀速将汽车加速至 40km/h(驾驶室内车速表指示值)，待指针稳定后按下车速检测申报器。计算机采集此时的实际车速数据(车速表试验台测量值)，并传输给主控制计算机判定检测结果。

3）HX 工位

本工位可进行前照灯检测、排气或烟度检测、喇叭声级检测。

对于前照灯检测，注意汽车应与前照灯检验仪的导轨保持垂直，并按引导指示器的指令在停车线上停车。此时指令驾驶员打开远光灯(电源系统应处于充电状态)，前照灯检测仪分别对前右灯和前左灯进行发光强度和光轴照射方向的检测。当前照灯发光强度不够或无明显光轴时，前照灯检测仪无法自动跟踪光轴，此时需要主控制室人工操作主控制键盘上的辅助控制键，辅助前照灯检测仪的受光器进入光轴投射区，以便实施跟踪。前照灯检测仪跟踪到前照灯光轴后，进行数据采集，并传给主控制计算机分析判断。

排气或烟度检测时，将排气分析仪探头插入怠速运转的汽车排气管中，抽取样气。排气分析仪将分析出的 CO 和 HC 浓度转变成为电信号供计算机采集。

喇叭声级检测，则需要将声级计连同其支架移至汽车正前方正对汽车，且声级计应平行于地面，距汽车 2m，距地面 12m。驾驶员按下喇叭 3～5s，声级计测量此时的声级并将电信号输入计算机供采集数据。

在此工位上，3 个检测既可同步进行，也可按一定顺序进行。一般情况下，前照灯和尾气检测可同步进行，喇叭声级检测则安排在这之前或之后。

4）P 工位

汽车沿地面标线驶入本工位，通知地沟内检查人员车辆到达，并按规定项目进行车辆底部人工检查，如发动机熄火、转动转向盘、踩制动踏板，拉驻车制动器、踩离合器踏板等。同样，将检查结果输入到主控制计算机中进行判定。

5）综合判定及主控制室工位

汽车进入本工位，主控制计算机根据前 4 个工位的检查结果进行综合判定，只有各项都合格，整车检测的总评价才判为合格。主控制计算机将汽车资料、检测项目、检测结果及整车检测总评价等进行存储并发往打印机，在预先印制一定格式的打印纸上自动打印出检测结果报告单。此时，全线检测结束。

上述全自动五工位安全环保检测线可同时检测 5 辆汽车，检测节奏为 4min/辆左右，检测线自动化程度高，各工位检验程序指示器十分醒目，因此只要驾驶员在读懂入站规则的情况下，即可驾车进入检测线，不一定要配备专职引车员。

9.2.2 车辆的维护

汽车维护是保持车容整洁，及时发现和消除故障及其隐患，防止车辆早期损坏的技术作业。通过汽车的技术维护，应使车辆达到下列要求。

(1) 车辆经常处于良好的技术状况，随时可以出车。

(2) 在合理使用的条件下，不致因中途损坏而停车，以及因机械事故而影响行车安全。

(3) 在运行过程中，降低燃料、润料以及配件和轮胎的消耗。

(4) 各部总成的技术状况应尽量保持均衡，以延长汽车大修间隔里程。

(5) 减少车辆噪声和排放污染物对环境的污染。

近几年，随着汽车生产技术的不断提高和检测手段的现代化，车辆售后服务体系逐渐完善，相应地出现了新的汽车维护制度，即“按需(视情)维修制”，其具体内容是“严格保养，定期检测，视情修理，强制报废”。这种维修制度更加合理，更加科学。

汽车维护作业，包括清洁、检查、补给、润滑、紧固、调整等，除主要总成发生故障必须解体时，不得对其进行解体。

车辆的维护类别根据其作业周期不同可分为定期维护和非定期维护。其中，定期维护又可分为日常维护、一级维护和二级维护，非定期维护分为走合期维护和季节维护，车辆进入冬、夏季运行时，应对其进行季节性维护，一般结合二级维护进行。

1. 日常维护

日常维护是各级维护的基础，由驾驶员负责，需每天在出车前、行车中和收车后执行。其作业内容是清洁、补给和安全检视。

通过日常维护，能够使汽车达到整车干净；发动机、底盘无异响；手、脚制动及转向系统灵活可靠；油、气、电、水不渗不漏，轮胎气压正常；各螺栓、螺母不缺不松；润滑良好等。

2. 一级维护

一级维护由专业维修工负责执行，其作业内容除日常维护外，以清洁、润滑、紧固为主，并检查制动、操纵等安全部件，要求车辆经过较长里程运行后，尤其注意对车辆的安全部件进行检视维护。

其作业内容包括清洁汽车及各总成的外部；检查并调整风扇、空气压缩机的皮带松紧度；检查变速器、减速器润滑情况，并清洁通气塞；检查全车各机构螺栓紧固情况，尤其是传动轴、转向结构、车前钣金零件及驾驶室等部位；注意清洁蓄电池外部，检查并添加蒸馏水；按规定进行润滑。

3. 二级维护

二级维护由维修企业负责执行，除完成一级维护作业外，以检查、调整转向节、转向摇臂、悬架等经过一定时间使用后容易磨损的安全部件为主，并拆检轮胎、进行轮胎换位，检查调整发动机工况、排气污染控制装置等，见表 9－2。

表 9－2 汽车二级维护检测项目

分类	序号	测试种类	检测项目
检测部分	1	点火系统参数	触电闭合角、分电器重叠角、点火电压、点火提前角
	2	发动机动力性	无负荷功率、各缸功率平衡
	3	起动系统参数	起动电流、起动电压
	4	汽缸密封情况	汽缸压力、曲轴箱窜气、汽缸漏气、真空度
	5	配气相位	进排气门开启、关闭角度
	6	发动机异响	曲轴轴承、连杆轴承、活塞、活塞销、配气机构
	7	汽缸表面状况	汽缸拉痕、活塞顶烧蚀、积炭、活塞偏磨
	8	机油化验分析	斑痕污染指数、水分、闪点、酸值、运动粘度、含铁量
	1	发动机	发动机油、水密封，曲轴前后油封漏油，散热器、水泵水封、水套漏水，曲轴轴向间隙(窜动量)，异响
	2	转向系统	方向盘自由行程，转向机工作状况及油封密封状态，路试转向稳定性
	3	传动系统	离合器工作情况，变速器、减速器壳油封密封状态及壳体表面状况，路试变速器、传动轴各轴承、主减速器、差速器异响，变速器、差速器壳体温度
	4	行驶系统	轮胎偏磨，钢板弹簧座、销、套磨损状况；车架裂伤，各部铆接状况
	5	仪表信号	仪表信号，机油压力，水温，发电机充电放电指示
	6	其他	车身、驾驶室各钣金开裂、锈蚀、变形、脱漆锁止机构状况；牵引机构状况

二级维护是汽车维护作业中的最高一级，要求在维护前进行不解体检测诊断，确定附加作业项目，因此应全面进行二级维护检测诊断项目，这关系到该车的技术状况能否真正掌握，关系到二级维护附加作业的确定是否合理，是否到位，关系到汽车潜在故障隐患能否通过这次维护而彻底排除。

1）汽车二级维护检测

二级维护前的诊断是根据驾驶员反映和车辆的外检情况，应用仪器、设备对车辆进行不解体检测诊断，由维修企业按工艺标准执行，检测诊断报告是签订二级维护合同的依据之一。

二级维护作业过程中的检测是对二级维护作业过程中的车辆维修质量进行跟踪检测，发现问题及时解决，由维修企业按标准进行，并做出检测记录。

二级维护出厂前的检测是对二级维护及附加修理作业项目的维修质量进行检测评定，

由维修企业所在城市汽车综合性能检测站按标准进行。检测结果报告单是承修企业质量检验员签发竣工出厂合格证的依据之一。

汽车根据二级维护检测结果，以消除汽车故障、恢复汽车正常状况为目的，确定附加项目，并与基本作业项目一并进行二级维护。

2）二级维护作业内容

进行二级维护时，除了一级维护的全部项目外，还应有清洗机油细滤器转子外罩内壁沉积污垢，更换机油粗滤器滤芯；拆检车轮制动器，清洗、润滑轮毂轴承，调整制动蹄、摩擦片和制动毂之间的间隙，轮胎换位；检查发动机、变速器、转向器、减速器的润滑油；清洁汽油箱；调整气门间隙，清除火花塞积炭，校正电极间隙；检查蓄电池，必要时进行充电；检查离合器踏板自由行程，转向器油面，转向盘的自由转动量，传动十字轴轴承；检查并调整前轮前束；清洗空气压缩机中的空气滤清器及气压调节阀；检查曲轴箱通风装置，并清洗单向阀；清洁并润滑起动机、发电机；按润滑规定进行润滑。

4. 走合期维护

汽车在新车出厂或大修(包括发动机大修)后，初期行驶的一段里程(一般为1000～1500km)称为走合期，在这段时间进行的维护称为走合期维护。

走合期维护分走合前期、走合中期和走合后期维护3个阶段，可改善零件摩擦表面几何形状和表面层物理机械性能。

5. 季节性维护

由于冬季和夏季气温相差较大，为保证汽车在冬、夏季的合理使用，在季节转换之前，应结合定期维护，附加一些相应的项目，使汽车适应气候变化的运行条件，此种附加性维护称为季节性维护，有换入夏季和换入冬季之分。

1）换入夏季的维护

作业内容包括检查百叶窗能否打开，拆除发动机的保温罩及起动预热装置；清洗发动机水套，清除散热器水垢；放出发动机及底盘各总成的润滑油，清洗后注入夏季用润滑油，若使用通用润滑油，则不需要更换；清洗燃油系统；适当降低蓄电池电解液密度，适当增大火花塞间隙；采取防暑降温措施。

2）换入冬季的维护

作业内容包括检查百叶窗能否全闭，安装发动机的保温罩及起动预热装置；根据润滑油的使用性能，发动机及底盘各总成换用冬季润滑油；适当增加蓄电池电解液密度(严寒地区电解液密度应不低于1.25kg/m^3)，适当减小火花塞间隙；采取防寒、防冻等保护措施。

9.2.3 车辆的修理

1. 车辆修理作业的分类

汽车修理是清除故障及其隐患，恢复汽车的工作能力和良好技术状况的技术作业。按作业范围可分为车辆大修、总成大修、车辆小修和零件修理。

1）车辆大修

车辆大修是在汽车行驶到一定里程(或时间)后，经检测诊断和技术鉴定，用修理和更换车辆任何零部件的方法，恢复车辆的完好技术状况，完全或接近完全恢复车辆寿命的恢复性修理。

车辆大修时，需要将车辆的全部总成解体，并对全部零件进行清洗、检验分类，更换不可修复的零件，将符合技术要求的全部零件，按大修技术标准进行装配、试验，以达到恢复汽车技术性能的目的。

2）总成大修

总成大修是车辆的总成经过一定使用里程(或时间)后，用修理或更换总成任何零部件(包括基础件)的方法，恢复总成，完好技术状况和寿命的恢复性修理。

3）车辆小修

车辆小修是用修理或更换个别零件的方法，保证或恢复车辆工作能力的运行性修理，主要是消除车辆在运行过程或维护作业过程中，发生或发现的故障或隐患所进行的修理工作。

4）零件修理

零件修理是对因磨损、腐蚀、变形等不能继续使用的零件，在符合经济原则的前提下，利用校正、喷涂、电镀、堆焊、机械加工等方法进行修复，以恢复零件的配合尺寸、几何形状和表面性能。

2. 汽车送修标志

1）汽车大修标志

载货车及拖拉机的大修标志与载客车的不尽相同。

载货车及拖拉机以发动机总成为主，结合车架总成或其他两个总成需要为大修标志。

载客车则以车厢为主，结合发动机总成或其他两个总成需要为大修标志。

2）总成大修标志

发动机总成：汽缸磨损，圆柱度达 0.20mm(汽油机)或 0.25mm(柴油机)，圆度达 0.05mm(汽油机)或 0.06mm(柴油机)，最大功率或汽缸压缩压力降低 25%以上，燃料润滑油消耗增加 30%以上。

车架总成：车架断裂，严重锈蚀，弯曲扭曲变形超限，多数铆钉松动。

变速器总成：壳体破裂或变形，轴承座孔磨损超限，齿轮及轴严重损坏。

后桥总成：桥壳破裂或变形，半轴套管承孔磨损超限，主减速器损坏。

前桥总成：前轴变形、裂纹，转向节主销承孔磨损超限。

车身总成：驾驶室、车厢、门窗锈蚀或损伤，车身骨架断裂、腐蚀损坏。

车辆修理必须根据国家和交通部发布的有关规定和修理技术标准进行，车辆修理厂应严格执行，以确保修理质量。交通运输管理部门应根据有关汽车修理的规定和技术标准，对车辆的维修质量进行监督，以不断提高维修质量。

9.3 车辆的鉴定评估基本方法

9.3.1 车辆鉴定评估的简述

1. 车辆鉴定评估的定义

所谓汽车评估，是指由专门的鉴定估价人员，按照特定的目的，遵循法定或公允的标准和程序，运用科学的方法，对旧机动车进行手续检查、技术鉴定和价格估算的过程。旧机动车鉴定估价是由鉴定估价人员根据所掌握的市场资料，在市场预测的基础上，对旧机动车的现时价格做出预测估算。

2. 车辆鉴定评估的意义

旧机动车市场已经成为我国汽车市场不可分割的重要组成部分，科学、准确地对旧机动车进行鉴定估价，不仅是鉴定其原有价值的重置和现实价格的实现过程，还具有加快汽车产品流通、扩大需求，促进汽车工业进步，保障国民经济持续稳定发展等更深层次的社会意义和经济意义。

1）确保国家税款的合理征收

旧机动车进入市场再流通，属固定资产转移和处置范畴，按国家有关规定应交纳一定的税费。目前，各地对这一块税费的征管基本是以交易额为计征依据的，实行比例税（费）率，采用从价计征的方法，而这里的计征依据实质上就是评估价格。因此，旧机动车鉴定估价的准确与否直接关系到国家税收和财政收入的多少及其公正合理性。

2）防止旧机动车市场非法交易

旧机动车属特殊商品，它的流通涉及车辆管理、交通管理、环保管理、资产管理等各方面，属于特殊商品流通。目前我国对进入二级市场再流通的旧机动车有严格的规定，鉴定估价环节恰是防止非法交易发生的重要手段。

3）为由旧机动车引发的经济行为提供公平的价格尺度

旧机动车鉴定估价能够正确反映机动车的价值重置及其变动，有利于金融系统有关业务的健康有序开展，为司法裁决公平、公正进行及企业依法破产、兼并重组、资产清算等提供公平的价格尺度。

3. 旧机动车鉴定估价的特点

汽车作为一类资产，主要特点为单位价值较大，使用时间较长；工程技术性强，使用范围广；使用强度、使用条件、维护水平差异很大；使用管理严，税费附加值高。

车辆本身的这些特点决定了旧机动车鉴定估价的特点。

1）旧机动车鉴定估价以技术鉴定为基础

由于汽车本身具有较强的工程技术特点，其技术含量较高。汽车在长期的使用中，由于机件的摩擦和自然力的作用，处于不断磨损的过程中。随着使用里程和使用年数的增加，车辆实体的有形损耗和无形损耗加剧，其损耗程度因使用强度、使用条件、维修水平等不同差异很大。因此，评定车辆实物和价值状况往往需要通过技术检测等技术手段来鉴定其损耗程度。

2）旧机动车鉴定估价以单台为评估对象

由于旧机动车单位价值相差较大、规格型号多、车辆结构差异很大，为保证评估质量，对于单位价值较大的车辆，一般都按照整车、部件，逐台、逐件地进行鉴定评估。

3）旧机动车鉴定估价要考虑其手续构成的价值

由于国家对车辆实行“户籍”管理，使用税费附加值高。因此，对旧机动车进行鉴定估价时，除了估算其实体价值以外，还要考虑由“户籍”管理手续和各种使用税费构成的价值。

4. 旧机动车鉴定估价的适用范围

汽车与经济和社会活动联系的紧密和其功能的扩展使车辆鉴定评估行为也逐步渗透到社会的各个领域，成为资产评估的重要组成部分。

(1) 在流通领域，二手车在不同消费群体中相互转手，需要鉴定估价。有关企业开展收购、代购、代销、租赁、回收等旧机动车经营业务需要鉴定估价。

(2) 在金融系统，银行、信托商店及保险公司开展抵押贷款、典当、保险理赔业务时，需要对相关车辆进行鉴定评估。

(3) 有关单位通过拍卖形式处理罚没车辆、抵押车辆、企业清算等车辆时，需要对车辆进行鉴定评估以获取拍卖底价。

(4) 司法部门在处理相关案件时，也需要以涉案车辆的鉴定评估结果作为裁定依据。

(5) 企业和个人在公司注册、合资、合作、联营及合并、兼并、重组过程中也会涉及旧机动车鉴定评估业务。

除此以外，旧机动车鉴定估价的一个重要任务就是鉴定、识别走私、盗抢、报废、拼装等非法车辆，防止非法车辆通过旧机动车市场重新流入社会。

9.3.2 车辆鉴定估价的基本方法

车辆评估的方法，根据不同的评估目的、价值标准和业务条件，一般分为市价法(又称现行市价法或市场法)、重置成本法、收益现值法和清算价格法。

1. 市价法

1) 市价法定义

市价法又称现行市价法、市场价格比较法。它是指通过比较被评估车辆与最近售出类似车辆的异同，并根据类似车辆的市场价格进行调整，从而确定被评估车辆价值的一种评估方法。现行市价法是最直接、最简单的一种评估方法。

这种方法的思路是：通过市场调查，选择一个或几个与评估车辆相同或类似的车辆作参照，分析参照车辆的构造、功能、性能、新旧程度、地区差别、交易条件及成交价格等，并与被评估车辆进行比较，找出两者的差别及其在价格上所反映的差额，经过适当调整，计算出被评估车辆的价格。

2) 市价法应用前提条件

一是市价法需要一个充分发育、活跃的旧机动车交易市场，有充分的参照车辆可取。在旧机动车交易市场上，旧机动车交易越频繁，与被评估类似的车辆价格越容易被获得；二是参照车辆及其与被评估车辆可比较的指标、技术参数等资料是可收集到的，并且价值影响因素明确，可以量化。

运行现行市价法重要的是要能够找到与被鉴定估价的旧机动车相同或类似的参照物，并且参照物是近期的、可比较的，即参照物交易时间与旧机动车鉴定估价的基准日接近，在规格、型号、功能、性能、内部结构、新旧程度及交易条件等方面与旧机动车相差不远。

3) 市价法的优缺点

用现行市价法得到的评估值能够客观反映旧机动车辆目前的市场情况，其评估参数、指标直接从市场获得，评估值能反映市场现实价格，因此评估结构易于被各方面理解和接受。

这种方法的不足是需要以公开及活跃的市场作为基础，有时参照对象难以寻找，并且，可比因素多而复杂，即使是同一个生产厂家生产的同一型号的产品，同一天登记，由于不同的车主使用，因其使用强度、使用条件、维修水平等多种因素作用，其实体损耗、新旧程度都各有不同，不利于对车辆进行鉴定评估。

4）市价法的具体计算方法

运用现行市价法确定单台车辆价值通常采用直接法和类比法。

（1）直接法是指在市场上能找到与被评估车辆完全相同的车辆的现行市价，并依其价格直接作为被评估车辆评估价格的一种方法。完全相同是指车辆型号相同，但是在不同的时期，寻找同型号的车辆有时是比较困难的。所以，与参照车辆类别相同、主参数相同、结构性能相同，只是生产序号不同，并做局部改动的参照车辆，可以认为与被评估车辆完全相同。

（2）类比法是指评估车辆时，在公开市场上找不到与之完全相同的车辆，但在公开市场上能找到与之相类似的车辆，以此为参照物，并依其价格再做相应的差异调整，从而确定被评估车辆价格的一种方法。所选参照物与评估基准日在时间上越近越好，实在无近期的参照物，也可以选择远期的，再进行日期修正。其基本计算公式为

$$P_e = P_m + \sum P_{eo}(i) + \sum P_{oe}(j) \tag{9-7}$$

式中，P_e——评估价格；

$P_{eo}(i)$——市场价格评估对象比交易参照对象优异的价格差额；

$P_{oe}(j)$——交易参照对象比评估对象优异的价格差额。

或者

$$P_e = P_o \times (1 \pm k) \tag{9-8}$$

式中，P_o——参照车辆价格；

k——调整系数。

用市价法进行评估时，要全面了解市场情况，这是市价法评估的关键，对市场了解的情况越多，评估的准确性越高。用市价法评估包含了被评估车辆的各种贬值因素，如有形损耗的贬值、功能性贬值和经济性贬值，因为市场价格是综合反映车辆各种因素的体现。车辆的有形损耗及功能陈旧而造成的贬值自然会在市场价格中有所体现。

经济性贬值反映了社会上各类产品综合的经济性贬值的大小，突出表现为供求关系的变化对市场价格的影响，因而用市价法评估不再专门计算功能性贬值和经济性贬值。

5）现行市价法评估实例

【例 9.1】 某捷达车现行市价法评估实例，其技术经济参数见表 9-3。

解：（1）以参照物Ⅰ为参照物作各项差异的量化和调整。

① 结构性能差异的量化与调整。参照物Ⅰ的发动机为汽油发动机，排量为 1.6L；被评估物发动机为柴油发动机，排量为 2.0L。评估基准时点的该项结构价格差异为 2 万元。该项调整数为 2×60%＝1.2 万元。

② 销售时间差异的量化与调整。参照物Ⅰ与被评估物评估时间接近，物价指数为 1。

③ 新旧程度差异的量化与调整。被评估车前纵梁有修复痕迹，发生过事故。该项调整数为 6.5×(85%－60%)＝－1.63 万元。

销售数量和付款方式无差异。

评估值＝(6.5＋1.2－1.63) ×1＝6.07 万元

(2) 以参照物Ⅱ为参照物作各项差异的量化和调整。

① 结构性能差异的量化与调整。参照物Ⅱ的发动机为汽油发动机，排量为 1.6L；被评估物发动机为柴油发动机，排量为 2.0L。评估基准时点的该项结构价格差异为 2 万元。参照物Ⅱ比被评估车增加了许多配置，如驾驶员、副驾驶安全气囊、遥控钥匙、电动后视镜等，这些功能价值约为 1 万。该项调整数为(2－1)×60％＝0.6 万元。

② 销售时间差异的量化与调整。参照物Ⅱ与被评估物评估时间接近，物价指数为 1。

③ 新旧程度差异的量化与调整。被评估车前纵梁有修复痕迹，发生过事故。该项调整数为 7.5×(85％－60％)＝－1.88 万元。

销售数量和付款方式无差异。

评估值＝(7.5＋0.6－1.88)×1＝6.22 万元

综合参照物Ⅰ和参照物Ⅱ，被评估物评估值为(6.07＋6.22) ÷2＝6.15 万元。

表 9－3　技术经济参数

序号	技术经济参数	参照物Ⅰ	参照物Ⅱ	被评估汽车
1	车辆型号	捷达前卫	捷达伙伴	捷达柴油先锋
2	销售条件	公开市场	公开市场	公开市场
3	交易时间	2011.12	2011.12	2012.1
4	使用年限	15 年	15 年	15 年
5	初次登记年月	2010.04	2010.06	2010.05
6	已使用时间	1 年 8 个月	1 年 6 个月	1 年 8 个月
7	成新率	85％	85％	60％
8	交易数量	1	1	1
9	付款方式	现款	现款	现款
10	地点	北京	北京	北京
11	物价指数	1	1	1
12	价格	6.5 万元	7.5 万元	求评估值

2. 重置成本法

1) 重置成本法定义及其理论依据

重置成本法是指在现时条件下重新购置一辆全新状态的被评估车辆所需的全部成本(即完全重置成本，简称重置全价)，减去该被评估车辆的各种陈旧贬值后的差额作为被评估车辆现时价格的一种评估方法。

重置成本法的理论依据是：任何一个投资者在购买某项资产时，所支付的价格绝对不会超过具有同等效用的全新资产最低成本。如果该项资产的价格比重新建造或购置全新状态的同等效用的资产最低成本高，投资者是不会购买这项资产的，而会去新建或购置全新的资产，即待评估资产的重置成本是其价格的最大可能值。

2) 重置成本法注意的问题及优缺点

重置成本估算应注意以下几个问题。

(1) 确定重置成本时，要以评估基准日车辆所在地收集的价格资料为准。

(2) 国家对车辆的税收有些是在生产和销售环节征收的，有些是在使用环节征收的，前者征收的税额已包含到车辆市价里，而后者没有。因此，确定重置成本时，只考虑使用环节的税费。

(3) 国家征收的车辆购置价格以外的税费是动态变化的，鉴定估价人员要根据当时的情况和鉴定估价的需要，按重置成本构成的概念，正确核算和处理不同时期的重置成本全价。

(4) 对极少数的进口车辆，一时难以征询到价格，即可采用物价指数法以系数调整、估算重置成本全价。

采用重置成本法的优点是比较充分地考虑了车辆的损耗，使评估结果更趋于公平合理，有利于旧机动车辆的评估，在不易计算车辆未来收益或难以取得市场(旧机动车交易市场)参照物的条件下可广泛应用。

运用重置成本法的缺点是工作量较大，且经济性贬值也不宜准确计算。

3) 重置成本法的估算方法

在资产评估中，重置成本的估算方法很多。对于旧机动车评估定价，一般采用直接法和物价指数法。

(1) 直接法也叫重置核算法，是按待评车辆的成本构成，以现行市价为标准，计算被评估车辆重置全价的一种方法，即将车辆的成本分为直接成本和间接成本，先确定各部分的现时价格，然后加总得出待鉴定估价车辆的重置全价。直接成本是指车辆按现行市价的买价，加运输费、购置附加费、消费税、人工费等。间接成本是指购置车辆发生的管理费、专项贷款发生的利息、注册登记手续费等。

以直接法取得的重置成本，无论是国产还是进口车辆，尽可能采用国内现行市价作为车辆鉴定估价的重置成本全价。

(2) 物价指数法是指在旧机动车辆原始成本基础上，通过现时物价指数确定重置成本。计算公式为

$$P_c = C_o \times \frac{I_e}{I_b} \qquad (9-9)$$

式中，C_b——车辆原始成本；

I_e——车辆评估时物价指数；

I_b——车辆购买时物价指数。

或者为

$$P_c = C_o \times (1 + I_c) \qquad (9-10)$$

式中，I_c——物价变动指数。

运用物价指数法，首先要检查被评估车辆的账面购买原价，如果原价不准确，则不能使用物价指数法；其次用物价指数法计算出的值即为车辆重置成本值；最后，物价指数要尽可能选用有法律依据的国家统计部门或物价管理部门以及政府机关发布和提供的数据，不能选用无依据、不明来源的数据。

4) 重置成本法的基本计算公式

重置成本法的基本计算公式为

$$P_e = P_c - P_d - P_f - P_j \qquad (9-11)$$

式中，P_c——重置成本；

P_d——实体性贬值；

P_f——功能性贬值；

P_j——经济性贬值。

或者

$$P_e = P_c \times \beta \tag{9-12}$$

式中，β——成新率。

我们可以得出，被评估车辆的各种陈旧贬值包括实体性贬值、功能性贬值、经济性贬值。

(1) 实体性贬值的估算。实体性贬值一般采用成新率法和使用年限法估算。

成新率法也称观察法，是指评估车辆时，由具有专业知识和丰富经验的工程技术人员对车辆实体的各主要总成、部件进行技术鉴定，并综合分析车辆的设计、制造、使用、磨损、维护、修理、改装和经济情况等因素，将评估对象与其全新状态相比较，考察由于使用磨损和自然损耗对车辆的功能、技术状况带来的影响，判断被评估车辆的有形损耗率，从而估算实体性贬值的一种方法，计算公式为

$$P_d = P_c \times \gamma \tag{9-13}$$

式中，γ——有形损耗率。

使用年限法，其基本公式为

$$P_d = (P_c - P_r) \times \frac{y_u}{y_e} \tag{9-14}$$

式中，P_r——残值，指旧机动车辆在报废时净回收的金额，一般在鉴定估价中忽略；

y_u——已使用年限；

y_e——规定使用年限。

(2) 功能性贬值的估算。对目前在市场上能购买到的且有制造厂家继续生产的全新车辆，一般采用市场价即可认为该车辆的功能性贬值已包含在市场价中。在实际评估时经常会遇到的情况是，待评估的车辆型号是现已停产或是国内自然淘汰的车型，这样就没有实际的市场价，只有采用参照物的价格用类比法来估算。参照物一般采用替代型号的车辆。评估这类车辆的主要方法是设法取得该车型的市场现价或类似车型的市场现价。

(3) 经济性贬值的估算。经济性贬值是由机动车辆外部因素引起的。外部因素影响车辆价值的主要表现是造成营运成本上升或导致车辆闲置。由于造成车辆经济性贬值的外部因素很多，并且造成贬值的因素也不尽相同，所以评估时，只能统筹考虑这些因素，而无法单独计算所造成的贬值。其评估的思考方法是，首先根据车辆评估基准日以后是否停用、闲置或半闲置的时间长短估算其经济贬值；其次，已封存或较长时间停用，且在近期内仍将闲置，但今后仍继续使用，可按其可能闲置的时间长短及其资金成本估算其经济贬值；最后，可根据其市场供求关系估算其贬值。

(4) 成新率的确定。成新率是反映旧机动车新旧程度的指标。旧机动车成新率是表示旧机动车的功能或使用价值占全新机动车的功能或使用价值的比率，也可以理解为旧机动车的现时状态与机动车全新状态的比率。

机动车的有形损耗率 γ 与机动车的成新率 β 的关系为

$$\beta = 1 - \gamma \tag{9-15}$$

在旧机动车鉴定估价的实践中，重置成本法是旧机动车鉴定估价的首选办法，要想较准确地评估车辆的价值，成新率的确定是关键，其确定方法通常采用使用年限法、技术鉴定法、综合分析法。

① 使用年限法。使用年限法首先是建立在旧机动车整个使用寿命期间，实体性损耗是随线性递增的，机动车价值的降低与其损耗的大小成正比。其数学表达式为

$$\beta=\left(1-\frac{y_u}{y_e}\right)\times100\% \tag{9-16}$$

运用使用年限法估算旧机动车成新率应注意两点：一是使用年限是代表车辆运行或工作量的一种计量，以车辆的正常使用为前提，同时要考虑正常使用时间和正常使用强度；二是已使用年限不是指会计折旧中已计折旧年限，规定使用年限也不是指会计折旧年限。

使用年限法方法简单，容易操作，一般用于旧机动车的价格粗估或价值不高的旧机动车价格的评估。

② 技术鉴定法。技术鉴定法是评估人员用技术鉴定的方法测定旧机动车成新率的一种方法。这种方法以技术鉴定为基础，首先是评估人员对旧机动车辆进行技术观察和技术检测来鉴定旧机动车的技术状况，再以评分的方法或分等级的方法来确定成新率。

表 9-4 为旧机动车成新率评估参考表，是一般车辆成新率判定的经验数据，仅供评估时参考。这种方法大多数依靠人工观察，成新率的估值是否客观、实际取决于评估人员的专业水准和评估经验。

表 9-4 旧机动车成新率评估参考表

车况等级	新旧情况	有形磨损率/(%)	技术状况	成新率/(%)
1	使用不久	0～10	刚使用不久，行驶里程 3～5 万千米，在用状态良好，能按设计要求正常使用	100～90
2	较新车	11～35	使用 1 年以上，行驶约 15 万千米，一般没有经过大修，在用状态良好，故障率低，可随时出车使用	89～65
3	旧车	36～60	使用 4～5 年，发动机或整车经过大修一次，大修较好的恢复原设计性能，在用状态良好，外观中度受损，恢复情况良好	64～40
4	老旧车	61～85	使用 5～8 年，发动机或整车经过二次大修，动力性能、经济性能、工作可靠性都有所下降，外观油漆脱落受损，金属件锈蚀程度明显，故障率上升，维修费用、使用费用明显上升，但车辆符合《机动车安全技术条件》，在用状态一般或较差	39～15
5	待报废车	86～100	基本到达或到达使用年限，通过《机动车安全技术条件》检查，能使用但不能正常使用，动力性、燃油经济性、可靠性下降，燃料费、维修费、大修费用增长速度快，车辆收益与支出基本持平，排放污染和噪声污染到达极限	15 以下

技术鉴定法简单易行，但评估值没有部件鉴定法明确，一般用于中、低等价值的旧机

动车的初步估算，或作为综合分析法鉴定估价要考虑的主要因素之一。

③ 综合分析法。综合分析法是以使用年限法为基础，再综合考虑对旧机动车价值影响的多种因素，如车辆的实际运行时间、实际技术状况，车辆使用强度、使用条件、使用和维护保养情况，车辆原始制造质量，车辆大修、重大事故经历等，以系数调整成新率的一种方法。其计算公式为

$$\beta=\left(1-\frac{y_u}{y_e}\right)\times k\times 100\% \tag{9-17}$$

式中，k——调整系数。

采用综合分析法复杂、费时、费力，但它充分考虑了影响车辆价值的各种因素，评估值准确度较高，适合评估中等价值的旧机动车。旧机动车成新率综合调整系数见表 9-5。

表 9-5 旧机动车成新率综合调整系数表

影响因素	因素分级	调整系数	权重/%
技术状况	好	1.2	30
	较好	1.1	
	一般	1	
	较差	0.9	
	差	0.8	
使用和维护状态	好	1.1	25
	一般	1	
	较差	0.9	
制造质量	进口	1.1	20
	国产名牌	1	
	国产非名牌	0.9	
工作性质	私用	1.2	15
	公务、商务	1	
	营运	0.7	
工作条件	较好	1	10
	一般	0.9	
	较差	0.8	

(5) 汽车的折旧。旧机动车作为固定资产，按现行财务制度规定应计算并提取固定资产折旧。所谓机动车的折旧，是指随着时间的推移或在机动车使用过程中，由于损耗而转移到产品中去的那部分价值。折旧基金是为了补偿机动车的磨损而逐年提取的专用基金，其主要目的是在旧机动车不能使用或不再使用时，用折旧基金购置新车辆，实现机动车更新。

车辆的折旧是根据车辆的价值、使用年限，用所规定的折旧方法计算。

① 直线折旧法。直线折旧法又称使用年限法或平均折旧法，是指用车辆的原值除以车辆使用年限，以求得每年平均计提折旧额的方法。计算公式为

$$D_t=\frac{1}{N}(K_0-S_v) \tag{9-18}$$

式中，D_t——机动车年折旧额；

K_0——机动车原值；

S_v——机动车净残值；

N——机动车规定的折旧年限。

② 快速折旧法。直线折旧法是应用最广泛的方法，快速折旧法是企业经常使用的折旧方法。年度求和法和余额递减折旧法均属于快速折旧法。

年度求和法是指每年的折旧额可用车辆原值减去残值的差额乘以一个逐年变化的递减系数来确定。此递减系数的分母为车辆使用年限历年数字的累积之和，即每年递减系数的分母相等；分子为当年尚余有的使用年数。一般来讲，车辆使用年限为 N 时，递减系数的分母为 $N(N+1)/2$，分子为 $N-T$，t 为机动车在使用期限内某一确定年度。年份数的求和公式为

$$D_t=\frac{2(N-T)}{N(N+1)}(K_0-S_v) \tag{9-19}$$

余额递减折旧法是指任何年的折旧额用现有车辆原值乘以在车辆整个寿命期内恒定的折旧率，接着用车辆原值减去该年折旧额作为新的原值，下一年重复这一做法，直到折旧总额分摊完毕。在余额递减中使用的折旧率通常大于直线折旧率，当使用的折旧率为直线折旧率的两倍时，称为双倍余额递减法，具体公式为

$$D_t=K_0\alpha(1-\alpha)^{t-1} \tag{9-20}$$

式中，α——折旧率，直线法的折旧率是 $\alpha=1/N$。

应用式(9-20)计算时，在使用期结束时仍有余额的情况下，为使折旧总额到使用期终分摊完毕，到一定年度后，要改用直线折旧法。

汽车成新率是汽车新旧程度的指标。它表示汽车的功能或使用价值占全新机动车的功能或使用价值的比率，确定方法也涉及使用年限，但评价目的和意义与折旧不同，成新率的损耗与折旧年限的损耗也不同。

5）重置成本法的评估实例

【例9.2】 某先生于2000年7月共花14.4万元购得捷达FV7160Ci轿车一辆，挂靠某出租公司作出租车，并于当月登记注册，2004年7月在南京交易，请汽车评估师对其鉴定评估。经评估师了解，现该型号车纯车价为9.6万元，该车技术等级为三级车，发现前纵梁已换过，有重大事故痕迹，该车外表有多处事故痕迹和二级维护，需保养与车身作漆，约需0.5万元。行驶里程48万千米，试用重置成本法、双倍余额折旧法、鉴定调整系数法计算其评估值。

解：根据题意有

$$重置成本=9.6\,万元+\frac{9.6\,万元}{1.17}\times 10\%=10.42\,万元$$

使用年限为8年，采用双倍余额折旧率，有

第 1 年折旧率 $=\frac{2}{8}\times\left(1-\frac{2}{8}\right)^{1-1}=0.25$

第 2 年折旧率 $=\frac{2}{8}\times\left(1-\frac{2}{8}\right)^{2-1}=0.1875$

第 3 年折旧率 $=\frac{2}{8}\times\left(1-\frac{2}{8}\right)^{3-1}=0.1406$

第 4 年折旧率 $=\frac{2}{8}\times\left(1-\frac{2}{8}\right)^{4-1}=0.1055$

采用双倍余额折旧后的年成新率为

$$年成新率=(1-0.25-0.1875-0.1406-0.1055)\times 100\%=31.64\%$$

由于是三级车，技术状况调整系数取 0.8；有过重大事故，重大事故调整系数取 0；修理费用 0.5 万元，重置成本 10.42 万元，需要修理情况调整系数取 0.5；捷达车为合资名牌车，品牌调整系数取 1.1；年平均行驶里程 12 万千米，使用强度调整系数为 0.5，综上所述有

$$鉴定调整系数=1\times 30\%+0\times 25\%+0.5\times 20\%+1.1\times 15\%+0.5\times 10\%=0.615$$

最后得出

$$评估值=10.42\ 万元\times 31.64\%\times 0.615=2.0\ 万元$$

【例 9.3】 2005 年 6 月，某品牌置换公司拥有一辆奥迪 A4 1.8T，该车是舒适型，其基本配置为：手自动一体(CVT 链条式)、天窗、真皮座椅、倒车雷达等。该车为 2004 年 3 月登记上牌，行驶公里数为 8700km。某客户愿以一辆马自达福美来进行置换，该马自达福美来是 2003 年 2 月登记上牌使用，排量为 1.8L，配置为：天窗、自动挡、真皮座椅等。此私家车已行驶里程为 67000km，计算这次置换需贴补多少差价(试采用重置成本、等速折旧、综合调整系数、变现系数法计算)。上述两款车的市场售价见表 9-6。

表 9-6 奥迪和马自达两款新车型售价

奥迪 A4 1.8T 舒适型		马自达福美来 1.8	
年份	售价	年份	售价
2004 年 2 月	37.35 万	2003 年 2 月	18.36 万
2004 年 12 月	34.25 万	2004 年 8 月	17.26 万
2005 年 6 月	32.25 万	2005 年 6 月	15.36 万

其中，2005 年 6 月新款马自达福美来比 2003 款添加了电动座椅等配置，价值约为 3600 元。

解：

(1) 首先计算奥迪 A4 1.8T 的价值。

$$重置成本=32.25+\frac{32.25}{1.17}\times 10\%=35.00\ 万元$$

根据国家规定非营运车的使用年限为 15 年，折合 180 个月，从初次登记之日至评估基准日已使用 16 个月。成新率计算为

$$C=\left(1-\frac{16}{180}\right)\times 100\%=91.11\%$$

该奥迪车技术状况较好，取调整系数为1；维护保养好，取车辆使用与维护状态系数为1；奥迪A4为国产名牌车，取品牌调整系数为0.9；工作性质为公务生活消费，取车辆工作性质系数为0.7；该车主要在市内使用，取车辆工作条件系数为1。综上有

鉴定调整系数=1×30%+1×25%+0.9×20%+0.7×15%+1×10%=0.935

由于该奥迪车已使用了16个月，取变现系数为0.85。

最终评估值为35.00×91.11%×0.935×0.85=25.34万元

(2) 计算马自达福美来的价值。

考虑到新车比老车增加了电动座椅配置，因此新车考虑一次性功能贬值3600元。

$$\text{重置成本}=(15.36-0.36)+\frac{(15.36-0.36)}{1.17}\times 10\%=16.28\text{万元}$$

根据国家规定非营运车的使用年限为15年，折合180个月，从初次登记之日至评估基准日已使用29个月。成新率计算为

$$C=\left(1-\frac{29}{180}\right)\times 100\%=83.89\%$$

该马自达福美来车技术状况较好，取调整系数为0.9；维护保养好，取车辆使用与维护状态系数为0.9；该车为国产名牌车，取品牌调整系数为0.9；工作性质为个人生活消费，取车辆工作性质系数为1；该车主要在市内使用，取车辆工作条件系数为1。综上有

鉴定调整系数=0.9×30%+0.9×25%+0.9×20%+1×15%+1×10%=0.915

由于该车已使用了29个月，取变现系数为0.8。

最终评估值为16.28×83.89%×0.915×0.8=10.00万元

因此，两车置换时需要补贴差价为25.34−10.00=15.34万元

3. 收益现值法

1) 收益现值法的定义及优缺点

收益现值法是将被评估车辆在剩余寿命期内的预期收益用适用的折现率作为评估基准日的现值，并以此确定评估价格的一种方法。

采用收益现值法对旧机动车进行评估所确定的价值是指为获得该机动车以取得预期收益的权利所支付的货币总额。

运用收益现值法进行评估时，是以车辆投入使用后连续获利为基础的。如果某车的预期收益小，车辆的价格就不可能高；反之，如果预期收益大，车辆的价格就高。在机动车交易中，人们购买的目的往往不在于车辆的本身，而是车辆获利的能力。因此，该方法适用投资营运的车辆。

采用收益现值法的优点是与投资者决策相结合，容易被交易双方接受，能真实和较准确地反映车辆的本金化价格；其缺点是，预期收益额预测难度大，受较强的主观判断和未来不可预见因素的影响。

2) 收益现值法评估值的计算方法

收益现值法评估值的计算实际上就是对被评估车辆未来预期收益进行折现的过程。被评估车辆的评估值等于剩余寿命期内各期的收益现值之和，其基本计算公式为

$$P=\sum_{t=1}^{n}\frac{A_t}{(1+i)^t}=\frac{A_1}{(1+i)}+\frac{A_2}{(1+i)^2}+\cdots+\frac{A_n}{(1+i)^n} \tag{9-21}$$

式中，A_t——未来第 t 个收益期的预期收益额，收益期有限时(机动车的收益期是有限的)，

A_t 中还包括期末车辆的残余值(估算时，残余值一般忽略不计)；

n——收益年限(剩余经济寿命的年限)；

i——折现率；

t——收益期，一般以年计。

当 $A_1=A_2=\cdots=A_n=A$ 时，即 t 从 $1\sim n$ 未来收益分别相同为 A 时，则有

$$P_e=\frac{A_1}{(1+i)}+\frac{A_2}{(1+i)^2}+\cdots+\frac{A_n}{(1+i)^n}=A\left[\frac{1}{1+i}+\frac{1}{(1+i)^2}+\cdots+\frac{1}{(1+i)^n}\right]=A\frac{(1+i)^n-1}{i(1+i)^n} \quad (9-22)$$

式中，$\frac{1}{(1+i)^n}$——现值系数；

$\frac{(1+i)^n-1}{i(1+i)^n}$——年金现值系数。

3）收益现值法评估参数的确定

(1) 剩余经济寿命期的确定。剩余经济寿命期是指从评估基准日到车辆到达报废的年限。如果剩余经济寿命期估计过长，就会高估车辆价格，因此必须根据车辆的实际状况对剩余寿命做出正确的评定。对于各类汽车来说，该参数按《汽车报废标准》确定是很方便的。

(2) 预期收益额的确定。在收益法实际运用中，收益额的确定是关键。收益额是指由被评估对象在使用过程中产生的超出其自身价值的溢余额。确定预期收益额应注意以下两点。

① 收益额是指车辆在使用时带来的未来收益的期望值，是一个预测值。在旧机动车交易中，判断某车辆是否有价值，不仅要判断该车辆是否会带来收益，更重要的是未来的收益能力。

② 收益额应是税后利润与提取折旧额之和扣除投资额。

(3) 折现率的确定。折现是一个时间优先的概念，认为将来收益或利益低于现在的同样收益或利益，且随收益时间向将来推迟的程度而有系统的降低价值。同时，折现又是一个算术过程，是将一个特定的比率应用于一个预期的将来收益率，从而得到当前的价值即收益率是在一定条件下的收益率，说明车辆取得该项收益的收益率水平。

每个企业都有具体的资金收益率，因此在利用收益法对机动车评估选择折现率时，应该进行本企业、本行业历年收益率指标的对比分析。但是，最后选择的折现率应该起码不低于国家债券或银行存款的利率。

在使用资金收益率指标时，应充分考虑年收益率的计算依据与资金收益率的依据是否一致，若不一致，将会影响评估值的正确性。

4）收益现值法评估应用实例

【例 9.4】 某人想购买一辆捷达普通型出租车作为个体出租车经营使用，该车各项数据和情况如下：

评估基准日是 2010 年 12 月 15 号，初次登记日期是 2005 年 12 月，技术状况正常，每年营运天数 350 天，每天毛收入 500 元，日营业所得税 50 元，每天燃油、润滑油费 140 元，每年日常维修、保养费 6000 元，每年保险及各项费用12000 元，营运证使用费 18000 元，两名驾驶员劳务、保险费 60000 元。

试用收益现值法求评估值。

解：预计年收入＝500×350＝175000 元

预计年支出包括以下两项

税费：50×350＝17500 元

油费：140×350＝49000 元

年收入：175000－17500－49000－6000－12000－18000－60000＝17500 元

其次，根据目前银行储率和贷款利率、债务、行业收益等情况，确定资金预期收益率为 10％，风险报酬率为 5％，折现率为 15％。

该车剩余使用年限为 3 年，假定每年的年收入相同，则由收益现值法公式

$$P_V = \sum_{i=1}^{n} \frac{R_i}{(1+r)^i}$$

可得

$$评估值=\left[\frac{1.75}{(1+0.15)^1}+\frac{1.75}{(1+0.15)^2}+\frac{1.75}{(1+0.15)^3}\right]=3.99\ 万元$$

4. 清算价格法

1）清算价格法的定义

清算价格法是以清算价格为标准，对旧机动车辆进行的价格评估。清算价格是指企业由于破产或其他原因，要求在一定的期限内将车辆变现，在企业清算之日预期出卖车辆可收回的快速变现价格。

清算价格法在原理上基本与现行市价法相同，区别在于企业因迫于停业或破产，急于将车辆拍卖、出售。所以，清算价格常低于现行市场价格。

2）清算价格法的适用范围和前提条件

清算价格法适用于企业破产、抵押、停业清理时要售出的车辆。

企业破产是指当企业或个人因经营不善造成严重亏损，不能清偿到期债务时，企业应依法宣告破产，法院以其全部财产依法清偿其所欠的债务，不足部分不再清偿。

抵押是指所有者资产作抵押物进行融资的一种经济行为，是合同当事人一方用自己特定的财产向对方保证履行合同义务的担保形式。提供财产的一方为抵押人，接受抵押财产的一方为抵押权人。抵押人不履行合同时，抵押权人有权利将抵押财产在法律允许的范围内变卖，从变卖抵押物价款中优先受偿。

清理是指企业由于经营不善导致严重亏损，已临近破产的边缘或因其他原因将无法继续经营，为弄清企业财务现状，对全部财产进行清点、整理和核查，为经营决策(破产清算或继续经营）提供依据，以及因资产损毁、报废而进行清理、拆除等的经济行为。

在这 3 种经济行为中若有机动车辆进行评估，可用清算价格为标准。以清算价格法评估车辆价格的前提条件有 3 点：一是以具有法律效力的破产处理文件或抵押合同及其他有效文件为依据；二是车辆在市场上可以快速出售变现；三是所卖收入足以补偿出售车辆的附加支出总额。

3）决定清算价格的主要因素

在旧机动车评估中，决定清算价格的主要因素包括破产形式、债权人处置车辆的方式、清理费用、拍卖时限、公平市价和参照物价格等。

(1) 破产形式。如果企业丧失车辆处置权，出售的一方无讨价还价的可能，则以买方

出价决定车辆售价，如果企业未丧失处置权，出售车辆一方尚有讨价还价余地，则以双方议价决定售价。

(2) 债权人处置车辆的方式。按抵押时的合同契约规定执行，如公开拍卖或收回归己有。

(3) 清理费用。在破产等情况下，评估车辆价格时应对清理费用及其他费用给予充分考虑。

(4) 拍卖时限。一般说，拍卖时限长，售价会高；时限短，售价低，这是由快速实现原则的作用所决定的。

(5) 公平市价。公平市价是指车辆交易成交双方都满意的价格。在清算价格中卖方满意的价格一般不易求得。

(6) 参照物价格。在市场上，出售相同或类似车辆的价格即为参照物价格。市场参照车辆价格高，车辆出售的价格一般就会高；反之则低。

4) 评估清算价格的方法

旧机动车评估清算价格的方法主要有现行市价折扣法和意向询价法以及竞价法。

(1) 现行市价折扣法是指对清理车辆，首先在旧机动车市场上寻找一个相适应的参照物，然后根据快速变现原则估定一个折扣率，并据此确定清算价格。

(2) 意向询价法是指根据向被评估车辆的潜在购买者询价的办法取得市场信息，最后经评估人员分析确定其清算价格的一种方法。用这种方法确定的清算价格受供需关系影响很大。

(3) 竞价法是指由法院按照法定程序(破产清算)或由卖方根据评估结果提出一个拍卖的底价，在公开市场上由买方竞争出价。

5) 清算价格法举例

【例 9.5】 某法院欲在近期内将其扣押的一辆雅阁汽车 2008 款拍卖出售，至评估基准日为止，该汽车已使用 2 年 6 个月，车况与其新旧程度相符，试评估该车的清算价格。

据了解，本次评估的目的属债务偿还，采用清算价格法。根据被评估车辆的实际情况及所掌握的资料，决定首先利用重置成本法确定该车在公平市场条件下的评估价格，然后根据市场调查，按一定的折现率确定汽车的清算价格。

解： 根据市场调查，该车型为雅阁第八代，此车型目前售价 18.68 万，根据相关规定，购置此车时，要缴纳 10%的车辆购置附加费，5%的货运费。故该车的重置成本价为

$$\text{重置成本}=18.86\times(1+10\%+5\%)=21.69\text{ 万元}$$

被评估车辆价值不高，且车辆的技术状况与其新旧程度相符，故决定采用使用年限法确定其成新率。根据国家规定，被评估车的使用年限为 15 年，目前该车已使用 2 年 6 个月，故其成新率为

$$\text{成新率}=\left(1-\frac{2\times12+6}{15\times12}\right)\times100\%=83.33\%$$

据调查了解，该车的功能性损耗和经济性损耗很小，可忽略不计，故在公平市场条件下，该车的评估价格为

$$21.69\times83.33\%=18.08\text{ 万元}$$

根据市场调查，清算日内，折扣率取 75%。可当日售出，故确定折扣率为 75%。

最后确定该车的清算价格为

清算价格＝18.08×75％＝13.56万元

9.3.3 选择车辆的评估方法

前面介绍了车辆鉴定评估的基本方法，即市价法、重置成本法、收益现值法和清算价格法，这些方法各有各的特点，又相互关联。评估方法的多样性为鉴定估价人员提供了适当选择评估途径、选择合适评估方法的条件，有利于简捷、准确地确定评估车辆的价值。各种方法选择使用的条件如下：

(1) 市价法是汽车评估优先考虑采用的评估方法，符合市场经济规律，评估结果易于被各方面理解和接受，但需要一个成熟的、健康的、完全市场经济环境的市场，并且有大量的同质量车辆。

(2) 重置成本法是汽车评估经常采用的评估方法，该方法收集资料信息便捷、操作简单易行、评估理论贴近旧车实际，在现行市价法条件不具备的情况下，是一种容易被接受的评估方法。但该方法工作量大，不易准确计算经济性贬值。

(3) 收益现值法只在少数营运性运输车辆评估上使用。

(4) 清算价格法只在少数破产、抵押、急于变现等车辆评估上使用。

9.4 汽车使用寿命

汽车从投入生产开始，经过有形磨损和无形磨损，直到在技术上或经济上不宜继续使用时，需要更新所经历的时间，称为汽车使用寿命，可以用累计使用年数或累计行驶里程数来表示。

汽车使用寿命的长短直接影响汽车的使用效益。如果采用维修的方法来无限期延长汽车使用寿命，则由于车辆陈旧，车辆的完好率下降，必然导致汽车的动力性、经济性大幅度下降，排气污染和噪声严重、运输成本也会随之增加。研究汽车使用寿命的意义在于保持在用车辆具有良好的使用性能，减少公害、节约能源，提供运力，充分提高车辆的社会效益和经济效益。

9.4.1 汽车使用寿命的评价指标

汽车使用寿命包括物理寿命、技术使用寿命、经济使用寿命和合理使用寿命。

1. 汽车的物理寿命

汽车的物理寿命又称自然寿命，是指汽车从全新状态投入生产开始，直到技术上不能按原有用途继续使用为目的的时间，与汽车制造质量、运行材料品质、使用条件、驾驶操作技术及维修质量等因素有关，有时可通过恢复性修理延长车辆的物理寿命。

2. 汽车的技术使用寿命

汽车的技术使用寿命是指汽车已达到技术极限状态而不能用修理的方法恢复其主要使用性能的使用期限。这种极限的标志在结构上是零部件的工作尺寸、工作间隙极度超标，在性能上常表现为车辆总体的动力状况或燃料、润料的极度超耗。

汽车的技术使用寿命主要取决于各部分总成的设计水平，制造质量和合理使用与维修。汽车达到技术寿命时，应对车辆进行报废处理，其零部件也不能再作备件使用。汽车维修工作做的越好，汽车的技术使用寿命越长，但一般随着汽车使用时间的延长，汽车维修费也日益增加。

3. 汽车的经济使用寿命

汽车的经济使用寿命是指汽车从全新状态投入生产开始，行驶到一定里程后，考虑车辆的各种消耗，用最佳经济效果的观点进行全面的经济分析，保证车辆使用总成本最低时的使用年限。汽车使用超过这个年限，在技术上仍可继续使用，但年平均总费用上升，经济上不宜使用下去。

所谓全面经济分析，是指从汽车使用总成本出发，分析汽车制造成本、使用维修费用、企业管理开支、车辆当前折旧及市场变化等因素。经过分析做出综合经济评定，才能确定汽车的经济使用寿命。

汽车的经济使用寿命是汽车经济效益最佳时机，人们研究汽车的使用寿命主要是研究汽车的经济使用寿命。

在汽车更新政策允许下，汽车用户在更新车辆时应以经济使用寿命为依据。据资料表明，一辆汽车在整个使用时期内，汽车的制造费用平均约占全部使用期总费用的15%，而汽车的使用与维修费用则占其全部使用期总费用的85%左右。

汽车年平均费用是指在汽车的使用年限内，汽车的年均折旧费用和该车发生的经营费用之和。汽车使用时间越长，年均折旧费用越少，但随着有形磨损增加，汽车运行技术性能逐渐下降，燃料费、维修费、工时费用等增加，所以，年平均使用费用是随时间变化的函数，汽车使用至一定年限时，会出现年平均使用费用最低值。此时，即为汽车的最佳经济使用寿命，如图 9.3 所示。

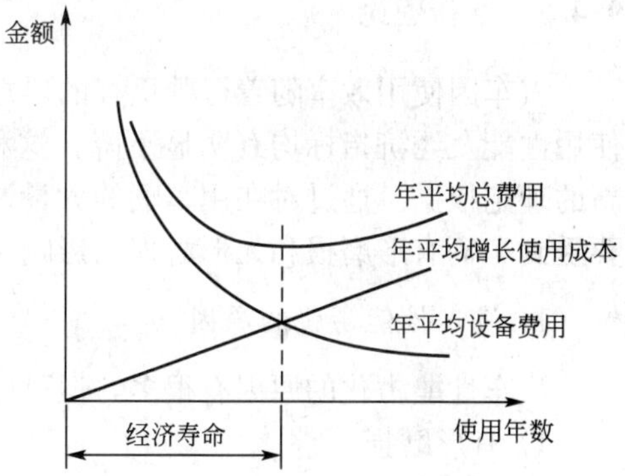

图 9.3　汽车最佳使用寿命判断

计算公式为

$$T_0=\sqrt{\frac{2K_0}{\lambda}} \tag{9-23}$$

式中，T_0——汽车经济使用寿命；

K_0——汽车购置费用；

λ——汽车经营费用的逐年增长值。

汽车经济使用寿命的主要指标有年限、行驶里程、使用年限和大修次数。

1) 年限

年限是指汽车从开始投入运行到报废的年数，作为使用寿命的量化指标，年限不仅考虑了车辆的运行时间，还考虑了车辆停驶期间的自然损耗问题。年限的计算方法比较简单，但它不能真实地反映汽车的使用强度和使用条件，造成同年限的车辆之间差异很大。

2) 行驶里程

行驶里程是指从汽车开始投入运行到报废期间总的累积行驶里程数，作为使用期限的量标。行驶里程能真实地反映汽车的实际使用强度，但不能反映运行条件和停驶期间的自然损耗。在汽车运输企业中，大多数以行驶里程作为考核车辆各项指标的基数。

3）使用年限

使用年限是把汽车总的行驶里程与年平均行驶里程之比所得的年限作为使用年限的量标，采用统计方法确定，与车辆的技术状态、完好率、平均技术速度和道路条件等因素有关。

4）大修次数

汽车在使用过程中，当动力性和经济性下降到一定程度、已无法用正常的维护或小修方法使其恢复正常技术状况时，就要进行大修。

汽车在报废之前，截至在第几次大修最为经济，需要权衡买新车的费用加旧车未折完的损失和大修费用，再加上经营费用损失，来预测截至某次大修最经济。

4. 汽车的合理使用寿命

汽车的合理使用寿命是以汽车的经济使用寿命为基础，在考虑整个国民经济发展和能源节约的实际情况后，制定出来的符合我国实际情况的使用期限。为此，国家根据我国国情制定出汽车更新的技术政策，规定车辆更新期限。

9.4.2 更新理论

汽车因使用效率随着行驶里程的增加而降低，在汽车的整个工作期限(即寿命)内，其使用性能及经济指标均有明显下降，这种现象称为“劣化”，因而用劣化理论作为汽车更新的理论依据。通过对在用车辆的大量调查，可以看出汽车经济使用寿命的劣化过程，主要受到车辆有形磨损和无形磨损的影响。

1. 汽车性能劣化的原因

汽车性能劣化的原因有很多，但可归纳为有形磨损和无形磨损两个方面。

1）有形磨损

汽车在运用过程中，由于载荷或周围介质的作用，使汽车实体发生损耗。这种发生于汽车实体的磨损称为有形磨损。它分为两种，第一种是在汽车载荷的作用下，因零部件摩擦损耗、变形和疲劳等损伤使汽车性能下降而引起的损耗，可使汽车性能变坏，生产率下降，生产成本增加，故障增多，甚至失去工作能力；第二种是由于汽车闲置，使车辆车身生锈、掉漆及橡胶件老化等，或因管理不善而引起的损失，这种损失往往是惊人的。第一种有形磨损与使用时间和使用强度成正比，第二种则在一定程度上与闲置时间成正比。

2）无形磨损

汽车的无形磨损是指由于技术进步，生产的发展，出现了性能好、生产效率高的新型车或原车型价格下降等情况，促使在用车辆提前更新。实际上，就是旧车型相对于新车型的贬值。

3）有形磨损和无形磨损的关系

通过对车辆劣化过程的分析，可看出车辆的有形磨损和无形磨损在经济后果上是相同的，都会引起车辆原始价值的降低，不同的是有形磨损严重时，常常在修复之前车辆是不能正常使用的，而无形磨损不影响车辆的正常运行。从表面上看，推迟有形磨损对提高车辆的耐久性具有重要意义，但要注意到，增加耐久性是有经济界限的，而这个界限取决于车辆的无形磨损。通常，将车辆或设备的理想方案设计为“无维修设计”，即有形损耗和无形损耗相互接近，这只是理想状况，实际上很难做到，经常遇到的是这两种情况：一是车辆已达到完全有形损耗，而无形损耗期还未到来，这时需要研究对该车进行大修是否合理，否则就要更换同车型的新车；二是无形损耗期早于有形损耗期，继续使用原有车辆还是用新车型更换尚未折旧完的现用车，需要将经济性和可能性相结合进行分析，才能做出正确结论。

2. 汽车更新时刻确定

确定汽车更新时刻的主要依据是汽车的经济寿命。当汽车使用到经济寿命时，及时更新可取得最佳经济效果，提前或延迟更新都会在一定程度上造成经济损失。确定经济使用寿命所依据的原则是使车辆的一次性投资和各年度经营费用的总和最小。其确定方法有低劣化数值法、判定大修与更新界限法、应用现值及资本回收系数估算法、面值法、模式法、折旧法。通常使用的是低劣化数值法。

由于汽车使用年限的增长和行驶里程的增加，汽车的有形损耗和无形损耗均加剧，其主要技术性能下降，汽车的经营费用主要因燃料费和维修费的增加而增加，这种现象称为汽车的低劣化。在研究汽车更新时，要考虑汽车的总使用费用由3部分组成：劣化费、折旧费和投资利息。

劣化费是因汽车使用性能下降而引起的费用，包括经营费用(如维修费、燃料费、轮胎消耗费)增加、停歇时间增加和工作质量下降引起的损失，其中维修费和燃料费增加最明显。设b为年均劣化费增加值，则第2年劣化费为b，第3年为$2b$，…，第n年为$(n-1)b$。显然，各年的劣化费构成一个等差数列。年平均劣化费b_n为

$$b_n=\frac{b(n-1)}{2} \tag{9-24}$$

用年平均折旧法计算，年平均折旧费g为

$$g=\frac{I_0-C}{n} \tag{9-25}$$

式中，I_0——汽车原值；

C——汽车残值；

n——汽车使用年限。

投资利息即指汽车占用资金的利息，其数值为每年汽车净值与利润率的乘积。各年汽车投资利息也构成一个等差数列。其首项$I_0 i$，末项Ci，年均投资利息I为

$$I=\frac{i(I_0+C)}{2} \tag{9-26}$$

式中，i——年利率。

所以，年平均总费用U是上述3项费用之和，即

$$U=\frac{b(n-1)}{2}+\frac{I_0-C}{n}+\frac{i(I_0+C)}{2} \tag{9-27}$$

汽车的经济使用寿命是年平均总费用最小，由式(9-27)对使用年限n求导，并令其为0，则得

$$\frac{dU}{dn}=\frac{b}{2}-\frac{I_0-C}{n^2}=0$$

可以求解出汽车的经济使用寿命，以 n_p 表示，则有

$$n_p=\sqrt{\frac{2(I_0-C)}{b}} \tag{9-28}$$

由此式可知，只要知道汽车的原值、残值和年平均劣化费增加值，就可以求出汽车的最佳更新年限。

若确定年平均劣化费增加值，需要根据历年统计进行回归分析。当已有汽车各年统计资料时，需要研究汽车经营费与使用年限的关系，可采用一元回归分析，从而求得年平均劣化费增加值。回归方程为

$$y=a+bx \tag{9-29}$$

式中，y——年经营费用；

x——使用费用；

a——待定常数；

b——年平均劣化费增加值。

待定常数 a、b 表示为

$$a=\frac{1}{n}\sum_{i=1}^{n}y_i-b\cdot\frac{1}{n}\sum_{i=1}^{n}x_i \tag{9-30}$$

$$b=\frac{n\cdot\sum_{i=1}^{n}x_i\cdot y-(\sum_{i=1}^{n}x_i)(\sum_{i=1}^{n}y_i)}{n\cdot\sum_{i=1}^{n}x_i^2-(\sum_{i=1}^{n}x_i)^2} \tag{9-31}$$

式中，n——数据统计年限。

利用式(9-31)解出 b 的大小，则可求出汽车的经济使用寿命 n_p。

若 n 为奇数，将纵坐标平移至中间，使 $\sum_{i=1}^{n}x_i=0$，则有

$$a=\frac{1}{n}\sum_{i=1}^{n}y_i,\quad b=\frac{\sum_{i=1}^{n}x_i\cdot y_i}{\sum_{i=1}^{n}x_i^2} \tag{9-32}$$

因此，只要求得 $\sum_{i=1}^{n}y_i$、$\sum_{i=1}^{n}x_i$、y_i、$\sum_{i=1}^{n}x_i^2$，即可得出 a、b 的数值。将年平均劣化费增加值 b 代入公式(9-28)，就可求出 n_p 并由此确定汽车的最佳更新年限。

【例 9.6】 某汽车原值 80000 元，残值 8000 元，使用前 7 年经营费用历史数据见表 9-7，该车的最佳更新年限为多少年？

表 9-7　经营历史数据

使用年限	1	2	3	4	5	6	7
经营费用/元	6000	6000	7000	8000	9000	12000	15000

以自变量 x 为使用年限，因变量 y 为经营费用，经计算列表 9-8。

表 9-8 $\sum_{i=1}^{n} y_i$、$\sum_{i=1}^{n} x_i$、$\sum_{i=1}^{n} x_i \cdot y_i$、$\sum_{i=1}^{n} x_i^2$ 计算表

n	y_i	x_i	$y_i \cdot x_i$	x_i^2
第 1 年	6000	−3	−18000	9
第 2 年	6000	−2	−12000	4
第 3 年	7000	−1	−7000	1
第 4 年	8000	0	0	0
第 5 年	9000	1	9000	1
第 6 年	12000	2	24000	4
第 7 年	15000	3	45000	9
$n=7$	$\sum_{i=1}^{n} y_i = 63000$	$\sum_{i=1}^{n} x_i = 0$	$\sum_{i=1}^{n} x_i \cdot y_i = 41000$	$\sum_{i=1}^{n} x_i^2 = 28$

$$a = \frac{\sum_{i=1}^{n} y_i}{n} = \frac{63000}{7} = 9000$$

$$b = \frac{\sum_{i=1}^{n} x_i \cdot y_i}{\sum_{i=1}^{n} x_i^2} = \frac{41000}{28} = 1464.3$$

利用年平均劣化费增加值，即可求得汽车最佳更新年限(经济使用年限)，即

$$n_{\mathrm{p}} = \sqrt{\frac{2(I_0 - C)}{b}} = \sqrt{\frac{2(80000-8000)}{1464.3}}\text{年} = 9.92\text{年}$$

知识链接

百度文库：高清汽车底盘、车桥、悬架图片
http：//t.cn/zjJ6cHw

习　　题

1. 简述汽车技术管理的目的。
2. 汽车技术档案主要包括哪些内容？
3. 汽车的技术经济定额指标主要有哪些？
4. 简述车辆诊断检测的作用和主要内容。
5. 简述五工位全自动安全环保检测线的工作顺序。
6. 简述汽车维护的分级及主要作业内容。
7. 车辆的鉴定评估基本方法有哪些？如何选择车辆的评估方法？

8. 简述车辆的各种鉴定评估方法的应用范围及优缺点。

9. 如何确定汽车的更新时间?

10. 汽车经济使用寿命的评价指标有哪些，主要影响因素有哪些?

11. 汽车使用寿命延长是否越长越好，为什么?

12. 某公司2000年6月购得一汽-大众奥迪A6型(排量2.4L)轿车一辆作为公务使用，2004年6月在北京交易，2004年6月北京市场上该型号车纯车价是40万元，该车技术等级评定为二级车，无重大事故痕迹，该车外表有少数划痕无需进行修理。行驶里程15万公里。请计算其评估值。

参考文献

[1] 高延龄. 汽车运用工程 [M]. 北京：人民交通出版社，1999.

[2] 许洪国. 汽车运用工程基础 [M]. 北京：清华大学出版社，2004.

[3] 余志生. 汽车理论 [M]. 北京：机械工业出版社，2000.

[4] 冯健璋. 汽车发动机原理与汽车理论 [M]. 北京：机械工业出版社，2000.

[5] [德] M·米奇克. 汽车动力学 [M]. 陈荫三，译. 北京：人民交通出版社，1992.

[6] 魏朗，刘浩学. 汽车安全技术概论 [M]. 北京：人民交通出版社，1999.

[7] 徐中明. 汽车运用工程基础. 2 版. [M]. 重庆：重庆大学出版社，2005.

[8] [日] GP 企画室. 汽车车身底盘图解 [M]. 宋桔桔，董国良，译. 长春：吉林科学技术出版社，香港万里机构联合出版，1995.

[9] [美] Thomas D Gillespie. 车辆动力学基础 [M]. 赵六奇，金达锋，译. 北京：清华大学出版社，2006.

[10] Helling. *Kraftfahrzeuge Umdruck zur Vorlesung*. Technische Hochschule Aachen，1983.

[11] Thomson W T. *Mechanical Vibrations*，*2nd Edition*. Prentice-Hall，Englewood Cliffs，N. J，1959.

[12] Patterson D. *Engine Torque and Balance Characteristics*. SAE Paper No. 821375，1982.

[13] Mitschke M *Dynamik der Kraftfahrzeuge Zweite*，vollig neubearbeitete Auflage，Band A：Antrieb und Bremsung Springer-Verlag，1982.

北京大学出版社汽车类教材书目

序号	书　　名	标准书号	著作者	定价	出版日期
1	汽车构造(第2版)	978-7-301-19907-7	肖生发，赵树朋	56	2012.7
2	汽车发动机原理(第2版)	978-7-301-21012-3	韩同群	42	2012.8
3	汽车设计	978-7-301-12369-0	刘涛	45	2008.1
4	汽车运用基础	978-7-301-13118-3	凌永成，李雪飞	26	2008.1
5	现代汽车系统控制技术	978-7-301-12363-8	崔胜民	36	2008.1
6	汽车电气设备实验与实习	978-7-301-12356-0	谢在玉	29	2008.2
7	汽车试验测试技术	978-7-301-12362-1	王丰元	26	2008.2
8	汽车运用工程基础(第2版)	978-7-301-21925-6	姜立标	34	2013.1
9	汽车制造工艺	978-7-301-12368-3	赵桂范，杨　娜	30	2008.6
10	汽车工程概论	978-7-301-12364-5	张京明，江浩斌	36	2008.6
11	汽车运行材料	978-7-301-13583-9	凌永成，李美华	30	2012.1
12	汽车试验学	978-7-301-12358-4	赵立军，白　欣	28	2011.8
13	内燃机构造	978-7-301-12366-9	林　波，李兴虎	26	2011.12
14	汽车故障诊断与检测技术	978-7-301-13634-8	刘占峰，林丽华	34	2008.8
15	汽车维修技术与设备	978-7-301-13914-1	凌永成，赵海波	30	2010.8
16	热工基础	978-7-301-12399-7	于秋红	34	2009.2
17	汽车检测与诊断技术	978-7-301-12361-4	罗念宁，张京明	30	2009.1
18	汽车评估	978-7-301-14452-7	鲁植雄	25	2012.5
19	汽车车身设计基础	978-7-301-15619-3	王宏雁，陈君毅	28	2009.9
20	汽车车身轻量化结构与轻质材料	978-7-301-15620-9	王宏雁，陈君毅	25	2009.9
21	车辆自动变速器构造原理与设计方法	978-7-301-15609-4	田晋跃	30	2009.9
22	新能源汽车技术	978-7-301-15743-5	崔胜民	32	2012.10
23	工程流体力学	978-7-301-12365-2	杨建国，张兆营等	35	2011.12
24	高等工程热力学	978-7-301-16077-0	曹建明，李跟宝	30	2010.1
25	汽车电气设备（第2版）	978-7-301-16916-2	凌永成，李淑英	38	2012.5
26	现代汽车发动机原理	978-7-301-17203-2	赵丹平，吴双群	35	2010.6
27	现代汽车新技术概论	978-7-301-17340-4	田晋跃	35	2012.5
28	现代汽车排放控制技术	978-7-301-17231-5	周庆辉	32	2012.6
29	汽车服务工程	978-7-301-16743-4	鲁植雄	36	2013.1
30	汽车使用与管理	978-7-301-18761-6	郭宏亮，张铁军	39	2011.6
31	汽车数字开发技术	978-7-301-17598-9	姜立标	40	2010.8
32	汽车人机工程学	978-7-301-17562-0	任金东	35	2010.8
33	专用汽车结构与设计	978-7-301-17744-0	乔维高	45	2010.9
34	汽车空调	978-7-301-18066-2	刘占峰，宋　力等	28	2010.11
35	汽车CAD技术及Pro/E应用	978-7-301-18113-3	石沛林，李玉善	32	2010.11
36	汽车振动分析与测试	978-7-301-18524-7	周长城，周金宝等	40	2011.3
37	新能源汽车概论	978-7-301-18804-0	崔胜民，韩家军	30	2012.10
38	汽车空气动力学数值模拟技术	978-7-301-16742-7	张英朝	45	2011.6
39	汽车电子控制技术(第2版)	978-7-301-19225-2	凌永成，于京诺	40	2012.5
40	车辆液压传动与控制技术	978-7-301-19293-1	田晋跃	28	2011.8
41	车辆悬架设计及理论	978-7-301-19298-6	周长城	48	2011.8
42	汽车电器及电子控制技术	978-7-301-17538-5	司景萍，高志鹰	58	2012.1
43	汽车车身计算机辅助设计	978-7-301-19889-6	徐家川，王翠萍	35	2012.1
44	现代汽车新技术	978-7-301-20100-8	姜立标	49	2012.2
45	电动汽车测试与评价	978-7-301-20603-4	赵立军	35	2012.7
46	电动汽车结构与原理	978-7-301-20820-5	赵立军，佟钦智	35	2012.7
47	二手车鉴定与评估	978-7-301-21291-2	卢　伟，韩　平	36	2012.8